物流管理国家级一流本科专业建设点
省级特色专业、省级专业综合改革试点项目

物流运输与包装

（第2版）

主　编　汪传雷
副主编　周保昌　张贵彬　叶春森

合肥工業大學出版社

图书在版编目(CIP)数据

物流运输与包装/汪传雷主编．—2版．—合肥：合肥工业大学出版社，2021.9(2024.7重印)

ISBN 978-7-5650-5339-9

Ⅰ.①物… Ⅱ.①汪… Ⅲ.①物流—货物运输—高等学校—教材②物流—运输包装—高等学校—教材 Ⅳ.①F252

中国版本图书馆CIP数据核字(2021)第063564号

物流运输与包装

（第2版）

主编 汪传雷　　**策划编辑** 陆向军　　**责任编辑** 刘　露

出　版	合肥工业大学出版社	**版　次**	2013年8月第1版
地　址	合肥市屯溪路193号		2021年9月第2版
邮　编	230009	**印　次**	2024年7月第6次印刷
电　话	党政办公室：0551-62903005	**开　本**	710毫米×1000毫米　1/16
	营销与储运管理中心：0551-62903198	**印　张**	27　**字　数**　485千字
网　址	press.hfut.edu.cn	**印　刷**	安徽联众印刷有限公司
E-mail	hfutpress@163.com	**发　行**	全国新华书店

ISBN 978-7-5650-5339-9　　**定价：**68.00元

许　皓　安徽大学
孔令刚　安徽省社会科学院
崔　婷　中国民航大学
吴绍艳　天津理工大学
张晓林　天津农学院
桂云苗　安徽工程大学
张　萍　安徽外国语学院
谢艳平　安徽三联学院
曹桂银　蚌埠学院
江亿平　南京农业大学
董　尹　合肥学院
郑　峰　滁州学院
邵灵芝　安徽工业大学
倪　娟　皖西学院
周桂琴　安徽师范大学
汪丹丹　安徽新华学院
李晓翔　安徽大学
张贵彬　陕西科技大学镐京学院
唐　娜　中外运物流有限公司
隋勇军　合肥徽运物流有限公司
王明鼎　安徽省物流与采购联合会
叶春森　安徽大学

第 2 版前言

物流运输与包装是物流管理与工程大类的核心课程。本书内容主要包括十二章：物流运输与包装概述，物流运输方式，物流运输经济，物流运输预测与决策，物流运输绩效管理，集装箱运输，包装件的物流流通环境，包装材料与容器，包装设备，物流运输包装技术与方法，集合包装，物流运输包装管理。每章开头附有教学目标和引导案例，章末附有案例讨论和复习思考题。

自第 1 版出版以来，本书备受教师和同学厚爱。但是，随着政治、经济、社会、科技的创新发展，物流运输与包装的环境和内容发生了巨大变化，修订出版第 2 版图书成为必须。第 2 版结合 2019 年安徽大学物流管理国家级一流专业建设点（教育厅函〔2019〕46 号）以及 2013 年来教育部高等学校物流管理与工程类专业教学指导委员会 2020 年物流教改教研课题计划项目——物流运输与包装课程教学改革研究（物学字〔2020〕34 号），安徽省省级教学研究项目（重大）——以学科竞赛促进安徽省物流专业创新创业人才培养研究（皖教秘高〔2016〕189 号），安徽省省级教学研究项目（重大）——以竞赛为抓手，倡导主动学习和创新实践的物流学科专业人才培养研究（皖教秘高〔2018〕43 号），安徽省省级高水平教学团队——物流管理专业教学团队（皖教秘高〔2019〕31 号），安徽省省级线上线下混合式和社会实践课程项目——物流运输与包装（皖教秘高〔2020〕155 号），安徽省省级新文科、新医科研究与改革实践项目——新文科背景下物流管理一流专业建设研究（皖教秘高〔2020〕155 号）等一系列教育教学研究项目的部分研究成果，力争满足时代需求。本书可供高等本科教育中物流管理、物流工程、采购管理、供应链管理、冷链物流以及管理科学与工程类、工商管理类、工业工程类、电子商务类、交通运输类、包装工程等相关专业本科生作为教材使用，也可供高等职业学院、企业界、学术界相关人员等作为教材和参考书。

《物流运输与包装（第2版）》由安徽大学物流与供应链研究中心汪传雷策划、修订大纲、组织、协调、统稿，参加编写人员的具体分工如下：第一章汪传雷、周保昌，第二章汪传雷、卓翔芝，第三章汪传雷、叶春森，第四章汪传雷、王冠雄，第五章汪传雷、汪宁宁，第六章张晓林、汪传雷，第七章汪传雷、吴海辉，第八章汪传雷、张梦颖，第九章汪传雷、陈欣，第十章张贵彬、汪传雷，第十一章汪传雷、李忠萍，第十二章汪传雷、叶勇。同时，章瑜、牛传琼、简慧玲、曹美德、张春梦、刘书美、钱文俊、孙悦、章国亮、许晓逸、左嘉乐、张春生、陈浩、曹刘澳等参与资料收集、校对等工作，在此表示感谢。

感谢教育部高等学校物流管理与工程类专业教学指导委员会、中国物流与采购联合会、中国物流学会、中国物流生产力促进中心、安徽省发展和改革委员会、安徽省交通运输厅、安徽省商务厅、安徽省物流与采购联合会、安徽省物流协会、合肥市发展和改革委员会、合肥市商务局、合肥高新技术开发区管委会、联宝（合肥）电子科技有限公司、格力集团凌达压缩机有限公司、日日顺供应链科技股份有限公司、安徽民航机场集团有限公司、中外运物流华中有限公司、安徽省徽商物流有限公司、安徽省徽商五源国际物流港务有限公司、合肥国际内陆港发展有限公司、合肥宝湾国际智慧供应链管理有限公司、安徽江汽物流有限公司、安徽徽运物流有限公司、合肥高创股份有限公司、合肥维天运通信息科技股份有限公司、安徽慧联运科技有限公司、安徽共生物流科技有限公司、合肥周谷堆农产品批发市场股份有限公司、中国科学技术大学先进技术研究院、中国科学技术大学、合肥工业大学、安徽大学、上海海事大学等单位给予的调研配合和提供的资料素材。

在本书写作过程中，我们直接或间接参考和借鉴了国内外关于物流学、管理学、经济学、工学、理学、法学等方面研究的大量素材，在此向有关作者表示衷心的感谢。

由于编者水平有限，加之时间仓促，书中难免会挂一漏万，不足之处敬请读者批评指正。

编　者

2021年3月

前 言

物流运输与包装是物流管理与工程大类的核心课程。本书内容主要包括十二章：物流运输与包装概述，物流运输方式，物流运输经济，物流运输预测与决策，物流运输绩效管理，集装箱运输，包装件的物流流通环境，包装材料与容器，包装设备，物流运输包装技术与方法，集合包装，物流运输包装管理。每章开头附有教学目标和引导案例，章后附有案例讨论和复习思考题。

本书系安徽省省级特色专业——物流管理（皖教高〔2010〕28 号 20100158），安徽省省级专业综合改革试点专业——物流管理（皖教高〔2012〕14 号 2012ZY015）等一系列项目的部分研究成果。本书观念新颖、体系完整、内容全面、信息丰富、层次合理，可供高等本科教育中物流管理、物流工程、采购管理以及管理科学与工程类、工商管理类、工业工程类、电子商务类、交通运输、包装工程等相关专业作为教材使用，也可供高等职业学院、企业界、学术界相关人员等作为教材和参考书使用。

本书由安徽大学物流与供应链研究中心汪传雷策划、拟定大纲、组织、协调、统稿，参加编写人员的具体分工如下：第一章汪传雷、周保昌，第二章李晓征、卓翔芝，第三章刘宏伟、许皓，第四章汪传雷、甘凤娟，第五章刘宏伟、张雯蕊，第六章张晓林、王如正，第七章汪传雷、汪涛，第八章孙华、汪传雷，第九章王红、卓翔芝，第十章张贵彬、张晓林，第十一章孙华、张雯蕊，第十二章汪传雷、姜培培。同时，陈瑞、王兰、王艳、张梦颖、李晴、刘灵巧、袁晓霞、姚倩、孙静、许冰凌、胡梦文等参与资料收集、录入、校对等工作，在此表示感谢。

感谢中国物流与采购联合会、中国物流学会、中国物流生产力促进中心、安徽省发展和改革委员会、安徽省交通运输厅、安徽省商务厅、安徽省发展研究中心、安徽省物流与采购联合会、安徽省物流协会、合肥高新技术开发区管委会、格力集团凌达压缩机有限公司、TCL集团股份有限公司、中外运物流发展公司、淮矿现代物流有限公司、中外运合肥物流有限公司、皖新传媒集团有限公司、新宁物流有限公司、安徽江汽物流有限公司、安徽迅捷物流有限公司、安徽春天物流有限公司、合肥永春物流有限公司、安徽徽运物流有限公司、合肥朝阳物流有限公司、合肥光太物流有限公司、徽商金属物流有限公司、徽商物流有限公司、安徽百路物流有限公司、中铁快运股份有限公司上海分公司、北京格瑞纳电子产品有限公司、合肥高新创业园管理有限公司、上海达龙信息科技有限公司、安徽明信软件有限公司、中国科学技术大学先进技术研究院、中国科学技术大学、安徽大学、淮北师范大学、合肥学院等单位给予的调研配合和支持。

在本书写作过程中，直接或间接参考和借鉴了国内外关于物流学、管理学、经济学、工学、法学等方面研究的大量素材，在此向有关作者表示衷心的谢意。

由于编者水平有限，加之时间仓促，书中难免会挂一漏万，不足之处敬请广大专家、学者、同行和读者批评指正。

编　者

2013年8月

目 录

第 1 章　物流运输与包装概述

【教学目标】

(1) 了解物流运输、包装的概念定义；

(2) 熟悉物流运输的特点、功能；

(3) 熟悉包装的特点、功能；

(4) 掌握物流运输与包装的关系。

【引导案例】

南美洲厄瓜多尔的玫瑰花

新的一天又开始了，昨夜一场大雨过后，空气格外清新，令人心旷神怡，Rose 走向农场花园，开始一天的工作。花儿含苞待放，露珠在花瓣上微微颤抖，不禁惹人怜爱，然而它们实在太娇嫩了，经不起日晒雨淋。Rose 熟练地将园中的玫瑰花枝剪下来，立即用盒子包装起来。为了防止花枝受到挤压，盒子必须结实，以避免运输过程中过度重负。每次，Rose 将 150 枝玫瑰花包装成一盒，然后将盒子装入华氏 34 度冷藏集装箱内。农场的每个人都这么做，装满集装箱后，由拖车运输到厄瓜多尔的首都 Quito 国际机场装上飞机，货机连夜飞往美国迈阿密机场。布里恩花卉物流公司发明的环保集装箱，保温时间可以持续 96 个小时，且能贮存于宽体飞机底部的货舱内。这样，玫瑰花整个晚上就安安静静地躺在飞机底部货舱里。第二天凌晨，满载着新鲜剪摘的玫瑰花的货机徐徐降落在迈阿密国际机场，在此等候的工作人员迅速将鲜花从飞机舱口运送到温控仓库。上午，海关当局、检疫所和动植物检验所的工作人员一上班就对鲜花进行例行检查。然后，花卉由仓库转运到集装箱卡车或国内航空班机，直接运往美国各地配送站、超市和大卖场，通过中转站将一盒一盒的鲜花送往北美大陆各大城市大街小巷的花店、快递公司和小贩手中等，根据最终用户的需求进行分拣、剪枝再包装，最终到达消费者手中。整个过程是快速衔接的，在时间上不能出现任何差错。这样，北美洲的消费者就能够欣赏到来自南美洲厄瓜多尔最美丽的玫瑰花了。

资料来源：https：//wenku. baidu. com/view/5cdce83c87c24028915fc35a. html

1.1 物流运输概述

运输是“第四个物质生产部门，将运输看成是生产过程的继续，没有这个继续，生产过程则不能最后完成”。货物从生产领域转移到消费领域的整个流通过程中，都必须经过一次或者几次运输。物流运输不仅是商品流通中不可或缺的重要环节和手段，而且是商品在流通领域内的继续①。

1.1.1 物流运输的概念

物流是指物质实体从供应商向需求者的物理移动，由一系列创造时间和空间效用的经济活动组成。《中华人民共和国国家标准：物流术语》（GB/T 18354—2006）将物流定义为：“物品从供应地向接收地的实体流动过程。根据实际需要，将运输、储存、装卸、搬运、包装、流通加工、配送、回收、信息处理等基本功能实施有机结合。”物流是供应链流程的一部分，是为了满足客户需求而对商品、服务以及相关信息从原产地到消费地的高效率、高效益流动和储存进行的计划、实施与控制过程。

物流运输，指采用设备将物品从一地点向另一个地点运送，包括集货、分配、搬运、中转、装载、卸下、分散等一系列操作。它是以改变“物”的空间位置为目的的活动，对“物”进行空间位移。在经济全球化的趋势下，物品生产和消费在空间上的非同位，需要通过运输媒介来沟通和解决，进而实现社会生产的最终目的。

1.1.2 物流运输与一般运输的区别

物流运输相关的理论涉及交通运输工程学、运输经济学等。交通运输工程学是一门研究铁路、公路、水路、航空及管道运输基础设施布局与修建、载运工具运用工程、交通信息工程及控制、交通运输规划和管理、交通设施设计等领域的综合性技术学科。运输经济学是以经济学的一般理论和方法研究探讨和运输有关的各类问题的学科，其以运输业的生产和再生产活动全过程为研究领域，以人在运输生产过程中发生的各种经济关系为研究对象，着重研究运输与经济关系和经济活动规律。

物流运输与一般运输存在差别：第一，两者的劳动对象不同，一般运输

---

① 林自葵．货物运输与包装［M］．北京：机械工业出版社，2010：9-11.

的对象包括人和物两大部分，形成客运和货运；物流运输的对象是物，包括流通领域和生产领域的运输，如采购物流运输、生产物流运输、销售物流运输等。第二，两者的工作范围不同，一般运输的工作范围主要是单纯的人和物的地点转移行为，而物流运输的工作范围涉及与物流储存、装卸搬运、包装、信息处理等其他活动衔接的环节。物流运输与一般运输的关系如图 1－1 所示。

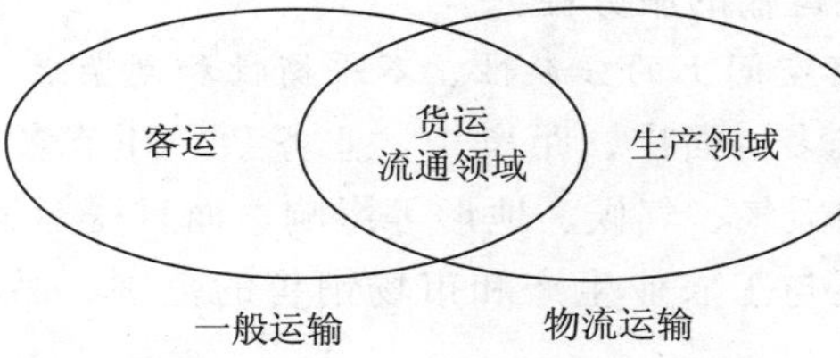

图 1－1　物流运输与一般运输的关系

1.1.3　物流运输的特征

1. 物流运输是生产性的活动

物流运输具有独特的生产性质。在直接生产过程中，改变劳动对象的属性或形态，进而制造出不同于劳动对象原有属性或形态的产品，这种产品生产不能离开直接生产过程而独立存在。但是，物流运输不同，它不改变劳动对象的属性或形态，而只改变其位置，运输过程中同样存在运输劳动力、运输设施设备工具（车辆、道路等）和运输对象（物品），劳动力、劳动工具、劳动对象同样构成物质生产三要素。运输劳动力借助于一定的运输工具使货物发生位移，一方面创造运输利润，另一方面向社会提供空间效用。物流运输的活动形式是运输劳动力通过运输工具和设备的劳动资料作用于物品的劳动对象，整个过程也是劳动力与生产资料的结合过程。物流运输的产品是物品空间位置的变更，物品的空间位移是物流运输的劳动成果。物流运输实现空间位置变化的社会效用在于它把物品从一个场所转移到了另一个场所，将产品从生产领域运到消费领域，成为消费品。可见，物流运输的劳动是创造价值与国民收入的劳动，是生产性的劳动①。

2. 物流运输是生产过程和消费过程的结合

物流运输是从物品生产过程中分离出来的，物品流通的空间转移是物流运输的生产过程本身，是不能与生产过程完全分离的。无论是在时间上还是

① 林自葵．货物运输与包装［M］．北京：机械工业出版社，2010：8－9.

空间上，物流运输的生产过程和消费过程是紧密结合在一起的，并且伴随生产、销售的活动进行。

3. 物流运输主要只改变运输对象的空间位置而非属性形态

物流运输为社会提供的效用是运输产品（服务），但运输产品（服务）是一种特殊产品，不具有实物形态，生产和消费是同一个过程。物流运输过程一般不改变运输对象的属性和形态，只是保证运输对象完整无损地到达目的地，这充分体现物流运输的服务性。

4. 物流运输具有空间上的分散性、不平衡性和复杂性

物流运输具有点多、面广、距离长、业务杂、环节多等特点。物流运输不仅受到外部环境如天气、气候、地形等影响，而且受运输部门、运输工具、运输能力的制约，还与工农业生产和市场销售的范围、品种、等级、数量息息相关。

1.1.4 物流运输的功能

1. 物流运输功能

（1）产品转移功能

物流运输可以实现物品在空间上的位移。运输的主要职能是将产品从原来所处的地点转移到规定的地点，主要目的是以合理的时间和最少的费用完成物品的运输任务。

（2）产品短期存储功能

物流运输可以实现对物品进行临时储存的职能。物品在运输过程中，如果需要储存，短时间内又再次运输，并且装卸搬运和收发货的费用可能超过存储于运输工具中的费用时，则可以将运输工具作为产品暂时的储存地点。

（3）促进社会分工的功能

物流运输可以深化社会分工，促进市场经济的发展，改善企业经营管理，降低流通费用，扩大商品流通规模，在国民经济和社会发展中扮演重要的角色。

物流运输是联系社会生产、分配、交换和消费的纽带，是沟通城乡、促进生产、搞活流通、繁荣经济的重要环节。物流运输在市场经济中的地位越来越重要，是涵盖经济、科技、教育等多方面的综合产业，是市场经济及其可持续发展过程中不可或缺的配套产业，是各产业提升产品竞争力、促进高增值的重要手段，是反映工业、农业、商贸、交通水平的晴雨表，是观察行业总体水准和社会综合购买力的窗口。

2. 物流运输原理[①]

关于运输，主要有两种发展理论：第一，技术主导的运输发展理论，强调先进运输技术对落后运输技术的替代从而推动运输业发展，运输发展史总结五种运输技术的创新——轮船的兴起、铁路的传播、汽车的流行、航空运输以及海运中的集装箱化；第二，需求诱致运输发展，认为经济发展会相应地提出与之相适应的运输需求，从而要求有新的运输方式出现，推动运输业发展，其实质是经济发展诱致运输需求，最终导致运输业发展。

（1）规模经济

物流运输规模经济的特点是随装运规模的扩大而单位重量的运输成本降低。一般地，整车运输的每单位成本低于零担运输。例如，铁路火车和水路船舶之类的运输能力较大的运输工具，每单位的成本费用要低于汽车和飞机等运输能力较小的运输工具。究其原因，转移一票货物的固定费用（运输订单的行政管理费用、运输工具投资与装卸费用、管理以及设备费用等）可以按整票货物量分摊；同时，通过规模运输可以获得运价折扣，降低单位货物的运输成本。

（2）距离经济

物流运输距离经济的特点是每单位距离的运输成本随着距离的增加而减少。距离经济的合理性类似于规模经济，尤其体现于物流运输装卸搬运费用的分摊。例如，800 千米的一次装运成本要低于 400 千米二次装运成本。物流运输的距离经济符合递减原理，因为费率随着距离的增加而减少。物流运输工具装卸搬运发生的固定费用可以分摊到每单位距离的变动费用上，距离越长，平均每千米支付的总费用越低。

（3）范围经济

物流运输范围经济是指与分别生产每一种运输产品相比，共同生产多种运输产品的平均成本可以更低。物流运输企业提供多样化的产品，以航空业为例，从最基本层面划分，可以分为定期航班服务和不定期航班服务，再细分为去程服务和回程服务，再具体一点，每个航班可以视为特定的产品，构成一定范围产品。

当一个物流运输供给者提供一系列产品，而不是多个物流运输供给者分别提供特定产品时，是否能够节约成本？只要同时提供多个产品能节约成本，就认为存在范围经济。

$$S=\{[C(Q_1)+C(Q_2)]-C(Q_1+Q_2)\}/C(Q_1+Q_2) \quad (1-1)$$

① 张理，李雪松．现代物流运输管理［M］．北京：中国水利水电出版社，2005：3－4．

式中，$C(Q_1)$ 表示单独生产 Q_1 单位的产品1的成本；$C(Q_2)$ 表示单独生产 Q_2 单位的产品2的成本；$C(Q_1+Q_2)$ 表示同时生产 Q_1 单位的产品1和 Q_2 单位的产品2的成本；若 $S>0$，则存在范围经济。

（4）密度经济

密度经济是指较大的物流运输市场可以提高满载率，从而降低每个客户的单位成本。物流运输的轴幅中转模式，同时体现着范围经济和密度经济，如在航运领域，由亚洲运往欧洲的货物先由大船运到几个大型欧洲港口，然后由小船分配到其他港口。

（5）经验经济

经验经济的特点是单位成本随着生产产品数量的增加或者供给者进入市场时间的延长而下降，具体涉及三个方面：第一，商誉。当有多个承运人可供选择时，潜在的航空运输需求者享有不同层次信息，特别是关于服务质量方面的信息，“风险厌恶者”具有“自己了解的才是好的”的心态，使他们倾向于选择现有的供给者，导致新进入者需要支付广告成本和促销成本。第二，知识。现有物流运输供给者在服务市场时拥有更多的信息，并能为特定的客户群体提供定制服务，而新进入物流运输供给者若想获取这些信息必须投入资源。第三，组织。新进入物流运输提供者必须了解新的服务要求，则会增加组织各个部门的学习成本。

因此，在评估各种物流运输方案时，必须考虑影响规模经济、距离经济、范围经济、密度经济和经验经济等因素，在满足客户的服务期望后，使物流运输效益最大化。

1.1.5 物流运输的方式

物流运输系统是由各种运输方式构成的，各种运输方式又有适合各自特点的基础设施、设备、工具、节点和线路等要素，各种运输方式可单独进行，但更多的形式是两种或多种运输方式的有机结合，构成多式联运的组织方式。

1. 按物流运输的范围分类

① 干线运输。利用铁路、公路、水路、航空、管道的干线，按照固定航线进行的长距离、大数量的运输，是进行远距离空间位置转移的重要运输形式。一般来说，干线运输较同种工具的其他运输速度要快、成本要低，是物流运输的主体。

② 支线运输。利用与干线相接的分支线路进行的运输形式。支线运输是干线运输与收、发货地点之间的补充性运输形式，路程较短，运输量相对较小。

③ 二次运输。这也是一种补充性的运输形式，指干线、支线运输到站、

场、港口后，站、场、港口与客户仓库或指定地点之间的运输，满足单个用户的需要，运量较小。

④ 厂内运输。在企业范围内，直接为生产过程提供服务的运输。一般在车间与车间、车间与仓库、仓库与仓库之间进行，往往称为生产物流。

2. 按物流运输的作用分类

① 集货运输。将分散的货物汇聚集中的运输形式，一般是短距离、小批量的运输，货物集中后才能利用干线运输的形式进行远距离及大批量运输，是干线运输的一种补充形式。

② 配送运输。将节点中已按客户要求配好的货物分送给各个用户的运输，一般是短距离、小批量的运输，是对干线运输的一种补充和完善。

3. 按物流运输的协作程度分类

① 普通运输。采用不同的运输工具或同类运输工具，但没有形成有机协作关系的运输，称为普通运输或一般运输，如汽车运输、火车运输等。

② 联合运输。联合运输是将两种或两种以上的运输方式或运输工具有机连接起来，实行多环节、多区段相互衔接的接力式运输，简称联运。联合运输利用不同运输方式的优点，是一种综合性的运输形式。

③ 多式联运。多式联运是联合运输的一种现代形式，指两个或两个以上的物流运输企业，根据统一运输计划，遵守共同的联运规章或签订的协议，使用共同的运输票据，或通过代办业务，组织两种以上运输工具衔接以及产供运销的运输协作，联合实现货物从起运点到目的地的全程运输，具有代理性、协同性、通用性、全程性、简便性等特点。一般的联合运输规模较小；多式联运，适用于国内大范围物流和国际物流领域，期间反复使用多种运输工具手段进行运输，进行着复杂的运输方式衔接。

4. 按物流运输中途是否换载分类

① 直达运输。组织货物物流运输时，利用一种运输工具从起运站或港一直到目的站或港，中途既不经换载也不入库储存的运输形式，称为直达运输。直达运输可以避免中途换载出现的运输速度减缓、货损增加、费用增加等弊病，从而缩短运输时间、加快运输工具周转、降低运输费用。

② 中转运输。组织货物物流运输时，货物运往目的地的过程中，在中途的车站、港口、仓库进行转运换装，称为中转运输。中转运输有效衔接干线和支线运输，化整为零或集零为整，方便用户，提高运输效率。

5. 按物流运输设备及运输工具分类

按物流运输设备及运输工具的不同，可以分为铁路运输、公路运输、水路运输、航空运输及管道运输五种运输方式。

1.1.6　物流运输的作用[①]

1. 物流运输是生产过程在流通领域内的继续

物流运输是国民经济的基础，是社会再生产得以顺利进行的必要条件。为了促使物质产品使用价值的最终实现，必须有运输劳动，它表现为一种生产性劳动，是生产过程在流通领域内的继续。物流运输以最低的运输费用、最高的生产效率和最佳的服务质量，保证了最大程度满足国民经济发展需要。

2. 物流运输是连接产销、沟通城乡的纽带

物流运输在整个国民经济中是一个重要的部门，是社会发展的一个重要条件，起着联结生产、分配、交换、消费各环节和沟通城乡、各地区、各部门的纽带和桥梁作用。

3. 物流运输是促进社会再生产连续进行的前提条件

物流运输作为一个经济部门，在社会再生产过程中处于“先行”的战略地位。只有通过物流运输业的活动，才能使经济活动得以顺利进行。

4. 物流运输是保证市场供应、满足生产建设、实现社会生产目的的基本条件

物流运输业作为国民经济的生产部门，不同于工业、农业、建筑业等其他物质生产部门。物流运输一般不增加物质产品的使用价值，但是可以增加物质产品的价值，促进物质产品使用价值的最终实现。

1.2　包装概述

包装是人类生活与生产的物资交流中不可缺少的技术手段。伴随人类的进化、生产力的提高、科学技术的进步和文化艺术的发展，包装经历了一个漫长的演化过程，大致可分为原始包装的萌芽、古代包装、工业时代包装和现代包装四个基本阶段：①原始包装萌芽阶段。旧石器时代，原始人平均分配劳动果实和饮水时需要容器盛装，以便转移、分发和使用。这是包装思想萌发的动因。②古代包装阶段。这一时期生产力水平逐步提升，物品剩余越来越多，交易活动日益发展，各种物品不仅需要就地盛装、就近转移，还需要经过包装捆扎运往远方的集市。③工业时代包装阶段。伴随着工业化大批量生产技术的发展，商业活动、贸易竞争、文化繁荣使包装发展迅速，主要表现在包装材料、包装技术、包装机械的出现和包装设计的兴起。④现代包

① 张理，李雪松．现代物流运输管理［M］．北京：中国水利水电出版社，2005：6－8.

装阶段。20世纪以来，以材料科学、机械技术、信息技术为代表的现代科学技术的进步为包装的发展繁荣奠定了坚实基础。

1.2.1　包装简介

对于包装，一般是指使用适当的材料或容器，采用一定的技术，对物品在流通过程中加以保护的工具，使物品无论遇到何种外来影响（外力作用或自然条件）均不被破坏、变质或者损失，从而安全到达目的地，保护物品的原有价值。

物品的包装，在生产部门称为产品包装；在商业、销售部门称为商品包装；在运输部门称为货物包装。因此，物品包装的概念可以从生产角度、商业角度、流通角度来分析。从生产角度看，物品包装是生产的最后一道工序，也是生产的组成部门；从流通角度看，物品包装是保护物品质量与状态完好无损的工具和条件；从销售角度看，物品包装是用来美化物品的特殊广告；从经济价值的角度看，物品包装是构成其价值的因素之一。可见，包装的产生与物品的流通、交换具有密不可分的关系[①]。

《包装术语基础》（GB/T 4122.1—1996）中将包装定义为在流通过程中为了保护产品、方便储运、促进销售，按照一定技术方法采用的容器、材料和辅助物等的总称；也指为了达到上述目的而采用容器、材料和辅助材料物的过程中施加一定技术方法等操作活动。

国外对于包装的定义，主要强调包装的目的以及包装的构成。日本包装工业协会JIS对包装的定义：使用适当的材料、容器等技术，便于物品的运输，保护物品的价值，保持物品原有形态的形式。美国包装学会对包装的定义：为符合产品之需求，以最佳之成本，便于货物之传送、流通、交易、储存与贩卖，实施的统筹整体系统的准备工作。英国对包装的定义：为货物的存储、运输、销售所做的技术、艺术上的准备工作。加拿大对包装的定义：包装是将产品由供应者送达顾客或消费者手中，保护产品完好状态的工具。虽然每个国家和地区对包装的定义略有差异，但都是以包装功能为核心内容[②]。中国的包装定义与国外的包装定义基本一致，狭义的包装是指为保护商品、方便储运、促进销售，能够把商品包裹起来的容器、材料；广义的包装是指选用一定原材料，施以一定技术对销售、运输、对外贸易流通商品进行包裹的全过程，也是为达到上述目的而采用的容器、材料、辅助物等的总称。

---

① 林自葵．货物运输与包装［M］．北京：机械工业出版社，2010：200－217.

② 陈光仪，耿燕．包装设计［M］．北京：清华大学出版社，2010：3－5

1.2.2 包装的功能

包装随社会的发展而发展，现代社会对包装的功能要求越来越多，包装的功能主要是保护功能、方便功能、促销功能等。

1. 保护功能

保护功能是包装最基本的功能，也是最重要的功能。包装的保护功能主要体现在两个方面：一方面，包装能够防止物品在物流过程中受到质量和数量上的损失；另一方面，包装能够防止危害性物品对与其接触的人、生物、环境造成危害和污染。

物品由生产领域进入流通领域，再由流通领域进入消费领域，总是经过空间位移、时间延续的周转过程。物品在运输、储存和销售过程中，由于受到各种自然因素的影响，如物理、化学、生物等因素，使得物品的性能发生变化，甚至丧失物品的使用价值。①包装能有效防止微生物引起的变质。如防止物品受到温度、湿度、空气中的氧和有害气体、阳光等影响，阻碍物品受细菌、微生物的侵入所产生的虫蛀、霉变和腐败等。②包装能有效防止物品化学性质的改变。如预防物品因自身的无机成分、有机成分、物品成分中的杂质加之外在因素，包括温度、湿度、气体、日光等影响，而产生氧化、分解（包括水解）、聚合、裂解、老化、曝光、锈蚀变化。③包装能有效防止物品物理性质、机械性质的变化。如预防物品因吸湿性、导热性、耐热性、透气性、透水性、弹性、韧性、脆性等，引起的挥发、熔化、渗漏、串味、脆裂、沉淀、污染等变化。④包装能有效防止危险物对人、生物和环境的危害。如对具有易燃、易爆、辐射、有毒、放射性物品，采用特殊包装并附上危险货物标志和说明文字，防止流通过程中其污染环境，保障人和生物的安全。科学的包装可以增加物品的保护功能，减少物品损失，提高物品利用率，降低消耗费用。此外，包装还能有效防止物品的丢失、盗窃、偷换等。

2. 方便功能

包装对物品在流通过程上起到方便的作用，提高了人们的工作效率和生活质量。

（1）方便流通

包装为物品流通提供便利条件，把物品按照一定的数量、形状、规格、大小，采用不同的容器或者材料进行包装，且在物品包装外面常印刷各种包装标志，反映被包装物的品名、数量、规格、颜色，整体包装的体积、毛重、净重、厂名、厂址、联系电话、传真、网址、二维码，物流储运过程中关于防潮、防水、防碎等注意事项。物流运输包装尺寸的标准化、系列化、通用化、信息化，有利于货物用集装箱、仓储笼、周转箱、托盘等集装单元运输，促进货物流通的合理化。同时，包装还有利于物品的分配调拨、清点计算，加速物品的周转流通，提高物品流通的经济效益和社会效益。

（2）方便储存和运输

包装强度适宜有利于保证仓储堆码，高垛堆码要求包装抗压强度较高，低垛堆码可以降低包装抗压强度。考虑提高仓库面积的利用率，以包装模数为主的物品包装，抗压强度高，包装材料用料少，包装件的体积小。在仓储环节，合适的物流模数尺寸可以与仓库、托盘等储存设施设备配套使用，成为一个组合装置系统，不仅高效使用各种仓储装置，而且方便进行装卸搬运活动，提高作业效率。同时，包装物外表的储运标识方便商品的清点，可减少货差，提高验收工作效率。

（3）方便使用

包装可以提高物品方便使用的功能，能够让消费者在开启物品、使用物品、保管物品或者收藏物品时更加方便。包装可以采用简明扼要的语言或图示，向使用者提供使用说明、方法和注意事项等，避免物品因不合理使用造成使用价值的降低，或者丧失使用价值。例如，便携式包装、复合包装袋、易拉罐等是日常生活中包装的方便使用功能之体现。

（4）方便处理

方便处理是指包装的可重复使用功能。考虑到环境保护的要求，增强环保意识，适应世界市场因各国对包装材料及包装废弃物提出的新标准和新法规而引起的新竞争，大力发展废弃物少、能回收复用、易于再生或可自行降解的绿色包装。使用可以分解或者降解的包装材料，要求包装材料对人体和生物无毒无害，即不含毒素、卤素、重金属或含有量控制在标准以下，在包装产品的整个生命周期中，不能对环境产生污染，造成公害。例如各种材料的周转箱、饮料的玻璃瓶、降解饭盒等。

3. 促销功能

运输包装是为内装物品服务的。运输包装既可直接保护内装物品，又可保护内包装——销售包装。销售包装可以起到美化商品、宣传商品、促进销售的作用。世界著名的杜邦公司通过市场调查得出了著名的杜邦定律：63%的消费者是根据商品的包装和装潢进行购买决策的；到超市购物的家庭主妇，由于精美包装和装潢的吸引，往往所购物品超过她们出门时打算购买数量的45%①。

---

① 杜邦定律［EB/OL］.（2011－08－12）［2021－02－16］. http：//baike. baidu. com/view/266180. htm.

包装的促销功能表现在：包装的形状与构造具有吸引顾客的魅力；包装的文字、图案、色彩可以刺激顾客的购买欲；包装的外部形态起到宣传、介绍、推销商品的作用。包装是商品带给消费者的第一印象，它撞击着消费者购买与否的心理天平，好商品更需要好包装与之相匹配，否则可能会降低“身价”，削弱其市场竞争力。同时，有些包装具有潜在价值。例如，美观适用的包装容器，在内装物用完后可以用来盛装其他物品；造型独特别致的容器，印刷精美的装饰，不但能提高商品售价，促进商品销售，还可以作为艺术品鉴赏并收藏。此外，包装在对外贸易中更为重要。按照国际市场的习俗、款式、规格，在商品包装装潢设计中应体现美观新颖，富有艺术感，图案简洁雅致，色泽明朗悦目，主题鲜明，具有民族风格；文字说明简明、浅易、真实、生动，促进销售，方便顾客识别，提高出口商品竞争力。

物流包装的保护功能、方便功能、促销功能是最基本的三项功能，三大基本功能彼此联系，相辅相成。但是，不同用途的包装，其功能的侧重点也不同，这要求在选择物品包装时必须结合实际选择合适的包装。如销售包装侧重于包装促进销售的功能，运输包装强调包装保护和方便的功能。

1.2.3 包装的种类

1. 按照包装在流通领域的作用划分[①]

（1）物流包装

① 运输包装。运输包装又称三级包装、外包装、工业包装，是以满足运输储存要求为主要目的的包装。它具有保障包装产品的运输安全，方便装卸，加速交接、点验等作用。运输包装是用于安全运输、保护产品的较大单元的包装形式，如纸箱、桶等，一般体积较大，坚固耐用，同时包装物上有明显的识别标志。

② 托盘包装。托盘包装是以托盘为承载物，将包装件或产品堆码在托盘上，通过捆扎裹包或胶贴等方法加以固定，形成一个搬运装卸单位，以便适应机械设备搬运装卸。

③ 集合包装。集合包装，又称二级包装、中包装、组合包装，是在销售过程中构成的特定数量的单元集合体，起到方便计量的作用，便于陈列和销售。集合包装是将一定数量的包装件或商品，装入具有一定规格和强度、适宜长期周转使用的大包装器内，形成一个合适的装卸搬运单位的包装，如集装箱、集装托盘、集装袋等。集合包装的出现，改革了传统储运模式，提高

---

① 赵启兰．商品学概论［M］．北京：机械工业出版社，2007：104－108.

了物流效率和客户服务水平。

（2）商流包装

商流包装，又称销售包装、消费者包装，是直接接触商品，并随着商品进入销售网点和消费者或用户直接见面的包装[①]。商流包装与商品直接接触，对于包装材料的性质、形态、式样等因素，要从保护商品角度着想，以便流通。设计商流包装时，应重点考虑包装造型、结构和装潢，包装的图案、文字、色彩、排列应能吸引消费者，激起消费者的购买欲，为商品流通创造条件。此外，包装单位应兼顾顾客的购买量和销售网点设施条件，同时具有一定的保护功能和方便功能。

2. 按包装层次划分

（1）单包装

单包装，又称小包装、个体包装，是指直接用来包装物品的包装，通常与商品形成一体，在销售中直接到达客户手中。单包装是直接盛装和保护物品最基本的包装形式，属于销售包装，其标识和图案、文字具有指导消费、便于流通的作用。

（2）内包装

内包装是指包装物品的内部包装，即考虑水分、潮湿、光射、热源、碰撞、震动等因素对物品的影响，选择合适的包装材料或容器。它是包装的组合形式，在流通过程中起到保护物品、简化计量和便于销售的作用。

（3）外包装

外包装是指包装物品的外层包装。外包装一般属于以运输储存为目的的包装，主要起到保护物品、简化物流环节等作用。

3. 按照包装容器划分

① 按照包装容器的变形能力，分为软包装和硬包装。

② 按照包装容器的形状，分为箱、盒、袋、瓶、罐等。

③ 按照包装容器的结构形式，分为固定式包装、折叠式包装、拆解式包装。

4. 按包装材料划分

① 纸质包装；

② 木质包装；

③ 金属包装；

④ 塑料包装；

---

① 林自葵. 货物运输与包装［M］. 北京：机械工业出版社，2010：221-224.

⑤ 玻璃与陶瓷包装；

⑥ 纤维制品包装；

⑦ 复合材料包装。

5. 按包装使用范围划分

（1）专业包装

专业包装是针对被包装物品的特点专门设计、专门制造的，只适用于某一专门物品的包装。

（2）通用包装

通用包装是根据包装标准系列尺寸制造的包装容器，用于无特殊要求的或符合标准尺寸的物品。

6. 其他包装划分方法

① 按销售地点，分为内销包装和外销包装。

② 按包装技术方法，分为防潮包装、真空包装、防虫包装、防腐包装、防震包装、危险品包装等。

③ 按包装使用次数，分为一次性使用包装、重复性使用包装、固定周转使用包装等。

④ 按运输方式，分为铁路运输包装、公路运输包装、水路运输包装、航空运输包装等。

⑤ 按使用对象，分为军用包装、民用包装、特需包装等。

⑥ 按包装风格，分为传统包装、怀旧包装、情调包装、卡通包装等。

⑦ 按包装处理方式，分为回收包装与不回收包装。

⑧ 按包装数量，分为单体包装、组合包装、集合包装等。

1.2.4 运输包装的标志

① 运输包装的标志是指在运输包装外部制作的特定记号或说明，赋予运输包装件传达功能。运输包装标志的目的包括：识别货物，实现货物的收发管理；明示物流过程中应采用的防护措施；识别危险货物，暗示应采用的防护措施，保证物流安全。

② 危险货物包装标志，用来标明化学危险品。危险货物包装标志为了引起人们特别警惕，采用彩色或黑白菱形图示。

③ 包装储运图示标志是根据货物的某些特性确定的，如怕湿、怕震、怕热、怕冻等。设置包装储运图示标志的目的是在货物运输、装卸搬运和储存过程中，引起作业人员的注意，按图示标志的要求进行操作。

④ 运输包装收发货标志是外包装件上的商品分类图示标志及其他标志和

文字说明排列格式的总称。它对物流过程中收发货、入库、出库以及装车配船载机环节起着特别重要的作用。

1.3 物流运输与包装的关系

1.3.1 物流运输与包装相互影响

运输和包装是物流的两个重要组成部分，它们是物流活动得以顺利、高效、安全开展的必然要素。在物流系统中，两者是相辅相成、互相影响的关系。

1. 运输与包装的效益悖反

在满足物流要求的基础上，包装费用越低越好。在实际工作中，往往需要在包装费用和物流过程损失两者之间寻找一个平衡点。如果减少包装，降低包装费用，包装的防护性则会降低，必然会增加物品的流通损失，降低经济效果；相反，如果加强包装，物品的流通损失会降低，但包装费用必然会增加。倘若完全不允许存在流通损失，则必然存在“过度包装”。所谓过度包装，指包装价值与被包装的物品价值不相匹配，包装及其材料的价值与物品的价值相比太高，势必大大增加物流及包装费用，由此带来增加的支出会大于不存在过度包装时的损失。因此，对于一般物品，包装应当适度，既不能过度包装，也不能过弱包装，应力争取得最佳的经济效果。

2. 运输影响包装

运输对包装的影响是全方位的，主要有以下几点：

（1）运输方式决定是否包装

物品在运输过程中不一定需要包装，随着运输装卸技术的进步，越来越多的大宗颗粒状或液态物品，如粮食、水泥、石油等，采用散装方式，即直接装入运输工具内运输，配合机械化、自动化装卸工作，既降低成本，又加快速度。

（2）运输方式决定包装种类

运输包装是为了满足运输需要进行的，其目的是减少物品在整个运输过程中的损失，消除物品在运输过程中的安全隐患。铁路、公路、水路、航空等运输方式不同，包装种类不同。

（3）运输方式决定包装设计

包装设计，尤其是规格设计和形状设计，除了要考虑克服运输过程中的各种碰撞，避免产生各种损失和偏差，还要考虑运输的机械化、自动化、智能化和包装化操作，提高运输运作效率，合理利用运输工具容量，即包装设计的形状、规格必须服从运输工具的形状和规格要求。

（4）运输方式决定包装成本

选择适当的运输方式，合理地组织和实施货物运输，既能使包装物品不因包装而受到影响，又能适当降低包装成本。

3. 包装影响运输

包装对运输的影响是整体性的。从组织的过程看，物品包装对运输方式的选择、操作流程、配载、装车、运输物资的在途管理影响很大，运输方式须根据物品本身的特点以及包装的特点进行选择。

（1）包装状况影响运输成本

物品的包装材料、包装规格、包装方法等不同程度地影响着运输。包装的外廓尺寸与承运车辆的内部尺寸构成可约倍数，可以充分利用车辆的容积，提高车辆容积的利用率，进而降低营运成本，节约物流成本。

（2）包装状况影响运输组织

货物运输组织和在途管理，必须结合包装特点的不同进行调整。对于包装简单的货物，选择运输相对平稳、快捷的运输方式；对于包装适度的货物，运输组织可以有多种选择。同时，货物包装影响货物在途管理，如果抗震性不好，需要在车体内部放入缓冲材料，防止货物与车厢侧壁碰撞导致货物受损；如果稳定性不好，则需要在车体内进行货物牢固等。

（3）包装状况影响运输发展

随着储运机械化程度的提高，出口货物运输包装逐步向大型化方向发展。例如矿产品、化工产品等出口产品，使用柔性集装箱的数量越来越多。运输包装的大型化既有利于降低运输包装的成本，又有利于提高装卸出口货物的效率，进而引导运输方式的发展。

1.3.2 运输包装分类

物流运输包装，按照包装形式和包装材质可以划分为以下几种：

1. 箱状包装

箱状包装是一种六面体形状的包装，由天然木板或胶合板或瓦楞纸板等材料所构成。其中，纸板箱坚实程度较差，仅适用于较轻的货物；木板箱较为坚实，适用于各种较重的货物，甚至是一些大型机械设备。箱状包装物具体包括各种木箱、纸箱、胶合板箱、板条箱等。

2. 捆包状包装

捆包状包装是一种直接贴附在货物外表的包装，通常使用棉、麻等织物作为包皮，类似护套，再加以捆扎。捆包状包装适用于纤维及其织品的包装，可以起到防止包内货物松散和沾染污物的作用。

3. 袋装包装

袋装包装主要由多层牛皮纸、麻织料、布料、塑料、化纤织料和人造革等材料制成，适用于盛装粉状、结晶状和颗粒状的货物。不同材质的包装袋能满足防止物品撒漏的要求，但防湿能力和坚韧强度不同。袋装包装的形式包括麻袋、纸袋、布袋、人造革袋等。

4. 桶装包装

桶装包装是一种圆柱形密封式包装，包括铁制桶、塑料桶、胶合板桶、鼓形木桶、大木桶和小木桶等，分别适合于装载块状或粉状固体、液体以及浸泡于液体的固体物质。

5. 其他形状包装

其他形状包装是指上述四种基本包装以外的其他形式的包装，主要包括捆扎状、卷筒状、篓筐、坛、瓶、钢瓶、罐等。

6. 裸状货物

通常将不加包装而成件的货物称为裸状货物，实际上相当数量的裸状货物必须进行简单的捆扎，如将一定数量的钢管或钢条捆扎成一体。裸状货物的形式主要有锭、块、管、条、棒、张、个、件、头、匹等。

7. 成组包装

成组包装是指按货物成组的标准所构成的包装。成组包装通常附有成组工具，如货板、网络等，且符合一定的质量和尺度要求。

1.3.3 运输包装标准

运输包装标准是为了满足包装物品在储存和运输过程中的安全和管理的需要，以包装的相关事项为对象制定的标准。运输包装标准是为了取得物品包装的最佳效果，根据包装科学技术、实际经验，以物品的种类、性质、质量为基础，按照有利于物品生产有序、流通安全和厉行节约的原则，经过充分协商并按照一定的审批程序，而对运输包装的用料、结构造型、容量、规格尺寸、标志以及盛装、衬垫、封贴和捆扎方法等方面所做的技术规定，从而使同种、同类物品所用的包装逐渐趋于一致和优化。

包装标准化工作是制定颁布、贯彻实施包装标准的全过程活动。包装标准对物品包装的包装容（质）量、包装材料、结构造型、规格尺寸、印刷标志、名词术语、封装方法等加以统一规定，逐步形成系列化和通用化，有利于包装容器生产，提高生产效率，简化包装容器的规格，节约原材料，降低成本，易于识别和计量，保证包装质量和物品安全。在生产技术活动中，对所有制作的运输包装的品种、规格、尺寸、参数、工艺、成分、性能所做的统一规定，称为运输包装标准。

包装标准包括以下几类：

(1) 包装基础标准

包装基础标准主要包括包装术语、包装尺寸、包装基本实验、包装管理标准等。

(2) 包装材料标准

包装材料标准主要包括各类包装材料，如纸、纸板、塑料薄膜、木材等的标准和包装材料实验方法。

(3) 包装容器标准

包装容器标准包括各类容器，如木箱、纸箱、袋、桶等的标准和容器实验方法。

(4) 包装技术标准

包装技术标准包括包装专用技术、包装专用机械、防锈包装、防毒包装技术方法等的标准。

(5) 产品包装标准

产品包装标准按照行业进行划分，包括机电、电工、邮电、纺织、轻工、食品、农产品、医药等行业的包装标准。

(6) 相关标准

相关标准主要指与包装关系密切的标准，如集装箱技术条件和尺寸、托盘技术条件和尺寸、叉车规格等的标准。

延伸阅读资料

世界和中国主要物流、包装行业组织

国际民用航空组织 www.icao.int

国际海事组织 www.imo.org

国际电信联盟 www.itu.int

万国邮政联盟 www.upu.int

国际铁路联盟 www.uic.org

国际航空运输协会 www.iata.org

中国交通运输协会 www.cctaw.cn

中国物流与采购联合会 www.cflp.org.cn

中国包装联合会 www.cpf.org.cn

世界包装组织（WPO）www.worldpackaging.org/
欧洲瓦楞纸板制造商联合会（FEFCO）
美国包装机械制造商协会（PMM）
国际安全运输组织（ISTA）
美国纸箱协会（FBA）
日本包装技术协会（JPI）

【小　结】

介绍物流运输、包装、内包装和外包装的基本概念，分析物流运输与包装的关系，介绍物流运输包装的分类和标准。

【案例讨论】

中国交通运输行业发展情况

1. 基础设施

（1）铁路

2019 年年末全国铁路营业里程 13.9 万千米，全国铁路路网密度 145.5 千米/万平方千米。

（2）公路

2019 年年末全国公路总里程 501.25 万千米，公路密度 52.21 千米/百平方千米，公路养护里程 495.31 万千米，占公路总里程 98.8%。2019 年年末全国四级及以上等级公路里程 469.87 万千米，占公路总里程 93.7%；二级及以上等级公路里程 67.20 万千米，占公路总里程 13.4%；高速公路里程 14.96 万千米，高速公路车道里程 66.94 万千米，国家高速公路里程 10.86 万千米。2019 年年末国道里程 36.61 万千米，省道里程 37.48 万千米。农村公路里程 420.05 万千米，其中县道里程 58.03 万千米，乡道里程 119.82 万千米，村道里程 242.20 万千米。

（3）水路

① 内河航道

2019 年年末全国内河航道通航里程 12.73 万千米，等级航道里程 6.67 万千米，占总里程 52.4%；三级及以上航道里程 1.38 万千米，占总里程 10.9%。

各等级内河航道通航里程分别为：一级航道1 828千米，二级航道4 016千米，三级航道7 975千米，四级航道11 010千米，五级航道7 398千米，六级航道17 479千米，七级航道17 044千米。等外航道里程 605 万千米。

② 港口

2019年年末全国港口拥有生产用码头泊位22 893个，其中，沿海港口生产用码头泊位5 562个，内河港口生产用码头泊位17 331个。2019年年末全国港口拥有万吨级及以上泊位2 520个；其中，沿海港口万吨级及以上泊位2 076个，内河港口万吨级及以上泊位444个。全国万吨级及以上泊位中，专业化泊位1 332个，通用散货泊位559个，通用件杂货泊位403个。

(4) 民航

2019年年末共有颁证民用航空机场238个，其中定期航班通航机场237个，定期航班通航城市234个。2019年货邮吞吐量达到10 000吨以上的有59个。

2. 运输装备

(1) 公路

2019年年末全国拥有公路营运汽车1 165.49万辆，拥有载货汽车1 087.82万辆，比上年下降19.8%，共计13 587.00万吨位，增长5.5%。其中，普通货车489.77万辆，下降40.0%，共计4 479.25万吨位，下降6.5%；专用货车50.53万辆，下降4.0%，共计592.77万吨位，增长8.3%；牵引车267.89万辆，增长12.7%；挂车279.63万辆，增长12.4%。

(2) 水路

2019年年末全国拥有水上运输船舶13.16万艘，比上年下降4.0%；净载重量25 684.97万吨，增长2.3%；集装箱箱位223.85万标准箱，增长13.8%。全国水上运输船舶构成（按航行区域分）见表1-1所列。

表1-1 全国水上运输船舶构成（按航行区域分）

指 标	计量单位	实 绩	比上年增长（%）
内河运输船舶			
运输船舶数量	万艘	11.95	−3.9
净载重量	万吨	13 080.08	1.3
载客量	万客位	62.72	−12.4
集装箱箱位	万 TEU	39.17	15.8
沿海运输船舶			
运输船舶数量	艘	10 364	−0.1
净载重量	万吨	7 079.98	2.8
载客量	万客位	23.49	3.6
集装箱箱位	万 TEU	63.26	11.7

（续表）

指　标	计量单位	实　绩	比上年增长（%）
远洋运输船舶			
运输船舶数量	艘	1 664	−26.1
净载重量	万吨	5 524.91	4.0
载客量	万客位	2.37	14.9
集装箱箱位	万 TEU	121.41	14.2

3. 运输服务

2019 年，完成营业性货运量 462.24 亿吨，增长 4.8%，完成货物周转量194 044.56亿吨千米，增长 3.4%。

（1）铁路

全国铁路完成货物总发送量 43.89 亿吨，比上年增长 7.2%，完成货物总周转量30 181.95亿吨千米，增长 4.3%。

（2）公路

完成营业性货运量 343.55 亿吨，增长 4.2%，完成货物周转量59 636.39亿吨千米，增长 0.4%。

（3）水路

2019 年完成货运量 74.72 亿吨，增长 6.3%，完成货物周转量103 963.04亿吨千米，增长 5.0%。其中，内河运输完成货运量 39.13 亿吨、货物周转量16 302.01亿吨千米；沿海运输完成货运量 27.27 亿吨、货物周转量33 603.56亿吨千米；远洋运输完成货运量 8.32 亿吨、货物周转量54 057.47亿吨千米。

全国港口完成货物吞吐量 139.51 亿吨，比上年增长 5.7%。其中，沿海港口完成 91.88 亿吨，增长 4.3%；内河港口完成 47.63 亿吨，增长 9.0%。

全国港口完成外贸货物吞吐量 43.21 亿吨，比上年增长 4.7%。其中，沿海港口完成 38.55 亿吨，增长 4.8%；内河港口完成 4.65 亿吨，增长 4.3%。

全国港口完成集装箱吞吐量 2.61 亿 TEU，比上年增长 4.4%。其中，沿海港口完成 2.31 亿 TEU，增长 3.9%；内河港口完成3 015万 TEU，增长 8.5%。全国港口完成集装箱铁水联运量 516 万 TEU，增长 14.2%，占全国港口集装箱吞吐量的 1.97%。

（4）民航

2019 年完成货邮运输量 753.2 万吨，比上年增长 2.0%，完成货邮周转量 263.19 亿吨千米，增长 0.3%。民航运输机场完成货邮吞吐量1 710.0万吨，增长 2.1%。

（5）邮政

2019年全年完成邮政行业业务总量16 229.63亿元，比上年增长31.5%。

邮政普遍服务完成函件业务21.67亿件；包裹业务完成2 154.4万件；报纸业务完成168.28亿份；杂志业务完成7.47亿份；汇兑业务完成1 639.6万笔，下降34.9%。

快递业务完成635.23亿件，比上年增长25.3%。快递业务收入完成7 497.82亿元，增长24.2%，快递业务收入占邮政行业业务收入的77.8%，提高1.4个百分点。

4. 交通固定资产投资

2019年全年完成交通固定资产投资32 451亿元，比上年增长3.1%。

（1）铁路

2019年全年完成铁路固定资产投资8 029亿元。

（2）公路水路

① 公路

2019年全年完成公路建设投资21 895亿元，比上年增长2.6%。其中，高速公路建设完成投资11 504亿元，增长15.4%；普通国省道建设完成投资4 924亿元，下降10.3%；农村公路建设完成投资4 663亿元，下降6.5%。

② 水路

2019年全年完成水运建设投资1 137亿元，比上年下降4.4%。其中，内河建设完成投资614亿元，下降2.3%；沿海建设完成投资524亿元，下降6.8%。

③ 公路水路支持系统及其他

2019年全年完成公路水路支持系统及其他建设投资420亿元。

（3）民航

2019年全年完成民航建设固定资产投资969.4亿元，比上年增长13.0%。

5. 生产安全

2019年全年未发生特别重大、重大铁路交通事故，铁路交通事故死亡人数比上年下降8.1%。全年共发生运输船舶水上交通事故137件，下降27.5%。公路水路交通运输建设领域全年共发生生产安全事故67起，死亡110人，其中重大事故1起，未发生特大事故。

6. 能源消耗

2019年全年共监测公路水路运输企业123家。公路专业货运企业每百吨千米单耗1.7千克标准煤，下降15.0%；远洋和沿海货运企业每千吨海里单耗 4.8 千克标准煤，增长 17.1%；港口企业每万吨单耗 2.1 吨标准煤，下降 8.7%。

资料来源：http：//www.gov.cn/xinwen /2020 - 05/12/content _ 5510817.htm.

讨论题

1. 交通运输行业发展可以从哪些方面衡量？
2. 交通运输行业发展趋势是什么？

【复习思考题】

1. 什么是物流运输？
2. 什么是包装？
3. 什么是物流运输包装？
4. 物流运输的特征主要有哪些？
5. 物流运输的功能主要有哪些？
6. 物流运输的原理主要有哪些？
7. 物流运输的作用主要有哪些？
8. 包装的功能有哪些？
9. 中国物流运输包装标准主要包括哪些？
10. 为什么说物流运输与包装是相互影响的关系？
11. 收集资料，了解国际上主要的物流运输包装标准。
12. 收集资料，了解中国物流运输的发展历程和现状。
13. 收集资料，了解中国包装的发展历程和现状。
14. 如何根据包装件的不同采取不同的物流包装？

第2章 物流运输方式

【教学目标】

（1）了解物流运输方式的概念定义；
（2）掌握各种物流运输方式的特点及分类；
（3）熟悉各种物流运输方式的基本业务及流程；
（4）掌握各种物流运输方式的适用范围。

【引导案例】

汪某某是安徽合肥一家大型第三方物流公司的业务员，公司主要经营物流运输业务，在与客户的业务洽谈中，客户往往咨询各种不同情况下应该采用何种物流运输方式。

（1）随着江苏连云港与上海经济联系的加强，两地的物资交流日渐频繁。连云港某化工集团急需从上海购进1千吨化工用品（固体）。

（2）南京的一位特殊病患者急需输入一种特别血型的血，而该市血库中暂时没有，经联系在武汉的一家医院找到该血型的血。

（3）山西外运煤炭到秦皇岛。

（4）西气东输工程是把我国西部的天然气运到以上海为主要目的地的东部地区，到达上海后又是如何满足居民住户、学校食堂、餐饮宾馆、出租汽车、货运汽车的呢？

（5）一位南京经销商在浙江湖州收购100头生猪。

（6）随着中非贸易往来的不断加强，15万吨石油需要从非洲卢旺达运到我国的宁波。

（7）随着“一带一路”中欧班列的开行，奇瑞汽车出口到俄罗斯圣彼得堡。

资料来源：作者整理。

最基本的物流运输方式有五种，即公路运输、铁路运输、水路运输、航空运输和管道运输。随着经济社会发展的需要，各种运输方式联合运输和多式联运的组织形式日益普及，了解各种运输方式的发展状况和特点成为合理组织综合运输的前提。

2.1　铁路运输

铁路运输在国民经济中承担着大部分的客货运输任务，是我国交通运输网的骨干。

2.1.1　铁路运输概述

1. 铁路运输定义

铁路运输是利用铁路设施和设备运送旅客和货物的一种运输方式。铁路运输业务主要包括铁路客运服务与铁路货运服务。其中，铁路货物运输是指用铁路线路、火车等专用的铁路运输设备将物品从一个地点向另一个地点运送，包括集货、分配、搬运、中转、装入、卸下、分散等一系列操作。中国国家铁路集团有限公司 95306 网站提供铁路货运物流综合服务、国际联运以及理赔服务等，其中，铁路货运物流综合服务包括接取送达、物流总包、仓储服务、物流方案等，国际联运提供中欧班列、中亚班列以及其他国际联运等。

2. 铁路运输特点

铁路运输是现代化运输业的主要运输方式之一，与其他运输方式相比较，具有以下主要特点：

① 铁路运输的准确性高、连续性强。铁路运输几乎不受气候影响，一年四季可以不分昼夜地进行定期的、规律的、准确的运转。

② 铁路运输速度较快。铁路货车行驶速度每小时可达 160 千米，高铁每小时可达 350 千米，超导磁悬浮列车甚至每小时可达 600 千米。

③ 铁路运输量较大。铁路运输的运送能力远大于道路运输的单车运量，适合大宗物资的运输。

④ 铁路运输成本较低。铁路运输采用大功率机车牵引列车运行，运行阻力较小、能源消耗低，系统运行成本费用较低。

⑤ 铁路运输安全可靠，风险小。

⑥ 铁路初期建设投资高。铁路运输需要架设桥梁和开挖隧道、铺设轨道，建路工程艰巨复杂，需要消耗大量钢材、木材等，占用土地，初期投资大大超过其他运输方式。

⑦ 机动性差。铁路车站设置固定，火车不能随处停车，而且只能在固定线路上运行，一般不适宜紧急运输。

⑧ 铁路按列车组织运行，在运输过程中需要有列车的编组、解体和中转改编等作业环节，占用时间较长，增加货物在途中的时间。

此外，铁路运输由运输、机务、车辆、工务、电务等业务部门组成，各业务部门之间必须协调一致，这就要求在运输指挥方面实行统筹安排。

3. 铁路运输系统组成

(1) 铁路线路

铁路线路是机车车辆和列车运行的基础，直接承受机车车轮传来的压力，为了保证列车能按规定的最高速度，安全、平稳和不间断地运行，铁路运输部门完成客货运输任务，铁路线路必须保持完好状态。

铁路线路是由路基、桥隧建筑物和轨道组成的一个整体工程结构。

路基是铁路线路承受轨道和列车载荷的基础结构物。按地形条件、线路平面和纵断面设计要求，路基横断面修成路堤、路堑和半路堑三种基本形式。

桥隧建筑包括桥梁、涵洞、隧道等。铁路通过江河、溪沟、谷地和山岭等天然障碍物或跨越公路、其他铁路线时需要修筑各种桥隧建筑物。

轨道是由钢轨、轨枕、连接零件、道床、防爬设备、道岔组成的。

(2) 信号与信号设备

铁路信号是向行车和调车人员发出的指示和命令。

铁路信号设备是铁路信号、联锁设备、闭塞设备的总称。信号设备是指挥列车运行、组织运输生产及进行公务联络等的重要工具。

(3) 铁路车站

铁路车站既是铁路办理客、货运输的基地，又是铁路系统的一个基层生产单位。在车站上，除办理旅客和货物运输的各项作业以外，还办理和列车运行有关的各项工作，如列车的接发、会让与越行、车站列车解体与编组、机车的换挂与车辆的检修等。为了完成上述作业，车站上设有客货运输设备及与列车运行有关的各项技术设备，还配备客运、货运、行车、装卸等方面的工作人员。

铁路车站按等级可分为特级站、一至五等级站；按技术作业性质，铁路车站可分为中间站、区段站和编组站；按业务性质，铁路车站可分为铁路枢纽、货运站、港口车站等。

(4) 铁路运载设备

① 机车

机车是牵引或推送铁路车辆运行，本身不装载营业载荷的自推进车辆，俗称火车头。根据机车原动力可将铁路机车划分为蒸汽机车、内燃机车、电力机车。

② 车辆

铁路车辆是运送旅客和货物的工具，本身没有动力装置，需要把车辆连挂成列，由机车牵引，才能在轨道上运行。一般来说，铁路车辆的基本构造由车体、车底架、走行部、车钩缓冲装置、制动装置等五部分组成。

按照车辆运送对象的不同，把铁路车辆分为客运车辆、货运车辆和客货运车辆。按照车辆的用途或车型，货运车辆可以分为通用货车（棚车、敞车和平车），专用货车（家畜车、罐车、保温车、水泥车、集装箱车），特种货车（凹型车、落下孔车、钳夹车）。通用货车是一种通用性质较强的车辆，对于大多数的货物都有可以运载的功能；专用货车主要是专供装运某些种类货物的车辆，具有专项性的特征；特种货车是具有某种专门用途或者是特殊用途的车辆。

一个完整的货车标记包括基本型号、辅助型号和车号。如 C62A4785930，C 是基本型号，表示货车类型是敞车；62 是辅助型号，表示重量系列或顺序系列；A 也是辅助型号，表示车辆的材质或结构；4785930 是车号。我国部分货车车种及基本型号见表 2－1 所列。

表 2－1　我国部分货车车种及基本型号

顺　序	车　种	基本型号	顺　序	车　种	基本型号
1	棚车	P	7	保温车	B
2	敞车	C	8	守车	S
3	平车	N	9	家畜车	J
4	沙石车	A	10	罐车	G
5	煤车	M	11	水泥车	U
6	矿石车	K	12	长大货物车	D

2.1.2　铁路货物运输方式

按照运输条件，铁路货物运输可分为普通运输和特殊运输；按照装货条件，铁路货物运输可分为整车运输、零担运输、集装化运输、高铁快运。整车适用于运输大宗货物；零担适用于运输小批量的零星货物；集装箱适用于运输精密、贵重、易损的货物。

1. 铁路整车货物运输

一批货物的质量、体积或形状需要一辆以上货车进行运输的，按照整车组织托运，主要用于煤炭、石油、矿石、钢铁、焦炭、粮食、化肥、化工、水泥等大宗品类物资的运输。一批质量在 40 吨以上或体积在 80 立方米以上的塑料制品、金属制品、工业机械、日用电器、果蔬、饮食品、纺织品、纸制品、文教用品、医药品、瓷砖、板材等批量货物，也按整车组织运输。

(1) 整车货物运输的基本条件

① 整车货物每一货车所装货物为一批。跨装、爬装及使用游车所装运的货物，以每一车组为一批。某些限按整车办理运输的货物，允许托运人将一车货物托运至两个或三个到站分卸，即整车分卸。

② 整车货物按件数、重量承运，但对于规格、件数过多的散装、堆装货物和在装卸作业中难以清点的货物，只按重量承运，不计算件数。

③ 货车的装载量一般不能超过货车的容许载重量，但部分货车允许增载量。标重为50吨的货车不分车种可增载3吨；标重为60吨的C61、C62A型的敞车，可增载2吨；装运化工产品的罐车G3型可增载3吨；其他型罐车可增载5吨；凡涂有“免增”字样的货车（包括上述车型车号的货车）均不允许增载。

(2) 不能按一批办理的货物

① 易腐货物与非易腐货物。

② 危险货物与非危险货物。

③ 根据货物性质，不能混装运输的货物。

④ 保价运输货物与非保价运输货物。

⑤ 投保运输险与未投保运输险的货物。

⑥ 运输条件不同的货物。

2. 铁路零散快运

铁路零散快运是指一批货物的质量、体积、性质或形状不够装一车的货物（不够整车运输条件）时，与其他几批甚至上百批货物共享一辆货车的运输方式。对于一批质量不足40吨且体积不足80立方米的货物，可按零散货物快运办理。

(1) 不得零担运输的货物

① 散堆装货物。

② 危险货物、超限超重和超长货物。

③ 活动物及需冷藏、保温运输的易腐货物。

④ 易于污染其他货物的污秽货物。

⑤ 军运、国际联运、需在米轨与准轨换装运输的货物。

⑥ 在专用线（专用铁路）装卸车的货物。

⑦ 煤（01）、石油（02）、焦炭（03）、金属矿石（04）、钢铁（05）、非金

属矿石（06）、磷矿石（07）七个大宗货物品类，以及用棚车以外车辆装运的货物。

⑧ 国家法律法规明令禁止运输的货物。

⑨ 其他不宜作为零散货物运输的货物。

（2）铁路零担货物种类

根据零担货物的性质和作业特点，零担货物分为普通零担货物、危险零担货物、笨重零担货物和零担易腐货物。

① 普通零担货物，简称普零货物，即按零担办理的普通货物，一般使用棚车装运。

② 危险零担货物，简称危零货物，即按零担办理的危险货物，一般使用棚车装运。

③ 笨重零担货物，简称笨零货物，指一件重量在1吨以上，体积在2立方米或长度在5米以上，性质适宜用敞车装运和吊装、吊卸的货物。

④ 零担易腐货物，即按零担办理的鲜活易腐货物。

（3）铁路零担货物的运输方式

根据零担货物的流向流量、运距长短、集结时间和车站作业能力等因素，组织零担货物的运输方式可分整装零担车（简称整零车）和沿途零担车（简称沿零车）。

整零车按车内货物是否需要中转，分为直达整零车和中转整零车。直达整零车所装的货物不经过中转，可以直接运到货物到站。全车所装的货物到达一个站的，叫一站直达整零车；全车所装的货物到达两个站的，叫两站直达整零车。中转整零车所装的货物为同一去向，但到站分散。组织中转整零车应尽可能装运到距离货物到站最近的中转站，以减少中转次数。此外，为了及时运送零散的长大、笨重或危险货物，整零车中还有同一径路的三站直达整零车，或三站中转整零车。

沿零车是指在指定区段内运行，装运该区段内各站发到的零担货物。沿零车又分为直通沿零车和区段沿零车。直通沿零车即通过几个沿零区段不进行货物的中转（换装）作业，但需要在途中经过几次列车改编的长距离沿零车；区段沿零车，即在两个技术站间运行的短距离沿途零担车。

3. 铁路集装化运输

铁路集装化运输是指使用集装器具或捆扎方法，把裸装货物、散粒货物、有商业包装的货物等适宜集装运输的货物，组成具有一定规格的集装货件，经由铁路进行的货物运输。集装化因货制宜地利用一些特制的用具，把货物集零为整、化繁为简，达到便于装卸、搬运、储存和计件同时提高运输效率的目的。集装化的组织方式有集装箱、托盘、捆扎、集装袋、笼、网、预垫、集装架（夹）等。集装箱运输可为客户提供门到门运输和全程物流服务。

（1）集装化运输的基本条件

集装运输的货件，集装后每件体积不应小于0.5立方米，或重量不少于500千克。棚车装运的，每件重量不得超过1吨、长度不超过1.5米，体积不超过2立方米，到站限制为叉式车配属站。敞车装运的，每件重量不得超过到站的最大起重能力（经到站同意者除外）。

集装化货物与非集装化货物不得一批运输。集装货件符合整车条件的按整车办理，不够整车条件的按零担办理。按零担办理的，一批只能采用同一集装方式。

托运集装化货物，托运人须在铁路运输服务订单和货物运单上注明“集装化运输”字样，车站须加盖“集装化运输”戳记。批准后的集装化运输货物，不得以非集装化方式运输。

（2）铁路集装箱运输的基本条件

① 集装箱应在规定的铁路集装箱办理站办理运输。

② 集装箱装载运输的货物必须是适箱货物，易于污染和腐蚀箱体的货物、易于损坏箱体的货物、鲜活货物（经铁路局确定，在一定季节和一定区域内不易腐烂的货物除外）及危险货物（另行规定的除外）禁止使用铁路通用集装箱装运。

③ 集装箱货物符合一批办理的条件：集装箱运输每批必须是同一箱型、同一箱主、同一箱态（同一重箱或空箱），至少一箱；最多不超过一辆铁路货车所能装运的箱数或集装箱总重之和不超过货车的容许载重量；铁路集装箱与自备集装箱一般不能按一批办理。

④ 集装箱拆、装箱由发货人、收货人负责，集装箱装箱货物由托运人决定。

（3）集装化用具管理

集装化用具原则上由托运人、收货人自备。铁路根据为集装化运输服务的原则，也可准备一部分用具，采取出租的方式供托运人、收货人使用。

集装化用具需要回送时，车站根据运单记载的“集装化运输”戳记和按《铁路货物运输规程》规定签发的“特价运输证明书”办理回送，并按《铁路货物运价规则》规定费率核收运费。

4. 国际联运

国际铁路货物联运是指在跨国及两个以上国家铁路的货物运送中，由参加国家铁路共同使用一份运输票据，并以连带责任办理的全程铁路运送业务。

办理国际联运的相关规定详见《国际铁路货物联运协定》及《国际铁路货物联运协定办事细则》。

"五定"班列，是指定点、定线、定车次、定时间、定价，定点是指装车站和卸车站固定，定线是指运行线路固定，定车次是指班列车次固定，定时间是指货物发到时间固定，定价是指全程运输价格固定。

2.1.3 铁路货物运输的基本业务

铁路货物运输的基本业务主要包括货物的发送作业、货物的途中作业和货物的到达作业。铁路货物运输的基本业务流程如图 2-1 所示。

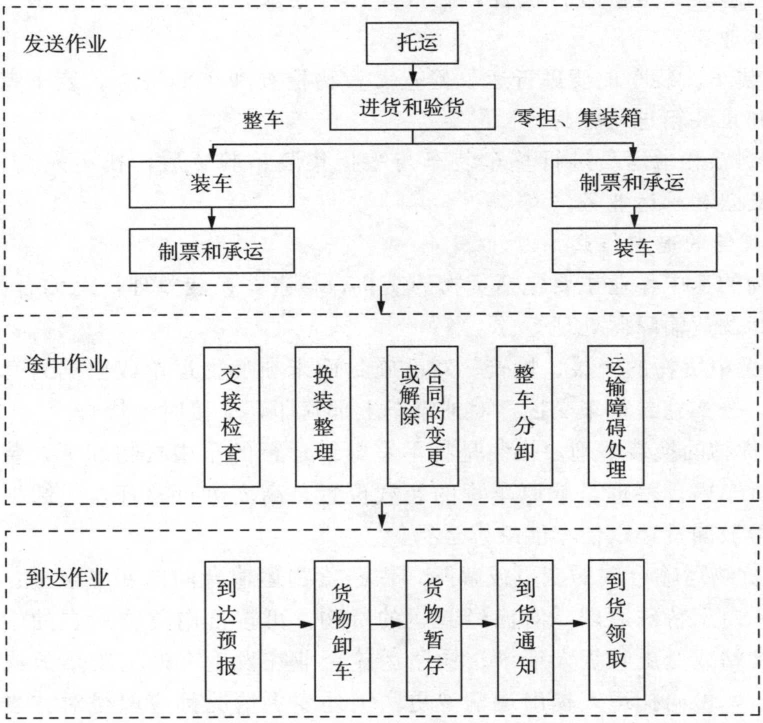

图 2-1 铁路货物运输的基本业务流程图

1. 货物的发送作业

货物的发送作业主要包括托运、受理、进货和验货、装车、制票和承运等。整车与零担发送作业的程序不同，整车货物是先装车后承运，零担是先承运后装车，集装箱与零担的发送作业程序基本相同。整车有计划，零担随到随承运。

① 托运。托运人向承运人提出运单和运输要求。托运须完成的工作：对货物进行符合运输要求的包装；在货件上标明清晰明显的标记；向车站提交货物运单；备齐必要的证明文件。

② 承运人受理。受理托运人提出的运单要求后，经承运人审查，若符合运输条件，则在货物运单上签证货物搬入日期（零担）或装车日期（整车）的作业。

③ 进货和验货。进货是在货场内装车的货物，托运人按照承运人受理时签证的搬入日期，将货物搬入车站，堆放在指定货位，完好地交给承运人的作业。验货是车站在接受托运人搬入车站的货物时，按运单记载对品名、件数、运输包装、重量进行检查，确认其符合要求并同意货物进入场、库指定货位的作业。

④ 装车。装车前要进行运单检查、货物检查和车辆检查。装车完成后要对货车和集装箱进行施封。

⑤ 制票和承运。进行整车装车与零担集装箱验货后，托运人交付运费，并办理支票和承运业务。

2. 货物的途中作业

货物的途中作业主要包括货物的交接、检查，换装整理，运输合同变更，整车分卸及运输障碍处理等。

① 途中货物的交接、检查。对已施封而未在货物运单或票据封套上注明的货车，按不施封货车交接，对油罐车上部封印，交接时不检查。

② 货物的换装整理。换装是将不宜继续运行的车中货物卸下，装入安全运输的货车内；整理是就原车货的装载位置、高度进行整理，或卸下超载部分及捡拾散漏货，以便车能继续运行。

③ 货物运输合同的变更或解除。铁路货物运输合同的变更包括：托运人或收货人由于特殊原因，对已经起运的货物，可按批向货物所在的中途站提出变更到站或变更收货人请求；铁路运输企业在发生交通运输事故或其他运输障碍时，可向托运人提出运输变更。上述变更情况都应取得对方当事人的同意。铁路货物运输合同的解除是指在货物在承运后、起运前，托运人向发站提出取消货物运输要求。解除合同后，发站应退还全部运费与押运人乘车费，但特种车使用费和冷藏车回送费不退。托运人也应按规定支付保管费等费用。

④ 整车分卸。途中分卸站要进行货物的分卸作业。

⑤ 运输障碍处理。由于不可抗力（如风灾、水灾、地震等），行车发生中断，货物运输发生阻碍时需绕路运输，或在必要时先将货物卸下，妥善保管，

待恢复运输时再行装车继续运输。

3. 货物的到达作业

货物的到达作业是指货物在到站进行的货运作业，包括收货人面向承运人进行的到站查询、交费、领货、接受货物运单事项，以及到站共同完成交付手续；到站向收货人发出货物催领通知，接受到货查询、收费、交货、交单业务，与收货人共同完成收货手续；由铁路部门组织卸车或收货人自己组织卸车，到站向收货人交付货物或办理交接手续。

① 货物到达的查询。由承运人组织卸车的货物，到站应在不迟于卸车完次日内，用电话、电邮、微信、短信、QQ 等方式，向收货人发出催领通知并在货票内记明通知的方法和时间。有条件的车站可采用电话、短信、电邮、微信、QQ、钉钉等通知方法，收货人也可与到站商定其他通知方法。

② 货物的暂存。到达铁路车站的货物，可以在铁路车站免费存放 24 小时。免费存放期限自铁路车站发出到货催领通知的次日（或卸车的次日）零点起计算。当收货人领取货物已超过免费暂存期限时，应按规定支付货物暂存费。

③ 到货领取。领取货物时必须凭“领货凭证”和相关证件到货运室办理货物领取手续。收货人为个人的，本人还应持本人证件（户口簿或身份证）；收货人为单位的，应由单位出具所领货物和领货人姓名的证明文件，领货人持本人身份证领取。

用户到铁路托运货物的步骤及铁路内部相应的作业简要过程如图 2 - 2 所示。

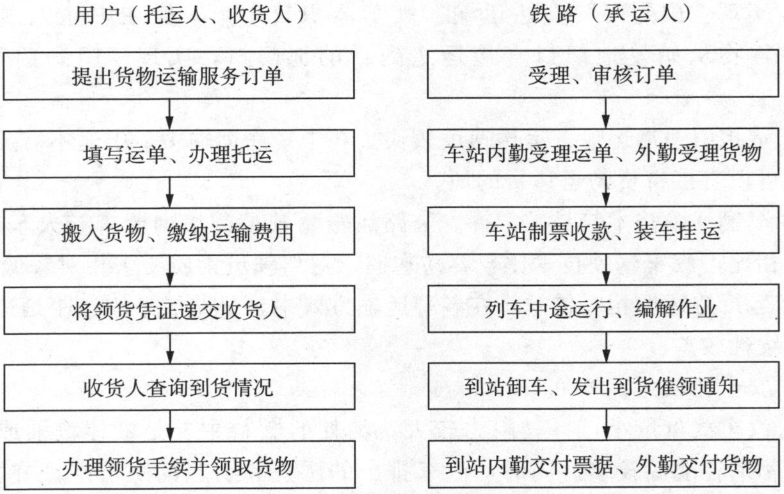

图 2 - 2 用户到铁路托运货物的步骤及铁路内部相应的作业简要过程

用户到铁路托运货物时，不只是和铁路货运员工打交道，实际上也是和铁路货运规章制度打交道。就货运营业方面而言，托运人、收货人和承运人除了要遵守《中华人民共和国铁路法》《铁路危险货物运输安全监督管理规定》《铁路安全管理条例》外，还要共同执行《铁路货物运价规则》《通用货物品名表》《国际联运货车使用规则》《国际铁路货物联运协定（中文）》《国际铁路货物联运统一过境运价规程》等规章制度。

2.2 公路运输

2.2.1 公路运输概述

1. 公路运输定义

广义上说，公路货物运输是指利用一定的载运工具（汽车、拖拉机、畜力车、人力车等）沿公路（一般土路、有路面铺装的道路、高速公路）实现货物空间位移的过程；狭义上说，公路运输即指汽车运输。物流运输中的公路运输也专指汽车货物运输。

2. 公路货物运输特点

① 适应性强，能作为其他运输方式的衔接手段。公路运输网的密度大、分布面广。当其他运输方式（如铁路、水路或航空）担任主要长途运输方式时，公路汽车运输则担任其起始点、终到点的货物集散运输方式。

② 实现“门到门”直达运输。汽车体积较小，一般在中途无须换装，可以将货物从始发地门口直接运送到目的地门口，实现“门到门”直达运输。

③ 承担中短途运输，运送速度较快。在中短途运输中，中途不需要倒运、转乘就可以直接将货物运达目的地。

④ 车辆驾驶技术较易被掌握。公路运输驾驶员的培训要求与火车或飞机驾驶员相比，汽车驾驶技术比较容易掌握，对驾驶员素质要求相对较低。

⑤ 运行持续性相对较差。在各种运输方式中，公路的平均运距是最短的，运行持续性较差。

⑥ 安全性较低。

⑦ 汽车载重量小，行驶阻力较大，消耗的燃料主要是液体汽油或柴油，单位货物消耗能源较多。同时，汽车排出的尾气和引起的噪声严重威胁人类健康，是城市环境污染的最大污染源之一。

3. 公路运输设施

（1）公路的构成

公路是一种线形工程构造物，主要由路基、路面、桥梁、隧道、涵洞等基本构造物和其他辅助构造物及设施组成。

① 公路路基

路基是路面的基础，并与路面共同承受车辆荷载，同时抵御地表各种自然因素的危害。

② 公路路面

公路路面是在路基上用坚硬材料铺筑供汽车行驶的层状结构物，直接承受车辆的行驶作用力。其一般分为面层、基层、垫层和土基。路面按面层材料的不同，可分为沥青路面、水泥混凝土路面、块料路面和粒料路面。为了保证车辆有一定的行驶速度和安全性能等，公路路面要具有一定的强度、平整度和必要的粗糙度。

③ 桥隧与涵洞

当公路跨越河流、沟谷，或与铁路、其他公路立体交叉时，需要修建桥梁或涵洞；当线路翻越山岭时，需修筑隧道。桥梁有梁式桥、拱桥、吊桥、刚构桥和斜拉桥之分。较长的公路隧道，还需配备照明、通风、消防设施及报警器等其他应急设施。

（2）道路交通控制附属设施

① 道路交通标志

道路交通标志是用图案、符号、文字传递交通管理信息，用以管制及引导交通的一种安全管理设施。在《道路交通标志和标线》（GB 5768—2009）中，交通标志主要分为七大类，即警告标志：警告车辆和行人注意危险地点的标志；禁令标志：禁止或限制车辆、行人交通行为的标志；指示标志：指示车辆、行人行进的标志；指路标志：传递道路方向、地点、距离信息的标志；旅游区标志：提供旅游景点方向、距离信息的标志；道路施工安全标志：通告道路施工区通行的标志；辅助标志：附设于主标志下起辅助说明作用的标志。

② 道路交通标线

道路交通标线是由标划于路面上的各种线条、箭头、文字、立面标记、突起路标和轮廓标等所构成的交通安全设施。它的作用是管制和引导交通，可以与标志配合使用，也可单独使用。在《道路交通标志和标线》（GB 5768—2009）中，道路交通标线主要分为三大类，即指示标线是指示车行道、行车方向、路面边缘、人行道等设施的标线；禁止标线是告示道路交通的遵行、禁止、限制等特殊规定，车辆驾驶人员及行人需要严格遵守的标线；警告标线是使车辆驾驶人员及行人了解道路上的特殊情况，提高警觉，准备防范应变措施的标线。

③ 交通信号灯

交通信号灯是交通信号中的重要组成部分，适用于“十”字、“丁”字等交叉路口，由道路交通信号控制机控制，指导车辆和行人安全有序地通行，是道路交通的基本语言。交通信号灯由红灯、绿灯、黄灯组成。交通信号灯的种类主要包括机动车信号灯、非机动车信号灯、人行横道信号灯、车道信号灯、方向指示信号灯、闪光警告信号灯、道路与铁路平面交叉道口信号灯等。

④ 交通信息检测器

交通信息检测器，简称车辆检测器。车辆检测器主要用于检测计数、存在、速度、占有率、车类车色、车流向、车辆行驶轨迹、车间距、通过时间、交通流密度、鸣喇叭等。交通检测系统主要运用电磁传感技术、超声传感技术、雷达探测技术、视频检测技术、计算机技术、通信技术、人工智能技术等。

⑤ 安全护栏与隔离栅

隔离栅是高速公路的基础设施之一，它使高速公路全封闭要求得以实现，并可阻止人畜进入高速公路。隔离栅按使用材料的不同，可分为金属网、钢板网、刺铁丝和常青绿篱。

（3）公路运输车辆

公路所使用的运输车辆主要是汽车。汽车主要分为客车、载货汽车和专用运输车辆。在物流运输中，用到的主要是载货汽车和专用运输车辆。参见标准《汽车、挂车及汽车列车外廓尺寸、轴荷及质量限值》（GB 1589—2016）。

① 载货汽车

载货汽车按载货量，分为重型、轻型载货汽车；按汽车的大小，载货汽车分为大型、中型和微型。其中，进行市内的集货、配货作业可以用微型和轻型货车；长距离的干线运输可以用重型货车；短距离的市外运输可以用中型货车。

② 专用运输车辆

专用运输车辆主要包括：带有液压卸车机构的自卸式货车；带有进、卸粮口的散粮车；箱式车，即货箱封闭的标准挂车或货车；顶部敞开的敞车；平板车，即没有顶部的挂车；罐式挂车；冷藏车；能够增大车厢容积的栏板式货车；集装箱牵引车和挂车；设计独特，具有特殊用途的特种车。专用运输车辆的特点及作用见表 2 - 2 所列。

表 2－2　专用运输车辆的特点及作用

种　类	特点及作用
自卸式货车	货车动力大，通过能力强，可以自动后翻或侧翻，物品可以凭借本身的重力自行卸下；适用于矿山和建筑工地的煤、矿石等的运输
散粮车	专用性很强，适用于承运粮食
箱式车	结构简单，运力利用率高，适应性强；车厢是全封闭的，车门便于装卸作业，能够实现"门到门"运输
敞车	敞车顶部敞开，可以装载高低不等的货物
平板车	平板车主要用于运输钢材、集装箱等货物
罐式货车	密封性强，适用于运输流体类物品（如石油）和易挥发、易燃等的危险品
冷藏车	适用于运送需对温度进行控制的、需冷藏保鲜的、易腐易变质的物品及鲜活物品
栏板式货车	整车重心低，载重量适中；适用于装载百货和杂品
集装箱牵引车和挂车	集装箱牵引车专门用于拖带集装箱挂车或半挂车，两者结合组成车组，是运输集装箱的专用机械，适用于港口码头、铁路货场与集装箱堆场之间的运输

（4）货运站

公路运输货运站的主要功能包括货物的组织与承运、中转货物的保管、货物的交付、货物的装卸以及运输车辆的停放、维修等内容。简易的货运站点，仅有供运输车辆停靠与装卸货物的场地。

货运站分为集运站、分装站和中继站等。其中，集运站是集结货物或分送货物的场站；分装站是将货物按要求分开并进行配送的场站；中继站是供长途货运驾驶员及随车人员中途休整的场站。

（5）公路的分级

按照我国公路工程技术标准，公路依据交通量、使用性质和任务主要分为五个等级。公路的分级见表 2－3 所列。

表 2－3　公路的分级

公路等级	使用性质和任务	车道数	年平均昼夜交通
高速公路	具有特别重要的政治、经济意义，专供汽车分道行驶，全部控制出入	4 车道	25 000—55 000 辆
		6 车道	45 000—80 000 辆
		8 车道	60 000—100 000 辆

（续表）

公路等级	使用性质和任务	车道数	年平均昼夜交通
一级公路	连接重要政治、经济中心，通往重点工矿区，可供汽车分道行驶，部分控制出入	4车道	15 000—30 000辆
		6车道	25 000—55 000辆
二级公路	连接政治、经济中心或大工矿区的干线公路，或运输任务繁忙的城郊公路	2车道	5 000—15 000辆
三级公路	沟通县级以上城市的一般干线公路	2车道	2 000—6 000辆
四级公路	沟通县、乡、村等的支线公路	2车道以下	2 000辆以下

此外，按照行政管理体制，我国又将公路按所在位置以及在国民经济中的地位和运输特点，划分为国道、省道、县道、乡道和专用公路五个等级，实行分级管理。公路的分级见表2-4所列。

表2-4 公路的分级

公路等级	使用性质和任务
国道	在国家公路网中，具有全国性的政治、经济、国防意义，并经确定为国家级干线公路
省道	在省公路网中，具有全省性的政治、经济、国防意义，并经确定为省级干线公路
县道	具有全县性的政治、经济意义，并经确定为县级公路
乡道	主要为乡、村农民提供生产、生活服务的公路
专用公路	由工矿、农村等部门投资修建，主要供该部门使用的公路

2.2.2 公路货物运输分类

1. 按运输组织方法分类

根据运输组织的不同，公路货物运输分为零担货物运输、整批货物运输和集装箱运输三类。

公路零担货物运输是指托运人一次托运货物的计费重量不足3吨，以汽车为运载工具的货物运输。特殊货物不做零担货物受理，各类危险货物、易污染货物和鲜活货物也不做零担货物处理。

公路整批货物运输是指托运人一次托运货物计费重量3吨以上，或虽不足3吨，但其性质、体积、形状需要一辆汽车运输的货物运输。

集装箱运输是指采用集装箱为容器并且使用汽车运输的货物运输。

2. 按运输条件分类

根据运输条件的不同，公路货物运输分为货物运输和特种货物运输。特种货物运输又可分为大型特型笨重物件运输、危险货物运输和鲜活货物运输。

大型特型笨重物件运输。因货物的体积、重量的要求，需要大型或专用汽车运输，如风力发电系统发电杆、扇叶的运输。

危险货物运输。危险货物具有爆炸、易燃、毒害、腐蚀、放射性等性质，在受理托运、仓储保管、货物装卸、运送、交付等环节，应加强管理。托运人只能委托有危险化学品运输资质的运输企业承运，在托运时必须说明货物名称、特性、防护方法、形态、包装、单件重量等情况。

鲜活货物运输包括易腐货物、活动物和微生物、植物等的运输，其运输条件主要包括：①托运需冷藏保温的货物，托运人应提出货物的冷藏温度和在一定时间内的保持温度的要求；②托运鲜活货物，托运人应提供最长运输期限及途中管理、照料事宜的说明书；③货物允许的最长运输期限应大于汽车运输能够达到的期限；④运输途中需要饲养、照料的动物、微生物、植物，托运人必须派人押运。

3. 按经营形式分类

根据经营方式的不同，公路货物运输可分为公共货物运输、契约货物运输、自用货物运输和货运代理货物运输。

公共货物运输是指以整个社会为服务对象的专业性公路货物运输。其经营方式主要有定期定线运输、定线不定期运输和定区不定期运输。另外，还包括出租汽车货运和搬家货物运输。

契约货物运输是指按照承托双方签订的运输契约进行的货物运输。按契约规定，托运人保证提供一定的货运量，承运人保证提供所需的运力。

自用货物运输是指工厂、企业、机关事业单位自有汽车，专为运送自己的物资和产品而进行的运输业务，自用货物运输一般不对外营业。

货运代理的货物运输本身既不掌握货源也不掌握运输工具，而是以中间人身份一面向货主揽货，一面向运输公司托运，并借此收取手续费用和佣金。部分汽车货运代理专门从事向货主揽取零星货载，加以归纳集中成为整批货物，然后自己以托运人的名义向运输公司托运，赚取零担和整批货物运费之间的差额。

4. 按运输车辆的不同分类

根据运输车辆的不同，公路货物运输可分为普通车辆运输和特种车辆运输。其中，特种车辆运输是指凡由于货物性质、体积或重量的要求，需要大型汽车或挂车（核定载重吨位为40吨及以上的）以及容罐车、冷藏车、保温车等车辆运输的货物运输。

5. 甩挂运输

甩挂运输是指利用汽车列车甩挂挂车的方法，以减少车辆装卸停歇时间的一种拖挂运输形式。甩挂运输是带有动力的机动车将随车拖带的承载装置，包括半挂车、全挂车甚至货车底盘上的货箱甩留在目的地后，再拖带其他装满货物的装置返回原地，或者驶向新的地点。这种由连续拖带两个以上承载装置的带有动力的主车进行运输的方式称为甩挂运输。

在相同的运输组织条件下，汽车运输生产效率取决于汽车的载重量、平均技术速度和装卸停歇时间三个主要因素。实行汽车运输列车化，可以提高车辆每运次的载重量，从而提高运输生产效率。甩挂运输适用于装卸能力不足、运距较短、装卸时间占汽车列车运行时间比重较大的运输条件，可根据运输条件的不同，组织不同形式的甩挂运输。

2.2.3 公路货物运输的基本业务

公路货物运输的基本业务流程如图2-3所示。

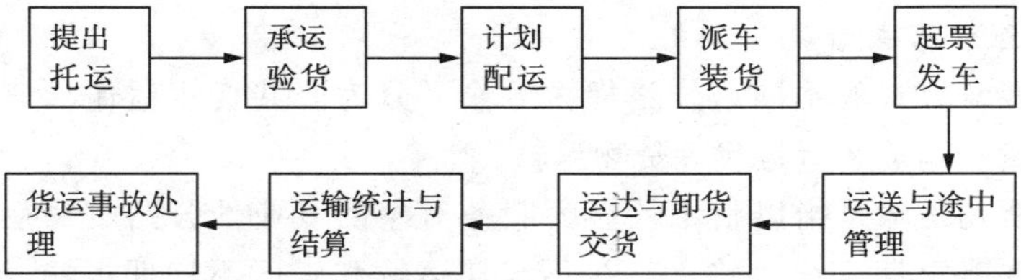

图2-3 公路货物运输的基本业务流程图

1. 提出托运

提出托运是指货主委托运输企业运送货物，并为此办理相关手续的统称。托运一般采用书面方式，托运手续的办理就是公路货物运输合同的订立。公路货物运输合同由承运人和托运人本着平等、自愿、公平、诚实、信用的原则签订。

公路货物运输书面合同分为定期货运合同和一次性货运合同。定期运输合同适用于承运人、托运人、货运代办人之间商定时期内的批量货物运输；一次性货运合同适用于每次货物运输。公路货物托运单属于一次性货运合同，须经运输单位审核并由双方签章后方具有法律效力。运单确定承运方与托运方在货物运输过程中的权力、义务和责任，是货主托运货物的原始凭证，也是运输单位承运货物的原始依据。公路运输托运单基本内容（示例）见表2-5所列。托运人应按运单要求填写相关内容，要求字迹清楚、内容准确，并注意以下事项：

表 2-5　公路运输托运单基本内容(示例)

承运人：　　　　经办人：　　电话：　　地址：　　　　运单编号：

托运人：		联系人：		电话：		装货地点：				约定起运时间	
收货人：		联系人：		电话：		收货地点：					
付款人		地址		电话		约定到达时间				需要车种	
货物名称及规格	包装形式	件数	体积 长×宽×高/cm×cm×cm	质量/t	计费里程/km	保险、保价价格	货物等级	计算项目	计费重量	单价	合计/元
								运费			
								装卸费			
								保险费			
合计								总费用			
托运人记载事项			(付款人银行账号)			承运人记载事项				(承运人银行账号)	
注意事项	(1)托运人请勿填写栏内项目。 (2)货物名称应填写具体品名，如货物品名过多，不能在托运单内逐一填写，必须另附货物清单。 (3)保险或保价货物，在相应价格栏中填写货物声明价格。						托运人签章： 年　月　日			承运人签章： 年　月　日	

说明：(1)填在一张货物托运单内的货物必须属于同一托运人。对于拼装分卸货物，应将拼装或分卸情况在托运单记事栏内注明。易腐蚀货物、易碎货物、易溢漏液体、危险货物与普通货物，以及性质相抵触、运输条件不同的货物，不得用同一张托运单托运。托运人、承运人修改运单时，须签字盖章。(2)本托运单一式两联：第一联做受理存根，第二联做托运回执。

① 一张运单托运的货物必须是同一托运人、收货人。

② 托运的货物品种不能在一张运单内逐一填写的，应填写货物清单。

③ 对拼装分卸货物，应将每一拼装或分卸情况在运单记事栏内注明。

④ 若自行装卸货物，需在运单内注明。

⑤ 易腐蚀货物、易碎货物、易污染货物与普通货物以及性质相互抵触的货物不能用一张运单。

⑥ 托运特种货物，托运人应按要求在运单中注明运输条件和特约事项。

⑦ 按照国家有关部门规定需办理准运或审批、检验等手续的货物，托运人托运时应将准运证或审批文件提交承运人，并随货同行；托运人委托承运人向收货人代递有关文件时，应在运单中注明文件名称和份数。

⑧ 已签订运输合同的运单由承运人填写，并在运单托运人签字盖章处填写合同序号。

⑨ 托运人、承运人修改运单时，需签字盖章。

2. 承运验货

货物承运是承运方对托运的货物进行审核、检查、登记等受理运输业务的工作过程。货物承运自运输单位在托运单上加盖承运章开始。承运人应与托运人约定运输路线，若起运前运输路线发生变化，必须通知托运人，并按最后确定的路线运输。运输期限由承托双方共同约定后，应在运单上注明。

运输单位在托运单上加盖承运章前，应派人验货，即对货物实际数量、质量、包装、标志以及装货现场等情况进行查验。

3. 计划配运

承运方的调度员根据承运货物情况和运输车辆情况编制车辆日运行作业计划，平衡运力运量及优化车辆运行组织，并且根据车辆运行作业计划发布调度命令。

4. 派车装货

根据车辆运行作业计划填发“行车路单”，并派车去装货地点装货。货物装车时，驾驶员要负责点件交接工作，保证货物完好无损和计量准确。车辆装货后，业务员应根据货物托运单及发货单位的发货清单填制运输货票。

5. 起票发车

运输货票是承运的主要凭证，是一种具有财务性质的票据。它在起票站点是向托运人核收运费、缴纳运输费用、统计有关运输指标的依据。起票后，驾驶员按调度员签发的行车路单运送货物。

6. 运送与途中管理

车辆在运送货物过程中，调度员应做好线路车辆运行管理工作，掌握各运输车辆工作进度，及时处理车辆运输过程中临时出现的各类问题，保证车辆日运行计划的充分实施；驾驶员应及时做好货运途中的行车检查，既要保持货物完好无损、无漏失，又要保持车辆技术状况完好。

在货物起运前后，如遇特殊原因托运方或承运方需要变更运输时，应及时由承运和托运双方协商处理，填制汽车运输变更申请书，所发生的变更费用，需按有关规定处理。

7. 运达与卸货交货

货物运达承、托双方约定地点后，承运人知道收货人的，应及时通知收货人。收货人应凭有效单证及时提收货物；收货人逾期提收货物的，应当向承运人支付保管费等费用。收货人不明或者收货人无正当理由拒绝提收货物的，应赔偿承运人因此造成的损失；依照《中华人民共和国合同法》的相关规定，承运人可以提存货物。

货物交付时，承运人与收货人应当做好交接工作，发现货损、货差情况时，由承运人与收货人共同编制货运事故记录，交接双方在货运事故记录上签字确认。货物交接时，若承、托双方对货物的质量和内容有质疑，均可提出查验与复磅要求，查验和复磅的费用由责任方负担。

8. 运输统计与结算

运输统计是指对已完成的运输任务依据行车路单及运输货票进行有关运输工作指标统计，生成有关统计报表，供运输管理与决策使用。

运输单位内部结算是指对驾驶员完成运输任务应得的工资收入进行定期结算；运输单位外部结算是指对货主（托运人）进行运杂费结算。运杂费包括运费与杂费两项费用。杂费指在整个运输过程中发生的除运费之外的调车费、放空费、养路费、过渡费、车船清扫费、港务费、过驳费，结合装卸进行的灌装封口过磅费和专用线、站台、码头租用费等。

9. 货运事故处理

货物在承运责任期内，因在装卸、运送、保管交付等作业过程中所发生的因货物损坏、变质、误期及数量差错而造成经济损失的，称为货运事故。货运事故发生后应努力做好以下工作：

① 货运事故发生后，承运人应及时通知收货人或托运人。

② 查明原因、落实责任，事故损失由责任方按有关规定计价赔偿。

③ 承运与托运双方都应积极采取补救措施，力争减少损失和防止损失继续扩大，并做好货运事故记录。

④ 若对事故处理有争议，应及时提请交通运输主管部门或运输经济合同管理机关调解处理。

⑤ 当事人不愿和解、调解或者和解、调解不成的，可依仲裁协议向仲裁机构申请仲裁；当事人没有订立仲裁协议或仲裁协议无效的，可以向人民法院起诉。

公路货物运输种类中的零担货物运输作业与基本作业流程稍有不同，其基本业务流程如图 2－4 所示。

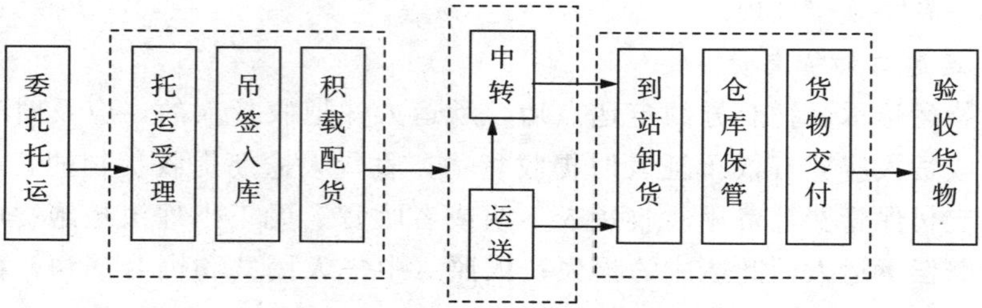

图 2－4 零担货物运输作业基本业务流程图

2.3 水路运输

2.3.1 水路运输概述

1．水路运输定义

水路货物运输是指使用船舶及其他航运工具，以港口或港站为运输基地，在沿海、江河、湖泊、海洋等通航水域载运货物的一种运输方式。水路运输的技术经济特征是载重量大、成本低、投资小，但灵活性小，连续性也差，较适于担负大宗、低值、笨重货物和各种散装货物的中长距离运输，在干线运输中起着重要作用。在内河及沿海地区，水运常作为小型货运的方式，承担补充及衔接大批量干线运输的任务。

2．水路运输特点

水路运输与其他运输方式相比，具有以下特点：

① 运量大。一般驳船载运量在 1 000 吨以上，长江干线上一支拖驳或顶推驳船队的载运能力已超万吨。船舶正在向大型化方向发展，如 50 万～60 万吨的巨型油轮。

② 适应性强。水路运输适宜运输各种货物，尤其是一些用火车、汽车无法运输的特种货物，如石油井架、机车等。

③ 基本建设投资少，占地少。水运只需利用江河湖海等自然水利资源，整治航道也仅只有铁路建设费用的 1/3～1/5，不占用或较少占用耕地，而铁

路和公路平均每千米要占地 20 000～27 000 平方米。

④ 运费低。水路运输费用只相当于铁路运输的 20%～30%，公路运输的 7%～20%，美国密西西比河干流的运输成本只有铁路运输的 1/3～1/4。

⑤ 受自然条件的限制与影响大。水运受海洋与河流的地理分布及其地质、地貌、水文与气象等因素的明显制约与影响，无法在广大陆地上任意延伸，水运应与铁路、公路和管道运输配合，实行联运。

3. 水路运输的基本条件

水路运输的系统通常由运输通路（航道与航线），运输工具（船舶、运输站场、港口），运输对象（旅客和货物），技术设备和信息网络等组成。

（1）船舶

船舶是航行或停泊于水域进行运输或作业的工具。物流运输的货船主要包括散货船、杂货船、冷藏船、木材船、原油船、成品油船、集装箱船、滚装船、载驳船、液化气船等。货船主要类型的特点及用途见表 2－6 所列。

表 2－6　货船主要类型的特点及用途

类　型	特点及用途
散货船	又称干散装货船，是用以装载无包装的大宗单一货物的船；特点是舱口围板高而大，货舱横剖面呈棱形，可减少平舱工作，货舱四角的三角形舱柜为压载水舱，可调节吃水和稳定高度；一般运送煤炭、矿砂、谷物、化肥、水泥、钢铁等散装物资
杂货船	用于装载一般包装、袋装、箱装和桶装的杂货，载重量一般在万吨以上；货舱和甲板分层较多，便于分隔货物；新型的杂货船一般为多用途型，既能运载普通件杂货，也能运载散货、大件货、冷藏货和集装箱
冷藏船	运送肉、鱼、蔬菜和水果等易腐货物的专用船舶；设多层甲板，货舱内通常被分隔成若干独立的封闭空间；船上具有大功率的制冷装置，可以在比较恶劣的环境中，使各冷藏货舱内保持货物所需的温度
木材船	专门用以装载木材或原木的船舶；船舱口大，舱内无梁柱及其他妨碍装卸的设备；船舱及甲板上均可装载木材；为防甲板上的木材被海浪冲出舷外，在船舷两侧一般设置不低于 1 米的舷墙
原油船	专门用于载运原油的船舶，简称油船；原油运量巨大，油船载重量可达 50 多万吨，是船舶中的最大者；甲板上无大的舱口，用泵和管道装卸原油；设有加热设施，在低温时对原油加热，防止其凝固而影响装卸

（续表）

类　型	特点及用途
成品油船	专门载运柴油、汽油等石油制品的船舶；结构与原油船相似，但吨位较小；有很高的防火、防爆要求
集装箱船	又称箱装船、货柜船或货箱船，是一种专门载运集装箱的船舶；其全部或大部分船舱用来装载集装箱，甲板或舱盖上也堆放集装箱；货舱口宽而长，货舱的尺寸按载箱的要求规格化；装卸效率高，降低劳动强度，减少货损货差，便于开展多式联运，已成为件杂货的主运输船舶
滚装船	利用车辆上下装卸货物的多用途船舶；以装有集装箱等大件货物的挂车和装有货物的带轮的托盘作为货运单位，由牵引车或叉车直接进出货舱进行装卸
载驳船	专门载运货驳的船舶，又称母子船，即在大船上搭载驳船，驳船内装载货物的船舶；这种方式可提高装卸效率，缩短船舶停港时间，加速船舶周转，不受港口、码头和装卸设备的限制，同时便于把海河联运有机地结合起来；运输方式与集装箱运输方式相仿，因为货驳可视为能够浮于水面的集装箱
液化气船	专门用于运输有毒、易挥发、属于危险品的液体化学品，如甲醇、硫酸、苯等的船舶；货舱区域均为双层壳结构，以减小船舶受损时货品溢出的危险；货舱容积因装运的货物有危险而受到一定的限制；液体化学品多数有毒、易燃、腐蚀性强，且品种多，因此船舶多为双层底，货舱多且小

(2) 港口

港口是具有水陆联运设备和条件，供船舶安全进出和停泊的运输枢纽，是水陆交通的集结点和枢纽，工农业产品和外贸进出口物资的集散地，船舶停泊、装卸货物、上下旅客、补充给养的场所。

港口由水域和陆域组成。

港口水域是供船舶进出港，在港内运转、锚泊和进行装卸作业使用的。港口水域要求有足够的水深和面积，水面基本平静，流速和缓，以便船舶安全操作。水域通常包括进港航道、锚泊地和港池。进港航道要保证船舶安全方便地进出港口，必须有足够的深度和宽度，适当的位置、方向和弯道曲率半径，避免强烈的横风、横流和严重淤积，尽量降低航道的开辟和维护费用；锚泊地是有天然掩护或人工掩护条件，能抵御强风浪的水域，船舶可在此锚泊、等待靠泊码头或离开港口；港池是直接和港口陆域毗连，供船舶靠离码头、临时停泊和调头的水域。

港口陆域是供旅客上下船以及进行货物的装卸、堆存和转运使用的。陆域必须具有适当的高程、岸线长度和纵深，以便安置装卸设备、仓库、堆场、铁路、公路以及各种必要的生产和生活设施等。

港口朝着全方位增值服务中心的方向发展，现代港口应具有“五个中心”的功能：物流服务中心提供船舶、汽车、火车、货物、集装箱的中转、装卸和仓储等综合物流服务；商务中心为用户提供运输、商贸和金融服务；信息与通信服务中心是电子数据交换系统的综合服务网站；现代产业中心有利于人口集中和城市经济的增长；后援服务中心提供人才培训、海员供应、贸易谈判、生活娱乐等后援服务，强化港城一体化关系，优化城市功能。

2019 年全球集装箱港口排名前十分别为上海港（第 1）、新加坡港（第 2）、宁波舟山港（第 3）、深圳港（第 4）、广州港（第 5）、釜山港（第 6）、香港港（第 7）、青岛港（第 8）、天津港（第 9）、迪拜港（第 10）。2020 年中国集装箱吞吐量前二十港口排名统计见表 2 - 7 所列。

表 2 - 7　2020 年中国集装箱吞吐量前二十港口排名统计　（单位：万 TEU）

排序	港口	1—12 月	同比增幅（%）
1	上海港	4 350	0.4
2	宁波舟山港	2 872	4.3
3	深圳港	2 655	3.0
4	广州港	2 317	1.5
5	青岛港	2 201	4.7
6	天津港	1 835	6.1
7	厦门港	1 141	2.5
8	苏州港（内河）	629	0.3
9	营口港	565	3.1
10	大连港	511	−41.7
11	北部湾港	505	32.2
12	日照港	486	8.0
13	连云港港	480	0.5
14	佛山港（内河）	405	−8.8
15	东莞港	380	−6.2
16	福州港	352	−0.4

（续表）

排序	港口	1—12月	同比增幅（%）
17	烟台港	330	6.4
18	唐山港	312	5.8
19	南京港（内河）	302	−8.6
20	泉州港	226	−12.4

（3）水上航道与航线

航道是指在内河、湖泊、港湾等水域内供船舶安全航行的通道，由通航水域、助航设施和水域条件组成。航道一般分为海上航道、内河航道和人工航道。

海上航道属自然水道，通过能力几乎不受限制。但是，随着船舶吨位的增加，部分海峡或狭窄水道会对通航船舶产生一定的限制，这要求航运管理员必须知道船舶通行的海上航道有无限制条件。

内河航道大部分是由天然水道加上引航的导标设施构成的。航运管理员必须了解航道的宽度、深度、弯曲半径、水流速度、过船建筑物尺度以及航道的气象条件和地理环境等特征。根据我国《内河航道标准》，内河航道等级分为七级，见表2-8所列。

表2-8　内河航道等级

航道等级	航道定义
一级航道	可通航3 000吨内河船舶的航道
二级航道	可通航2 000吨内河船舶的航道
三级航道	可通航1 000吨内河船舶的航道
四级航道	可通航500吨内河船舶的航道
五级航道	可通航300吨内河船舶的航道
六级航道	可通航100吨内河船舶的航道
七级航道	可通航50吨内河船舶的航道

人工航道是指在陆上人工开发的航道，包括人工开辟或开凿的运河和其他通航渠道。如平原地区开挖的运河，山区、丘陵地区开凿的沟通水系的越岭运河，可供船舶航行的排、灌渠道或其他输水渠道等。

航线形式是指在固定的港口之间，为完成一定的运输任务，选配符合具体条件的一定数量船舶，并按一定工艺过程组织船舶运行组织形式。

航线由在各航线工作的不同船型、供船舶停靠作业的港口码头以及各种辅助设备构成，可按船舶航行区域、运行状况、航线有效期限以及航线港口数的不同进行分类。按船舶航行区域划分，航线可分为内河航线、沿海航线和远洋航线。内河航线是指符合内河航行条件的船舶，在内河沿岸固定港口间航行而组成的航线；沿海航线是指符合沿海航行条件的船舶，在沿海固定港口间航行而组成的航线；远洋航线主要是为适应国际贸易的需要及第三国的运输需要，根据运输贸易协定规定的航线，由符合远洋航行条件的船舶组成。主要的远洋航线是太平洋航线、大西洋航线、印度洋航线及世界集装箱海运干线等。

2.3.2　水路货物运输分类

1. 按航行区域分类

根据航行区域的不同，水路运输分为沿海运输、近海运输、远洋运输及内河运输四种形式。

沿海运输是使用船舶通过大陆附近沿海航道运送客货的一种方式，一般使用中、小型船舶；近海运输是使用船舶通过大陆邻近国家海上航道运送客货的一种运输形式，视航程可使用中型船舶，也可使用小型船舶；远洋运输是使用船舶跨大洋的长途运输形式，主要依靠运量大的大型船舶；内河运输是使用船舶在陆地内的江、河、湖、川等水道进行运输的一种方式，主要使用中、小型船舶。

2. 按经营方式分类

根据经营方式的不同，水路运输分为班轮运输和租船运输两种。

(1) 班轮运输

班轮运输，又称定期船运输，指班轮公司将船舶按照事先制定的船期表，在特定航线的各挂靠港口之间，为非特定的众多货主提供规则的、反复的货物运输服务，并按运价本或协议运价的规定计收运费的一种营运方式。班轮运输适合于货流稳定、货种多、批量小的杂货运输。

班轮运输具有“四固定一负责”的特点，“四固定”是指固定航线、固定港口、固定船期和相对固定的费率；“一负责”是指班轮运输承运人负责装和卸，承运人对货物负责的时段是从货物装上船起，到货物卸下船为止，即“船舷至船舷”或“钩至钩”，承运双方的权利义务和责任豁免以签发的提单为依据，并受国际公约的约束。

(2) 租船运输

租船运输，又称不定期船运输，指货主或其代理人租赁其他人的船舶，将货物送达到目的地的水路货物运输方式。租船运输适用于大宗货物运输，航线、港口、运输货物的种类以及航行的时间等，按照承租人的要求，由船舶所有人确认。租船人与出租人之间的权利义务以双方签订的租船合同确定。

水路运输市场交易的租船形式主要有定期租船、航次租船、包运租船、光船租船等。

定期租船是指船舶所有人将一艘特定的船舶出租给承租人使用一段时间的租船方式。这种租船方式不以完成航运次数为依据，而是以约定使用的一段时间为限，在此租期内船东收取租金，承租人使用该船的运载能力。租船人负担货物装卸费、理舱费、平舱费、船用燃料费、港口使用费等；其他费用，如船员工资、给养、船舶维修保养等费用由船东负担。

航次租船，也称程租，是由船舶所有人向租船人提供特定的船舶，在指定的港口之间分一个航次或几个航次承运租船人指定的货物，租船人向船舶所有人支付相应运费的租船运输方式。航次租船可分为单航次租船、来回程航次租船、连续单航次租船或连续来回程航次租船。航次租船费用负担与定期租船基本相同。

包运租船是指船舶所有人提供给承租人一定的运力，在确定的港口之间以事先约定的时间、航次周期和每航次较均等的货运量，完成合同规定总运量的租船方式，这是航次租船派生的一种特殊形式。租期的长短取决于货物的总量及船舶航次周期。船舶所承运的货物主要是运量大的干散货或液体散装货。

光船租船，又称船壳租船，指在租期内船舶所有人只提供一艘空船给承租人使用，而配备船员、供应给养、船舶的营运管理以及一切固定或变动的营运费用都由承租人负担的租船形式。承租人在租期内成为该船临时特定的船东使用船舶。这种租船不具有运输承揽的性质，只相当于一种财产租赁。

2.3.3 水路货物运输的基本业务

在不同的水路货物运输类型中，水路运输业务流程有所不同。例如，班轮运输业务主要包括揽货、订舱、备货报检、货物收集与交接、报关、装船、换取提单与结汇、海上运输、卸船及交付货物等；租船货运业务主要包括租船询价、租船报价、租船还价、租船报实盘、接受订租、订租确认书、租船合同等；内河运输业务主要包括签订运输合同、托运货物、运送货物、交付货物等；海运运输业务主要包括确定航线、托运、承运交接货物、办理保险、通关与报关、装运、直达运输（转船）、装卸与交接、结算等。以海运运输业务为例，水路货物运输基本业务流程如图2-5所示。

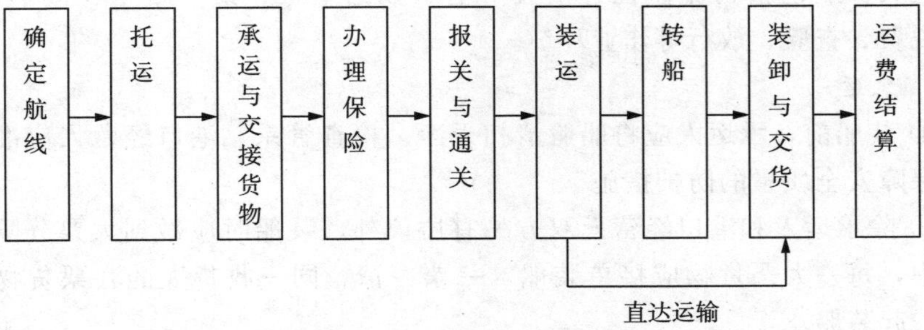

图 2-5　水路货物运输基本业务流程

1. 确定航线

设置航线需要考虑以下因素：

① 有无保证船舶正常营运需要的充足且稳定的货源，根据货源情况，考虑基本舱位的多少。

② 地理环境、气候条件、航道水深以及沿途港口状况是否适合船舶安全航行。

③ 所拟航线上各船舶公司的参与情况及其竞争能力情况。

④ 国家的外交、经贸政策及航线所在地区的政局稳定情况。

2. 托运

货物的托运阶段内容主要包括托运人与其代理人办理托运手续，承运人检验并承运货物。托运人主要业务包括填写水路货物清单、提交托运的货物、支付费用。

3. 承运与交接货物

承运人和港口经营人按照《水路货物运输规则》中的有关规定，审查货物运单和港口作业委托单填制的各项内容；通过港口库场装船的货物，由港口经营人在与作业委托人商定的货物集中时间和地点，按港口作业委托单载明的内容负责验收；通过船边直接装船或托运人自理装船的货物，由承运人或其代理人按货物运单载明的内容负责验收。

4. 办理保险

货主订妥舱位后，在货物集港前，应向保险公司办理货物海洋运输保险事宜。

5. 报关与通关

按规定，进出口货物需向海关申报，并在交验的进出口载货清单或者装载清单、交接单、运单上，列明所载集装箱件数、箱号、尺码、货物的品名、数量、收发货人、提单或装货单号等内容。

通关作业包括物流监控、报关单电子数据申报、集中审单、接单审核、征收税费、查验、放行等作业环节。

6. 装运

① 装船前，承运人应将船舱清扫干净，检查管系，港口经营人应准备好用以保障安全质量的防护措施。

② 除承运人和港口经营人双方另有协议外，装船时应做到大票分隔，小票集中，每一大票货物应接单装船，一票一清，同一收货人的几票货物应集中在一起装船。

③ 装船作业时，承运人应派人看舱。

④ 装船作业时，港口经营者要严格遵守操作规程和货运质量标准，合理使用装卸工具，轻搬轻放。做到不倒关、破包不装船、重不压轻、木箱不压纸箱、箭头向上、堆码整齐。

⑤ 计划配装的货物，如因故必须退装时，按规定办理。

⑥ 货物装船时，如实装数量与运单记载数量不符时，承运人与港口经营人应编制货运记录。

⑦ 装船完毕，通过港口库场装船的货物，由承运人和港口经营人在货物交接清单上签章。

7. 转船

在海运业务中，由于至目的港无直达船或无合适的船，目的港不在装载货物的班轮航线上，货物零星分散、班轮不愿停泊目的港，属于联运货物等原因，货物装运后允许在中途港换装其他船舶转至目的港，这一过程称为转船。

8. 装卸与交货

（1）卸船作业

① 承运人应及时向港口经营人提供卸船资料。

② 承运人应派人指导卸货。

③ 卸船时，如在船上发现货物残损、包装破裂、翻钉、松钉、包装完整而内有碎声、分票不清、标志不清、装舱混乱以及积载不当等情况，港口经营人应及时与承运人联系，检查确认，编制货运记录证明，不得拒卸或原船带回。

④ 卸船时，港口经营人应按规定的操作规程、质量标准操作，合理使用装卸机具。

⑤ 承运人和港口经营人在卸船作业中，应随时检查舱内、舱面、作业线路有无漏卸货物。

⑥ 货物装卸进港区库场，由承运人与港口经营人在船边进行交接。

⑦ 卸船完毕，承运人和港口经营人或者承运人和收货人应在货物交接清单上签章。未办妥交接手续，船舶不得离港。

(2) 交货

收货人接到到货通知后，应当及时提货，不得因对货物进行检验而使货物滞留船舶。货物运抵到达港后，承运人应当在 24 小时内向收货人发出到货通知。

9. 运费结算

按照约定，在提货时支付运费，并付清滞期费、包装整修费、加固费用以及其他中途垫款等。

2.4 航空运输

2.4.1 航空货物运输概述

1. 航空货物运输定义

航空货物运输是指在具有航空线路和飞机场的条件下，利用飞机或其他航空器作为运输工具进行货物运输的一种运输方式。起初，航空货运主要采用客机腹仓进行，现在全货机不断发展壮大。

2. 航空运输特点

航空运输快速及时、价格昂贵，适用于价值高、运费承担能力强的货物运输或者紧急运输。与其他运输方式相比，航空运输主要具有以下特点：

① 航空运输时效性高，运输速度快。货物本身的性质导致此类货物对时间的要求特别高，只能采用航空运输，如海鲜、活动物等鲜活易腐的货物。同时，企业在市场快速变化的经济社会环境中，需要及时对市场变化做出灵敏反应，不仅要考虑生产成本，还要考虑时间成本，如产品的订单生产、服装及时上市以便获取更高利润等，都离不开航空运输的支持。

② 航空运输空间跨度大。飞机在空中运行时，受航线条件限制的程度相对较低，可跨越地理障碍将任何两地连接起来，使其成为执行救援、急救等紧急任务中必不可少的手段。

③ 航空运输破损率低、安全性好。航空货物的价格较高，操作流程环节较其他运输方式严格，加之货物空中受损少，整个航空运输环节货物的破损率低、安全性好。

④ 基本建设周期短、投资少。航空运输的设施设备条件主要是飞机和机

场，与修建铁路和公路相比，机场建设周期短、占地少、投资省、收效快。

⑤ 运载载运能力低、单位运输成本高。同时，航空运输的机械维护及保养成本高。

⑥ 受气候条件限制。为保证安全，航空飞行在一定程度上会受到气候条件的限制，影响运输的准点性与正常性。

3. 航空运输体系的构成

航空运输体系主要包括飞机、机场、空中交通管理系统和飞行航线四个部分。这四个部分有机结合，分工协作，共同完成航空运输的各项业务活动。

（1）飞机

飞机是指由动力装置产生前进推力，由固定机翼产生升力，在大气层中飞行的、比空气重的航空器。飞机是航空运输的主要运载工具。

按用途不同，飞机可分为民用飞机和军用飞机。根据不同的运输类型，民用飞机分为运送货物的各种运输机以及为工农业生产作业、抢险救灾、教学训练等服务的通用航空飞机两大类。根据其最大起飞重量的不同，民用机可分为大型、中型、小型飞机。根据航程远近，飞机分为远程、中程、短程飞机。

（2）航空港

航空港一般称为飞机场，是航空运输的经停点，供飞机起降、停放及组织保障的场所，空运旅客、货物的集散地。根据所处的位置不同，航空港分为干线航空港和支线航空港；根据业务范围的不同，航空港分为国际航空港和国内航空港。

航空港主要由飞行区、运输服务区和机务维修区三部分组成。

飞行区是保证飞机安全起降的区域。飞行区内建有跑道、滑行道、停机坪和无线电通信导航系统、目视助航设施及其他保障飞行安全的设施，在航空港内占地面积最大。飞行区上空划有净空区，是规定的障碍物限制面以上的空域，地面物体不得超越限制面侵入。

运输服务区是为客户、货主提供地面服务的区域。其主体是候机楼（航站楼），还包括停机坪、停车场、进出港道路系统等。货运量较大的航空港还专门设有货运站，停机坪附近配有管线加油系统。

机务维修区是进行飞机维护修理和航空港正常工作所必需的含有各种机务设施的区域。区内建有维修厂、维修机库、维修机坪和供水、供电、供热、供冷、下水道等设施，还有消防站、急救站、储油库、铁路专用线等。

（3）航空线网

航空线网主要由航线、航路组成。航线是飞机飞行的路线，飞机从事运输飞行必须按照规定的路线行驶；航路是根据地面导航系统建立的走廊式保护空域，供飞机做航线飞行之用，是由多条航线公用的公共空中通道。

世界航空航线主要包括西欧—北美的北大西洋航空线、西欧—中东—远东航空线、远东—北美的北太平洋航线。此外，还有北美—南美、西欧—南美、西欧—非洲、西欧—东南亚—澳新、远东—澳新、北美—澳新等国际航线。

(4) 空中交通管理系统

空中交通管理系统是为了保证航空器飞行安全及提高空域和机场飞行区的利用效率而设置的各种助航设备和空中交通管制机构及规则。助航设备分仪表助航设备和目视助航设备。仪表助航设备用于航路、航线、机场的管制飞行，包括通信、导航、监视（雷达）等装置；目视助航设备是指用于引导飞机起降、滑行的装置，包括灯光、信号、标志等。

2.4.2 航空货物运输方式

航空货物运输方式主要包括班机运输、包机运输、集中托运和航空快递等。

1. 班机运输

班机运输是指定航线、定始发港、定目的港、定途经港的航空运输。通常为客货混合型飞机，货舱容量较小，运价较贵，但由于航期固定，有利于客户安排鲜活商品或急需商品的运送。一些较大的航空公司在某些航线上开辟定期的货运航班，使用全货机运输。

班机运输有固定的航线、挂靠港、固定的航期，并在一定时间内有相对固定的收费标准，进出口商可以在贸易合同签署之前预测货物的起运和到达时间，核算运费成本，对于合同的履行较有保障。因此，班机运输成为多数贸易商的首选航空货运形式。特别是在货运业竞争加剧的情况下，航空公司不断提高航班的准班率（航班按时到达的比率），强调快捷的地面服务，在吸引传统的鲜活、易腐货物、贵重货物、急需货物的基础上，提出为企业特别是跨国企业提供后勤服务的观点，努力成为跨国公司分拨产品、半成品的得力助手。

但是，不同季节同一航线航班数的变化也会直接影响货物装载的数量，使得班机运输在货物运输方面存在局限性。

2. 包机运输

包机运输是指航空公司按照约定的条件和费率，将整架飞机租给一个或若干个包机人（包机人指发货人或航空货运代理公司），从一个或几个航空站装运货物至指定目的地。包机运输适合于大宗货物的运输，费率一般低于班机。

包机运输可分为整机包机和部分包机两类。

整机包机是指航空公司按照与租机人事先约定的条件及费用，将整架飞机租给包机人，从一个或几个航空港装运货物至目的地。包机的费用是一次一议，随市场供求情况变化。原则上包机按每一飞行公里固定费率核收费用，并按每一飞行公里费用的80%收取空放费。若只使用单程，运费比较高，故当大批量货物使用包机时，要争取来回程都有货载，以降低费用。

部分包机是由几家航空货运公司或发货人联合包租一架飞机，或由航空公司把一架飞机的舱位分别卖给几家航空货运公司装载货物。相对而言，部分包机适用于运送1吨以上但货量不足整机的货物，货物运费较班机运费低，需要等待其他货主备好货物，运送时间要长一些。

3. 集中托运

集中托运是指集中托运人将若干批单独发运的货物组成一整批，向航空公司办理托运，采用一份航空总运单集中发运到同一目的站，由集中托运人在目的地指定代理人收货，再根据集中托运人签发的航空分运单分拨给各实际收货人的运输方式，是航空货运代理的主要业务之一。

特别指出，集中托运人在运输中具有双重角色，对于各个发货人具有货物运输的责任，地位相当于承运人；而在与航空公司的关系中，集中托运人又被视为集中托运的一整批货物的托运人。货物运行过程中的责任划分如图2-6所示。

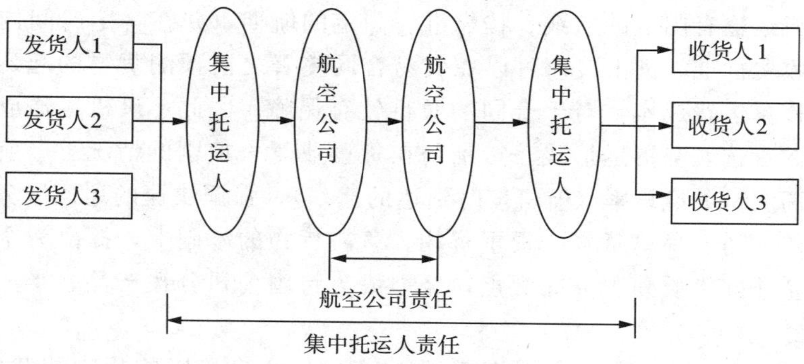

图2-6 货物运行过程中的责任划分

4. 航空快递

航空快递是指航空快递企业利用航空运输收取发件人托运的快件，并按照向发件人承诺的时间将其送交指定地点或者收件人，掌握运送过程的全部情况，并能将即时信息提供给有关人员查询的门对门速递服务。

航空快递的主要业务包括机场到机场、门到门和专人派送业务。机场到机场业务是指发货人在始发机场将货物交给航空公司，然后发货人通知目的地收货人到机场取货；门到门业务是指由发件人在需要时通知快递公司，快递公司迅速派人上门取件，根据目的地进行分拣、整理、制单、报关，然后发往世界各地，到达目的地后，再由当地的分公司办理清关、提货手续，并送至收件人手中；专人派送业务是指由快递公司派专人随机同行，携带并护送快件，直接送到客户手中的特殊服务方式，适用于“情况紧急或物品有特殊要求”的情形。可见，航空快递的特点是中间环节少、速度快、安全可靠，但费用高，只适于运送文件资料、单证和小件货物。

2.4.3　航空货物运输的基本业务

不同类型的航空货物运输流程有所差别，这里仅讨论国内班机运输的业务流程。国内班机货物运输的业务流程主要包括委托受理、办理托运、货物收运和货物到达交付。

1. 委托受理

发货人托运货物，一般是寻找合适的航空货运代理人，航空货运代理人接受发货人委托，要求其填制航空货运委托书，以此作为委托与接受委托的依据。委托人同时向代理人提供相关的运输文件，并对货运委托书中所填内容和所提供相关运输文件的正确性和完备性负责。

2. 办理托运

托运人填写货物托运书，向承运人或其代理人办理托运手续。如托运政府规定限制运输的货物，以及需向公安、检疫等有关政府部门办理手续的货物，应当随附有效证明。国内航空货物托运书（式样）见表 2－9 所列。

3. 货物收运

托运人根据托运书填写航空货运单并连同货物交给承运人。航空货运单是托运人或其代理人与承运人或其代理人之间缔结的货物运输合同契约。国内航空货运单（式样）见表 2－10 所列，一式八联，每一联的名称及具体用途见表 2－11所列。

4. 货物到达交付

货物运至目的机场后，承运人或其代理人应当及时向收货人发出到货通知。自发出到货通知的次日起，承运人或代理人免费保管货物 3 日。若逾期提取，承运人或其代理人按规定核收保管费。收货人凭到货通知单和有效身份证件提货。

表2-9 国内航空货物托运书（式样）

中国南方航空公司货物国内运输

托运书

现委托你公司空运以下货物，一切有关事项开列如下：

<table>
<tr><td>始发站</td><td colspan="2"></td><td>目的站</td><td colspan="2"></td></tr>
<tr><td rowspan="2">托运人姓名
或单位名称</td><td rowspan="2" colspan="3"></td><td colspan="2">邮政编码</td></tr>
<tr><td colspan="2"></td></tr>
<tr><td rowspan="2">托运人地址</td><td rowspan="2" colspan="3"></td><td colspan="2">电话号码</td></tr>
<tr><td colspan="2"></td></tr>
<tr><td rowspan="2">收货人姓名
或单位名称</td><td rowspan="2" colspan="3"></td><td colspan="2">邮政编码</td></tr>
<tr><td colspan="2"></td></tr>
<tr><td rowspan="2">收货人地址</td><td rowspan="2" colspan="3"></td><td colspan="2">电话号码</td></tr>
<tr><td colspan="2"></td></tr>
<tr><td rowspan="2" colspan="4">储运注意事项及其他</td><td>声明价值</td><td>保险价值</td></tr>
<tr><td></td><td></td></tr>
</table>

件数	毛重	运价种类	商品代号	计费重量	费率	货物品名（包括包装、尺寸或体积）

<table>
<tr><td rowspan="7">说明：1. 托运人应当详细填写或审核本托运书各项内容，并对其真实性、准确性负责。
2. 有不如实申报价值的货物发生丢失、损坏或被冒领的，赔偿价值以此托运书注明的为准，造成赔偿不足的责任由托运人或收货人负责。
3. 承运人根据本托运书填开的航空货运单经托运人签字后，航空运输合同即告成立。

托运人或其代理人
签字（盖章）：__________
托运人或其代理人
身份证号码：__________</td><td colspan="3">货运单号</td></tr>
<tr><td colspan="3">784 —</td></tr>
<tr><td rowspan="5">经
办
人</td><td>X光机检查</td><td></td></tr>
<tr><td>检查货物</td><td></td></tr>
<tr><td>计算重量</td><td></td></tr>
<tr><td>填写标签</td><td></td></tr>
<tr><td colspan="2">年　月　日</td></tr>
</table>

表 2-10 国内航空货运单（式样）

国内航空货运单

×××－××××××××× ×××－×××××××××

始发站 Airport of Departure		目的站 Airport of Destination		不得转让 NOT NEGOTIABLE 航空货运单 （航空公司中文名称） AIR WAYBILL （航徽） （航空公司英文名称） 印发人 地址 邮编 Issued by
托运人姓名、地址、邮编、电话号码 Shipper ' s Name , Address , Postcode & Telephone No .				航空货运单一、二、三联为正本，并具有同等法律效力 Copies 1 , 2 and 3 of this Air Waybill are originals and have the same validity
收货人姓名、地址、邮编、电话号码 Consignee' s Name , Address , Postcode & Telephone No .				结算注意事项 Accounting Information 填开货运单的代理人名称 Issuing Carrier ' s Agent Name

航班 Routing	到达站 To	第一承运人 By First Carrier	到达站 To	承运人 By	到达站 To	承运人 By
航班/日期 Flight / Date		航班/日期 Flight / Date	运输声明价值 Declared Value for Carriage		运输保险价值 Amount of Insurance	
储运注意事项及其他 Handling Information and Others						

件数 No. of Pcs. 运价点 RCP	毛重（千克） Cross Weight（kg）	运价种类 Rate Class	商品代号 Comm Item No .	计费重量（千克） Chargeable Weight（kg）	费率 Rate / kg	航空运费 Weight Charge	货物品名（包括包装、尺寸或体积） Description of Goods (incl . Packaging, Dimensions or Volume)

预付 Prepaid		到付 Collect	其他费用 Other Chages
	航空运费 Weight Charge		本人郑重声明：此航空货运单上所填货物品名和货物运输声明价值与实际交运货物品名和货物实际价值完全一致。并对所填航空货运单和所提供的与运输有关文件的真实性和准确性负责。 Shipper certifies that description of goods and declared value for carriage on the face hereof are consistent with actual description of goods and actual value of goods, And that particulars on the face hereof are correct .
	声明价值附加费 Valuation Charge		
	地面运费 Surface Charge		
	其他费用 Other Charges		托运人或其代理人签字、盖章 Signature of Shipper or His Agent …
			填开日期 填开地点 Executed on (Date) At (Place) 填开人或其代理人签字、盖章 Signature of Issuing Carrier or Its Agent
	总额（人民币） Total (CNY)		
付款方式 Form of Payment			×××－×××××××××

正本 1（开票人财务联）乙
ORIGINAL 1(FOR ISSUING CARRIER) B

表2-11 航空运单每一联的名称及具体用途

印刷顺序	名　称	颜　色	用　途
第一联	正本3　托运人联	淡蓝色	托运人用
第二联	正本1　财务联	淡绿色	开票人财务用
第三联	副本7　第一承运人联	淡粉色	第一承运人用
第四联	正本2　收货人联	淡黄色	收货人用
第五联	副本4　货物交付联	白色	交付货物收据
第六联	副本5　目的站联	白色	目的站机场用
第七联	副本6　第二承运人联	白色	第二承运人用
第八联	副本8　代理人/承运人开票存根联	白色	开票人存根

2.5 管道运输

管道运输是货物的运输方式之一，是随着石油生产的发展而产生的一种运输方式。

2.5.1 管道运输概述

1. 管道运输定义

管道运输是由大型钢管、泵站和加压设备等组成的运输系统完成物料输送工作的一种运输方式，是统一运输网中干线运输的特殊组成部分。

管道运输不仅运输量大、连续、迅速、经济、安全、可靠、平稳以及投资少、占地少、费用低，还可实现自动控制。除广泛用于石油、天然气的长距离运输外，还可运输矿石、煤炭、建材、化学品和粮食等。管道运输可以节省水运或陆运的中转环节，缩短运输周期，降低运输成本，提高运输效率。

2. 管道运输特点

管道运输表现为物体在管道内顺着压力方向顺序移动，管道运输设备是静止不动的。因此，管道运输适用于担负单向、定点、量大的流体货物运输。

(1) 运量大

管道进行不间断的输送，输送连续性强，不产生空驶，运输量大。如管径为529毫米的管道，年输送能力可达1 000万吨；管径为1 200毫米的管道，年输送能力可达1亿吨。

（2）资源占用少，有利于环境保护

长途运输管道埋藏于地下的部分占管道总长度的 95%以上，对于土地的永久性占用少，分别仅为公路的 3%，铁路的 10%左右。管道运输受地面气候变化的影响小，不产生噪音，货物漏失污染少，也不污染环境，有利于保护生态。

（3）机械化程度高，降低成本

管道输送流体货物，主要依靠每 60～70 千米设置的增压站提供压力，设备运行比较简单，易于就地自动化和进行集中遥控。先进的管道增压站可以实现完全无人值守，节约人力，使运输费用大大降低。

（4）安全可靠、连续性强

采用管道运输方式，实现易爆、易燃的石油、天然气等的封闭式输送，既安全，又大大减少挥发损耗，能较好地满足运输工程的绿色化要求。同时，管道运输是连续不断地进行输送，不存在空载回程，连续性强，劳动生产率高。

（5）管道运输适用的局限性

管道运输存在一定的局限性：灵活性差，承运的货物单一，主要是液体和气体以及非常有限的固体货物；一次性固定投资过大，资产具有高度沉没性；不易随便扩展管线，服务范围较小，难以实现“门到门”的运输服务，对一般用户而言，管道运输需要与铁路运输或汽车运输、水路运输配合，才能完成全程输送。

3. 管道运输的基本条件

管道运输系统的基本设施包括管道、储存库、压力站（增压站、泵站）和控制中心。

（1）管道

管道根据其输送的货物种类及输送过程中所要承受的压力大小决定制造材料，可以是金属、塑胶或混凝土。

（2）储存库

管道两端必须建造足够容纳其所承载货物的储存槽。

（3）压力站

压力站是管道运输动力的来源。管道运输压力的来源一般有气压式、水压式、重力式及超导体磁力式。通常气体的动力靠压缩机提供，每隔 80～160 千米设置一个压力站；液体的输送动力靠泵提供，每隔 30～160 千米设置一个压力站。

（4）控制中心

控制中心配备监测器及管理和维护人员，随时检测、监视管道运输设备的运转情况，以防止意外事故发生时造成的漏损及危害。

4. 管道运输发展

我国第一个管道网建设始于20世纪50年代末期在新疆建成的全长147千米、管径为159毫米的克拉玛依—独山子输油管道。我国的油气管道运输业走过了60多年的发展历程，实现了从无到有、从小到大的跨越式发展，基本形成"横跨西东，纵贯南北，覆盖全国，联通海外"的油气管网格局。

2019年12月9日国家石油天然气管网集团有限公司（简称国家管网集团）成立，国家管网集团主要从事油气干线管网及储气调峰等基础设施的投资建设和运营，负责干线管网互联互通和与社会管道联通，以及全国油气管网的运行调度，定期向社会公开剩余管输和储存能力，实现基础设施向用户公平开放。目前，中亚管道、中缅管道、中俄东线跨国天然气管道已经贯通运营。

管道作为一种新型的现代化的运输方式，使用范围逐步扩大，不仅地区成网、国内成网，还发展国际间跨国管道。运输货种由原油、成品油、天然气扩大到重油、二氧化碳气、砂石等建筑材料等。由于各种性能的货种增加，相应的管道驱动方式多样，输送工艺日趋复杂。

世界各国高度重视管道运输的发展，现在输气管道运输正朝大口径（1 400毫米以上）、高压力方向发展，采用新材料、新技术、新工艺，如水力管道、风动管道、集装胶囊管道运输系统，但应用最广泛的仍主要是液体输油管道和输气管道。

2.5.2 管道运输分类

管道运输按输送介质的不同，主要分为原油管道运输、成品油管道运输、天然气管道运输、固体料浆管道运输等。

1. 原油管道

原油被开采出来后，经油气分离、脱水、脱沉淀物和稳定后，进入管道。采用管道输送时，根据所输原油的物性（如比重、黏稠度、易凝状况等），选择不同的输送工艺。

原油管道输送工艺可分加热输送和不加热输送两种。稀质的原油（如中东原油）采用不加热输送，而我国的原油属于易凝高黏原油，需采用加热输送。

2. 成品油管道

成品油管道输送经炼油厂加工原油提炼出来的、可直接供使用的燃料油，如汽油、煤油、航煤油、柴油以及液化石油气等。由炼制加工生产的最轻质到重质的燃料油等，都是成品油管道输送的介质。

成品油管道是等温输送管道，不存在沿途加热的问题。成品油管道的特点在于众多不同的油品，如煤油、汽油、柴油、航空煤油以及各种不同标号的同类油品，顺序输送，要求严格区分，保证油品质量。由于成品油管道是多来源、多品种顺序输送，其管理的复杂程度远超过原油管道。成品油管道连通多个煤油厂，所生产的油品可进入同一管道，直接向沿线的各大城市及县乡镇供应。

3. 天然气管道

天然气管道是将天然气（包括油田生产的伴生气），从开采地或处理厂送到城市配气中心或企业用户的管道。天然气管道与煤气管道的不同之处在于煤气管道是用煤做原料转化为气体，起输压力比较低，而天然气由气田中气井生产，有较高的压力，可以利用气井的压力长距离输送。现代天然气管道输送，由于输送距离和输送量增加，普遍设增压站，配有利用天然气做燃料的燃气机或燃气轮机驱动各种与动力相配套的压缩机。

4. 煤浆管道

煤浆管道是固体料浆管道的一种。将固体破碎成粉粒状与适量的流体混合配制成浆液，经管道增压进行长距离输送。第一条煤浆管道是美国固本煤炭公司1957年在俄亥俄州修建的一条长173千米、管径254毫米的输煤管道。世界著名的煤浆管道是从美国亚利桑那州北部黑梅萨地区的露天煤矿到内华达州的莫哈电厂的输煤管道，1970年建成投产，全长439千米，管径457毫米，设计年输送500万吨。固体浆液管道除用于输送煤浆外，还用于输送赤铁矿、铝矾土和石灰石等。

2.5.3　管道运输生产管理

1. 生产管理内容

管道生产管理是指管道运行过程中利用技术手段对管道运输实行统一的指挥和调度，以保证管道在最优化状态下长期安全且平稳地运行，从而获得最佳经济效益的过程。

管道生产管理包括管道输送计划管理、管道输送技术管理、管道输送设备管理和管道线路管理。前二者又合称为管道运行管理，它是生产管理的中心。

（1）管道输送计划管理

首先，编制合理的管道输送的年度计划，根据年度计划安排管道输送的月计划、批次计划、周期计划等；然后安排管道全线的运行计划，编制管道站、库的输入和输出计划以及分输或配气计划；同时根据输送任务和管道设备状况，编制设备维护检修计划和辅助系统作业计划。

（2）管道输送技术管理

根据管道输送的货物特性，确定输送方式、工艺流程和管道运行的基本参数等，以实现管道生产最优化。管道输送技术管理主要包括随时检测管道运行状况参数，分析输送条件的变化，采取各种适当的控制和调节措施调整运行参数，以充分发挥输送设备的效能，尽可能地减少能耗。对输送过程中出现的技术问题，要随时予以研究解决。管道输送技术管理和管道输送计划管理都是通过管道的日常调度工作来实现的。

（3）管道输送设备管理

管道输送设备管理的主要任务是对管道站、库的设备进行维护和修理，以保证管道的正常运行，具体内容主要包括：①分级设备状况，并进行登记；②记录各种设备的运行状况；③制订设备日常维修和大修计划；④改造和更新陈旧、低效能的设备；⑤保养在线设备等。

（4）管道线路管理

管道线路管理的主要任务是对管道线路进行管理，以防止线路受到自然灾害或其他因素的破坏，具体内容主要包括：①日常的巡线检查；②线路构筑物和穿越、跨越工程设施的维修；③管道防腐层的检漏和维修；④管道的渗漏检查和维修；⑤清管作业和管道沿线的放气、排液作业；⑥管道线路设备的改造和更换；⑦管道线路的抗震管理；⑧管道紧急抢修工程的组织等。

2. 生产管理的检测与监控技术

管道运输线路长，站、库多，输送的货物易燃、易爆、易凝或易沉淀，且在较高的输送压力下连续运行，这些要求管道生产管理具有各种可行的技术手段。技术手段主要是管道监控、管道流体计量和管道通信。

管道监控是利用仪表和信息传输技术测试全线各站、库和线路上各测点的运行工况参数，作为就地控制的依据或输给控制室作为对全线运行工况进行监视和管理的依据。对收集到的运行工况参数进行分析、判断后，下达调度指令，调节或改变运行工艺。

管道流体计量是为管道管理提供输量和油、气质量的基本参数，是履行油品交接、转运和气体调配所必需的，其任务是：①向交运和承运双方提供货物运输量的数据；②为实施输送计划、分析运行工况、控制总流量和分输量的平衡提供依据；③在油品顺序输送中，为批量切换和转换提供依据；④为计算输油和输气成本提供依据；⑤监测管道输送过程中的漏失量。

管道通信是管道全系统利用通信系统沟通情况，传递各种参数信息，下达调度指令实现的监控。通信线路有明线载波、微波、甚高频和特高频等，作为监控信号等的常用信道。为确保通信的可靠性，常用一种以上信道，有的管道用微波、同轴电缆或光纤作为主要通信手段，以甚高频、特高频作为辅助通信手段；有的管道还用通信卫星作为备用手段。海洋管道多用电离层散射等进行站间或管道全系统通信。

2.6 联合运输

2.6.1 联合运输概述

1. 联合运输定义

联合运输，是指一次委托，由使用两种或者两种以上运输方式，或不同的运输企业将一批货物运送到目的地的运输。即综合利用某一区间中各种不同运输方式的优势进行不同运输方式的协作，使货主能够按统一的运输规章或制度，使用同一个运输凭证，利用不同运输方式综合优势的一种运输形式。经营联合运输业务的运输企业，一般称为联运经营人。联运经营人以一个单一的运输合同一次交付费用，办理一次保险，通过两种以上运输工具（包括不同归属的同一种运输工具），负责将货物从发货地运到收货地。联合运输是综合运输思想在运输组织领域的体现，是综合性的运输组织工作。这种综合组织是指在一个完整的货物运输过程中，不同运输企业、不同运输区段、不同运输方式和不同运输环节之间的衔接和协调组织。联合运输主要方式见表2－12所列。

表2－12 联合运输主要方式

运输种类	具体解释
多方式运输	在货物全程运输中使用两种或两种以上运输工具（方式）的运输衔接
多程运输	在货物全程运输中使用同一种运输工具两程或两程以上运输的衔接
多经营人运输	在货物全程运输中使用一种运输方式多家经营和多种运输方式联合经营的组织衔接
多行业协作	在货物全程运输所涉及的货物生产、供应、运输、销售企业的运输协作组织

2. 联合运输的特征

(1) 组织运输的全程性

联运经营人或联运管理机构负责从接受货物托运、各区段运输、各区段运输衔接，直到货物交付期间的全部运输及相关服务业务，对运输的全程负责。联运合同是从起运地到运输目的地的全程运输合同。

（2）托运手续的简便性

联运实行“一次托运，一份合同，一次结算费用，一票到底”的全程负责制。与传统的分段运输比较，货主需要办理的手续简化了许多，大大节约了人力与时间，从而提高了综合经济效益。

（3）运程凭证的通用性

联运所使用的商务活动的模式与规则，运输所依据的国际、国内法规，使用的单证文件等，都必须具有通用性，使之能适应不同运输方式、不同企业及其衔接的工作需要。

（4）各类环节的协同性

做好联合运输，依赖于生产、供应、运输、销售、金融、通信等部门在集、装、运、转、卸等环节上紧密协作与配合。这种协同性不仅体现在运输组织和管理上协调一致，而且体现在技术装备的协调发展、同步建设方面，使港、站、库、场、集疏运系统相互配套，实现运输设备和设施的有机协调。

（5）联运经营人的双重身份及代理性

联运的代理性特征是指联运企业的业务活动性质具有运输代理企业的特点。这主要是指尽管联运企业（联运经营人）与货方订立全程运输合同，对全程运输负有责任，但它不拥有任何一种运输工具或不拥有全程运输的所有种类的运输工具。因此，它一般并不实际完成所有运输区段或其中的某些区段的运输，而是通过分别与其他企业（一般称为实际承运人）订立分区段的运输合同（一般称为分运或分包合同），借助其他运输企业的力量完成各段的运输。它主要是提供服务与组织衔接，与运输代理企业的业务内容相似。

2.6.2 联合运输分类

1. 按照联合运输的组织方法分类

根据联合运输组织方法的不同，联合运输分为协作式联合运输和衔接式联合运输。

① 协作式联合运输是计划经济体制下的一种特有的组织类型，一般是指为了保证指令性计划的货物、重点物资和国防、抢险、救灾等急需物资顺利达到指定地点，在国家和地区计划指导下，统一组织的合同运输。

② 衔接式联合运输是指企业通过与货主订立联运合同，开展两种或两种以上运输方式衔接的经营性业务全程联合运输。这种全程运输组织业务多是由多式联运经营人完成的。

2. 按全程运输使用的运输方式分类

根据全程运输使用的运输方式不同，联合运输分为单一方式联合运输和多种方式联合运输。

① 单一方式联合运输是指一个联运经营人组织的，由使用同一方式（运输工具）的不同运输企业完成的两程或两程以上的全程连续运输。

② 多种方式联合运输简称多式联运，是指根据多式联运合同，使用两种或两种以上的运输方式，由联运经营人组织完成的全程连续运输。多式联运形式主要包括海陆联运、公铁联运、空铁联运、海空联运、铁水联运等。

3. 按联运起点和终点位置分类

根据联运起点和终点位置的不同，联合运输分为国内联合运输和国际联合运输。

国内联合运输是指联运合同中规定的联运经营人接收货物的地点与交付货物的地点是在一个国家之内的联运。国际联合运输是指联运合同规定的联运经营人接收货物的地点与交付货物地点不在同一个国家之内的联运。

在我国，目前开办的联合运输业务主要有以下几种：

① 铁水干线货物联运，是按照《铁路和水路货物联运规则》办理的联运。把全国的铁路运输网和沿海、长江以及部分内河干线的水运网，组成一个全国性的铁、水联运网。联运的主要形式有水→铁、水→铁→水、铁→水→铁。

② 海江河联运，是按照《国内水路货物运输规则》中“海江河联运”办理的联运。它是水路运输部门内河航区间的联运。联运的主要形式为江→河、江→海、江→海→河等。

③ 干、支线（包括支线之间）的联运，主要形式有铁→公、海→公、河→公、公→航空、水→航空、地方铁路→铁路、地方铁路→公路等。

④ 百杂货干线联运，按干线联运规则办理，组织定期海、江班轮与铁路联运。其特点是把生产、供应、运输、销售有机地结合起来，纳入“一条龙”运输活动。联运的主要形式有海→铁、江→铁等。

⑤ 国际多式联运。联合国国际多式联运公约定义：“国际多式联运是按照多式联运合同，以至少两种不同的运输方式，由多式联运经营人将货物从一国境内接管货物的地点运至另一国境内指定交付地点的货物运输。”

2.6.3 联合运输的业务运作

1. 联合运输的主要业务

联合运输根据联运起点和终点位置的不同，分为国内联合运输和国际联合运输。

我国联运公司办理国内货物联运的业务程序主要包括：

① 货主（发货人）提出发货委托书或亲自登门办理货物托运手续；

② 联运公司根据货主委托书，在规定的时间、地点派车取货，或由货主亲自送货，货物在联运公司仓库集结；

③ 联运公司办理货物票据手续及核收运杂费；

④ 根据货主规定的发货日期（或对到货日期的要求）向运输企业办理托运，组织货物始发装运，运输工具的选择和运输线路的安排由联运公司负责；

⑤ 在不同运输工具的衔接点办理货物中转业务；

⑥ 办理货物到达票据手续和到达杂费结算；

⑦ 联运公司根据货主（收货人）指定的时间地点派车取货或由货主亲自取货；

⑧ 货运事故处理。

国内多式联运与国际多式联运的最大区别在于办理通关和保险环节，其余业务程序基本是一致的。

2. 联合运输的运行机制

(1) 运输代理制

运输代理制是指在运输经营过程中（包括单一方式的分段运输和联合运输），作为货物拥有者的实际发货人同拥有各种运输工具的实际承运人之间不直接见面，而以各种不同形式分别通过其代理人进行各种业务活动的经营方式。运输代理人利用自己在运输及相关专业技术知识经验和地理区位等方面的优势，开办专门接受委托人的委托，代办货物运输的各种业务、手续和相关服务，并收取一定报酬的机构。

在运输过程中，运输代理人在承托双方之间发挥着重要的桥梁作用。在货物托运、交付和中转过程中，这种桥梁作用如图2-7、图2-8、图2-9所示。

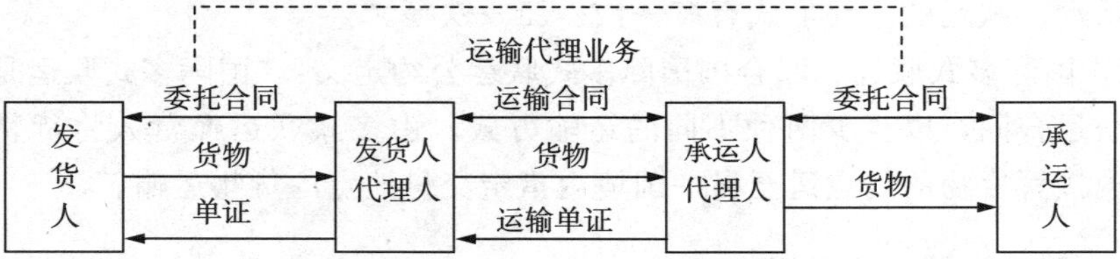

图2-7　货物托运中运输代理人作用示意图

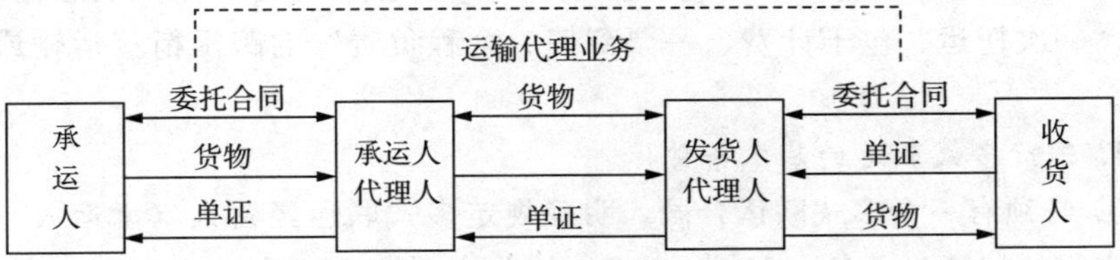

图 2-8　货物交付中运输代理人作用示意图

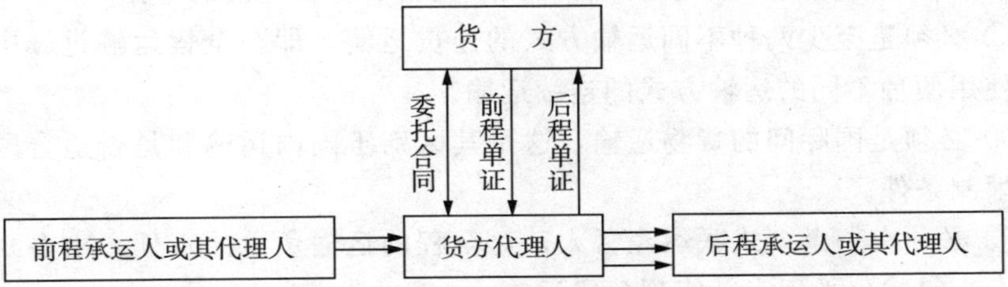

图 2-9　货物中转过程中运输代理人作用示意图

(2) 独立从事运输经营业务的运输代理

独立从事运输经营的运输代理人（Non-Vessel Operating Common Carrier，简称 NVOCC）不仅提供货物运输的服务事宜，与（收）发货方达成协议，而且以本人名义与（收）发货方订立货物运输合同，签发运输单据（提单、运单等）；然后再以本人名义与各种方式的实际承运人订立货物运输合同来完成货物的位移。货物运抵目的地后，运输代理人从实际承运人手中接收货物，再向收货人交付货物，履行与（收）发货方订立的运输合同中规定的运输责任。独立从事运输经营的运输代理人的作用如图 2-10 所示。

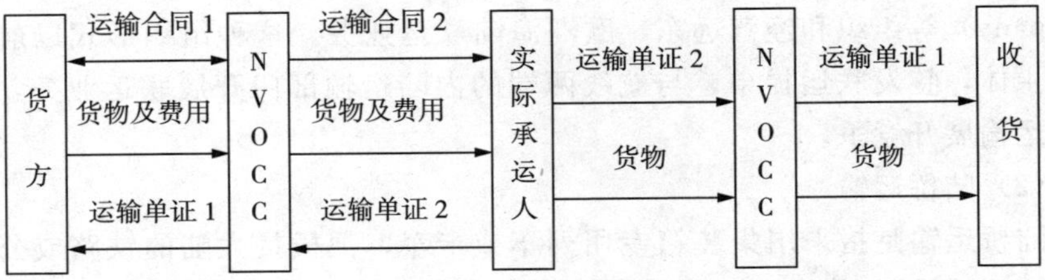

图 2-10　独立从事运输经营的运输代理人的作用示意图

2.6.4　国际多式联合运输

国际多式联运是指通过两个以上国家或地区，由一个承运人（运输企业或运输代理企业）负责承运，使用两种以上运输方式或两种以上运输工具，实行“一次托运、包干计费、一票到底、全程负责”的跨国衔接运输或直通运输。

1. 国际多式联运的基本条件

① 必须有一个多式联运合同，明确规定多式联运经营人（承运人）和联运人之间的权利、义务、责任、豁免的合同关系和多式联运的性质。

② 必须使用一份全程多式联运单据，即证明多式联运合同及证明多式联运经营人已接管货物并负责按照合同条款交付货物所签发的单据。

③ 必须是至少两种不同运输方式的连贯运输，即在全程运输过程中必须至少使用两种不同的运输方式的连续运输。

④ 必须是国际间的货物运输，这是其区别于国内运输和是否适合国际法规的限制条件。

⑤ 必须有一个多式联运经营人，对全程的运输负总的责任。由多式联运经营人去寻找分承运人，实现分段运输。

⑥ 必须对货主实现全程单一运费费率，即多式联运经营人在对货主负全程运输责任的基础上，制定一个货物发运地至目的地全程单一费率，并以包干形式一次性向货主收取。

2. 国际多式联运的主要形式

（1）海陆联运

海陆联运是国际多式联运的主要组织形式，也是远东、欧洲方向国际多式联运的主要形式之一。目前主要有马士基（Maersk）、地中海航运公司（Mediterranean Shipping Company）、达飞轮船（CMA-CGM）、中国远洋运输集团（COSCO）、赫伯罗特海运有限公司（Hapag-Lloyd）、美国总统轮船有限公司（American President Lines Ltd.）、韩进海运公司（Hanjin Shipping Company）等组织和经营远东、欧洲海陆联运业务。这种组织形式以航运公司为主体，签发联运提单，与航线两端的内陆运输部门开展联运业务，与大陆桥运输展开竞争。

（2）陆桥运输

陆桥运输是指采用集装箱专用列车或卡车，把横贯大陆的铁路或公路作为中间“桥梁”，将大陆两端的集装箱海运航线与专用列车或卡车连接起来的一种连贯运输方式。陆桥运输的表现形式为通过大陆两端连接海运的大陆桥运，海陆、陆海联运的小陆桥运输，直接进行水陆联运的微桥运输。

（3）海空联运

海空联运又称空桥运输。空桥运输与陆桥运输不同，陆桥运输在整个货运过程中使用的是同一个集装箱，不用换装；空桥运输的货物通常要在航空港换入航空集装箱。

海空联运方式，运输时间比全程海运少，运输费用比全程空运便宜。运输距离越远，采用海空联运的优越性越大。

3. 国际多式联运的主要业务和流程

国际多式联运主要业务及流程如图 2－11 所示。

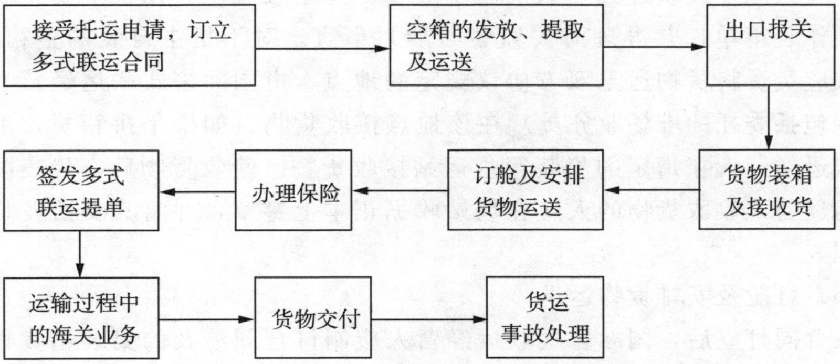

图 2－11　国际多式联运主要业务及流程

（1）接受托运申请，订立国际多式联运合同

国际多式联运经营人受理托运申请，在交给发货人或其代理人的场站收据的副本联上签章，以证明接受委托，多式联运合同即成立并开始执行。发货人或其代理人根据双方就货物交接方式、时间、地点、付费方式等达成的协议填写场站收据，并交由国际多式联运经营人办理编号手续。

（2）空箱的发放、提取及运送

国际多式联运中使用的集装箱一般应由国际多式联运经营人提供。如由发货人自行装箱，则国际多式联运经营人应签发提箱单（或由租箱公司、分运人签发提箱单），交给发货人或其代理人在规定日期、指定的堆场提取空箱并拖运至装箱地点。发货人亦可委托国际多式联运经营人办理从堆场到装箱地点的空箱拖运。如果是拼箱货或是整箱货但发货人不能自装时，则由国际多式联运经营人将所用空箱调运至接收货物的集装箱货运站。

（3）出口报关

若多式联运从港口开始，则在港口报关；若从内陆地区开始，应在附近的内地海关办理报关。出口报关事宜一般由发货人或其代理人办理，也可委托国际多式联运经营人代为办理，这种情况需加收报关服务费及报关手续费，并由发货人负责支付海关派员所产生的全部费用。报关时应提供场站收据、装箱单、出口许可证等有关单据和文件。

（4）货物装箱及接收货物

发货人可以自行装箱，装箱工作一般要在报关后进行，并请海关派员到装箱地点监装和办理加封事宜。如需理货，还应请理货员现场理货并与之共同制作装箱单。发货人也可委托国际多式联运经营人到货运站装箱（指整箱货情况）。如果是拼箱货物，发货人应负责将货物运至指定的集装箱货运站，由该站按国际多式联运经营人的指示装箱。无论装箱工作由谁负责，装箱人均需制作装箱单，并办理海关监装与加封事宜。对于货主自装的整箱货物，发货人应负责将货物运至双方协议规定的地点，由国际多式联运经营人或其代表（包括委托的堆场业务员）在该地点接收货物。如果是拼箱货，由国际多式联运经营人在指定的集装箱货运站接收货物。验收货物后，代表国际多式联运经营人收取货物的人应在场站收据正本上签章，并将其交给发货人或其代理人。

（5）订舱及安排货物运送

在合同订立后，国际多式联运经营人应制订合同涉及的集装箱货物的运输计划。该计划包括货物的运输路线、区段的划分、各区段实际承运人的选择及各区段间衔接地点的到达、起运时间等内容。这里的订舱泛指国际多式联运经营人按照运输计划安排各区段的运输工具，与选定的各实际承运人订立各区段的分运合同。这些合同的订立由国际多式联运经营人本人（派出机构或代表）或委托的代理人在各转接地办理，也可请前一区段的实际承运人作为代表向后一区段的实际承运人订舱。

（6）办理保险

在发货人方面，应投保货物运输险。该保险由发货人自行办理，或由发货人承担费用，由国际多式联运经营人代为办理。货物运输保险可以是全程投保，也可分段投保。在国际多式联运经营人方面，应投保货物责任险和集装箱保险，具体由国际多式联运经营人或其代理人与保险公司办理或以其他形式办理。

（7）签发多式联运提单，组织完成货物的全程运输

国际多式联运经营人的代表收取货物后，应向发货人签发多式联运提单。在把提单交给发货人前，应按双方议定的付费分工、内容、数量，向发货人收取全部应付费用。国际多式联运经营人在接收货物后，要组织各区段实际承运人、各派出机构及代表人共同协调工作，完成全程各区段的运输、各区段之间的衔接工作，运输过程中所涉及的各种服务性工作和运输单据、文件及有关信息传递等组织和协调工作。

(8) 运输过程中的海关业务

按惯例，国际多式联运的海关业务主要包括货物及集装箱进口国的通关手续、进口国内陆段保税（海关监管）运输手续及结关等内容。如果陆上运输要通过其他国家海关和内陆运输线路时，还应包括海关的通关及保税运输手续。这些手续一般由国际多式联运经营人的派出机构或代理人办理，也可由各区段的实际承运人作为国际多式联运经营人的代表代为办理，产生的全部费用应由发货人或收货人负担。如货物在目的港交付，则结关应在港口所在地海关进行；如货物在内地交货，则应在口岸办理保税（海关监管）运输手续，海关加封后方可运往内陆目的地，在内陆海关办理结关。

(9) 货物交付

当货物运至目的地后，由目的地代理通知收货人提货。收货人需凭多式联运提单提货，国际多式联运经营人或其代理人按合同规定，收取收货人应付的全部费用，收回提单后签发提货单（交货记录），提货人据此到指定堆场（整箱货）或集装箱货运站（拼箱货）提货。如果是整箱提货，则收货人要负责至掏箱地点的运输，并在货物掏出后将集装箱运回指定的堆场，运输合同终止。

(10) 货运事故处理

如果在全程运输中发生货运事故，如货物灭失、损害和运输延误等，应按相关赔偿责任进行理赔。

4. 国际多式联运经营人的责任

《联合国国际货物多式联运公约》规定："多式联运经营人是指本人或通过其代表与发货人订立多式联运合同的任何人，他是当事人，而不是发货人的代理人或代表，也不是参加多式联运的承运人的代理人或代表，他有履行整个运输合同的责任。"

按是否拥有运输工具与是否实际完成多式联运货物部分运输活动，国际多式联运经营人分为承运人型和无船承运人型。

承运人型的多式联运经营人拥有一种或一种以上的运输工具，直接承担并完成全程运输中一个或一个区段以上的货物运输；不仅是多式联运的契约承运人，对货物全程运输负责，而且也是实际承运人，对自己承担区段的货物运输负责。

无船承运人型的多式联运经营人不拥有任何一种运输工具，只是组织完成合同规定货物的全程运输，仅是多式联运的契约承运人，对货物全程运输负责。

国际多式联运经营人的责任期间是从接收货物之时起到交付货物之时。

在此期间，对货主负全程运输责任，但对负责范围和赔偿限额方面，根据目前国际上的做法，分为以下三种类型：

（1）统一责任制

在统一责任制下，多式联运经营人对货主负不分区段的统一责任。即货物的灭失或损失，包括隐蔽损失（即损失发生的区段不明），不论发生在哪个区段，多式联运经营人按一个统一原则负责，并一律按一个约定的限额赔偿。

（2）网状责任制

网状责任制又称分段责任制，指多式联运经营人的责任范围以各区段运输的原有责任为限。如海上区段按《统一提单的若干法律规定的国际公约》（《海牙规则》）办理，航空区段按《关于统一国际航空运输某些规则的公约》（《华沙公约》）办理；在某些区段不适用上述公约时，则按有关国家的国内法处理。

（3）修正（双重）统一责任

修正（双重）统一责任制是介于上述两种责任制之间的责任制，故又称混合责任制，即在责任范围方面与统一责任制相同，在赔偿限额方面与网状责任制相同。

【小　结】

物流运输方式主要包括公路运输、铁路运输、水路运输、航空运输、管道运输和联合运输。公路运输主要承担近距离、小批量的货运，水路、铁路运输难以到达地区的长途、大批量货运，及铁路、水运优势难以发挥的短途运输。铁路运输主要承担长距离、大数量的货运，在没有水运条件的地区，几乎所有大批量货物都依靠铁路，铁路运输是在干线运输中起主力运输作用的运输形式。水路运输主要承担大数量、长距离的运输，是在干线运输中起主力作用的运输形式。航空运输是指使用飞机或其他航空器进行运输的一种形式，主要适合运载两类货物：一是价值高、运费承担能力强的货物；二是紧急需要的物资。管道运输是指利用管道输送气体、液体和固体料浆的一种运输方式。联合运输是指使用两种或两种以上的运输方式，完成一项货物运输任务的综合运输方式。

【案例讨论】

中国外运股份公司物流运输服务

中国外运股份公司运易通物流电商平台是聚焦B2B物流服务领域打造的集商流、物流、信息流和资金流为一体的公共物流电商平台，向平台客户提供各种公众服务，服务覆盖物流电商（含国际海运、国内海运、陆运、关务、铁路、拼箱、空运、跨境电商的在线交易和服务），供应链增值服务，物流大数据和物流数据交换基础设施建设。运易通平台致力于打造国内场景最全的物流在线交易及服务体系，以在线服务为特征的服务方式和以分布式资源共享为特征的服务组织模式来提升物流体验，连接各方资源形成在线网络，共同打造面对客户的在线服务和产品，携手合作伙伴连接价值链上下游，共同搭建共生、共享、共荣的物流服务生态。运易通搭建物流大数据体系，已经形成了以车、闸口、通关、船舶、铁路、航空货运、码头、堆场等核心物流节点为基础的骨干数据体系，并建立了相应的数据标准、数据模型以及独立的数据采集、数据交换中心。运易通以平台为载体，连接社会化的物流资源和服务能力，以标准化的产品组织和封装资源，共同为客户提供高质量的线上线下一体化服务。运易通建设物流数字化的基础设施，包括全场景的物流在线服务、物流订单作业流转和数据交换三个层面，以订单通信、作业流转和数据交换为特征，打造开放、共享的物流数字化基础设施。

运易通重点打造两大产品体系：(1) 公共物流服务产品，分为基础服务和增值服务两部分。基础服务包括在线订舱（国际和国内）、网络货运（陆运）、关务云、速运达（拼箱）、云翼（在线空运）、跨境电商、国际多式联运、大宗商品等；增值服务包括在线保险、在线金融、全程可视化等；(2) 全链路产品，将5G、物联网、大数据等技术与物流产业链服务场景结合起来，实现集起运地上门提货、集港、出口报关、国际运输、目的港清关、目的港派送为一体的全程门到门服务，已经上线欧亚全链路产品、东南亚全链路产品、中日韩全链路产品等。

中国外运是世界上最大的海运代理服务商之一，也是中国最大的无船承运人（NVOCC）之一，能提供从中国各主要口岸到亚洲、欧洲、非洲、北美洲、南美洲和大洋洲等全球主要贸易国家和地区的全程物流运输服务，包括：(1) 集装箱海运代理，包括全程运输产品、订舱产品、陆上操作产品、精品航线产品；(2) 散杂货海运代理，组合基础服务形成标准化的服务产品与定制化的解决方案，打造细分行业的散杂货物流服务平台，提供液体散货、干散货、件杂货与滚装汽车等货物的海运代理服务。

中国外运空运板块主营空运进口、出口及国内业务，以华北、华东、华南、西部及香港五大区域运控中心为支撑，与航空公司、核心海外代理及国内物流服务商建立稳定的战略合作关系，有效掌控国际干线运力资源，把控海外渠道，具备头程及末端取、派件能力，为客户提供全程化、可视化、标准化的全供应链物流服务，包括：(1) 产品。标准化产品、全链路产品、港到港产品、非标准化港到港产品、操作服务产品。(2) 解决方案。根据客户需求、基于目标行业物流特征，为客户提供基于空运需求、覆盖供应链全过程的定制化解决方案和全方位的供应链服务，包括保税仓储、VMI仓储、最后一公里配送、逆向物流等。(3) 包机服务。包机解决方案设计、现场操作服务、全程动态跟踪和技术指导、办理航权、时刻审批及航空公司的航务代理等。

中国外运陆运板块在全国实现五大区域、三大通道的全网络覆盖，为客户提供高效的公路运输和铁路运输服务，并结合空运、海运服务，提供门到门的多式联运解决方案；中国外运以提升为客户创造价值的能力为导向，以标准化模式、长效化机制为着力点，打造一系列陆运通道产品；中国外运作为网络化运营的国际班列平台公司，运营中欧中亚班列，并为客户提供包括拼拆箱、集疏运、报关报检、仓储装卸和信息追踪等标准化全场景的物流配套增值服务，且根据客户的需要提供全程端到端的多式联运定制化服务。

中国外运在海铁联运方面，开通日中欧（日本—连云港/天津—蒙古—欧洲）国际多式联运线路联通东西，开通“东盟—广州—欧洲”“渝桂新”“仁川—胶州—凭祥—河内”海铁联运班列纵贯南北，打通海上丝绸之路的新通道。

中国外运旗下的中国船务代理有限公司在中国70余个主要江海港口为客户提供船舶代理服务，包括：(1) 船舶服务。办理船舶进出港查验手续，安排船舶引航、靠泊、检验、修理、扫洗舱、熏舱、海上救助、海事处理以及买卖船舶和期/租船在港的交接手续等。(2) 货运（客运）服务。安排货物报关、装卸、检验；货物、集装箱的托运和中转；代揽货载、订舱，代签运输合同、提单，代收运费；缮制单证，商务结算等；办理有关海上旅客运输业务。(3) 供应服务。安排燃料、淡水、物料、伙食供应，代购、转送船用备件和物料等。(4) 其他服务。

中国外运拥有丰富的码头和集装箱场站资源，服务包括：(1) 码头业务。以码头为节点，以驳船运输为纽带，通过与公司的船货代、仓储、汽运等业务紧密协作，为客户提供装卸、堆存、发运、拆装箱等一系列服务，形成水上物流网络。(2) 场站业务。中国外运在国内沿海及内陆地区拥有集装箱场站面积超过200万平方米，结合操作空箱、重箱等功能，提供集装箱堆存、装卸、交接、验修箱以及货物仓储、拼拆箱、分拨、转运等综合服务；依托“IT+”流程建设，打造智慧场站，通过模式、管理、技术赋能，不断提升场站业务运营能力，为各类客户提供优质高效服务。

中国外运着眼船舶大型化和枢纽港驳运需求，在华南区域、长江沿线、北方地区布局覆盖广泛的支线运输网络，提供稳定的国内沿江沿海支线运输服务，以水路口岸为节点，通过整合业务资源和口岸综合服务，与各大班轮公司和各地港务公司保持紧密合作，持续提升枢纽港与支线港间的集疏运能力。

中国外运实现从接收客户订单到进行服务操作、财务结算和电子支付的智能、高效、协同运作，满足不同行业客户对多样化、个性化和及时准确性服务的需求；实现与客户/合作伙伴信息系统和第三方公共平台的数据对接和信息共享，广泛应用各种物联网技术，提供全程物流可视化与增值服务。

中国外运聚焦碎片化物流，倾心打造国际集拼物流服务产品“外运 E 拼”，专注于“出口拼箱、进口拆箱和国际中转”三大领域，为集拼货代公司及相关方提供线上线下融合的全场景、端到端的集拼物流服务和解决方案，形成独特的优势：(1) 多，网点多和航线多；(2) 快，发运速度快，拼满时效快，通关速度快；(3) 省，省心，省事，省钱。

资料来源：作者根据中国外运股份有限公司官网资料整理

讨论题

1. 中国外运如何协同陆海空物流运输？

2. 中国外运如何实现打造世界一流智慧物流平台企业的愿景？

3. 中国外运的专业物流、代理及相关业务、电商业务为主的三大业务板块，分别提供什么方案和服务？

【复习思考题】

1. 物流运输方式主要有哪些？

2. 铁路货物运输主要方式有哪些？管道运输需要哪些条件？管道运输具有什么特性？画出铁路货物运输基本作业流程图。

3. 公路运输的主要方式有哪些？公路运输需要哪些条件？公路运输具有什么特性？画出公路货物运输基本作业流程图。

4. 水路运输的主要方式有哪些？水路运输需要哪些条件？水路运输具有什么特性？画出水路货物运输基本作业流程图。

5. 航空运输的主要方式有哪些？航空运输需要哪些条件？航空运输具有什么特性？画出航空货物运输基本作业流程图。

6. 什么是联合运输？联合运输的主要类型有哪些？

7. 什么是多式联运？举例画出多式联运基本作业流程图。

8. 简述各种运输方式的特点及其适用范围。

9. 比较联合运输与甩挂运输之异同。

10. 我国公路等级如何划分？
11. 我国水路航道等级如何划分？我国水路港口等级如何划分？
12. 我国铁路车站等级如何划分？
13. 我国航空机场等级如何划分？
14. 我国汽车类型分为哪些？
15. 我国轮船类型分为哪些？
16. 我国火车类型分为哪些？
17. 比较货运班车、班轮、班机、班列之异同。

第 3 章　物流运输经济

【教学目标】

(1) 掌握物流运输市场的特征和构成；

(2) 掌握物流运输供给与需求的关系；

(3) 掌握各种物流运输方式计费方法的应用。

【引导案例】

A 国际公司出口商品支付运费计算

A 国际公司出口商品 200 件，每件毛重 80 千克，体积 100 厘米×40 厘米×25 厘米。经查，轮船公司的"货物分级表"，该货物运费计算标准为 W/M，等级为 5 级，又查中国至某某港费率为 5 级，运费率每吨运费为 80 美元，另收港口附加费 10%，直航附加费 15%，轮船公司对该批货物共收取多少运费？

资料来源：作者整理。

3.1　物流运输市场与组织

3.1.1　物流运输市场

在市场经济条件下，物流运输需求方与运输供给方是通过市场进行交易的，物流运输资源通过运输市场进行配置。物流运输市场既错综复杂，又变化多端，物流运输企业必须充分运用各种资源优势，满足货主的需求，实现物流运输企业的战略目标。

1. 运输市场的含义

物流运输市场有狭义和广义之分。狭义的物流运输市场是指为完成货物的空间位移而提供货位的场所，即运输需求方（货主）、运输供给方（运输业者）及运输代理者进行托运交易的场所。广义的物流运输市场是整个市场体系的一部分，指运输参与各方在交易中所产生的经济活动和经济关系的总和，即运输市场不仅是运输服务交换的场所，而且包括运输产品的生产者和消费者之间、运输供给和运输需求之间、运输部门和其他部门之间的经济关系，还包括运输市场结构、运输市场机制、运输市场调节和管理以及企业在运输市场中的经营等。这里主要讨论广义的运输市场问题。

广义的物流运输市场是一个具有多重含义的概念，从不同角度去理解，它具有不同的含义。

① 物流运输市场是运输服务进行交换的场所。物流运输市场是一个地理概念或空间概念，常被看作一个交易场所，供运输需求方和运输供给方进行交换。

② 物流运输市场是运输服务供求关系的总和。物流运输市场是由不同的运输产品、劳务、资金、技术、信息等供给和需求构成。

③ 物流运输市场是在一定时空条件下对运输服务需求（现实需求和潜在需求）的总和。服务的需求总和是消费群体在一定时间和空间条件下表现出来的需求总量，所以市场是由具有现实需求和潜在需求的消费者所组成的。

2. 物流运输市场的参与者

物流运输市场是多层次、多要素的集合体，构成物流运输市场的参与者主要包括以下四个方面：

(1) 物流运输需求者

物流运输需求者包括各种各样的货物运输需求者，即货主。运输需求主体参与运输市场活动，目的有二：一是通过运输服务获得运输效用；二是追求经济性，即用较少的费用获得运输效用的满足。

(2) 物流运输供给者

物流运输供给者包括提供运输服务的单位和当事人，即提供各种运输方式的运输业者以及运输业者的行业组织。运输供给主体提供运输服务，以获得相应的经济效益为目标。

(3) 物流运输中介

物流运输中介包括介于运输需求和供给双方之间，以中间人的身份提供各种与运输服务相关的货运代理公司、经纪人、信息咨询公司等。作为独立的市场经济组织，运输中间商通过服务于供需双方来参与运输市场活动，同样以追求自身经济效益为目标。

(4) 政府

政府也是构成运输市场的重要因素，包括政府相关机构和各级交通运输管理部门。它们代表国家及公众的利益，对运输市场进行监督、管理、调控。

在物流运输市场交易活动中，需求者、供给者、中介直接从事货物运输交换活动，属于运输市场行为主体。政府以管理、监督、调控者身份出现，不是市场运行的行为主体，不参与市场主体的决策过程，而主要通过经济手段、法律手段来制定运输市场运行的一般准则，规范、约束运输市场主体的行为，使运输市场有序运行。

3. 物流运输市场的地位

(1) 物流运输市场是市场体系的基础

物流运输是商品流通的载体，没有货运市场的最终形成，商品市场的形成和完善是不可能的。物流运输市场是市场体系的基础，可以把运输市场看作要素市场之一，物流运输的发展规模和水平决定商品生产和交换的规模和程度。

(2) 物流运输市场是整个市场体系的子系统

作为市场体系的子系统，物流运输市场的运行方式、市场秩序、市场调节过程，受到市场体系基本规则的制约，运输市场规则的建立和完善，不能超出市场体系基本规则的框架，应和市场体系基本规则同步。

4. 物流运输市场的作用

只要有商品生产和商品交换的存在，市场就要发挥其功能。物流运输市场的作用体现在以下几个方面：

(1) 提供运输供求信息

提供运输供求信息是运输市场的最基本功能。从某种意义上讲，运输市场是进行运输活动、促成交易达成的信息网络或信息系统。运输市场的信息流是双向的，第一个信息流向是它使运输生产的企业或个人根据市场的需求状况，来决策自己的生产规模和应提供什么样的产品或服务，得到期望的经济效益；第二个信息流向是它让运输需求者充分选择运输生产者和运输方式，使运输支出得到最大程度的效用满足。

(2) 协调经济构成比例

运输市场协调经济比例的功能表现在两个方面：①协调运输业与其他行业在国民经济中的比例关系。运输需求过大的市场就会刺激运输部门扩大生产，增加供给，提高经济效益；运输供给过大的市场就会使运输企业因无利可图而转向其他行业。②在运输体系内部，运输市场调整各种运输方式在市场中占有的比例。因此，政府必须对物流运输业采取一定的管制措施，让运输业内部保持合理的、一定程度的竞争，以使社会拥有低成本、高效率的运输系统。

(3) 促进生产力发展

物流运输是社会分工的产物，社会分工越发达，运输市场规模越大；运输市场规模越大，反过来又推动社会分工的发展，社会生产力的发展则在较小程度上受到时空的限制。物流畅通的运输市场使一个国家的生产实现专业化、规模化、区域化和科学化，还使社会生产成为世界性的生产，使全球各个区域的经济联系得到加强，充分利用国内和国际两个市场，促进生产力的发展。

5. 物流运输市场的影响因素

影响物流运输市场的因素主要包括以下几个方面：

(1) 自然地理因素

运输目的是使货物产生位移，即克服地理空间对货物的流动所产生的障碍。因此，自然地理因素是影响运输的首要因素，主要包括国土面积、资源分布、地理条件等。国土面积大小与运输市场规模和容量有密切关系，资源种类及其分布又对运输市场结构产生影响，地理位置和地形条件在很大程度上决定了可利用的天然运输资源和各种运输方式的空间配置，必然会对运输市场的规模及构成产生重要影响。

(2) 经济因素

经济体制对运输市场的形成和发展也有重要影响。在市场经济体制下，运输市场的竞争作用将逐步完善运输市场。同时，运输是社会分工和商品经济发展的产物，运输化与工业化相伴而生、相辅相成，经济发展水平必然影响一国运输市场。资源开发状况、能源结构、人口及其构成、收入和消费水平、产业结构、生产总值和经济的国际化水平等直接制约着运输市场的规模、结构以及运行效率。

(3) 政策和法律因素

由于运输在促进经济发展和保证经济正常运行方面起着关键性作用，必须建立健全行业的法律法规环境，即要求运输活动必须依照法定规则进行。不同国家根据各自的经济制度和发展需要制定自己的政策和法律，运输市场必然受到有关政策和法律的影响，如运输业管理体制对运输市场起着直接的调控作用。

(4) 技术因素

技术进步在促进运输网络的形成中起着决定性的作用，运输技术的不断更新满足了社会经济和消费者的各种运输需求，改变了运输业的面貌，并持续性地调整着运输结构。此外，现代通信技术与运输技术正有效地缩短着地理空间障碍，也为国家（地区）乃至全球运输市场的一体化奠定了基础。

3.1.2　物流运输市场的结构和特征

根据不同的标准，运输市场结构有不同的分类，在运行过程中也表现出不同的特征。

1. 运输市场的结构

(1) 运输市场的状态结构

运输市场的状态结构是指由运输市场运行的不同状况而形成的市场结构。运输市场交易是由供求双方共同构成的。在交易进行的过程中，双方的经济力量对比不同而使市场处于不同的状态。

① 运输买方市场

运输买方市场是指在买卖双方的力量对比中由买方占主导地位的市场。在这种运输市场状态下，运输供给大于需求，买方掌握着市场的主动权，成为市场运行的主导力量，货主有很大的回旋余地，有选择多种不同运输服务的自由；而运输企业则不然，都尽力为自己的产品寻找销路，彼此之间竞争激烈。竞争主要通过两种途径，即价格竞争与非价格竞争。其中非价格竞争以质量竞争（包括服务竞争）为核心，运输供给方竞争的结果是运输需求方得益。

② 运输卖方市场

运输卖方市场是指在买卖双方的力量对比中由卖方占主导地位的市场。在这种运输市场状态下，运输供给小于运输需求，卖方掌握着市场的主动权，成为市场运行的主导力量，卖者的回旋余地很大，可以待价而沽；而买者则处于被动地位，竞争激烈，甚至不惜出高价去购买运输服务。卖方市场对运输供给方有利，但运输业者容易出现不良经济行为，如缺乏竞争意识、忽视技术进步、借机牟取利益等，因而这种市场状态结构对运输业乃至整个国民经济的发展是不利的。

③ 运输均势市场

运输均势市场是指运输市场上买卖双方的力量对比旗鼓相当、处于均势状态的市场，这是一种比较完善的市场状态。在这种市场状态下，运输供给与需求大体平衡，价格也相对平稳，双方均无明显优势和劣势，运输业的发展和国民经济的发展均处于平稳状态，因而是理想的市场结构。

(2) 运输市场的空间结构

运输市场空间是指运输主体及其所支配的运输市场客体的活动范围。现实的运输市场总是具有一定活动空间的市场，各类市场由于扩散和吸引能力的大小而有所不同。运输市场的空间结构是指各等级、各层次的市场空间在整个市场体系中所占有的地位及其相互关系。运输市场的空间结构从大的方面来说可以分为三个基本层次。

① 区域性的地方运输市场

区域性的地方运输市场是以区域为活动空间的运输市场，包括城市运输市场、城间运输市场、农村运输市场、城乡运输市场、南方市场、北方市场等。区域性的地方运输市场通常以大大小小的经济区为主。在地域分工和生产专业化的基础上逐步形成，并循序渐进地发展和扩大。

② 全国统一的运输市场

全国统一的运输市场是以整个国家领土、领空、领海为活动空间的运输市场，包括各个地区、各种运输方式在内的统一的运输市场。它以市场经济的充分发展为基础，在区域运输市场充分发展的前提下得以形成。

③ 国际运输市场

国际运输市场是指不仅以本国，而且以其他国家为活动空间的运输市场。它是随着国际的商品交换及经济社会文化交流的增加而逐步形成的，是国际产业分工、世界经济发展和消费生活全球化的必然结果，也是市场经济发展的客观要求和必然趋势。

(3) 运输市场的时间结构

运输市场的时间结构是指市场主体支配交换客体运行轨迹的时间量度。由于运输市场交易中，市场主体之间对交换对象——运输服务的权利转移与其价值运动过程可以有不同的时间轨迹。一般来说，运输市场按时间结构包括两种情况。

① 运输现货交易市场

运输现货交易市场是进行运输现货交易的市场，由拥有运输服务（现货）并准备交割的运输供给者和想得到运输劳务的运输需求者组成。在运输现货交易中，运输市场上出售运输服务与货币转移是同时进行的，因而也称即期交易。广义的现货交易还包括远期交易，供求双方只签订运输合同，约定在一定时期内按合同条款履行义务并进行交割。如果现货交易通过签订运输合同进行，则运输服务必须在规定的时间内完成，买卖双方只有在相互同意的情况下才能够修改或取消所签的合同。

② 运输期货交易市场

运输期货交易市场是从事买卖标准化的运输期货交易合同的市场。运输期货交易是在交易所通过签订标准化的运输期货交易合同而成交的。运输期货交易不仅可以先签订期货交易合同，然后在某一特定时间交割，而且能“买空卖空”和根据交易人的需要自由买卖。

(4) 运输市场的竞争结构

运输市场的竞争结构是指市场上运输服务的竞争关系与组合模式，它反映了运输市场竞争的态势和程度。决定运输市场结构的主要因素有两个：一是参与运输市场交易的供给者和需求者的数量；二是成交的运输服务的差异程度。

根据运输服务的竞争关系与组合模式，运输市场可以划分为四种结构模式：

① 完全竞争运输市场

完全竞争运输市场又称纯粹竞争市场，其特征是：运输市场上存在大量的运输供给者（或代理人）和运输需求者（或代理人），他们各自的交易额相对于整个市场的交易规模只是很小的一部分，因而不能影响市场的运价，个别的运输供给者和运输需求者只能接受市价；所有的运输供给者都是独立地进行决策的，以相同的方式向运输市场提供同类、同质的运输服务，即完全可以互相取代；运输供给者只要具备一定的经营条件和运力，即可进入市场，并且退出市场的伸缩性小，决定进、出市场的唯一条件是经济上是否有利可图；这种市场没有政府的干涉。由于没有差异，市场竞争激烈，运输供给者只能获得正常利润。在现实中，这种理想模式是不存在的，近似具备这种市场条件的是发达国家的跨州（省）公路货运市场以及海运中的不定期船市场。

② 垄断竞争运输市场

垄断竞争运输市场是一种介于完全竞争和完全垄断之间且近于前者的市场结构。与完全竞争运输市场相似，市场上存在大量的运输供给者（或代理人）和运输需求者（或代理人），他们提供具有一定差别的、能从整体上或局部上加以区别的而且可以互为相近替代品的运输服务。但是，他们各自的交易额相对于整个市场的交易规模只是一小部分，因而任何一个运输供给者和运输需求者都不可能独立地控制运价，也无法控制整个市场。运输企业进入市场容易、运输企业多、运输服务替代性大，因而市场竞争激烈，运输供给者也只能获得正常利润。在垄断竞争运输市场上，竞争不仅表现为价格竞争，也表现为非价格竞争。一些运输供给者集中经营某一细分市场，以特异的方式满足顾客需求并赚取利润。为了提高市场占有率，各运输供给者重视运输质量与运输特色，同时广告宣传等促销工作也成为运输企业市场营销活动的重点。例如，在交通运输市场占比高达 75%的快运行业，其前 20 名的行业集中度只有 2.9%。

③ 寡头垄断运输市场

寡头垄断运输市场是介于完全竞争和完全垄断之间且近于后者的一种市

场结构，可以分为完全寡头垄断市场和差别寡头垄断市场。完全寡头垄断市场由少数几家运输供给者控制市场，向市场提供相同的或差别不大的运输服务，控制着市场的绝大部分运力，整个市场的运价由这些运输供给者垄断。运输服务不具有差异性，因而获取竞争优势的唯一方法是降低成本。差别寡头垄断市场是由少数几家有部分差别的运输服务供给者组成的。

④ 完全垄断运输市场

完全垄断运输市场又叫独占运输市场。这种市场主要表现为某一国家或地区的运输市场上只存在一家运输供应者。市场上运输服务的唯一供应商对运价具有相当程度的控制权，不存在或基本不存在竞争。这种垄断的产生可能是管制法令、许可证、规模经济或其他原因。处于不受管制的完全垄断地位的运输企业，其营销目标往往是通过索要高价，提供最低程度的服务，利用垄断地位最大程度地赚取利润。在存在潜在竞争威胁时，垄断者会更多地投资于服务和技术，设法阻止其他竞争者的加入，尽可能维护甚至加强其市场垄断地位，而受到管制的垄断者则主要考虑如何在合理的运价水平上尽可能保质保量地满足市场的运输需求。由于运输市场放开，现实中的完全垄断运输市场几乎不存在。

2. 运输市场的特征

运输市场作为市场体系的组成部分，毫无疑问具有一般市场的共性。如供给方与需求方构成市场主体的两大阵营；供给与需求的变化虽然都受不同因素的影响，但最终都要受价值规律支配，交换要遵循等价交换的原则。由于运输生产过程、运输需求过程以及运输产品的特殊性，运输市场除具有一般市场共性外，还具有区别于其他产品市场的不同特点。

(1) 运输市场上交换的产品具有无形性、服务性

运输市场与一般的商品市场不同，交换的不是普通的实物产品，而是不具有实物形态的运输服务。在交换过程中虽然也发生像普通商品交换那样的所有权转移行为，但是运输服务的购买者取得这种所有权后，不能消费具体的物质产品，而只是改变货物在空间和时间上的存在状态，它包括货物的具体数量、起运和到达的具体时间、地点等。

(2) 运输市场不能以储存来调节产品供求

在运输市场中，运输服务的生产、消费具有同步性。货物是与运输工具一起运行的，并且随着运输工具的场所变动而改变其所在的空间位置。运输劳动所创造的服务在生产过程中同时被消费掉，因此不存在任何可以存储、转移或调拨的“成品”。可见，运输服务的供给只能表现在各种运输方式的现实运输能力之中，不能以储存、调拨的方式来对运输供求状况进行调节，而

只能以提高运输效率或新增运输能力来满足不断增长的运输需求，而一旦需求下降，一些供给能力就会闲置。

(3) 运输市场既有空间上的广泛性，又有具体位移的特定性

运输服务进行交换的场所是纵横交错、遍布各地的运输线路和车站，这些线路和车站联结城乡，跨越省区甚至超越国界，相互贯通，交织成网。货运市场中的交换主要集中在车站、码头、机场等地，甚至十分分散，哪里有货物运输需求，哪里就会有货运交易的场所。同时，运输服务又具有矢量的特点，不同的到达地和出发地之间的运输形成不同的运输服务，它们之间不能相互替代，即使是相同的到达地和出发地之间的运输也有运输线路问题，只有相同货物在相同起运点、终点并经过相同线路的运输才是相同的运输服务。不能用运水果的服务代替运石油的服务，也不能用兰州向乌鲁木齐的运输代替广州向上海的运输，甚至在同一运输线上不同方向的运输也是完全不同的运输服务。

(4) 运输市场供求不平衡，具有较强的波动性

一般地，价值规律在一定程度上促使市场供求均衡发展和供求双方矛盾调和，使供求关系在质量、种类等方面保持均衡。但对于运输需求的多样性、不平衡性、运输业的“超前发展”和先行地位以及运输市场管理办法、措施和手段的限制等，运输市场在供求上是不均衡的。同时，运输受各种因素影响变动较大，波动性较强。应发挥运输市场调节机能，凭借敏感的价值规律的自动反馈和调节系统，使运输市场在供求上力求趋向平衡或使不平衡的差值限制在一定范围之内。

(5) 运输服务的可替代性较强，各种运输方式之间竞争激烈

在具体的运输市场上，不同运输生产者的竞争，不仅发生在同一运输方式内部的不同企业之间，也发生在不同的运输方式之间。同一种运输服务可以由不同的运输方式提供，铁路、公路、水路、航空、管道等多种运输方式都可以实现货物位移，即并行的几种运输方式可以提供数量相同但质量（如运输速度、舒适度、方便度等）不同的运输服务。因此，具有较强的可替代性，消费者的选择性较强。互相替代的运输方式共同组成运输市场上的供给方，它们之间存在着竞争关系，而且根据提供运输服务质量的差别保持一定的运价比。为促进各种运输方式的协调发展，充分发挥各自的优势，防止盲目竞争，需要国家对运输业进行宏观调控和系统规划，打破条块分割、部门各自为政的局面，以便优化资源配置，发展综合运输。

(6) 运输市场天然容易形成垄断

在运输业的一定发展阶段，某种运输方式往往会在运输市场上形成强大

的垄断势力，即使是运输市场比较完善的时期，垄断的痕迹仍然存在。例如，许多发达国家都曾有过运河的大规模建设时期，水运运量占统治地位，其后铁路又在相当长时期成为运输业的霸主。即使到了现在，虽然多种现代运输方式并存，竞争成为运输市场运行的主要特征，但各种运输方式仍旧在自己的优势领域保持着一定的独占性。特别是铁路和民航等运输行业必须有高度集中的生产指挥系统，铁路和管道在线路方面的独占性又使其自然地产生垄断性的经营。容易出现垄断的市场恰恰最不容易成为比较完善的市场，因此各国对运输市场一般要加以管制。

3.1.3 物流合理化要求

物流运输合理化是指从总体目标出发，以最少的运力、最快的速度、最短的线路、最优的服务、最少的费用，组织货物的运输，以获取最大的经济效益。组织商品合理运输，在发运地和到达地之间往往存在多条运输线路，存在多种运输方式，必须从实际出发，根据交通运输条件，合理选择运输线路和运输工具，提高综合运输水平，保证运输任务的完成。

1. 影响物流运输合理化的因素

物流运输合理化是各种经济、技术、社会、文化等因素相互作用的结果。影响物流运输合理化主要有“五要素”，即：

① 运输距离。在运输过程中运输时间、运输货损、运费、车辆周转等技术经济指标，都与运输距离存在一定比例关系，运输距离长短是运输是否合理的一个最基本要素。因此，企业在组织商品运输时，首先要考虑运输距离，尽可能优化运输路径。

② 运输环节。运输业务活动，需要进行装卸、搬运、包装等工作，多一道环节，就会增加起运费和总运费。因此，减少运输环节，尤其是同类运输工具的运输环节，促进合理运输。

③ 运输时间。运输是物流过程中需要花费较多时间的环节，尤其是远程运输，在全部物流时间中，运输时间短有利于运输工具加速周转，充分发挥运力作用，有利于运输线路通过能力的提高。

④ 运输工具。各种运输工具都有其使用的优势领域，对运输工具进行优化选择，根据不同商品特点，分别利用火车、轮船、汽车、飞机等不同的运输工具，选择最佳的运输线路合理使用运力，以最大化发挥所选运输工具的作用。

⑤ 运输费用。运费在全部物流费用中占很大比例，是衡量物流经济效益的重要指标，也是组织合理运输的主要目的之一。

上述要素，既相互联系，又相互影响，甚至还相互矛盾。运输时间短，费用却不一定省，这就要求进行综合分析，寻找最佳方案。在一般情况下，运输时间快，运输费用省，是考虑合理运输的关键。

2. 不合理运输的表现

物流不合理运输是相对合理运输而言的。不合理运输违反客观经济规律，违反商品合理流向和各种运力的合理分工。不充分利用运输工具的装载能力、环节过多的运输，是导致运力紧张、流通不畅和运费增加的重要原因。不合理的运输，一般表现为以下几个方面：

(1) 对流运输

对流运输，又称“相向运输”“交错运输”，是指同一种物资或两种能够相互替代的物资，在同一运输线或平行线上，做相对方向的运输，与相对方向路线的全部或一部分物资发生对流。对流运输又分两种情况：一是明显的对流运输，即在同一运输线上对流。如一方面把甲地的物资运往乙地，而另一方面又把乙地的同样物资运往甲地，产生这种情况大都是由于货主所属的地区不同、企业不同。二是隐蔽性的对流运输，即将同种物资采用不同的运输方式，在平行的两条路线上朝着相对的方向运输。

(2) 倒流运输

倒流运输是指物资从产地运往销地，然后又从销地运回产地的一种回流运输现象。倒流运输有两种形式：一是同一物资由销地运回产地或转运地；二是由乙地将甲地能够生产且已消费的同种物资运往甲地，而将甲地的同种物资又运往乙地。

(3) 迂回运输

迂回运输是指物资运输舍近求远、绕道而行的现象。物流过程中的计划不周、联结不善或调运差错都容易导致迂回现象发生。

(4) 重复运输

重复运输是指某种物资本来可以从起运地一次直运到目的地，但由于运营计划不同、仓库设置不当等缘故，人为地运到中途地点（如中转仓库）卸下后又二次装运的不合理现象。重复运输增加了一道中间装卸环节，增加了装卸搬运费用，延长了物资在途时间。

(5) 过远运输

过远运输是指舍近求远的运输现象。即本可以由距离较近的产地供应物资给销地，却从远地采购进来；物资不是就近供应消费地，却调给较远的其他消费地，违反了近产近销的原则。而远程运输是由于某些物资的产地与销地客观上存在着较远的距离，这种远程运输是合理的。

（6）运力选择不当

选择运输工具时，未能发挥其优势，如弃水走陆（增加成本）、铁路和大型船舶的过近运输、运输工具承载能力不当等，都属于运力选择不当。

（7）托运方式选择不当

选择托运方式时，可以选择整车运输却选择了零担，应当选择直达却选择了中转运输，应当中转却选择了直达等，均属于托运方式选择不当。

（8）返程或起程空驶

返程或起程空驶，主要是由调运不当、货源计划不周、不采用运输社会化而形成的，是不合理运输的表现。

3. 物流运输合理化的有效措施

运输合理化是一个系统分析过程，常采用定性与定量相结合的方法，对运输的各个环节和总体进行分析研究。研究的主要内容和方法主要有以下几点：

（1）提高运输工具的实载率

实载率的含义有两个：一是单车实际载重与运距之乘积和标定载重与行驶里程之乘积的比率，在安排单车、单船运输时，是判断装载合理与否的重要指标；二是车船的统计指标，即在一定时期内实际完成的货物周转量（吨千米）占载重吨位与行驶千米乘积的百分比。提高实载率，如进行配载运输等，可以充分利用运输工具的额定能力，减少空驶和不满载行驶的时间，减少浪费，从而求得运输的合理化。

（2）减少劳力投入，增加运输能力

运输的投入主要是用于能耗和基础设施建设，在运输设施固定的情况下，应尽量减少能源动力投入，节约运费，以降低单位货物的运输成本，达到合理化的目的。如在铁路运输中，在机车能力允许的情况下，多加挂车皮；在内河运输中，将驳船编成队行，由机运船顶推前进；在公路运输中，实行汽车挂车运输，以增加运输能力等。

（3）发展社会化的运输体系

运输社会化的含义是发展运输的大生产优势，实行专业化分工，打破企业自成运输体系的状况。单个物流公司车辆自有、自我服务，难以形成规模，且运量需求有限，难以自我调剂，因而经常容易出现空缺、运力选择不当、不能满载等浪费现象，且配套接货和发货设施、装卸搬运设施也难以有效地运行。实行运输社会化，可以统一安排运输工具，避免出现迂回、倒流、空驶、运力选择不当等不合理现象，不但可以追求组织效益，而且可以追求规模效益。

(4) 在公路运输经济里程范围内利用公路运输

这种运输合理化的表现主要有两点：一是对于比较紧张的铁路运输，用公路分流后，可以得到一定程度的缓解，从而加大此区段的运输通过能力；二是充分利用公路从门到门和在中短途运输中速度快且灵活机动的优势，实现铁路运输难以达到的水平。一般认为，公路运输的经济里程为 200～500 千米，随着高速公路网的形成，新型与特殊货车的出现，公路运输的经济里程有时可达到 1 000 千米以上。

(5) 尽量发展直达运输

直达运输是在组织货物运输过程中，越过商业、仓储环节或交通中转环节，把货物从产地或起运地直接运到销地或用户，以减少中间环节。直达的优势，尤其是在一次运输批量和用户一次需求量达到整车时表现最为突出。此外，在生产资料、生活资料运输中，通过直达，建立稳定的产销关系和运输系统，有利于提高运输的计划水平。直达运输的合理性也是在一定条件下体现出来，从用户需求来看，批量较大时，直达可能是合理的，但批量较小时中转可能是合理的。

(6) 配载运输

配载运输是充分利用运输工具载重量和容积，安排装载的货物及方法以求合理化的一种运输方式。配载运输往往是轻重商品的合理配载，在以重质货物运输为主的情况下，同时搭载一些轻泡货物，如海运矿石、黄沙等重质货物，在上面捎运木材、毛竹等，在基本不增加运力的情况下，在不减少重质货物运输的情况下，解决了轻泡货的搭运，因而效果显著。

(7) 提高技术装载量

依靠科技进步是运输合理化的重要途径。它一方面是最大程度地利用运输工具的载重吨位；另一方面是充分使用车船装载容量。其主要做法有：专用散装车及罐车解决粉状、液体物运输损耗大、安全性差等问题；袋鼠式车皮、大型拖挂车解决大型设备整体运输问题；集装箱船比一般船能容纳更多的箱体，集装箱高速直达加快运输速度等。

(8) 进行必要的流通加工

不少产品由于本身形态及特性问题，难以实现运输的合理化，如果针对货物本身的特性进行适当的加工，能有效解决合理运输的问题。例如，将造纸材在产地先加工成纸浆，后压缩体积运输，就能解决造纸材运输不满载的问题。

(9) 提倡合装整车运输

合装整车运输，又称“零担拼整车中转分运”，主要用于件杂货的运输，具体有四种方法：零担货物拼装整车直达运输、零担货物拼装整车接力直达或中转分运、整车分卸、整装零担。

4. 发展综合运输体系

综合运输体系是指各种运输方式在社会化的运输范围内和统一的运输过程中，按技术经济特点组成分工协作、有机结合、连续贯通、布局合理的交通运输体系。

首先，综合运输体系是在五种运输方式的基础上建立起来的，运输过程从单一方式向多样化发展，运输工具不断向现代化方向发展，形成统一的运输过程。

其次，综合运输体系是各种运输方式通过运输过程本身的要求联系起来的，即各种运输方式、运输生产过程中存在着协作配合、优势互补的要求。

最后，综合运输体系由三个子系统组成。其一是有一定技术装备的综合运输网及其结合部系统，这是综合运输体系的物质基础；其二是具有各种运输方式的联合运输系统；其三是综合运输管理、组织和协调系统。

3.2 物流运输需求与供给

3.2.1 物流运输的需求

需求和需要是两个不同的概念。从经济学上讲，有支付能力的需要，构成了对商品或服务的需求。物流运输活动的主要内容是实现货物的空间移动，故只有了解了运输对象的市场需求状况，企业才能进行有效的运输活动。

1. 运输需求的含义

物流运输需求是指在一定时期内、一定的价格水平下，社会经济生活在货物空间位移方面提出的具有支付能力的需要。因此，运输需求应具备两个条件：一是有购买运输服务的欲望或要求，只有运输需求者有运输需求，运输供给者才有可能去满足这种需求；二是具有购买能力，在一定的价格水平下，购买者的收入越高，购买能力越强。上述两个条件缺一不可。下面用一个简单的例子来说明运输需求、运输条件和社会经济活动的关系。

假定A、B两地被群山相隔，只有崎岖的山路相连，A地是一个农产品生产和加工中心，有过剩的农产品，B地是一个工业城市，本身不生产农产品。显然，对于A地来说，如果能花费一定的费用，把产品运到城市B，则B将是一个好的农产品销售市场。在这种情况下，可能会有少数商人不辞辛劳地用交通运输工具（畜力）将农产品运到城市B。毫无疑问，这些农产品的价格肯定要比在A地贵得多，因为运输条件极其艰难，人力、物力的消耗很大。其结果是，在城市B只有极少数人能买得起这种外来的高价农产品。第二种情况，在A、B两地之间修一条小路，可以走马车。用马车运送农产品比用马驮的费用和时间减少了，这样，农产品在城市B的售价降低，较多的居民愿意购买，A、B之间的运输需求也增加了。第三种情况，在A、B间建设一条简易公路，小型载货汽车可以通行，这使得运输费用更为下降了，商人有可能以相对低的费用，将大批农产品运到城市B，农产品在城市B的价格进一步降低，使更多的人消费得起。可以想象，如果A、B间的运输条件得到进一步改善，运输费用将会进一步下降，两地间的运输需求也会相应增加。

当然，A、B两地间的运输需求除了受运输条件或运输费用的影响之外，还受城市B农产品市场需求的制约。事实上，如果城市B对这类农产品的需求很少或根本不存在，不论城市A、B间运输条件如何改善，A、B间根本谈不上对这类产品的运输需求。因此，A、B间的运输需求在某种程度上决定于城市B对于产在A地的农产品的需求。

由上述例子可知，运输需求通常包括以下六个要素：

① 流体，即运输的对象，也即运输货物的品种。

② 流量，即运输的需求量。

③ 流向，即货物发生空间位移时的空间走势，表明货流的产生地与消费地。

④ 流程，又称运程，即运输距离，指货物进行空间位移的起始地到终点的距离。

⑤ 流速，又称运速，即货物的运送速度。

⑥ 运输价格，即运输单位重量或体积的货物所需的运输费用。

2. 运输需求的特征

运输需求是一种普遍性需求，然而与其他商品需求相比，运输需求具有其特殊性，这种特殊性主要体现在以下几方面：

（1）广泛性

运输需求产生于人类生活和社会生产的各个角落，运输业作为一个独立的产业部门，任何社会活动都不可能脱离它而独立存在。运输需求具有广泛性，是一种普遍性的需求。

（2）派生性

市场需求有本源需求和派生需求两种。本源需求是消费者对最终产品的需求，派生需求则是由于对某一最终产品的需求而引起的对产生它的某一生产要素的需求。货主提出位移要求的最终目的往往不是位移本身，而是为了实现其生产、生活中的其他需求，完成空间位移只是中间的一个必不可少的环节。因此，运输是社会生产和人类生活派生出来的需求。

(3) 多样性

在货运方面，运输业几乎涉及所有种类的货物，在质量、体积、形状、性质、包装方面千差万别，对运输条件的要求各不相同。这就要求运输服务应提供各种性质的运输工具和采取不同的技术措施。

(4) 个别需求的异质性

就整个市场而言，对运输总体的需求是由性质不同、要求各异的个别需求构成的。个别需求在经济方面的要求也各不相同，有的要求运价低廉，有的要求运送速度快。因此，掌握需求的异质性是搞好运输市场经营的重要条件。

(5) 时间特定性

货物运输需求在发生的时间上有一定的规律性。例如，蔬菜和瓜果的收获季节是这些货物的运输繁忙期，反映对运输需求的要求就是时间的特定性，运输需求在时间上的不平衡引起运输生产在时间上的不均衡。时间特定性的另一层含义是对运输速度的要求。货物运输需求带有很强的时间限制，从货物运输需求看，由于商品市场千变万化，货主对起止的时间要求各不相同，各种货物对运输速度的要求相差很大。

(6) 空间特定性

运输需求是对位移的要求，而且这种位移是运输消费者指定的两点之间带有方向性的位移，也就是说运输需求具有空间特定性。如前所述，市场需求在城市B，而农产品产地在A地，这就决定了运输需求必然是从A地到城市B，带有确定的空间要求。

(7) 部分可替代性

不同的运输需求之间一般来讲是不能互相替代的。例如，由北京到兰州的位移不能代替从北京到广州的位移，运水泥的运输需求也不能代替运水果的运输需求，因为这是明显不同的运输需求。这里讲的替代性是满足运输需求的方式上的替代性。在现实运输中，同一运输需求有时可以通过不同运输方式满足。例如，货物在两地间的运输，完全可以通过公路、铁路、水路、航空等运输方式的不同选择，也可以通过不同运输企业完成。这种运输需求的替代性是导致运输市场产生竞争的主要原因。

(8) 总体需求的规律性

对于运输企业来说，不但要研究个别需求的异质性，而且要研究总体需求的规律性。不同货物的运输要求虽然千差万别，但就总体来说还是有一定规律性的，如货流的规律性、市场需求变化的规律性等。

3. 运输需求的类型

(1) 根据需求范围划分

根据需求范围的不同，运输需求可以分为个别需求、局部需求和总需求。

① 个别需求

个别需求是指特定的运输需求者在一定时期、一定运价下提出的运输需求。货运方面，货物因本身的物理、化学性质不同对运输的需求不同，如煤炭、木材等大宗散货需要低廉的运费，海鲜要保证运输时间，化学危险品要保障运输中货物安全。

② 局部需求

由于各地区自然条件、经济发展的不同，产生了不同的运输需求。发达地区运输需求量大，欠发达地区运输需求量小，靠近江河、湖泊或沿海地区水路运输需求量大，内陆地区则对公路、铁路、航空运输需求量比较大。

③ 总需求

总需求是从宏观经济角度出发分析的运输需求，指在一定时期、一定运价下，个别需求与局部需求的总和。

(2) 根据运输对象划分

根据运输对象的不同，运输需求可以分为客运需求和货运需求。

① 客运需求

客运需求可以分为生产性需求和消费性需求。

② 货运需求

货运需求是因为货物交换双方的需要而产生的运输需求。供应商、生产商、批发商、经销商、分销商、零售商和最终消费者，都会因商品交换的需要而产生运输需求。

一般来说，货物运输需求产生的来源主要有以下三个方面：

A. 地区间商品品种、质量、性能、价格上的差异。地区之间、国家之间技术水平、产业优势不同，产品的质量、品种、价格等方面就会存在很大差异，这就会引起货物在空间上的流动，从而产生运输需求。

B. 生产力与消费群体的分离。社会经济基础的差异，各地区间经济发展水平和产业结构的差异，决定了生产性消费分布的存在。随着生产社会化、专业化的发展，生产与消费在空间上日益分离，也就必然产生了运输需求。

C. 自然资源的地区分布不均衡，生产力布局与资源产地分离。自然资源地区分布不均衡是自然现象，同时，生产力分布不均衡，不可能完全与资源产地相配合，这就必然产生运输需求。

4. 物流运输需求的影响因素

影响运输需求的因素多种多样，及时了解影响运输市场活动的因素，借助于经济学中的需求分析来预测市场态势，将会使运输组织活动更富目的性。

（1）经济发展水平

货物运输需求是派生需求，这种需求的大小取决于经济发展水平。从西方发达国家的交通运输发展进程看，工业化初期，开采业和原材料对大宗、散装货物的需求急剧增加；到机械加工工业发展时期，原材料运输继续增长，但增长速度已不如前一时期，而运输需求开始多样化，对运输速度和运输质量方面的要求有所提高；进入精加工工业时期，经济增长对原材料的依赖明显减少，运输需求在数量方面的增长速度放慢，但运输需求越发多样化，在方便、及时、低损耗等运输质量方面的需求越来越高。

（2）国民经济产业结构和产品结构

首先，生产不同产品所引起的厂外运量（包括原材料、附件、能源、半成品和产成品等）差别很大。如生产1吨棉纱引起厂外运量2.5～3吨，生产1吨水泥引起厂外运量4～5吨，生产1吨钢引起厂外运量7～8吨。其次，不同产品利用某种运输方式的产运系数（即产品的运输量与其总产量的比值）是不同的，如煤炭和基础原材料工业对铁路的依赖比较大，而其他产品则可能更多地利用公路等运输方式。最后，不同的产业构成，在运输需求的量与质上要求不同。如果用单位GDP所产生的货物周转量来表示货运强度，则重工业的货运强度大于轻工业，轻工业的货运强度大于服务业，随着产业结构层次的提高，货运强度将逐步下降。

（3）运输网的布局与运输能力

运输网的布局与运输能力直接影响货源的吸引范围和运输需求的适应程度。如国际航空线路的开辟，为鲜活易腐货物的国际运输需求提供质量保证。地处优越的交通地理位置、高质量、高效率的运输网络不仅能满足本地区运输需求，而且还可吸引过境货物、中转货物。完善、合理的运输网布局，方便、快捷、高质量的运输能力，无疑会大大刺激运输需求；而滞后的运输网络与运输能力会抑制运输需求。

（4）市场价格的变动

运输价格和运输商品的市场价格变动，也会引起运输需求的变动。一般来说，运价下降时，运输需求上升，而运价上涨时，短期内需求会受到一定抑制。同时，两地市场商品价格差别增大，会刺激该商品在两地间的运输需求；商品价格差别缩小，则会减少两地间对于该商品的运输需求。另外，燃油、运输工具等价格变动也会引起运价的变动，从而导致运输需求的变动。

(5) 国家经济政策和经济体制

当产品交流和物资分配体制从计划经济体制转向市场经济体制时，运输需求的市场调节比重增大，货物流通的范围扩大，频率增强。因此，政府运用政策对流通领域的宏观调控是影响和调控货运需求的有力工具。

(6) 人口增长与分布

人口增长与分布的变化对货运需求也有很大影响，人口增长快，必然引起粮食、油料、副食品、日用工业消费品等供应量的增加，引起对运输需求的增加；大量人口流入城市必然引起城市消费能力的增加，也会使大量的粮食、副食品及日用工业消费品等运往城市，继而使货运需求增加。

3.2.2 物流运输的供给

生产力水平的提高，社会生产和人民生活不断发生变化，导致了生产、生活消费模式的改变，这对交通运输提出了新的要求。运输需求方开始更多地关注运输品质、运输水平、运输协调等一系列与运输供给相关的现实问题。运输供给方根据运输成本、运输价格以及运输能力等因素进行运输供给分析，结合运输市场的整体情况开展运输组织工作，满足运输需求。

运输供给是运输市场中与运输需求相对应的一个范畴，影响着运输方式的选择、运输费用的高低以及运输质量的好坏等。

1. 运输供给的含义

供给是指生产者在一定时期和一定价格水平下愿意并且能够提供的某种商品的数量。供给在市场上的实现要同时具备两个条件：一是生产者有出售商品的愿望；二是生产者有生产的能力。

运输供给是指在一定时间、空间内，一定运输水平下，运输生产者愿意并能够提供的运输产品或服务。运输供给有两个必备的条件，即运输生产者有提供运输产品或服务的愿望，并且运输生产者有提供这种运输产品和服务的能力，两个条件缺一不可。

2. 运输供给的特征

(1) 非储存性

运输业属第三产业，即服务业。非储存性是各种服务产业的共同特点：生产过程与消费过程相结合。运输业的生产活动是通过运输工具使运输对象发生空间位置的变化，运输产品的生产和消费是同时进行的，即运输产品不能脱离生产过程而单独存在。所以，运输产品不能像一般产品一样储存起来，这就是运输产品的非储存性。运输产品的非储存性，决定了运输业不能采取运输产品储备的形式，而只能采取储备运输能力的形式来适应运输市场变化。

运输业具有固定设备多、固定资产投资大、投资回收期长等特点，运输能力的设计多按运输高峰的需求设计，具有一定的超前量。运输能力的超前建设与运输能力的储备对运输供给来说，既可能抓住市场需求增长的机遇，又可能因市场供过于求而遇到风险。运力储备越大，运输供给承担的风险越大，适应市场需求的能力也大；相反，运力储备小或没有储备，承担的风险小，那么适应市场需求的能力也小。

(2) 不平衡性

运输供给的不平衡性既表现在时间上也表现在空间上。在时间上，运输供给的不平衡性表现在运输供给随运输需求淡旺季的变化而变化。运输旺季时，运输需求增多，运输供给就相应增加；相反，运输淡季时运输供给减少。运输需求的季节性不平衡，导致运输供给出现高峰与低谷。

在空间上，经济和贸易发展的不平衡性以及各地产业的不同特点，使运输供给在不同国家（地区）之间也呈现出一定的不平衡性。经济发达的国家（地区）的运输供给量比较充分，经济比较落后的国家（地区）的运输供给量则相对滞后。运输供给的不平衡性还表现在运输方向上。例如，矿区对外运矿（如煤）的运力需求要远远大于其他生产及生活资料的向内运输。为实现供需时空结合，企业要经常付出空载行驶的代价。这种因供给与需求之间在时间、空间方面的差异性所造成的生产与消费的差异，使运输供给必须承担运力损失、空载行驶等经济风险。

(3) 可替代性

运输供给由铁路、公路、水运、航空、管道等多种运输方式和多个运输生产者的生产能力构成。两地间的运输可由多种运输方式完成，并且一次运输也可由多个运输生产者承担，所以运输需求者可以根据实际情况，选择最佳的运输方式和运输供给商，运输生产者也可以在确定运输方案时选择合适的运输方式，这就是运输供给的可替代性。

同时，运输产品在时间、空间上的限制，人们对运输服务的经济性、方便性和舒适性的要求等，使得不同运输方式间或同一运输方式中替代性受到限制，这种限制又使得每种运输方式间或同种运输方式中具有差别的运输服务可能在某一领域的运输供给上形成一定程度的垄断。但是，这种可替代性也是有条件的，因为运输方式间存在差异性。例如，在国际贸易中大宗货物的远洋运输，一般只能选择海路的运输方式。运输供给具有部分可替代性，它的替代性和不可替代性是同时存在的，运输市场的供给既存在竞争也存在垄断。

(4) 外部性

外部性是指向市场以外的其他人强加的成本和利益，发达运输可带动周边区域的经济发展。“要想富，先修路”说的就是运输业的正外部性，它能使区域繁荣、商品价格下降、地价上扬，产生巨大的经济效益，以致大多数大城市均在沿海沿江交通便利的地域形成。再如，一条航线的开通，会带动当地旅游业的发展；一条运输线路的开通，会带动沿线很多产业的发展。

同时，运输又具有巨大的负外部性。运输活动带来的噪声和对空气、水等的环境污染，对能源和其他资源的过度消耗以及交通阻塞的成本消耗等均可能给整个社会造成经济损失。运输业在获取利润的同时，将成本部分转移到运输业的外部，即产生成本转移。运输供给所造成的大气污染、交通噪声、水体污染、交通拥挤、交通事故等，均属于外部成本。

3. 运输供给的类型

(1) 个别供给

个别供给是指特定的运输生产者在一定时期、一定条件下，能够并愿意提供的供给。在市场经济条件下，各个运输生产者由于经济成分和运输方式的不同，提供的产品或服务也不同。例如，UPS（联邦快递）主要满足客户快速、安全、准确的运输需求。

(2) 总供给

总供给是从宏观经济角度分析运输供给，指在一定时期、一定条件下，某一区域所有个别供给的总和，即该区域范围可能向运输市场提供的运输产品。它表示在不同的价格下与之相应的运输产品的所有生产者所能供给的总量。运输产品的总供给不仅取决于决定单个生产者供给量的所有因素，还取决于市场中这种生产者的数量。在一定时间内、在一定区域或运输线路的市场上，某些运输方式或某些运输企业占有运输总供给中相对或绝对多数的份额，造成运输市场的垄断现象。

4. 运输供给的影响因素

(1) 政治因素

运输业是一个国家重要的基础产业，不仅关系到经济发展，而且关系到政治稳定。因此，各国政府一般都对运输业实行不同程度的干预，运输政策便是影响运输供给的重要政治因素。运输政策是一个国家的政府为发展运输而制定的准则，是经济政策的组成部分。运输政策的制定要从经济、政治、军事以及国际社会等方面考虑。例如，交通运输的规划和建设，必须考虑到军事运输的需要，建好的战备线路，平时可以用于民用运输。不同国情的国家在各自发展的不同时期，应制定不同的运输政策。例如在航空运输发展初期，许多国家政府都实行保护和扶持政策，以加速航空业的发展，这无疑对提高运输供给能力提供了有力的支持。

（2）经济因素

国家或地区的经济状况是影响运输供给的根本因素，经济发展一方面导致产生更大的运输需求，拉动运输供给的提高；另一方面运输基础设施和运输设施都需要大量的资金，经济状况影响着运输供给的增加。可见，增加运输供给能力需要有较强的经济实力做后盾，只有经济水平提高了，才能加快国家或地区运输基础设施和设备的建设。从中国交通运输基础设施方面的建设状况看，凡是运输供给条件比较好的地区，经济发展水平也比较高，因此出现了“山东的路，江苏的桥”的说法，这与两省的经济发展水平有很大关系。同时，经济体制也影响着运输供给能力。在市场经济条件下，交通运输设施的建设可以采取多元化的筹资方式，能有效提高运输供给能力。

（3）社会因素

社会因素是指人们独特的生活方式和特定的行为规范，如信仰、准则、生活习惯等。我国人口众多，各个地区的教育状况、价值观念、风俗习惯都不同，加之各地的社会发展水平不同，运输需求不同，运输供给也表现出不同的特点。特别是随着我国居民收入和生活水平的逐步提高，人们的消费结构和消费观念也发生变化，货主对运输提出越来越高的要求，运输供给也受到影响。

（4）技术因素

科学技术是推动社会发展的第一生产力，也是影响运输供给的重要因素。随着科技的发展，人类的运输工具总是在不断地发展，科技使运输生产效率和运输供给能力不断提高。例如，由蒸汽机发明引发的第一次科学技术革命使运输业进入了机器运输时代。第二次科学技术革命产生了内燃机车和轮船，之后出现了汽车、飞机等现代运输工具；计算机和通信技术的发展使铁路运输实现了信号技术电子化，列车和编组站实现了自动控制，轮船、汽车、飞机实现了卫星导航和无人驾驶，这样运输企业才能够为需求者提供更快、更好的服务。同时，科学技术对于提高运输生产效率、降低运输成本、提高运输服务质量和生产的组织管理水平等也起着重要作用。

除了以上宏观因素外，从微观经济角度来看，影响运输供给的因素还有运价、运输成本等。

3.3　物流运输价格与费用

3.3.1　铁路运输价格与费用

1. 铁路货物运输费用概念

铁路货物运输费用是铁路运输企业所提供的各项生产服务消耗的补偿，包括运行费用、车站费用和额外占用铁路设备的费用等，即铁路货物运输费用包括运费和杂费。

2. 铁路货物运价及种类

铁路货物运价按货物运输种类分为整车货物运价、零担货物运价和集装箱货物运价三种。

（1）整车货物运价

整车货物运价是铁路对整车运输的货物所规定的运价，由按货物种别的每吨的发到基价和每吨・千米或每轴・千米的运行基价组成。保温车货物运价是整车货物运价的组成部分，是为按保温车运输的货物所规定的运价，整车货物运价见表3－1所列。

表3－1　整车货物运价

办理类别名称	运价号	基价1		基价2	
		单位	标准	单位	标准
整车	1	—	—	元/轴千米	0.525
整车	2	元/吨	9.50	元/（吨・千米）	0.086
整车	3	元/吨	12.80	元/（吨・千米）	0.091
整车	4	元/吨	16.30	元/（吨・千米）	0.098
整车	5	元/吨	18.60	元/（吨・千米）	0.103
整车	6	元/吨	26.00	元/（吨・千米）	0.138
整车	机械冷藏车	元/吨	20.00	元/（吨・千米）	0.140
零担	21	元/10千克	0.22	元/（10千克・千米）	0.00111
零担	22	元/10千克	0.28	元/（10千克・千米）	0.00155
集装箱	20英尺箱	元/箱	440.00	元/（箱・千米）	3.185
集装箱	40英尺箱	元/箱	532.00	元/（箱・千米）	3.357

（2）零担货物运价

零担货物运价是铁路按零担运输的货物所规定的运价，由按货物种别的每10千克的发到基价和每10千克·千米的运行基价组成。

（3）集装箱货物运价

集装箱货物运价是铁路对按集装箱运输的货物所规定的运价，由每箱的发到基价和每箱·千米的运行基价组成。

我国铁路货物运价将运价设立为若干个运价号，即实行分号运价制。整车货物运价为6个号（1号～6号）；保温车货物运价可按机械冷藏车确定，相当于1个运价号；零担货物运价分为2个号（21号～22号）；集装箱货物运价按20英尺箱和40英尺箱型确定，相对于2个运价号。一般来说，运价号越大，运价越高。表3-2是常见货物品名及运价号。

表3-2 常见货物品名及运价号

货物品名	运价号	货物品名	运价号	货物品名	运价号
煤	4	洗精煤	5	水泥	5
化肥	2	粮食	2	食用盐	1
钢材	5	渣油	7	汽柴油	7
原油	7	铝锭	5	硅铁	5
电石	7	石灰氮	7	木材	5
焦炭	4	机械设备	8	白糖	6
纸	6	卷烟	6	烟叶	4
苹果	6	土豆	2	石膏	2

3. 铁路货物运价核收依据

铁路货物运输费用根据《铁路货物运价规则》核收。

（1）《铁路货物运价规则》的适用范围

《铁路货物运价规则》是计算铁路货物运输费用的依据，承运人、托运人、收货人必须遵守该规定。铁路营业线的货物运输，除军事运输（后付）、水路联运、国际铁路联运过境运输及其他另有规定者外，按《铁路货物运价规则》计算货物的运输费用。

（2）《铁路货物运价规则》的基本内容

《铁路货物运价规则》规定了在各种不同情况下计算货物运输费用的基本条件，各种货物运费、杂费和其他费用的计算方法及国际铁路联运货物国内段的运输费用的计算方法等。

(3)《铁路货物运价规则》附件

该规则包含有四个附件：《铁路货物运输品名分类与代码表》《铁路货物运输品名检查表》《铁路货物运价率表》及《货物运价里程表》。

4. 计算货物运输费用的程序

计算铁路货物运输费用的主要程序如下：

① 根据运单上填写的发站和到站，按《货物运价里程表》计算发站至到站国铁正式营运线最短路径，但《货物运价里程表》和中国国家铁路集团有限公司规定有计费路径的，按规定的计费路径计算运价里程。

② 对于整车、零担货物，根据运单上填写的货物名称和运输种别查找《铁路货物运输品名与分类表》和《铁路货物运输品名检查表》，确定出适用的运价号。

③ 整车、零担货物按货物适用的运价号，集装箱货物根据箱型，冷藏车货物根据车种，分别在《铁路货物运价率表》中查出适用的基价 1（发到基价）和基价 2（运行基价）。

④ 根据运输种别、货物名称、货物质量与体积，确定计费质量。将货物适用的基价 1（发到基价），加上基价 2（运行基价）与货物的运价里程相乘之积后，再与按《铁路货物运价规则》确定的计费质量（集装箱为箱数）相乘，以计算基本运费。

铁路整车货物运费计费质量单位为吨（吨以下四舍五入）、轴；铁路零担货物计费质量以 10 千克为单位，不足 10 千克的按 10 千克计算；集装箱以箱为单位。凡每立方米质量不足 500 千克的轻泡货物均按其体积折算质量，与货物实际质量择大，从而确定计费质量。

计算公式如下：

整车货物基本运费：

按质量计费：运费＝（基价 1＋基价 2×运价里程）×计费质量

按轴数计费：运费＝（基价 2×运价里程）×轴数

零担货物基本运费：

运费＝（基价 1＋基价 2×运价里程）×计费质量/10

集装箱货物基本运费

运费＝（基价 1＋运行基价 2×运价里程）×箱数

运输超限货物时，发站应将超限货物的等级在货物运单中“货物名称”栏内注明，并按下列规定计费：

① 一级超限货物按运价率加 50％；

② 二级超限货物按运价率加 100％；

③ 超级超限货物按运价率加150%；

④ 需要限速运行（不包括仅通过桥梁、隧道、出入站限速运行）的货物，按运价率加计费。

（5）接取送达费

① 对从托运人约定的交货地点运至铁路车站公共装卸场所的货物或对于从铁路车站公共装卸场所运至收货人约定接货地点的货物，核收接取送达费。

计费里程：起码里程10千米，之后里程按0、5取整，1、2去，8、9进，3、7、4、6作5。

每单位质量货物接取送达费＝每单位质量货物起码里程费率＋（计费里程－起码里程）×超过起码里程后每公里费率

铁路局可上浮50%，下浮不限。

② 在门到门运输过程中，货物因装车、换装等原因，按规定需要进行加固、包装、防冻、防护等处理时使用的材料，核收装载加固材料费，装载加固材料费可按所用材料成本价加30%计算，具体加成幅度由铁路局在不超过30%的幅度内自主确定。

（6）仓储费费目和费率

门到门运输时，货物仓储费在应收该费时间段的前三日，按表3－3规定费率的50%计费，自第四日起，允许铁路局根据各地的不同情况做适当浮动，上浮幅度最大不得超过规定费率的100%，下浮不限，并报中国国家铁路集团有限公司备案。

表3－3 仓储费费率

<table>
<tr><td rowspan="7">仓储费</td><td rowspan="4">承运后、交付前</td><td>整车货物</td><td>元车日</td><td>150.00</td></tr>
<tr><td>零担货物</td><td>元百千克日</td><td>1.50</td></tr>
<tr><td>20英尺箱</td><td>元箱日</td><td>75.00</td></tr>
<tr><td>40英尺箱</td><td>元箱日</td><td>150.00</td></tr>
<tr><td rowspan="3">仓储服务时</td><td>20英尺箱</td><td>元箱日</td><td>75.00</td></tr>
<tr><td>40英尺箱</td><td>元箱日</td><td>150.00</td></tr>
<tr><td>其他货物</td><td>元吨日</td><td>2.50</td></tr>
</table>

货物承运前和交付后仍在车站仓储，或货物仅在车站仓储时，按实际仓储期间核收仓储费，货物仓储费在应收费的时间段，按表3－3规定的费率计费，允许铁路局根据各地的不同情况做适当浮动，上浮幅度最大不得超过规定费率的100%，下浮不限，并报中国国家铁路集团有限公司备案。

危险货物和易燃货物的仓储费率按普通货物费率加100%计算。

（7）货物保价费率

货物品类及代码，均以《铁路货物运价规则》附件“铁路货物运输品名分类与代码表”为准。保价费率分为五个基本级、两个特定级：一级为1‰，二级为2‰，三级为3‰，四级为4‰，五级为6‰，特六级为10‰，特七级为15‰。集装箱按3‰（2431类课本按1‰）计算（以集装箱作为运输工具的，按所装载货物对应的保价费率计算）。冷藏车装运的需要制冷的货物，均按该货物保价费率的50%计算。超限、超重货物均按该货物的保价费率加收50%计算。特快、快速货物班列货物混装时，保价费率按全批货物实际价格的3‰计算。仅仓储的费率按该货物保价费率的50%计算。零散货物快运的保价费率按照3‰计算（保价金额在1000元以下的按每批3元核收）。批量货物快运保价费率按照相应的整车货物保价费率计算。一口价运输等业务中保价费率另有规定的，按规定执行。各铁路运输企业结合管内具体情况，依表3-4规定可浮动费率。

（8）铁路杂费收费项目、标准和标准

铁路杂费收费项目、标准和依据见表3-4所列。

表3-4　铁路杂费收费项目、标准和依据

序号	收费项目	收费标准	收费依据
1	集装箱使用费	20英尺通用集装箱：运价里程250千米以内，35元/箱。运价里程251千米以上：每增加100千米加收6元/箱，不足100千米的部分按100千米计算。40英尺通用集装箱使用费按20英尺通用集装箱的两倍计算	《关于20英尺35吨敞顶箱计费有关事项的通知》（铁总价电〔2016〕67号）
2	接取送达费	起码里程10千米的费率：整车货物13元/吨、零担货物1.3元/100千克、20英尺箱300元/箱、40英尺箱450元/箱。超过起码里程后费率：整车货物0.6元/（吨·千米）、零担货物0.06元/（100千克·千米）、20英尺箱20元/（箱·千米）、40英尺箱30元/（箱·千米）	《关于调整部分铁路货运杂费有关事项的通知》（铁总货〔2019〕46号）
3	押运人乘车费	3元/（人·百千米）	《铁路货物运价规则》（铁运〔2005〕46号）
4	货物保价费	按货物保价金额和规定的费率计算	《铁路货物运价规则》（铁运〔2005〕46号）、《关于发布〈铁路货物保价运输办法〉的通知》（铁运〔1999〕71号）

（续表）

序号	收费项目	收费标准	收费依据
5	取送车费	整车：8.1元/（车·千米）；集装箱：40英尺箱8.1元/（箱·千米），20英尺箱4.05元/（箱·千米）	《关于调整部分铁路货运杂费有关事项的通知》（铁总货〔2019〕46号）
6	机车作业费	90元/半小时	《关于调整机车作业费、取送车费费率的通知》（铁运〔2008〕138号）
7	货物装卸作业费	按计费质量和规定费率计算	《关于修订并重新公布〈铁路货物装卸作业计费办法〉的通知》（铁运〔2005〕5号）、《关于调整货物装卸费浮动幅度的通知》（铁运电〔2013〕11号）、《关于印发〈铁路门到门运输一口价实施办法（暂行）〉的通知》（铁总运〔2013〕40号）
8	装载加固材料使用服务费	按所用材料成本价加15%计算	《关于调整部分铁路货运杂费有关事项的通知》（铁总货〔2019〕46号）
9	换装费	进口货物在国境站的换装费：整车普通货物每吨16元，其中炭黑、沥青、焦油及按危险货物运送条件运送的货物每吨32元。集装箱按国内标准规定计算。笨重货物的换装费率：整车货物每件质量501～1 000千克的每吨18元，1 001～3 000千克的每吨22元，3 001～5 000千克的每吨28元，5 001～8 000千克的每吨35元，8 001～15 000千克的每吨42元，15 001～20 000千克的每吨52元，20 001～80 000千克的每吨68元，超过80吨的每吨80元；笨重危险货物按上述标准加50%计算。发送路用专用货车装运的小轿车，换装费按每吨24元计算原油：每吨（按货物质量，以下同）22元。其他液体货物：剧毒品每吨100元，有毒品每吨60元，其他液体货物每吨50元。每年11月1日至次年3月31日的冬季换装作业需加温时，每吨加收8元	《铁路货物运价规则》（铁运〔2005〕46号）、《关于调整货运杂费有关事项的通知》（铁总运〔2017〕196号）

（续表）

序号	收费项目	收费标准	收费依据
10	声明价格费	按运单记载的声明价格的 3‰计算	《铁路货物运价规则》（铁运〔2005〕46 号）
11	换轮作业费	每轴 319 元	《关于公布国境站液体货物换装费率的通知》（铁运电〔2003〕174 号）
12	货车延期占用费	机冷车：1～10 小时 10 元/（车·小时），11～20 小时 20 元/（车·小时），21～30 小时 30 元/（车·小时），30 小时以上 40 元/（车·小时）；罐车：1～10 小时 6.5 元/（车·小时），11～20 小时 13 元/（车·小时），21～30 小时 19.5 元/（车·小时），30 小时以上 26 元/（车·小时）；其他货车 1～10 小时 5.7 元/（车·小时），11～20 小时 11.4 元/（车·小时），21～30 小时 17.1 元/（车·小时），30 小时以上 22.8 元/（车·小时）；D 型长大货物车：6.5 元/（吨·日）	《关于调整货车占用费等 3 项收费标准的通知》（铁总运电〔2014〕16 号）
13	集装箱延期使用费	6.096 米箱 60 元/（箱·日），12.192 米箱 90 元/（箱·日）	《关于调整部分客货运杂费费率和公布铁路煤炭抑尘运输及费目费率的通知》（铁运〔2009〕224 号）
14	货车篷布延期使用费	D 型篷布 60 元/（张·日），其他篷布 30 元/（张·日）	《关于调整部分客货运杂费费率和公布铁路煤炭抑尘运输及费目费率的通知》（铁运〔2009〕224 号）
15	货车滞留费	每车每日 120 元。超过 5 日，从第 6 日起，每车每日核收滞留费 240 元。超过 10 日，从第 11 日起，每车每日核收滞留费 480 元。危险货物货车滞留费在上述标准基础上每车每日另加 10%	《铁路货物运价规则》（铁运〔2005〕46 号）
16	违约金	承运后发现托运人匿报、错报货物品名填写运单致使货物运费减收，或匿报危险货物、错报货物品名按一般货物运输时，按批核收全程正当运费两倍的违约金	《铁路货物运价规则》（铁运〔2005〕46 号）

（续表）

序号	收费项目	收费标准	收费依据
17	运杂费迟交金	按运杂费（包括垫付款）迟交总额的3‰核收	《铁路货物运价规则》（铁运〔2005〕46号）
18	赔偿费	车辆配件赔偿费：按照铁路运输企业内部零部件价格和车辆维修费用标准执行 篷布赔偿费：按当年篷布购置价格赔偿 集装箱赔偿费：丢失或因损坏报废时，按市场重置价格赔偿。损坏时，按实际发生费用（包括修理费、修理回送费、延期使用费及吊装搬运费等）赔偿	《关于公布翻卸车维检费、机车出租费、货场场地出租费三项货运杂费的通知》（铁运〔2008〕87号）、《货车篷布管理规则》（铁运〔2007〕51号）、《铁路集装箱运输规则铁》（铁总运〔2015〕313号）
19	仓储费	承运前交付后：整车货物150元/（车·日），零担货物1.50元/（百千克·日），6.096米箱75.00元/（箱·日），12.192米箱150.00元/（箱·日）；仓储服务时：6.096米箱75.00元/（箱·日），12.192米箱150.00元/（箱·日），其他货物2.50元/（吨·日）	《关于铁路货运实行门到门运输及制定调整相关费目和费率的通知》（铁总运〔2013〕39号）
20	合资、地方铁路及在建线货车占用费	冷藏车6.5元/（车·小时），D型长大货物车10元/（车·小时），其他货车5.7元/（车·小时）	《关于调整货车占用费等三项收费标准的通知》（铁总运电〔2014〕16号）
21	合资、地方铁路货车篷布占用费	D型篷布60元/（张·日），其他篷布30元/（张·日）	《关于调整部分客货运杂费费率和公布铁路煤炭抑尘运输及费目费率的通知》（铁运〔2009〕224号）
22	自备或租用货车停放费	40元/（车·日）	《关于调整部分客货运杂费费率和公布铁路煤炭抑尘运输及费目费率的通知》（铁运〔2009〕224号）

（续表）

序号	收费项目	收费标准	收费依据
23	车辆使用服务费	在营业线上：冰冷车、家畜车 4.00 元/（吨·日）；罐车、散装水泥车、粮食专用车 3.60 元/（吨·日）；其他货车（机冷车、D 型长大货物车除外）3.00 元/（吨·日） 在专用线、专用铁路上：冰冷车、家畜车 8.00 元/（吨·日）；罐车、散装水泥车、粮食专用车 7.20 元/（吨·日）；其他货车（机冷车、D 型长大货物车除外）6.00 元/（吨·日） 机械冷藏车：单节型 160 元/（车·日）；5 辆型 660 元/（车组·日）；9 辆型 1320 元/（车组·日） 长大货物车：标重 180 吨以上 8.6 元/（吨·日）；标重不足 180 吨 5 元/（吨·日）	《关于调整部分客货运杂费费率和公布铁路煤炭抑尘运输及费目费率的通知》（铁运〔2009〕224 号）
24	机车使用服务费	3050 元/（台·日），双节型机车加倍	《关于公布翻卸车维检费、机车出租费、货场场地出租费三项货运杂费的通知》（铁运〔2008〕87 号）
25	路产专用线使用服务费	200 元/（延米·年）	《关于调整部分客货运杂费费率和公布铁路煤炭抑尘运输及费目费率的通知》（铁运〔2009〕224 号）
26	货运场地使用服务费	仓库：6 元/（平方米·月），带雨棚站台：4 元/（平方米·月），露天站台：3 元/（平方米·月），露天场地（货位）：2 元/（平方米·月）。货场仓库、站台、场地均按月出租，不足 1 月按 1 月计算	《关于公布翻卸车维检费、机车出租费、货场场地出租费三项货运杂费的通知》（铁运〔2008〕87 号）

【例 3-1-1】　天津站发呼和浩特机器一批（运价号为 6），重 26 吨，使用一辆 50 吨的平车装运，运价里程为 674 千米，接取送达费及仓储费率为 200 元，铁路杂费率为 250 元，价值 10 000 元，货物保价费率为 0.2%，试计算其运费。

解： 查运价率表，运价号为 6 号，基价 1 为 26 元/吨，基价 2 为 0.138 元/吨千米，基本运费＝（26＋0.138×674）×50＝5 950.60（元）

运费＝基本运费＋杂费＋接取送达费及仓储费＋保价费

＝5 950.60＋250＋200＋10 000×0.2%＝6 420.6（元）

【例 3-1-2】 某站发送 1 台总重为 21 吨的锅炉到甲站，以一辆标记载重为 60 吨的平车装运，该批货物运价号为 6 号，运价里程 1005 千米，装车后经测算为一级超限，需限速运行，运价率加成 150%，铁路杂费 300 元，无保价、无接取送达费及仓储费率，试计算该批货物运价。

解： 整车货物运费＝（基价 1＋运行基价 2×运价里程）×（1＋超限运价率）

×计费质量＋杂费

＝（26＋0.138×1 005）×（1＋150%）×60＋300

＝25 003.5（元）

5. 铁路货运杂费及其他

（1）运杂费

铁路货运杂费是铁路运输的货物在承运至交付的全过程中，铁路运输企业向托运人、收货人提供的辅助作业、劳务，托运人或收货人额外占用铁路设备、使用用具、备品所发生的费用，简称货运杂费。货物杂费分为货运营运杂费，延期使用运输设备、违约及委托办务杂费，租占用运输设备杂费三大类，每类都有各自的项目和费率。各项杂费按从杂费费率表中查出的费率与规定的计算单位相乘进行计算。各项杂费凡不满一个计算单位的，均按一个单位计算（另有规定者除外）。铁路货物运输费用包括货物作业过程中实际发生的各种杂费。

（2）其他费用

一批货物除运费、杂费外，还可能发生铁路建设基金、电气化附加费、新路新价均摊运费、加价运费（在统一运价的基础上再加收一部分运价）和其他代收款（如印花税）等费用。这些费用在计算时，发生几项便计算几项。

3.3.2 公路运输价格与费用

公路运输劳务的销售价格是公路运输劳务价值的货币表现。制定公路运价的基本原则是补偿劳动消耗原则。运价以价值为基础，应该符合价值规律的要求，大体上与运输生产消耗的社会必要劳动量相一致。公路运价由单位运输量的成本与赢利（含税金和利润）构成。

1. 公路货运价格管理

公路货物运价有计程运价与计时运价两种。计程运价又按整车运输和零担运输分别计算，整车运输以元/（吨・千米）、零担运输以元/（千克・千米）或元/（吨・千米）为单位计价，按货物等级、一次托运重量、运距等分别制定。根据各类货物运输组织工作的难易程度不同，我国将公路运输的普通货物分为三等。以普通中型吨位车辆在正常营运路线从事长途整车运输一等货物的运价为基本运价，二等货物加成 15%，三等货物加成 30%，查阅《汽车运价规则》确定货物等级和相应的加成率或减成率。再结合零担、短途、一些专项物资或非营运路线单程货物运输和在特殊运行条件下运输的货物，将运价在一定幅度内加成或减成。对短途运输货物运价，按递进递增原则采取里程分段或基本运价加吨次（1 吨货物托运一次为 1 吨次）费的办法计算。对于特种货物（长大、笨重、危险、贵重、鲜活等货物），规定有特种货物分类表，按不同级别实行幅度不同的加成运价。用专用运输汽车（液罐汽车、冷藏汽车和其他专用车）运输特定货物和应托运人要求以小型车辆运输货物的，也实行加成运价。专用运输汽车载运普通货物按普通货物运价计费。计时运价以吨位小时为单位计价，适用于特大型汽车或挂车及计时包车运输的货物。此外，随货物运输而发生的空驶调车、装卸延滞、装货落空、停运（由于客观原因）、保管货物等事项，也都按一定的标准收费。

2. 公路费用结算

公路运费均以“元/（吨・千米）”为计算单位，一般有两种计算标准，一种是按货物等级规定基本运费费率；另一种是以路面等级规定基本运价。凡是一条运输路线包含两种或两种以上的等级公路时，则以实际行驶里程分别计算运价。对于特殊道路，如山岭、河床、原野地段的运价，则由承托双方另议商定。

公路运费费率分为整车（FCL）和零担（LCL）两种，后者一般比前者高 30%～50%，按我国公路运输部门规定，一次托运货物在 2 吨半以上的为整车运输，适用整车费率；不满 2 吨半的为零担运输，适用零担费率。凡 1 千克的货物，体积超过 4 立方分米的为轻泡货物（或尺码货物）。整车轻泡货物的运费按装载车辆核定吨位计算，且货物的最长、最宽、最高不能超过道路交通安全规定的限度；零担轻泡货物，按其包装最长、最宽、最高计算体积，每 4 立方分米折合 1 千克，以千克为计费单位，或者每立方米折合 333 千克计算其计费质量。此外，尚有包车费率，即按车辆使用时间（小时或天）计算。

（1）计费办法

首先要确定所运货物等级和计费质量；其次是核查货物的计费率；然后

是计算计费里程；最后是其他杂费的核算，这些费用包括装卸费、保管费、手续费、延滞费、过桥费以及保价费、代收货款手续费、送货上门费、上门接货费、包装费、签收回单费、信息服务费等。

计费公式如下：

运费＝（货物计费质量×计费里程×运价率）＋其他杂费

＝（货物计费质量×计费里程×运价率）

＋（货物计费质量×计费里程×运价率×加成率）

或

运费＝（货物计费质量×运价率）＋其他杂费

＝（货物计费质量×运价率）＋（货物计费质量×运价率×加成率）

两个公式的区别在于，前者是以“吨千米”计费，后者以“吨”计费。另外，若车辆无法计算里程或者车辆速度难以测定时，计费办法按时间计算。

(2) 特种货物计费

特种货物的计费要按特定运价来计算。

① 对于易碎、超长（货物长度超7米）、烈危货物，按质量计费。

② 对于超重（每件货物质量超250千克）及轻泡货物，按整车计费。

③ 对于同一托运人托运的双程运输货物，按其运价率的85％计费。

④ 超重货物按运价加成30％计费，而烈危货物按运价加成110％计费。

⑤ 过境公路运输采用的是全程包干计费，或者按合同条款规定办法。

⑥ 对于特大型货物，采用协商议价办法。

⑦ 对于同一托运人以去程或返程运送所装货物包装的，按其运价的50％计费。

(3) 收款办法

运杂费的收款办法主要有以下几种：

① 预收费用方式，指托运人在货物运输之前将运杂费预付给承运人，在结算时多退少补。

② 现金结算方式，指按每次实际发生的运杂费总额向托运人收取现金。

③ 托收结算方式，指承运人先垫付运杂费，定期凭运单回执汇总所有费用总额，通过银行向托运人托收运费。

④ 预交转账支票方法。

3.3.3 水路班轮运输价格与费用

班轮运费是班轮公司为运输货物而向货主收取的费用。

1. 班轮运费的特点

(1) 班轮运价高于租船价格

班轮运输船舶要有较高的技术性能，造价成本高，挂靠港口多，要求服务网络多，这些增加了运营成本，班轮需按固定时间挂靠固定港口，难于保证船舶满舱，影响航次营运收入，故班轮运价高于租船价格。

(2) 班轮运价相对稳定

班轮运价通过运价本的形式予以公布，包括的货物种类繁多、航线复杂，运价一旦制订后在短期内相对稳定。为稳定运价，1983年10月生效的《联合国班轮公会行动守则公约》规定，两次运价调整的时间间隔不得少于15个月。

(3) 班轮运价是垄断性的价格

班轮运输投资巨大，大部分班轮运输航线被少数大的班轮公司垄断。班轮运输航线通常是由班轮公会所控制的，班轮公会拥有统一的班轮运价或制定最低运价标准。不过目前班轮公会的势力已被大大削弱。

(4) 班轮货物有较强的运费承受能力

班轮运输的商品大都是附加值较高的工业制成品，运费占商品价格的1%～28%，相对而言，租船运输的商品大都是大宗廉价货物，运费占商品价格的30%～50%。

2. 班轮运价表

班轮公司运输货物所收取的运输费用是按照班轮运价表的规定计收的。运价表又称费率本或运价本，是船公司承运货物向托运人据以收取运费的费率表的汇总。不同的班轮公司或班轮公会有不同的班轮运价表。按运价制定形式不同，运价本分为等级费率本和列名费率本。

(1) 等级费率表

等级费率表中的运价是按商品等级来确定的。这种运价是按照货物负担运费能力的定价原则，根据货物价格将货物划分为若干等级，确定不同等级的货物在不同航线或港口间的不同等级的运价。同一等级的商品在同一航线或港口间运输时使用相同的运价。

(2) 列名费率表

列名费率表又称单项费率运价本，其中的运价是根据商品名称来确定的。对各种不同货物在不同航线上逐一确定的运价称为单项费率运价。按照货物名称和航线名编制的运价表又称为“商品运价表（commodity freight rate tariff)”。根据货物名称和运输航线即可直接查出该货物在该航线上运输的运价。在商品运价表中对每一个商品都给定一个运价。列名费率本在商品分类部分的商品后面注明了商品编号费率，部分则按编号列出每一编号的商品的不同目的地费率。根据商品的种类确定费率的理论也是货物负担运费能力定价原则。在这种运价本中，每一种货物的运价明确，但运价本使用不方便，其查阅量大，且新产品必须随时登记新运价。

3. 班轮运费的计算标准

基本运费按班轮运价表规定的计收标准计收。在班轮运价表中，根据不同的商品，班轮运费的计算标准通常采用下列几种：

① 按货物毛重吨计收，运价表内用“W”表示。

② 按货物的体积尺码吨计收，运价表中用“M”表示。

③ 按毛重或体积计收，由船公司选择其中收费较高的作为计费吨，运价表中以“W/M”表示。

④ 按货物价格计收又称为从价运费。运价表内用“A・V”或“ad. val”表示。从价运费一般按货物的FOB价格的一定百分比收取。

⑤ 在货物毛重、尺码或价值三者中选择最高的一种计收，运价表中用“W/M or ad val”表示。

⑥ 按货物毛重或尺码最高者再加上从价运费计收，运价表中以“W/M plus ad val”表示。

⑦ 按每件货物作为一个计费单位收费，如活牲畜按“每头”(per head)车辆按“每辆”(per unit) 收费。

⑧ 大宗低值货物按议价计收运费。

⑨ 临时议定价格即由货主和船公司临时协商议定。

⑩ 起码费率：是指按每一提单上所列的质量或体积所计算出的运费，未达到运价表中规定的最低运费时，按最低运费计收。此时，不再计收附加费。

4. 班轮运价的构成

班轮运费包括基本运费和附加费，前者是指货物从装运港到卸货港所应收取的基本运费，它是构成全程运费的主要部分；后者是指对一些需要特殊处理的货物、因突然事件的发生或因客观情况变化等原因而需另外加收的费用。附加费种类很多，而且随着客观情况的变化而变化。常见的附加费有：

① 燃油附加费，实践中称为FAF (Fuel Adjustment Factor)。在燃油价格突然上涨时加收，以补偿因燃油价格上升而造成的运输成本的提高。

② 货币贬值附加费，在货币贬值时，船方为保证实际收入不致减少而按基本运价的一定百分比加收的附加费，以弥补兑换过程中的汇兑损失。

③ 转船附加费，凡运往非基本港的货物需转船运往目的港时，船方收取的附加费，其中包括转船费和二程运费。

④ 直航附加费，当运往非基本港的货物达到一定的货量，船公司可安排直航该港而不转船时所加收的附加费。

⑤ 超重附加费、超长附加费和超大附加费，当一件货物的毛重、长度或体积超过或达到运价本规定的数值时加收的附加费，实务中散杂件货长度超过 9 米或单件货物质量超过 5 吨时要收此项附加费。

⑥ 港口附加费，有些港口因设备条件差或装卸效率低以及其他原因，船公司加收的附加费。

⑦ 港口拥挤附加费，有些港口由于拥挤，船舶停泊时间增加而加收的附加费。

⑧ 选港附加费，货方托运时尚不能确定具体卸港，要求在预先提出的两个或两个以上港口中选择一港卸货，船方加收的附加费。

⑨ 变更卸货港附加费，货主要求改变货物原来规定的港口，在有关当局如海关准许，船方又同意的情况下所加收的附加费。

⑩ 绕航附加费，由于正常航道受阻不能通行，船舶必须绕道才能将货物运至目的港时，船方所加收的附加费。

5. 班轮运费的计算方法

(1) 班轮运费的具体计算方法

先根据货物的英文名称从货物分级表中查出货物的计算等级及其计算标准，然后再从航线费率表中查出货物的基本费率，最后加上各项需支付的附加费率所得的总和，就是货物的单位运费每质量吨或每尺码吨的运费，再乘以计费质量吨或尺码吨即得该批货物的运费总额。

(2) 计算公式

$$F = F_b + \sum S \tag{3-1}$$

式中，F 表示运费总额，F_b 表示基本运费，S 表示某一项附加费。基本运费是所运货物数量质量或体积与规定的基本费率的乘积。附加费是指各项附加费的总和。

$$\text{基本运费 } F_b = \text{货物数量质量或体积} \times \text{基本费率} \tag{3-2}$$

3.3.4 航空运输价格与费用

1. 航空货物运输区划

在国际航空运输中，有关费用的各项规章制度、运费水平由国际航协统一协调制定。国际航协将全球分为三个航协区，分别为第一航协区、第二航协区和第三航协区。每个航协区内又分成几个亚区。

第一航协区（TC1）：包括北美、中美、南美、格陵兰、百慕大和夏威夷群岛。

第二航协区（TC2）：整个欧洲大陆（包括俄罗斯的欧洲部分）及毗邻岛屿，包括冰岛、亚速尔群岛、非洲大陆和毗邻群岛、亚洲的伊朗及伊朗以西地区。本区主要有三个亚区。

（1）非洲区：含非洲大多数国家及地区，但非洲北部的摩洛哥、阿尔及利亚、突尼斯、埃及和苏丹不包括在内。

（2）欧洲区：包括欧洲国家和非洲北部的摩洛哥、阿尔及利亚、突尼斯三个国家和土耳其（既包括欧洲部分，也包括亚洲部分），俄罗斯仅包括其欧洲部分。

（3）中东区：包括巴林、塞浦路斯、埃及、伊朗、伊拉克、以色列、约旦、科威特、黎巴嫩、阿曼、卡塔尔、沙特阿拉伯、苏丹、叙利亚、阿联酋、也门等。

第三航协区（TC3）：整个亚洲大陆及毗邻岛屿（已包括在二区的部分除外），澳大利亚、新西兰及毗邻岛屿，太平洋岛屿（已包括在一区的部分除外）。其中又分为几个亚区：

（1）南亚次大陆区：包括阿富汗、印度、巴基斯坦、斯里兰卡等南亚国家。

（2）东南亚区：包括中国（含港、澳、台地区）、东南亚诸国、蒙古、俄罗斯亚洲部分及土库曼斯坦等独联体国家、密克罗尼西亚等群岛地区。

（3）西南太平洋洲区：包括澳大利亚、新西兰、所罗门群岛等。

2. 计费质量

在计算航空货物运输费用时，要考虑货物的计费质量、运价和费用以及货物的声明价值。其中，计费质量按实际质量和体积质量两者之中较高的一种计收，即在货物体积小、质量大的情况下，以实际质量（即毛量）作为计费质量；在货物体积大、质量小的情况下，以货物的体积质量作为计费质量。

（1）实际质量

实际质量是指一批货物包括包装在内的实际总质量。凡质量大而体积相对小的货物用实际质量作为计费质量。具体界限是每6 000立方厘米或366立方英寸的体积，其质量大于1千克，或者166立方英寸体积，其质量大于1磅的称为质量货物。质量货物以实际质量作为计费质量。如果货物的毛重以千克表示，计费质量的最小单位是0.5千克，当质量不足0.5千克时，按0.5

千克计算；超过 0.5 千克不足 1 千克时，按 1 千克计算。

（2）体积质量

对于体积大而质量相对小的轻泡货物，即凡 1 千克质量体积超过 6 000 立方厘米或 366 立方英寸，或 1 磅质量体积超过 166 立方英寸者，以体积质量作为计费质量。体积质量的计算方法是：

① 不考虑货物的几何形状，分别量出货物的最长、最宽和最高的部分，单位为厘米或英寸，三者相乘得出体积，尾数四舍五入。

② 将体积折算成千克（或磅）

国际航空货物运输组织规定在计算体积质量时，以7 000立方厘米折合为 1 千克，即体积质量＝货物体积/7 000立方厘米/千克；中国民航则规定以 6 000立方厘米折合为 1 千克为计算标准，即体积质量＝货物体积/6 000立方厘米/千克。例如，一批货物体积为21 000立方厘米，实际质量为 2 千克，则其体积质量为 3 千克（21 000/7 000）。

计费质量是按货物的实际毛重和体积质量两者之中较高的计算的。如上例中以 3 千克计费。当一批货物由几件不同的货物所组成，如集中托运的货物，其中有重货也有轻泡货，其计费质量则采用整批货物的总毛重或总的体积质量两者之中较高的一个计算。

例如：一批货物的实际毛重是 31.8 千克，体积是 187 200 立方厘米，则体积质量为 31.2 千克，货物的计费质量为 32 千克。

3. 航空货运运价

航空货物运输运价按照制定的途径可分为双边协议运价和多边协议运价。双边协议运价是指根据两国政府签订的通航协议中有关运价条款，由通航的双方航空公司通过磋商，达成协议并报双方政府获得批准的运价。多边协议运价是指在某地区内或地区间各有关航空公司通过多边磋商、取得共识，从而制定并报经各有关国家政府，获得批准的运价。航空货运运价按照公布的形式可分为公布直达运价和非公布直达运价：公布直达运价指承运人直接公布的，从运输始发地机场至目的地机场间的直达运价，包括普通货物运价、特种货物运价（指定商品运价）、等级货物运价和集装箱货物运价；非公布直达运价指当始发地机场至目的地机场间没有公布直达运价，承运人可使用两段或几段运价的组合，包括比例运价和分段相加运价。

（1）公布的直达航空运价的种类（直达航空运价）

① 特种货物运价

特种货物运价又称指定商品运价（Specific Commodity Rates，SCR），指自指定的始发地至指定的目的地而公布的适用于特定商品、特定品名的低于普通货物运价的某些指定商品的运价。由参加国际航空运输协会的航空公司，根据在不同航线上有经常性特种货物运输的发货人的要求，或为促进某地区的某种货物的运输，向国际航空运输协会提出申请，经同意后制定的运价。

特种货物运价用于在特定的始发站和到达站航线上运输的特种货物。公布特种货物运价时，同时公布起码质量一般低于普通货物的运价。

国际航空运输协会公布特种货物运价时，将货物划分为以下类型：

0001～0999 食用动物和植物产品；

1000～1999 活动物和非食用动物及植物产品；

2000～2999 纺织品、纤维及其制品；

3000～3999 金属及其制品，但不包括机械、车辆和电器设备；

4000～4999 机械、车辆和电器设备；

5000～5999 非金属矿物质及其制品；

6000～6999 化工品及相关产品；

7000～7999 纸张、芦苇、橡胶和木材制品；

8000～8999 科学、精密仪器、器械及配件；

9000～9999 其他货物。

其中每一组又细分为10个小组，每个小组再细分。这样几乎所有的商品都有一个对应的组号，公布特种货物运价时只要指出本运价适用于哪一组货物即可。

承运人制定特种运价的初衷主要是使运价更具竞争力，吸引更多客户使用航空货运形式，使航空公司的运力得到更充分利用。适用特种运价的货物除了满足航线和货物种类的要求外，还必须达到承运人所规定的起码运量（如100千克）。如果货量不足，而托运人又希望适用特种运价，那么货物的计费质量就要以所规定的最低运量（100千克）为准，该批货物的运费就是计费质量（在此是最低运量）与所适用的特种货物运价的乘积。

② 货物的等级运价

货物的等级运价（Class Rate Surcharge or Class Rate Reduction）仅适用于在指定地区内少数货物的运输，通常是在普通货物运价基础上加减一定百分比。当某一种货物没有特种货物运价可适用时，方可使用合适的等级运价，其起码质量规定为5千克。

适用等级运价的主要货物是：

A. 活动物、活动物的集装箱和笼子；

B. 贵重物品；

C. 尸体；

D. 报纸、杂志、定期刊物、书籍、商品目录、盲人和聋哑人专用设备和书籍等出版物；

E. 作为货物托运的行李。

其中 A～C 项通常在普通货物运价基础上增加 50%～100%，称为等级运价加价（Surcharged rates）；D～E 项在普通货物运价的基础上减少 50%，称为等级运价减价（Rebates rates）。

③ 普通货物运价

当一批货物没有特种货物运价，也没有可适用的等级运价时，就必须使用普通货物运价（Normal general cargo rates）。普通货物运价适用于承运一般的货物，通常各航空公司公布的普通货物运价针对所承运货物数量的不同，规定几个计费质量分界点（Breakpoints）。最常见的是 45 千克分界点，将货物分为 45 千克以下的货物（该种运价又被称为标准普通货物运价，即 Normal rate，运价类别代号 N）和 45 千克以上（含 45 千克）的货物（等档运价，即 Quantity rate 运价类别代号 Q）。中国采用 45 千克、100 千克、300 千克三级质量分界点及运价。此外，中国国内航空邮件运费，普通邮件按普通货物基础运价计收，特快专递邮件运费按普通基础运价 150%计收。

对较高的质量点提供较低的运价，一批 40 千克的货物，按 45 千克以下的普通货物运价所计收的运费可能反而高于一批 45 千克的货物。按 45 千克以上的普通货物运价计收的运费，以北京—伦敦航线为例，普通货物运价明细见表 3－5 所列。

表 3－5　普通货物运价明细

质　量	运价类别代号	价格（元/千克）
45 千克以下	N	37.25
45 千克以上	Q	26.66
300 千克以上	Q	24.30
500 千克以上	Q	19.71
1 000 千克以上	Q	18.10

例如，一件普通货物重 288 千克，从北京运至伦敦，计费如下：

用 45 千克以上运价计算：26.66×288＝7 678.08（元）

用较高一级质量分界点计算：24.3×300＝7 290（元）

两者相比较，取其低者。

当一个较高的起码质量能提供较低的运费时，可使用较高的起码质量作为计费质量。这个原则也适用于普通货物运价加减一个百分比的等级运价。

④ 起码运费

起码运费（minimum charges，运价类别代号为M）是航空公司办理一批货物所能接受的最低运费，是航空公司在考虑到办理即使很小的一批货物也会产生的固定费用后制定的。

如果承运人收取的运费低于起码运费，就不能弥补运送成本。因此，航空公司规定无论所运送的货物适用哪一种航空运价，所计算出来的运费总额都不得低于起码运费。若计算出的数值低于起码运费，则以起码运费计收，另有规定除外。

不同地区有不同的起码运费，不管使用哪一种运价，运费都不能低于公布的起码运费。但对特种货物运价有时例外，一般在运价前标明一个特种号码，说明“一般起码运费不适用”。

航空货运中除以上介绍的四种公布的直达运价外，还有一种特殊的运价，即成组货物运价（United Consignment Rate，UCR；United Load Device Rate，ULDR），适用于托盘或集装箱货物。

（2）公布的非直达航空运价

在航空货物运价（The Air Cargo Rates，TAC Rates）中，当货物的始发地与目的地之间无公布的直达运价，可采用比例运价或分段相加运价的办法，组成最低全程运价。

① 比例运价

比例运价（construction rates）是运价手册上公布的一种不能单独使用的运价附加数（add on amount），当货物的始发地与目的地无公布直达运价时，可将比例运价与已知的公布直达运价相加构成非公布直达运价。

比例运价的制定：运价制定的主要原则是根据航空运输成本和运输距离，在TACT（The Air Cargo Tariff，航空货物运价）手册中公布世界各主要城市间的直达运价，但未能将所有的城市（较小城市）的运价都公布。为了弥补这一缺欠，同时为方便使用者自行构成运价，根据运价制定原则规定一个运价的比例范围。只要是运输距离在同一个距离的比例范围内（或接近这个范围），可采用以某一点为运价的组合点，然后用组合点至始发地或目的地的公布运价与组合点至始发地或目的地的比例数相加或相减，构成全程运价。

② 分段相加运价

货物的始发地至目的地无公布直达运价，同时也不能采用比例运价构成全程运价时，可使用分段相加运价（Sector rates）。在选择运价相加点时，应选择若干个不同的运价相加点相互比较，取其中构成最低运价的一点。

A. 运价相加原则

运价相加原则参见表 3-6 所列。

表 3-6　运价相加原则

运价类别	可相加运价
国际普通货物运价（International GCR）	（1）普通货物比例运价（Constructionrates of GCR） （2）国内运价（Domestic rates） （3）国际普通货物运价（International GCR） （4）过境运价（Tran border rates）
国际指定商品运价（International SCR）	（1）指定商品比例运价（Construction rates of SCR） （2）国内运价（Domestic rates） （3）过境运价（Tran border rates）
国际等级货物运价（International Class Rates）	（1）国内运价（Domestic rates） （2）过境运价（Tran border rates）

B. 货币换算

公布直达运价是以始发地国家的货币公布的，货物航空运费也是以始发国货币计算的。因此，分段相加运价中，各段运价的货币必须统一换算成始发国货币。

（3）航空附加费

① 声明价值费

与海运或铁路运输的承运人相似，航空承运人也要求将自己对货方的责任限制在一定的范围内，以限制经营风险。

按照《华沙公约》规定，对由于承运人的失职而造成的货物损坏、丢失或错误等所承担的责任，其赔偿的金额为每千克 20 美元或 675 英镑或相等的当地货币，如果货物的价值超过上述值时，即增加承运人的责任，承运人要在收取运费的同时收取声明价值费；否则，即使出现更多的损失，承运人对超出的部分也不承担赔偿责任。

货物的声明价值是针对整件货物而言的，不允许对货物的某部分声明价值。声明价值费的收取依据货物的实际毛重而定。计算公式：

声明价值费＝（货物价值－货物毛重×20美元/千克）×声明价值费费率

声明价值费的费率通常为0.5%。大多数的航空公司在规定声明价值费率的同时还要规定声明价值费的最低收费标准。如果根据上述公式计算出来的声明价值费低于航空公司的最低标准，则托运人要按照航空公司的最低标准缴纳声明价值费。

② 其他附加费

在国际航空货物运输中，航空运费是指自运输始发地机场至运输目的地机场之间的航空费用，在实际工作中，对于航空公司或其代理人将收运的货物自托运人手中运至收货人手中的整个运输组织过程，除了发生航空运费外，在运输的始发站、中转站、目的站经常发生与航空运输相关的其他费用。

其他附加费（other charges）是指除了航空运费和声明价值附加费以外的费用，如货到付款劳务费、货运单费、中转手续费等。货到付款劳务费是指承运人接受发货人的委托，在货物到达目的地后交给收货人的同时，代为收回运单上规定的金额，承运人则按货列付款金额收取规定的劳务费用。

4. 择优使用航空运价

众所周知，航空运价有特种货物运价、等级运价和普通货物运价。航空运费选择其中一种运价计算，但若遇两种运价均可适用时，则应首先使用特种货物运价，其次是等级运价，最后是普通货物运价，这是选用航空运价的原则。如果一些质量起点的运价低于特种货物运价时，可使用这个较低的普通货物运价，目的是尽可能为发货人提供最低的运价。

当使用等级运价或普通货物运价计算出的运费低于按特种货物运价计算出的运费时，可使用这个等级运价或普通货物运价，但下列情况除外：

① 如果在同一起码质量下特种货物运价高于等级运价或普通货物运价，就应该使用这个特种货物运价；

② 如果等级运价高于普通货物运价，就应该使用这个等级运价。

5. 有关运价的规定

各种不同的航空运价和费用具有下列共同点：

① 所报的运价是指从一个机场到另一个机场的费用，而且只适用于单一的方向。

② 从机场到机场的运价，不包括其他额外费用，如提货、进出口报关、交接和仓储费用等。

③ 运价一律适用于当地公布的货币。

④ 用当地货币公布的运价是按每千克或每磅为单位计算的。

⑤ 航空运单中的运价是按出具运单之日所适用的运价。

3.3.5　联合运输价格与费用——以集装箱为例

1. 国际集装箱多式联运运价

任何一个多式联运经营人，在制定多式联运运价表之前，首先必须确定出具体的经营线路，就各运输区段的各单一运输方式做好安排，再依据各单一运输方式的运输成本及其他运杂费，估算出各条营运线路的实际成本，从而制定一个合理的多式联运运价表。

从结构上讲，国际集装箱多式联运运价表采用两种形式：一种是城市间的门到门费率。这种费率结构可以是以整箱货或拼箱货为计费单位的货物等级费率，也可以是按 TEU 或 FEU 计费的包箱费率，这是一种真正意义上的多式联运运价。另一种形式与海运运价表相似，是港到港间费率加上内陆运费率。这种费率结构形式较灵活，但从竞争角度看，由于这种形式将海运运价与内陆运价分开，因此于竞争不利。

在多式联运运价分为海运运价和内陆运价两部分的情况下，应注意运价表的内陆运价部分必须包括以下内容：

① 一般性条款，如关税及清关费用、货物的包装、无效运输以及更改运输线路与方向等；

② 公路、铁路及内河运输的装箱时间及延滞费；

③ 额外服务及附加费的计收，如因货主原因而使用有关设备等。

内陆运价应真实反映各种运输方式的成本状况及因采用集装箱运输而增加的成本项目。同时，在确定内陆运价时，既要考虑集装箱的装载能力，也要考虑运输工具的承载能力。这时可能会发生货主利益与承运人利益相互冲突的情况。例如，由于集装箱载重能力或内容积的限制，承运人在运输集装箱货物时不能达到运输工具允许的最大承载能力，进而给承运人造成一定的亏载损失。

为充分发挥国际集装箱多式联运的优越性，国际多式联运运价应该比分段运输的运价对货主更具吸引力，而绝对不是各单一运输方式运费率的简单相加。目前，多式联运经营人，主要是无船承运人，大多采用“集并运输”(consolidation) 方式来减少运输成本。集并运输又称“组装化运输”(groupage)，指作为货运代理人的无船承运人将起运地若干发货人运往同一目的地多个收货人的小批量、不足一箱的货物汇集起来，拼装成整箱货物托运。货物运往目的地后，由当地集并运输代理人将它们分别交付给各个收货人。主要目的是从海上承运人较低的整箱货运费率中获益，从而降低海上运输成本。多式联运经营人降低海上运输成本的另一个途径是采用前述的运量折扣费率（TVC）形式，通过与海上承运人签订TVC合同，获取较低的海运运费率。此外，多式联运经营人还可以通过向非班轮公会会员船公司托运货物的方式来降低海运成本，因为非会员船公司的费率水平通常比会员船公司的低。

除海上运输外，国际集装箱多式联运经营人也可采用类似的方法降低内陆运输（包括航空运输）成本，如采用运量折扣费率，加强与公路和铁路等内陆运输承运人之间的合作，获得优惠费率。

2. 国际集装箱多式联运的计费方式

国际集装箱多式联运全程运费由多式联运经营人向货主一次计收。目前，多式联运运费的计收方式主要有单一运费制和分段运费制两种。

（1）按单一运费制计算运费

单一运费制是指集装箱从托运到交付，所有运输区段均按照一个相同的运费率计算全程运费。西伯利亚大陆桥（SLB）运输采用的便是这种计费方式。苏联从1986年起修订原来的1级费率，采用不分货种的、以箱为计费单位的FAK统一费率。陆桥运输开办初期，从日本任何一个港口到布列斯特（苏联西部边境站）的费率为385卢布/TEU，陆桥运输的运费比班轮公会的海运运费低20%～30%。

（2）按分段运费制计算运费

分段运费制按照组成多式联运的各运输区段，分别计算海运、陆运（铁路、汽车）、空运及港站等各项费用，然后合计为多式联运的全程运费，由多式联运经营人向货主一次计收。各运输区段的费用再由多式联运经营人与各区段的实际承运人分别结算。目前大部分多式联运的全程运费均采用这种计费方式，如欧洲到澳大利亚的国际集装箱多式联运，日本到欧洲内陆或北美内陆的国际集装箱多式联运等。

【小　结】

本章主要介绍物流运输市场与组织、物流运输供给与需求、物流运输费用管理三个方面内容。物流运输市场与组织重点介绍物流运输市场的结构和特征、运输组织过程中合理化的主要措施；物流运输供给与需求重点介绍运输市场需求的结构、特征及影响因素，物流运输供给的特征、结构及影响因素；物流运输费用管理重点介绍公路运输、铁路运输、班轮运输、航空运输费用的收取标准和方法。

【案例讨论】

西部陆海新通道中远海运"东南亚冷链海陆快线"班列首发运营

2020 年 9 月 7 日，中远海运"东南亚冷链海陆快线"班列首发搭载 8 个冷链集装箱的西部陆海新通道重庆江津首班冷链专列顺利运抵江津珞璜铁路综合物流枢纽。该专列装载约 300 吨东南亚水果、本土海虾、芬兰猪肘等冷链食品，从广西防城港发运，历经 1400 千米到达重庆江津区后，将分拨至重庆主要农贸冻品市场和成都地区水果市场，更好地满足重庆本地以及周边川渝地区居民高质量消费需求。

西部陆海新通道中远海运"东南亚冷链海陆快线"班列是中远海运集团和重庆国际物流集团携手倾力打造，整合海、铁、公等多种运输方式，由东南亚途经广西北部湾至西南内陆地区的"一站式"全程冷链多式联运服务产品，克服疫情影响下冷链市场货源不稳、客户要求多样化等诸多困难，为渝川桂地区冷链市场提供全新物流解决方案。

中远海运以班列首发为契机，进一步加强东南亚网络建设、海运航线优化、全程物流服务、海铁联运精品班列运营、国际分拨中心建设等，打造西部陆海新通道上双循环的精品冷链海陆快线，助推冷链经济协同发展。

资料来源：http：//logistics. coscoshipping. com/art/2020/9/9/art _ 1043 _ 181681. html

讨论题

1. 什么是"一带一路"？什么是丝绸之路？什么是海上丝绸之路？
2. 什么是物流大通道？包括哪些通道？什么是西部陆海新通道？
3. 画出东南亚水果、本土海虾、芬兰猪肘等冷链食品经广西防城港到达重庆江津区再分拨至重庆主要农贸冻品市场和成都地区水果市场的流程。如何计算运费？

【复习思考题】

1. 物流运输市场的特征主要包括哪些？
2. 什么是物流运输合理化？
3. 物流运输合理化的措施主要有哪些？
4. 影响物流运输供给的因素主要有哪些？
5. 影响物流运输需求的因素主要有哪些？
6. 物流运输需求的特征主要包括哪些？

7. 铁路运费的计算包括哪些方面？如何计算？

8. 公路运费的计算包括哪些方面？如何计算？

9. 水路运费的计算包括哪些方面？如何计算？

10. 航空运费的计算包括哪些方面？如何计算？

11. 国际集装箱多式联运运费的计算包括哪些方面？如何计算？

12. 某纸箱包装的空运货物的质量和体积分别为：实际毛重 18 千克，体积 0.14 立方米，试问如何计收运费。

13. 一网通天下集团公司运输部接到客户小不点公司的一笔运输业务，要求将一批货物由长沙运输到武汉，该批货物为 100 件单件长×宽×高为 0.30 米×0.40 米×0.50 米、单件毛重为 8 千克的零部件，纸箱包装。客户要求集团公司分别报出该批货物的公路运输、铁路运输、航空运输、水路运输的运费，并提出费用结算方式，供决策选择。

第 4 章　物流运输预测与决策

【教学目标】

（1）认识物流运输预测与决策的内容、程序和方法；

（2）掌握如何进行物流运输决策；

（3）了解实现运输路径合理化的方法。

【引导案例】

蒙牛如何打造快速物流

物流运输是乳品企业的重大挑战之一。蒙牛的触角已经伸向全国各个角落，其产品远销到中国香港、澳门地区，甚至还出口东南亚国家。蒙牛如何突破物流运输的瓶颈，把产自大草原的奶送到更广阔的市场呢？众所周知，巴氏奶和酸奶的货架期短，巴氏奶仅 10 天，酸奶也仅 21 天左右。从牛奶挤出运送到车间加工，直到运输到市场销售的全过程中，巴氏奶必须保持在 0℃～4℃储存，酸奶必须保持在 2℃～6℃储存，这对运输的时间控制和温度控制提出更高要求。为了能在最短时间有效的存储条件下，以最低成本将牛奶送到商超的货架上，蒙牛千方百计采取措施：

（1）缩短运输半径

对于酸奶类低温产品，其保质日期较短，加上消费者对新鲜度的要求高，产品超过生产日期 3 天以后送达商超，商超就会拒绝该批产品。蒙牛为了保证产品 2～3 天内及时送达销售终端，尽量缩短运输半径。蒙牛在成立初期，主打常温液态奶，奶源基地和工厂基本上集中在内蒙古，以发挥内蒙古草原的天然优势。当蒙牛的产品线扩张到酸奶后，蒙牛的生产布局也逐渐向黄河沿线以及长江沿线伸展，使牛奶产地尽量接近市场，以保证低温产品快速送达至商超。

（2）选择合理运输方式

蒙牛产品的运输方式主要有汽车和火车集装箱两种。蒙牛在保证产品质量的原则下，尽量选择费用较低的运输方式。对于路途较远的低温产品运输，为了保证产品能够快速地送达消费者手中，同时保证产品的质量，蒙牛往往采用成本较高的汽车运输。

资料来源：https：//www. docin. comlp－1336039930. html

4.1 物流运输预测

4.1.1 物流运输预测概念

物流运输预测是根据客观事物的过去和现在的发展规律，借助科学的方法和手段，对物流运输发展状况和趋势进行描述、分析，形成科学的假设和判断。物流运输预测是物流运输的基础和前提。如果把物流运筹视为一个决策过程，则可以把物流运输预测视为物流运筹的一个组成部分，企业在日常运营活动中，往往需要对未来一定时期内物流运输市场的需求与变化做出判断和预计，借以筹划和安排下一阶段的工作。物流运输预测的目的就是为企业特别是物流企业及相关部门的物流运输决策提供数据、信息、情报、知识等资料。

4.1.2 物流运输预测的内容

1. 物流运输流量预测

运输流量预测是对运输过程的各个环节中的流通量做出预测[①]，具体步骤如下：

① 确定预测对象；

② 收集和分析运输流量的数据、信息等资料，并进行数据和信息的处理；

③ 根据处理的结果，结合预测方法的适用范围，选择合适的预测方法进行预测；

④ 分析预测的结果，进行误差分析；

⑤ 修正预测结果，利用加权求和等方法，得出物流运输流量；

⑥ 提交预测报告，供计划和决策参考。

2. 物流运输流向预测

流向预测主要是指对物流运输方向的预测。宏观上，物流流向有两种：一种是正向流向，即物流通过“生产—流通—消费”途径，满足消费者的需求；另一种是逆向物流，它的方向与前者相反，是用于合理处置物流衍生物所产生的物流，如回收、分拣、净化、提纯、维修退回、包装再加工、再利用和废弃物处理等。微观上，运输流向主要遵循上游流向下游或“有利于”

---

① 侯玉梅．物流工程［M］．北京：清华大学出版社，2011：26.

原则。以我国农产品物流为例[①]，如图 4－1 所示。

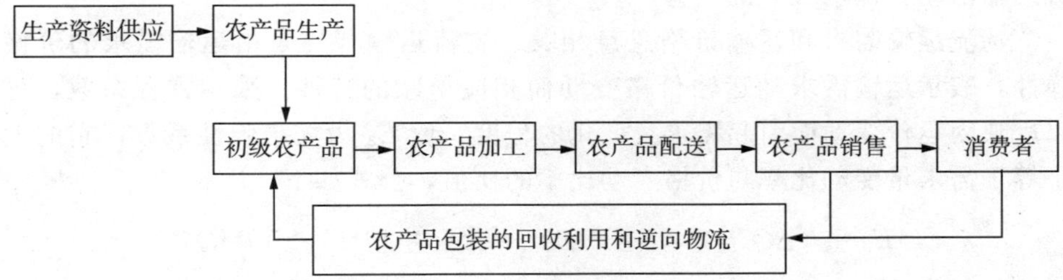

图 4－1　我国农产品物流

预测物流运输流向，不仅有利于企业调度运力、安排运输和提供物流服务，而且有利于政府从宏观上指导物流流向、安排物流布局等辅助决策。

3. *物流运输成本预测*

物流运输成本是指企业在运输生产过程中发生的各种耗费的综合。成本预测是在企业经营决策的总目标下，对成本可能达到的水平进行科学估计[②]。

运输成本预测的具体步骤：

① 提出一个初步目标成本。选择某一先进成本作为目标成本，可选取国内外同行业的先进成本水平，也可根据定额成本的降低率来进行确定。

② 找出差距。初步预测成本可能达到的水平，找出与初步目标成本的差距，以现有成本为基础，采用加权平均法，对过去成本进行必要调整或根据成本构成进行初步成本预测。

③ 对比各种降低成本方案的经济效果。降低运输成本的途径有很多，如新科技推广、旧件修复、材料采购等，都要经过经济效果比较，最后确定最佳目标成本。

④ 选择成本最优方案，做出目标成本决策。经过各种降低成本方案的经济效果比较、综合平衡，选出最优成本预测方案，计算确定成本预测值。目标成本在预测期内的内外条件发生变化时，要及时调整和修订，使之获得好的经济效益。

4. *物流运输需求预测*

物流运输需求是指货主或托运人在一定运输价格条件下愿意并能交运的货物运量。物流运输需求预测是利用历史的资料和市场信息，对未来的物流

---

① 陈乐群，谢志忠．供应链管理模式下我国农产品物流发展探析［J］．科技和产业，2007（3）：37－41.

② 朱伟生，张洪革．物流成本管理［M］．北京：机械工业出版社，2003：87－93.

运输需求状况进行分析、估算和推断，以便采取策略和措施，指导和调节物流运输活动，谋求最大的利益。

物流运输需求和运输价格息息相关。物流运输弹性是指运输需求的价格弹性，表示运输需求随运输价格变动而相应增减的特性。采用弹性系数，可以反映因运价变动而引起需求量变化的程度，设 E_d 为需求弹性系数，它的大小等于需求量变动比率与价格变动比率的比值，公式如下：

$$E_d = (\Delta Q/Q) / (\Delta P/P) = (\Delta Q/\Delta P) \times (P/Q)$$

式中，E_d——需求弹性系数；

P——运输价格；

ΔP——运输价格变动量；

Q——需求量；

ΔQ——需求变动量。

4.1.3 物流运输预测的程序

物流运输预测的基本思想是物流系统的发展变化是有规律的，且在过去发展过程中形成的行为规律在将来依然保持基本不变，根据对物流系统历史数据的认识探讨其规律，推测未来某一时刻或时期内物流系统的发展状况。物流运输预测过程具体步骤如下：

1. 确定预测的任务、对象范围和目标

物流运输预测，可以分为宏观预测和微观预测。宏观层面的预测，如预测在某个时期内一定区域范围内物流运输需求的变化是上涨的还是下降的？上涨或下降的幅度有多大？微观层面的预测，如某个产品在某个时期内产销供应将保持怎样的物流运输需求水平？

2. 选择预测方法

预测方法很多，大的方面一般为两类：定性分析和定量分析。不同预测方法的逻辑基础、分析的复杂程度有所不同。

3. 调查收集资料

收集预测所需的数据、信息、情报、知识等资料，经过对资料的分析、处理、提炼和概括，进行可信度分析，采用数学模型展示预测对象的基本变化规律。

4. 预测并确定结果

利用得到的预测对象的基本变化规律，结合对未来条件的了解和分析，计算或推测出预测对象在未来可能表现出的状况。在这一阶段，需要综合考虑分析各种确定的和不确定的因素对预测对象可能造成的影响，采用多种方法加以处理和修正，进行必要的检验和评价，得到一个可供决策参考的最终预测结果。

物流运输预测过程中，预测成败主要取决于对收集到的资料进行分析和处理、对利用模型求得的预测结果进行分析和处理。前者直接影响到预测模型的建立，后者直接决定着预测的质量优劣。

4.1.4 物流运输预测的方法

物流运输预测的方法有定量方法和定性方法，如图 4-2 所示。

- 预测方法
  - 定性预测
    - 德尔菲法
    - 推断预测法
    - 交叉概率预测法
  - 定量预测
    - 时间序列分析
      - 移动平均法
      - 指数平滑法
    - 灰色系统预测法
    - 神经网络预测法

图 4-2 物流运输预测的方法

1. 定性预测方法

(1) 德尔菲法

德尔菲法，又称专家调查法，是采用通信方式分别将问题单独发送到各个专家手中以征询意见，然后回收汇总全部专家的意见，并整理出综合意见。随后将综合后的意见和预测问题再分别反馈给专家，再次征询意见，各个专家依据综合意见修改自己原有的意见，然后再汇总。这样多次反复，逐步取得比较一致的预测结果。德尔菲法依据系统的程序，采用匿名发表意见的方式，即专家之间不得互相讨论，不发生横向联系，只与调查人员联系，通过多轮次调查专家对问卷问题的看法，经过反复征询、归纳、修改，最后汇总成专家基本一致的看法，以此作为预测的结果。这种方法具有广泛的代表性，较为可靠。1946 年，兰德公司首次采用这种方法进行预测，后来该方法迅速被广泛采用。德尔菲法预测程序如图 4-3 所示。

(2) 主观概率法

在一定条件下，人们对某一事件在未来发生或不发生可能性的估计，反

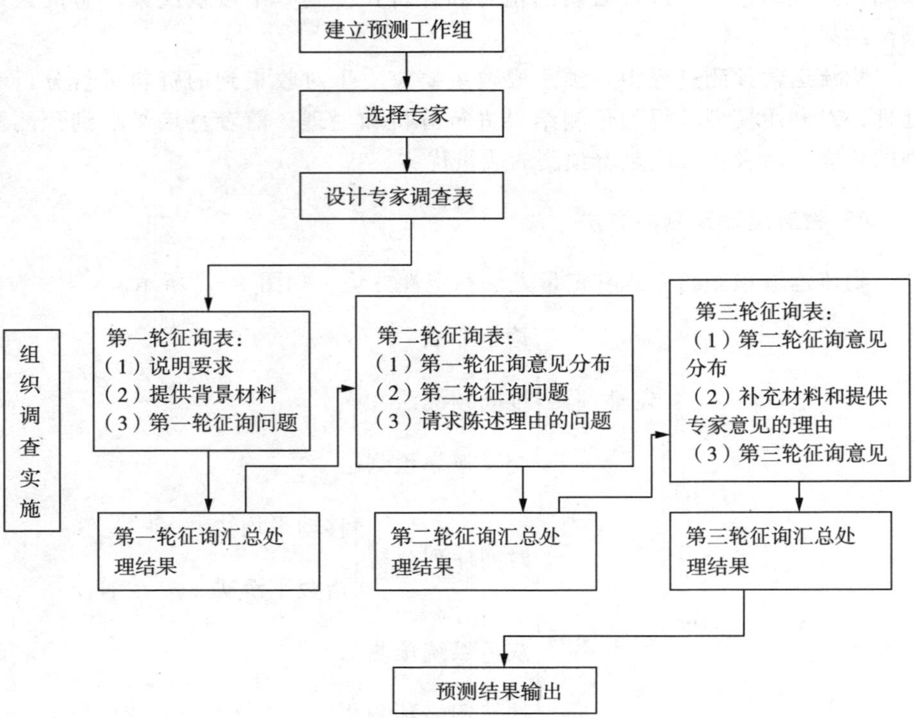

图 4－3　德尔菲法预测程序

映个人对未来事件的主观判断和信任程度。主观概率是凭经验或预感而估算出来的概率，同客观概率一样，必须符合概率论的基本公理：

$$0 \leqslant P_i \leqslant 1 \quad \sum P_i = 1(i=1,\ 2,\ 3\cdots)$$

主观概率预测是指利用主观概率对各种预测意见进行集中整理，得出综合性预测结果的方法。该方法以主观概率为权数，对各种预测意见进行加权平均，从而求得综合性预测结果，其步骤为：

① 确定主观概率

根据过去预测的准确程度确定各种可能情况发生的主观概率。

② 计算综合预测值

具体分为两步：第一步，以主观概率为权重，计算个人预测的期望值；第二步，根据每人判断预测的准确程度确定每人的主观概率，以此为权数，计算各期望值的平均数。

③ 计算平均偏差程度，校正预测结果

将过去若干时间段的实际数据和预测数据进行对比，计算比率、平均比率和平均偏差程度，然后校正预测结果。

(3) 交叉概率法

交叉概率预测法，又称交叉影响分析预测法，是以德尔菲预测法取得的历史资料和结果为依据，再根据主观概率预测法的计算方法，将初始概率转变成矫正概率的预测方法，该方法是由德尔菲预测法和主观概率预测法结合发展而来的。交叉概率预测法的具体实施步骤：

① 采用德尔菲预测法估计一组预测事件发生的概率，确定交叉影响方向矩阵；

② 确定交叉影响的程度；

③ 修正德尔菲预测法的预测结果，计算矫正概率。

2. 定量预测方法

定量预测方法，是指运用统计方法及数学模型，对系统的发展规模、水平、速度和比例关系等进行数量的估计预测。定量预测法很多，常用的定量预测方法主要有时间序列预测方法、回归分析预测方法、神经网络预测方法等。

(1) 回归分析预测方法

回归分析预测法是指根据预测的相关性原则，找出影响预测目标的各因素，用数学方法描述这些因素与预测目标之间的函数关系的近似表达，再利用样本数据对其模型估计参数及检验误差，一旦模型确定，则可利用模型，根据因素的变化值进行预测。该方法的优点：一旦回归模型建立，只要知道预测目标的影响因素（自变量）的值，就能通过模型直接得到预测目标（因变量）的值，既可以作为预测模型，又能对系统的结果进行描述和分析，使决策者能从模型中了解到影响预测目标值的主要原因，从而做出决策。其缺点是：对历史数据质量要求高，需要充分且完整的数据；系统结构要求稳定，因素之间的数量关系是由系统的结构所决定的，一旦影响系统结构的环境发生变化，各因素间的数量关系会发生变化；模型构建难度较大，非线性问题的复杂性提高建模难度。

回归分析的应用程序：

① 建立因变量 y 与自变量 x_1，x_2，…，x_m 之间的回归模型（经验公式）；

② 对回归模型的可信度进行检验；

③ 判断每个自变量 x_i（$x=1$，2，…，m）对 y 的影响是否显著；

④ 诊断回归模型是否适合这组数据；

⑤ 利用回归模型对 y 进行预报或控制。

最简单的回归模型形式是 $y=\beta_0+\beta_1 x$，x、y 均为标量，β_0、β_1 为回归系

数，称一元线性回归。它的一个自然推广是 x 为多元变量，形如

$$y=\beta_0+\beta_1x_1+\cdots+\beta_mx_m \tag{4-1}$$

式中，$m\geqslant2$，或者更一般地

$$y=\beta_0+\beta_1f_1(x)+\cdots+\beta_mf_m(x) \tag{4-2}$$

式中，$x=(x_1,\cdots,x_m)$，$f_j(j=1,\cdots,m)$ 是已知函数。这里 y 对回归系数 $\beta=(\beta_0,\beta_1,\cdots,\beta_m)$ 是线性的，称为多元线性回归。对自变量 x 作变量代换，可将式（4－2）化为式（4－1）的形式，以式（4－1）为多元线性回归的标准型。

① 模型

在回归分析中，自变量 $x=(x_1,x_2,\cdots,x_m)$ 是影响因变量 y 的主要因素，是能控制或能观察的，而 y 还受到随机因素的干扰，假设干扰服从零均值的正态分布，则模型记作

$$y=\beta_0+\beta_1x_1+\cdots+\beta_mx_m+\varepsilon \tag{4-3}$$

式中，ε 未知。现得到 n 个独立观测数据 $(y_i,x_{i1},\cdots,x_{im})$，$i=1,\cdots,n$，$n>m$，由式（4－3）得

$$\begin{cases}y_i=\beta_0+\beta_1x_{i1}+\cdots+\beta_mx_{im}+\varepsilon_i\\ \varepsilon_i\sim N(0,\sigma^2),\ i=1,\cdots,n\end{cases} \tag{4-4}$$

记

$$\boldsymbol{X}=\begin{bmatrix}1 & x_{11} & \cdots & x_{1m}\\ \vdots & \vdots & \cdots & \vdots\\ 1 & x_{n1} & \cdots & x_{nm}\end{bmatrix},\quad \boldsymbol{Y}=\begin{bmatrix}y_1\\ \vdots\\ y_n\end{bmatrix} \tag{4-5}$$

$$\varepsilon=[\varepsilon_1\ \ \cdots\ \ \varepsilon_n]^{\mathrm{T}},\ \beta=[\beta_0\ \ \beta_1\ \ \cdots\ \ \beta_m]^{\mathrm{T}}$$

式（4－4）为

$$\begin{cases}Y=X\beta+\varepsilon\\ \varepsilon\sim N(0,\sigma^2)\end{cases} \tag{4-6}$$

② 参数估计

采用最小二乘法估计模型（4－3）中的参数 β。

由式（4-4），这组数据的误差平方和为

$$Q(\beta)=\sum_{i=1}^{n}\varepsilon_i^2=(Y-X\beta)^{\mathrm{T}}(Y-X\beta) \tag{4-7}$$

求 β，使 $Q(\beta)$ 最小，得到 β 的最小二乘估计，记作 $\hat{\beta}$，可以推出

$$\hat{\beta}=(X^{\mathrm{T}}X)^{-1}X^{\mathrm{T}}Y \tag{4-8}$$

将 $\hat{\beta}$ 代回原模型得到 y 的估计值

$$\hat{y}=\hat{\beta}_0+\hat{\beta}_1x_1+\cdots+\hat{\beta}_mx_m \tag{4-9}$$

而这组数据的拟合值为 $\hat{Y}=X\hat{\beta}$，拟合误差 $E=Y-\hat{Y}$ 称为残差，作为随机误差 ε 的估计，而

$$Q=\sum_{i=1}^{n}e_i^2=\sum_{i=1}^{n}(y_i-\hat{y}_i)^2 \tag{4-10}$$

为残差平方和（或剩余平方和），即 $Q(\hat{\beta})$。

③ 统计分析

不加证明地给出以下结果：

A. $\hat{\beta}$ 是 β 的线性无偏最小方差估计。$\hat{\beta}$ 是 Y 的线性函数，$\hat{\beta}$ 的期望等于 β；在 β 的线性无偏估计中，$\hat{\beta}$ 的方差最小。

B. $\hat{\beta}$ 服从正态分布

$$\hat{\beta}\sim N(\beta,\ \sigma^2(X^{\mathrm{T}}X)^{-1}) \tag{4-11}$$

C. 对残差平方和 Q，$EQ=(n-m-1)\sigma^2$，且

$$\frac{Q}{\sigma^2}\sim\chi^2(n-m-1) \tag{4-12}$$

由此得到 σ^2 的无偏估计

$$s^2=\frac{Q}{n-m-1}=\hat{\sigma}^2 \tag{4-13}$$

s^2 是剩余方差（残差的方差），s 称为剩余标准差。

D. 对总平方和 $S=\sum_{i=1}^{n}(y_i-\bar{y})^2$ 进行分解，有

$$S=Q+U,\ F=\frac{U/m}{Q/(n-m-1)}\sim F(m,\ n-m-1) \tag{4-14}$$

式中，Q是由式（4-10）定义的残差平方和，反映随机误差对y的影响，U称为回归平方和，反映自变量对y的影响。

④ 回归模型的假设检验

因变量y与自变量x_1，…，x_m之间是否存在如模型（4-1）所示的线性关系是需要检验的。显然，如果所有的$|\hat{\beta}_j|$（$j=1$，…，m）都很小，y与x_1，…，x_m的线性关系就不明显，所以令原假设为

$$H_0: \beta_j=0 \ (j=1, \cdots, m)$$

当H_0成立时由分解式（4-14）定义的U，Q满足

$$F=\frac{U/m}{Q/(n-m-1)} \sim F(m, n-m-1) \tag{4-15}$$

在显著性水平α下有$1-\alpha$分位数$F_{1-\alpha}(m, n-m-1)$，若$F<F_{1-\alpha}(m, n-m-1)$，接受H_0；否则，拒绝H_0。

注意：拒绝H_0只说明y与x_1，…，x_m的线性关系不明显，可能存在非线性关系，如平方关系。

还有一些衡量y与x_1，…，x_m相关程度的指标，如用回归平方和在总平方和中的比值定义

$$R^2=\frac{U}{S} \tag{4-16}$$

$R\in[0, 1]$称为相关系数，R越大，y与x_1，…，x_m相关关系越密切，一般的，R大于0.8（或0.9）才认为相关关系成立。

⑤ 回归系数的假设检验和区间估计

当上面的H_0被拒绝时，β_j不全为零，但是不排除其中若干个β_j等于零。应进一步做如下m个检验（$j=1$，…，m）：

由式（4-11），$\hat{\beta}_j \sim N(\beta_j, \sigma^2 c_{jj})$，$c_{jj}$是$(X^{\mathrm{T}}X)^{-1}$对角线上的元素，用$s^2$代替$\sigma^2$，由式（4-11）和式（4-13），当$H_0^{(j)}$成立时

$$t_j=\frac{\hat{\beta}_j/\sqrt{c_{jj}}}{\sqrt{Q/(n-m-1)}} \sim t(n-m-1) \tag{4-17}$$

对给定的α，若$|t_j|<t_{1-\frac{\alpha}{2}}(n-m-1)$，接受$H_0^{(j)}$；否则，拒绝$H_0^{(j)}$。

式（4-17）也可用于对β_j做区间估计（$j=0$，1，…，m），在置信水平$1-\alpha$下，β_j的置信区间为

$$\left[\hat{\beta}_j-t_{1-\frac{\alpha}{2}}(n-m-1)s\sqrt{c_{jj}}, \hat{\beta}_j+t_{1-\frac{\alpha}{2}}(n-m-1)s\sqrt{c_{jj}}\right] \tag{4-18}$$

其中 $s=\sqrt{\dfrac{Q}{n-m-1}}$。

⑥ 利用回归模型进行预测

当回归模型和系数通过检验后，由给定的 $x_0=(x_{01},\cdots,x_{0m})$ 预测 y_0，y_0 是随机的，显然其预测值（点估计）为

$$\hat{y}_0=\hat{\beta}_0+\hat{\beta}_1 x_{01}+\cdots+\hat{\beta}_m x_{0m} \tag{4-19}$$

给定 α 可以算出 y_0 的预测区间（区间估计），结果较复杂，但当 n 较大且 x_{0i} 接近平均值 $\bar{x}_i$ 时，y_0 的预测区间可简化为

$$[\hat{y}_0-u_{1-\frac{\alpha}{2}}s,\ \hat{y}_0-u_{1+\frac{\alpha}{2}}s] \tag{4-20}$$

式中，$u_{1-\frac{\alpha}{2}}$ 是标准正态分布的 $1-\dfrac{\alpha}{2}$ 分位数。

对 y_0 的区间估计方法可用于给出已知数据残差 $e_i=y_i-\hat{y}_i$（$i=1,\cdots,n$）的置信区间，e_i 服从均值为零的正态分布，若某个 e_i 的置信区间不包含零点，则认为这个数据是异常的，可予以剔除。

⑦ Matlab 实现

Matlab 统计工具箱采用命令 regress 实现多元线性回归，方法是最小二乘法，用法是：

$$b=\text{regress}\ (Y,X)$$

式中，Y，X 为按式（4－5）排列的数据，b 为回归系数估计值 $\hat{\beta}_0$，$\hat{\beta}_1$，…，$\hat{\beta}_m$。

[b，bint，r，rint，stats] ＝regress（Y，X，alpha）

这里 Y，X 同上，alpha 为显著性水平（缺省时设定为 0.05）；b，bint 为回归系数估计值和它们的置信区间；r，rint 为残差（向量）及其置信区间；stats 是用于检验回归模型的统计量，有三个数值，第一个是 R^2，第二个是 F，第 3 个是与 F 对应的概率 p，若 $p<\alpha$，则拒绝 H_0，回归模型成立。

残差及其置信区间可以用 rcoplot（r，rint）画图。

（2）指数平滑预测法

指数平滑预测法，常用于被观测事物的短期预测，简称指数平滑法。它是移动平均法的另一种表现形式，其计算的基本思想是：预测值是以往观察

数据的加权和，对不同时期的观察数据给予不同的权数，对新数据给予较大的权数，对旧数据给予较小的权数。根据平滑次数不同，指数平滑法可分为一次指数平滑法、二次指数平滑法和三次指数平滑法及更高次指数平滑法等。在同类预测法中，指数平滑法不仅被认为是比较精确的，而且只需要得到很少的数据量就可以连续使用，当预测数据发生根本性变化时还可以进行自我调整。

指数平滑法属于确定性的时间序列分析技术。所谓时间序列，是指按时间顺序排列的一组数据。通过分析时间序列之间的相关性、延续性以及独立性等特点，建立和形成适宜不同序列变化趋势的预测模型。利用已知的时间序列数据形成不同的数学模型，用来进行预测的方法统称为时间序列法。

① 基本指数平滑预测

基本指数平滑预测法，又称一次指数平滑预测，是通过对整个时间序列分别给予不同的权数，而进行加权平均的一种方法。

其基本公式为：

$$F_{t+1}=ax_t+(1-a)F_t \tag{4-21}$$

式中，a——指数平滑系数，取值 $0<a<1$；

t——本期的时间；

X_t——在 t 时刻的实际值；

F_{t+1}——在 $t+1$ 时刻的一次指数平滑值（即在 t 时刻对下一期的预测值）。

A. 模型的使用

a. a 值的确定

一般来说，a 值选择是否得当，直接影响到预测的结果和精度。由式（4-21）定性分析：当 $a=1$ 时，则有 $F_{t+1}=x_t$，表示下一期的预测值等于本期的实际值；当 $a=0$ 时，则有 $F_{t+1}=F_t$，表示下一期的预测值等于本期的预测值。可见，a 值越大，表示越重视近期数据的影响及作用。a 值原则上依据序列的波动和趋势选取。如果序列变化平缓或呈现不规则波动，a 值应选小一些，以消除不规则变化影响；如果序列变化有明显的上升或下降趋势，a 值应选大一些，以使近期数据具有较大权数反映到预测结果中去。

在实际应用中，平滑系数 a 可根据最小均方差的原则确定，即选几个 a 可能的取值分别计算平滑值与相应实际值的均方差 $\sum_{t=1}^{n}[F_t-x_t]^2/n$，即平均平方差，或采用平均绝对差 $\sum_{t=1}^{n}|F_t-x_t|/n$，选取其中均方差最小的平滑系数 a。在物流运输需求方面，其范围一般在 0.01～0.30。

b. 初始平滑值 F_{t-n} 的确定

依据公式的递推性质，在回代过程中必然会遇到第一个预测值的确定问题，即展开项中的最后一项 F_{t-n}，又称初始值。实际上，F_{t-n} 是整个时间序列 $i=t-n+1$ 以前所有历史数据的加权平均值，它是由预测者事先确定的。

如果使用的数据较多，其初始值经过漫长的平滑后，对预测期的结果几乎没什么影响，可以略之不计，此时常用数据的第一个序列来代替。但如果使用的数据较少，它对预测期的影响作用不能忽略，此时一般取序列中最前几个序列（5 个左右）的算术平均值作为初始值。

在指数平滑法中，$t+1$ 时刻的预测值 F_{t+1}，即式（4-22）或式（4-23）叫作时刻 t 的一次指数平滑，用 $S_t^{(1)}$ 表示。

$$S_t^{(1)}=ax_t+(1-a)S_{t-1} \tag{4-22}$$

或

$$S_t^{(1)}=S_{t-1}^{(1)}+a\left[x_t-S_{t-1}^{(1)}\right] \tag{4-23}$$

【例 4-1】　表 4-1 为某货物运输需求的时间序列。试对今年第三季度的需求进行预测。

表 4-1　某货物运输需求的时间序列

季　度	1	2	3	4
去年	1 000	700	900	1 100
今年	1 200	1 000	F_3	

根据经验选定 $a=0.2$，将去年四个季度的需求平均值作为以前的预测值，即

$$F_0=(1\,000+700+900+1\,100)/4=925$$

从今年第一季度的需求开始预测，预测出今年第三季度的需求。

第一季度的预测需求为

$$F_1=0.2\times X_0+(1-0.2)\times F_0=0.2\times 1\,100+0.8\times 925=960$$

第二季度的预测需求为

$$F_2=0.2\times X_1+(1-0.2)\times F_1=0.2\times 1\,200+0.8\times 960=1\,008$$

第三季度的预测需求为

$$F_3=0.2\times X_2+(1-0.2)\times F_2=0.2\times 1\,000+0.8\times 1\,008=1\,006$$

最后结果归纳见表 4－2 所列。

表 4－2 某货物运输需求时间序列的结果归纳

季 度	1	2	3	4
去年	1 000	700	900	1 100
今年	1 200	1 000		
预测值	960	1 008	1 006	

B. 趋势校正

上述数据显示时间序列趋势和季节性变化不明显，此时基本模型内的滞后性会产生很大的预测误差，因此必须对模型加以修正①。修正方程如下：

$$S_{t+1}=aX_t+(1-a)(S_t+T_t) \tag{4-24}$$

$$T_{t+1}=\beta(S_{t+1}-S_t)+(1-\beta)T_t \tag{4-25}$$

$$F_{t+1}=S_{t+1}+T_{t+1} \tag{4-26}$$

式中，T_{t+1}——第 $t+1$ 期校正趋势后的预测值；

S_t——第 t 期的最初预测值；

T_t——第 t 期的趋势；

β——趋势平滑系数。

【例 4－2】 采用例 4－1 中的历史数据预测今年第三季度的需求，要考虑趋势因素。

考虑趋势因素，采用趋势校正模型。

$$S_0=925,\ a=0.2,\ \beta=0.3,\ T_0=0\text{（没有趋势）}$$

今年第一季度的预测需求为

$$S_1=0.2\times1\,100+0.8\times(925+0)=960$$

$$T_1=0.3\times(960-925)+(1-0.3)\times0=10.5$$

$$F_1=960+10.5=970.5\approx971$$

根据第一季度的预测结果，同理得出第二、三季度的预测需求分别为

$$F_2\approx1\,040,\ F_3\approx1\,054$$

① 王长琼．物流系统工程［M］．北京：中国物资出版社，2004：74－76.

结果归纳见表 4－3 所列。

表 4－3　结果归纳

季　度	1	2	3	4
去年	1 000	700	900	1 100
今年	1 200	1 000		
预测值	971	1 040	1 054	

② 二次指数平滑法

二次指数平滑法是以相同的平滑系数 α，在一次指数平滑值的基础上再进行一次指数平滑，构成时间序列的二次指数数列，然后根据两次指数平滑值，建立二次指数平滑预测模型，计算预测结果。二次指数平滑法具有两个优点：一是解决了当时间序列呈某种线性持续下降或增长趋势的情况下，不能使用一次指数平滑进行预测的缺陷；二是可以进行短期预测，而不是仅仅获得下一期的预测值。

二次指数平滑法的预测模型为

$$S_t^{(1)} = aX_t + (1-a)S_{t-1}^{(1)} \tag{4-27}$$

$$S_t^{(2)} = aS_t^{(1)} + (1-a)S_{t-1}^{(2)} \tag{4-28}$$

$$Y_{t+T} = a_t + b_t T \tag{4-29}$$

$$a_t = 2S_t^{(1)} - S_t^{(2)} \tag{4-30}$$

$$b_t = \frac{a}{1-a}\left[S_t^{(1)} - S_t^{(2)}\right] \tag{4-31}$$

式中，$S_t^{(1)}$——第 t 期的一次指数平滑值；

$S_{t-1}^{(1)}$——第 $t-1$ 期的一次指数平滑值；

$S_t^{(2)}$——第 t 期的二次指数平滑值；

a——平滑系数；

T——由 t 期向后推移期数；

Y_{t+T}——第 $t+T$ 期的预测值。

运用二次指数平滑法进行预测的主要步骤：

第一步，根据原始数据观察值计算一次指数平滑值；

第二步，根据式（4－28）计算二次指数平滑值；

第三步，得到第 t 期的一次指数平滑值和二次指数平滑值，带入式（4－30）和式（4－31）计算 a_t 和 b_t 的值；

第四步，由式（4－29）得出二次指数平滑预测模型，最后得到第 $t+T$

期的预测值。

值得注意的是，若历史观察数据具有明显的季节性波动，则需要在预测结果的基础上引入季节波动因子进行修正。即计算各个时间序列的季节波动因子，然后将第 $t+T$ 的预测值乘以季节波动因子，得到最终的预测结果。

【例4-3】 K公司编号为77914408的产品在2007—2012年月销售量数据见表4-4所列，运用指数平滑法对该产品的未来需求量进行预测。

表4-4 K公司编号为77914408的产品在2007—2012年月销售量

年月	实际销售量/箱	年月	实际销售量/箱	年月	实际销售量/箱	年月	实际销售量/箱	年月	实际销售量/箱
200701	3 308	200803	3 376	200905	3 473	201007	3 463	201109	3 473
200702	3 297	200804	3 389	200906	3 452	201008	3 451	201110	3 456
200703	3 324	200805	3 353	200907	3 455	201009	3 465	201111	3 469
200704	3 342	200806	3 364	200908	3 472	201010	3 448	201112	3 447
200705	3 311	200807	3 367	200909	3 458	201011	3 453	201201	3 481
200706	3 337	200808	3 393	200910	3 472	201012	3 466	201202	3 462
200707	3 351	200809	3 387	200911	3 464	201101	3 446	201203	3 475
200708	3 324	200810	3 423	200912	3 485	201102	3 459	201204	3 463
200709	3 363	200811	3 402	201001	3 465	201103	3 465	201205	3 485
200710	3 342	200812	3 431	201002	3 456	201104	3 457	201206	3 479
200711	3 359	200901	3 451	201003	3 472	201105	3 468	201207	3 497
200712	3 371	200902	3 428	201004	3 446	201106	3 446	201208	3 483
200801	3 348	200903	3 445	201005	3 464	201107	3 437	201209	3 502
200802	3 364	200904	3 463	201006	3 481	201108	3 449	201210	3 507

根据表数据，首先利用一次指数平滑法对K公司产品的销量进行预测，然后根据一次指数平滑法的结果计算二次指数平滑值，最后得出预测结果。

根据前面的介绍，首先确定平滑系数 α，平滑系数 α 越接近于1，则近期信息的作用越大；平滑系数 α 越接近于0，则历史信息的作用越大。分别取平滑系数 α 为0.2、0.4、0.6、0.8，算出不同平滑值得出的预测值，根据实际值和预测值的绝对误差确立二次平滑法的平滑系数。

由指数平滑法的公式，求出不同平滑系数 α 下的预测结果。一次指数平滑法预测的销售量与误差见表 4－5 所列。第一期预测结果都设为 $S_1=(Y_1+Y_2+Y_3)/3$，也就是前三期实际销售量的算术平均值。

表 4－5　一次指数平滑法预测的销售量与误差（平滑系数为 α）

年月	实际销售量/箱	预测销售量/箱				相对误差/%			
		α=0.2	α=0.4	α=0.6	α=0.8	α=0.2	α=0.4	α=0.6	α=0.8
200701	3 308	3 309.7	3 309.7	3 309.7	3 309.7	0.05	0.05	0.05	0.05
200702	3 297	3 307.1	3 304.6	3 302.1	3 299.5	0.31	0.23	0.15	0.08
200703	3 324	3 310.5	3 312.4	3 315.2	3 319.1	0.41	0.35	0.26	0.15
200704	3 342	3 316.8	3 324.2	3 331.3	3 337.4	0.75	0.53	0.32	0.14
200705	3 311	3 315.6	3 318.9	3 319.1	3 316.3	0.14	0.24	0.25	0.16
200706	3 337	3 319.9	3 326.2	3 329.8	3 332.9	0.51	0.32	0.21	0.12
200707	3 351	3 326.1	3 336.1	3 342.5	3 347.4	0.74	0.44	0.25	0.11
200708	3 324	3 325.7	3 331.3	3 331.4	3 328.7	0.05	0.22	0.22	0.14
200709	3 363	3 333.2	3 344.0	3 350.4	3 356.1	0.89	0.57	0.38	0.20
200710	3 342	3 334.9	3 343.2	3 345.3	3 344.8	0.21	0.04	0.10	0.08
200711	3 359	3 339.7	3 349.5	3 353.5	3 356.2	0.57	0.28	0.16	0.08
200712	3 371	3 346.0	3 358.1	3 364.0	3 368.0	0.74	0.38	0.21	0.09
200801	3 348	3 346.4	3 354.1	3 354.4	3 352.0	0.05	0.18	0.19	0.12
200802	3 364	3 349.9	3 358.0	3 360.2	3 361.6	0.42	0.18	0.11	0.07
200803	3 376	3 355.1	3 365.2	3 369.7	3 373.1	0.62	0.32	0.19	0.09
200804	3 389	3 361.9	3 374.7	3 381.3	3 385.8	0.80	0.42	0.23	0.09
200805	3 353	3 360.1	3 366.0	3 364.3	3 359.6	0.21	0.39	0.34	0.20
200806	3 364	3 360.9	3 365.2	3 364.1	3 363.1	0.09	0.04	0.00	0.03
200807	3 367	3 362.1	3 365.9	3 365.8	3 366.2	0.14	0.03	0.03	0.02
200808	3 393	3 368.3	3 376.8	3 382.1	3 387.6	0.73	0.48	0.32	0.16
200809	3 387	3 372.0	3 380.9	3 385.1	3 387.1	0.44	0.18	0.06	0.00
200810	3 423	3 382.2	3 397.7	3 407.8	3 415.8	1.19	0.74	0.44	0.21

（续表）

年月	实际销售量/箱	预测销售量/箱				相对误差/%			
		α=0.2	α=0.4	α=0.6	α=0.8	α=0.2	α=0.4	α=0.6	α=0.8
200811	3 402	3 386.2	3 399.4	3 404.3	3 404.8	0.46	0.08	0.07	0.08
200812	3 431	3 395.1	3 412.1	3 420.3	3 425.8	1.04	0.55	0.31	0.15
200901	3 451	3 406.3	3 427.6	3 438.7	3 446.0	1.29	0.68	0.36	0.15
200902	3 428	3 410.7	3 427.8	3 432.3	3 431.6	0.51	0.01	0.13	0.10
200903	3 445	3 417.5	3 434.7	3 439.9	3 442.3	0.80	0.30	0.15	0.08
200904	3 463	3 426.6	3 446.0	3 453.8	3 458.9	1.05	0.49	0.27	0.12
200905	3 473	3 435.9	3 456.8	3 465.3	3 470.2	1.07	0.47	0.22	0.08
200906	3 452	3 439.1	3 454.9	3 457.3	3 455.6	0.37	0.08	0.15	0.11
200907	3 455	3 442.3	3 454.9	3 455.9	3 455.1	0.37	0.00	0.03	0.00
200908	3 472	3 448.2	3 461.8	3 465.6	3 468.6	0.68	0.30	0.19	0.10
200909	3 458	3 450.2	3 460.3	3 461.0	3 460.1	0.23	0.07	0.09	0.06
200910	3 472	3 454.5	3 465.0	3 467.6	3 469.6	0.50	0.20	0.13	0.07
200911	3 464	3 456.4	3 464.6	3 465.4	3 465.1	0.22	0.02	0.04	0.03
200912	3 485	3 462.2	3 472.7	3 477.2	3 481.0	0.66	0.35	0.22	0.11
201001	3 465	3 462.7	3 469.6	3 469.9	3 468.2	0.07	0.13	0.14	0.09
201002	3 456	3 461.4	3 464.2	3 461.5	3 458.4	0.16	0.24	0.16	0.07
201003	3 472	3 463.5	3 467.3	3 467.8	3 469.3	0.24	0.14	0.12	0.08
201004	3 446	3 460.0	3 458.8	3 454.7	3 450.7	0.41	0.37	0.25	0.14
201005	3 464	3 460.8	3 460.9	3 460.3	3 461.3	0.09	0.09	0.11	0.08
201006	3 481	3 464.8	3 468.9	3 472.7	3 477.1	0.46	0.35	0.24	0.11
201007	3 463	3 464.5	3 466.6	3 466.9	3 465.8	0.04	0.10	0.11	0.08
201008	3 451	3 461.8	3 460.3	3 457.4	3 454.0	0.31	0.27	0.18	0.09
201009	3 465	3 462.4	3 462.2	3 461.9	3 462.8	0.07	0.08	0.09	0.06
201010	3 448	3 459.5	3 456.5	3 453.6	3 451.0	0.33	0.25	0.16	0.09
201011	3 453	3 458.2	3 455.1	3 453.2	3 452.6	0.15	0.06	0.01	0.01

（续表）

年月	实际销售量/箱	预测销售量/箱				相对误差/%			
		α=0.2	α=0.4	α=0.6	α=0.8	α=0.2	α=0.4	α=0.6	α=0.8
201012	3 466	3 459.8	3 459.5	3 460.9	3 463.3	0.18	0.19	0.15	0.08
201101	3 446	3 457.0	3 454.1	3 452.0	3 449.5	0.32	0.23	0.17	0.10
201102	3 459	3 457.4	3 456.0	3 456.2	3 457.1	0.05	0.09	0.08	0.06
201103	3 465	3 458.9	3 459.6	3 461.5	3 463.4	0.17	0.16	0.10	0.05
201104	3 457	3 458.6	3 458.6	3 458.8	3 458.3	0.04	0.05	0.05	0.04
201105	3 468	3 460.4	3 462.3	3 464.3	3 466.1	0.22	0.16	0.11	0.06
201106	3 446	3 457.6	3 455.8	3 453.3	3 450.0	0.34	0.28	0.21	0.12
201107	3 437	3 453.4	3 448.3	3 443.5	3 439.6	0.48	0.33	0.19	0.08
201108	3 449	3 452.6	3 448.6	3 446.8	3 447.1	0.10	0.01	0.06	0.05
201109	3 473	3 456.6	3 458.3	3 462.5	3 467.8	0.47	0.42	0.30	0.15
201110	3 456	3 456.5	3 457.4	3 458.6	3 458.4	0.01	0.04	0.08	0.07
201111	3 469	3 459.0	3 462.0	3 464.8	3 466.9	0.29	0.20	0.12	0.06
201112	3 447	3 456.6	3 456.0	3 454.1	3 451.0	0.28	0.26	0.21	0.12
201201	3 481	3 461.5	3 466.0	3 470.3	3 475.0	0.56	0.43	0.31	0.17
201202	3 462	3 461.6	3 464.4	3 465.3	3 464.6	0.01	0.07	0.10	0.08
201203	3 475	3 464.3	3 468.6	3 471.1	3 472.9	0.31	0.18	0.11	0.06
201204	3 463	3 464.0	3 466.4	3 466.2	3 465.0	0.03	0.10	0.09	0.06
201205	3 485	3 468.2	3 473.8	3 477.5	3 481.0	0.48	0.32	0.22	0.11
201206	3 479	3 470.4	3 475.9	3 478.4	3 479.4	0.25	0.09	0.02	0.01
201207	3 497	3 475.7	3 484.3	3 489.6	3 493.5	0.61	0.36	0.21	0.10
201208	3 483	3 477.2	3 483.8	3 485.6	3 485.1	0.17	0.02	0.08	0.06
201209	3 502	3 482.1	3 491.1	3 495.4	3 498.6	0.57	0.31	0.19	0.10
201210	3 507	3 487.1	3 497.4	3 502.4	3 505.3	0.57	0.27	0.13	0.05
					合计	48.17	56.86	71.68	86.34
					均值	0.68	0.80	1.01	1.22

由以上误差统计得出，当平滑系数 $\alpha=0.2$ 时，误差最小。因此，一次指数平滑法选取平滑系数 $\alpha=0.2$ 来预测下一个月及以后 K 公司该产品的销售量，同时二次指数平滑法也采用平滑系数 $\alpha=0.2$ 来进行预测。

采取以下步骤计算二次指数平滑预测：

A. 计算二次指数平滑值

根据公式 $S_t^{(21)}=aS_t^{(1)}+(1-a)S_{t-1}^{(2)}$ 计算平滑系数 $\alpha=0.2$ 时的二次平滑值，$S_t^{(2)}$ 和 $S_{t-1}^{(2)}$ 分别表示为第 t 期和第 $t-1$ 期的二次指数平滑值，$S_t^{(1)}$ 为第 t 期的一次指数平滑值，$S_0^{(2)}$ 为前三期的一次指数平滑值的算术平均值。

B. 建立二次指数平滑预测模型

根据式（4－29）、式（4－30）和式（4－31）建立二次指数平滑模型。

根据二次指数平滑模型预测 K 公司该产品的销售量见表 4－6 所列。

表 4－6 根据二次指数平滑模型预测 K 公司该产品的销售量

年月	实际销售量/箱	时期	二次平滑值	a_t	b_t	预测值/箱	相对误差/%
200701	3 308	1	3 309.1	3 310.2	0.1		
200702	3 297	2	3 308.7	3 305.6	−0.4	3 310.4	0.41
200703	3 324	3	3 309.1	3 311.9	0.4	3 305.2	0.57
200704	3 342	4	3 310.6	3 323.0	1.5	3 312.3	0.89
200705	3 311	5	3 311.6	3 319.7	1.0	3 324.5	0.41
200706	3 337	6	3 313.3	3 326.6	1.7	3 320.7	0.49
200707	3 351	7	3 315.9	3 336.4	2.6	3 328.2	0.68
200708	3 324	8	3 317.8	3 333.6	2.0	3 339.0	0.45
200709	3 363	9	3 320.9	3 345.4	3.1	3 335.6	0.82
200710	3 342	10	3 323.7	3 346.2	2.8	3 348.5	0.19
200711	3 359	11	3 326.9	3 352.6	3.2	3 349.0	0.30
200712	3 371	12	3 330.7	3 361.3	3.8	3 355.8	0.45
200801	3 348	13	3 333.9	3 358.9	3.1	3 365.1	0.51
200802	3 364	14	3 337.1	3 362.8	3.2	3 362.1	0.06
200803	3 376	15	3 340.7	3 369.6	3.6	3 366.0	0.30
200804	3 389	16	3 344.9	3 378.9	4.2	3 373.2	0.47

（续表）

年月	实际销售量/箱	时期	二次平滑值	a_t	b_t	预测值/箱	相对误差/%
200805	3 353	17	3 348.0	3 372.3	3.0	3 383.1	0.90
200806	3 364	18	3 350.6	3 371.2	2.6	3 375.3	0.34
200807	3 367	19	3 352.9	3 371.4	2.3	3 373.8	0.20
200808	3 393	20	3 356.0	3 380.6	3.1	3 373.7	0.57
200809	3 387	21	3 359.2	3 384.9	3.2	3 383.7	0.10
200810	3 423	22	3 363.8	3 400.7	4.6	3 388.1	1.02
200811	3 402	23	3 368.3	3 404.1	4.5	3 405.3	0.10
200812	3 431	24	3 373.6	3 416.7	5.4	3 408.6	0.65
200901	3 451	25	3 380.2	3 432.5	6.5	3 422.0	0.84
200902	3 428	26	3 386.3	3 435.0	6.1	3 439.0	0.32
200903	3 445	27	3 392.5	3 442.5	6.3	3 441.1	0.11
200904	3 463	28	3 399.3	3 453.9	6.8	3 448.8	0.41
200905	3 473	29	3 406.7	3 465.1	7.3	3 460.7	0.35
200906	3 452	30	3 413.1	3 465.1	6.5	3 472.4	0.59
200907	3 455	31	3 419.0	3 465.6	5.8	3 471.6	0.48
200908	3 472	32	3 424.8	3 471.6	5.9	3 471.4	0.02
200909	3 458	33	3 429.9	3 470.5	5.1	3 477.5	0.56
200910	3 472	34	3 434.8	3 474.3	4.9	3 475.5	0.10
200911	3 464	35	3 439.2	3 473.7	4.3	3 479.2	0.44
200912	3 485	36	3 443.8	3 480.6	4.6	3 478.1	0.20
201001	3 465	37	3 447.5	3 477.9	3.8	3 485.2	0.58
201002	3 456	38	3 450.3	3 472.4	2.8	3 481.7	0.74
201003	3 472	39	3 452.9	3 474.1	2.6	3 475.2	0.09
201004	3 446	40	3 454.4	3 465.6	1.4	3 476.7	0.89
201005	3 464	41	3 455.6	3 466.0	1.3	3 467.1	0.09

（续表）

年月	实际销售量/箱	时期	二次平滑值	a_t	b_t	预测值/箱	相对误差/%
201006	3 481	42	3 457.5	3 472.2	1.8	3 467.2	0.40
201007	3 463	43	3 458.9	3 470.1	1.4	3 474.0	0.32
201008	3 451	44	3 459.5	3 464.1	0.6	3 471.5	0.59
201009	3 465	45	3 460.1	3 464.8	0.6	3 464.7	0.01
201010	3 448	46	3 460.0	3 459.1	−0.1	3 465.4	0.50
201011	3 453	47	3 459.6	3 456.9	−0.3	3 459.0	0.17
201012	3 466	48	3 459.6	3 459.9	0.0	3 456.5	0.27
201101	3 446	49	3 459.1	3 454.9	−0.5	3 460.0	0.41
201102	3 459	50	3 458.8	3 456.1	−0.3	3 454.4	0.13
201103	3 465	51	3 458.8	3 459.1	0.0	3 455.7	0.27
201104	3 457	52	3 458.8	3 458.3	−0.1	3 459.1	0.06
201105	3 468	53	3 459.1	3 461.8	0.3	3 458.3	0.28
201106	3 446	54	3 458.8	3 456.3	−0.3	3 462.1	0.47
201107	3 437	55	3 457.7	3 449.2	−1.1	3 456.0	0.55
201108	3 449	56	3 456.7	3 448.4	−1.0	3 448.1	0.03
201109	3 473	57	3 456.7	3 456.6	0.0	3 447.4	0.74
201110	3 456	58	3 456.6	3 456.4	0.0	3 456.6	0.02
201111	3 469	59	3 457.1	3 460.9	0.5	3 456.4	0.36
201112	3 447	60	3 457.0	3 456.2	−0.1	3 461.4	0.42
201201	3 481	61	3 457.9	3 465.1	0.9	3 456.1	0.72
201202	3 462	62	3 458.6	3 464.5	0.7	3 466.0	0.11
201203	3 475	63	3 459.8	3 468.8	1.1	3 465.3	0.28
201204	3 463	64	3 460.6	3 467.4	0.8	3 469.9	0.20
201205	3 485	65	3 462.1	3 474.3	1.5	3 468.3	0.48
201206	3 479	66	3 463.8	3 477.0	1.6	3 475.8	0.09
201207	3 497	67	3 466.2	3 485.2	2.4	3 478.6	0.53

（续表）

年月	实际销售量/箱	时期	二次平滑值	a_t	b_t	预测值/箱	相对误差/%
201208	3 483	68	3 468. 4	3 485. 9	2. 2	3 487. 6	0. 13
201209	3 502	69	3 471. 1	3 493. 1	2. 8	3 488. 1	0. 40
201210	3 507	70	3 474. 3	3 499. 9	3. 2	3 495. 9	0. 32

根据二次指数平滑模型预测 K 公司该产品的预测销售量与实际销售量的拟合图，如图 4－4 所示。

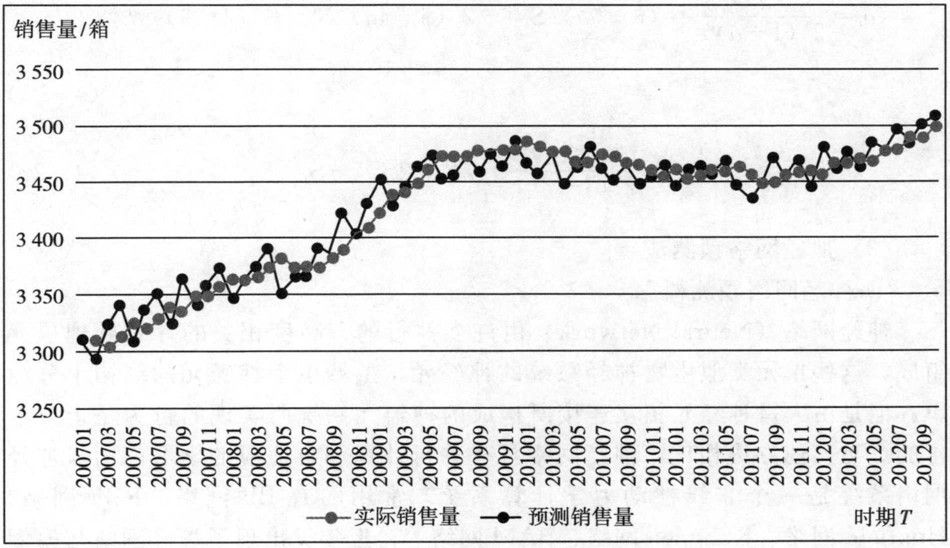

图 4－4　根据二次指数平滑模型预测
K 公司该产品的预测销售量与实际销售量的拟合图

由以上数据建立预测值 $\hat{Y}_{t+T}$ 与时期 T 的公式，时期 t 取年月 201210 对应的数值，即 70，$\hat{Y}_{t+T}=3\,499.9+3.2\times T$。

得出 201211—201212 K 公司产品的预测销售量，见表 4－7 所列。

表 4－7　201211—201212 K 公司产品的预测销售量

年　月	时　期	预测销售量/箱
201211	1	3 503. 1
201212	2	3 506. 3

③ 三次指数预测法

如果实际观察值的数据发展趋势呈二次曲线形，即非线性发展趋势，则需要使用三次指数平滑模型进行预测。三次指数平滑法是非线性预测方法。

三次指数平滑预测模型为

$$S_t^{(3)}=aS_t^{(2)}+(1-a)S_{t-1}^{(3)} \tag{4-32}$$

$$Y_{t+T}=a_t+b_tT+c_tT^2 \tag{4-33}$$

$$a_t=3S_t^{(1)}-3S_t^{(2)}+S_t^{(3)} \tag{4-34}$$

$$b_t=\frac{a}{2(1-a)^2}\left[(6-5a)S_t^{(1)}-2(5-4a)S_t^{(2)}+(4-3a)S_t^{(3)}\right] \tag{4-35}$$

$$c_t=\frac{a^2}{2(1-a^2)}\left[S_t^{(1)}-2S_t^{(2)}+S_t^{(3)}\right] \tag{4-36}$$

（3）神经网络预测法

① 神经网络预测概念

神经网络（Neural Network）由许多并行的、高度相关的计算处理单元组成，这些单元类似生物神经系统的神经元。虽然单个神经元的结构十分简单，但是由大量神经元相互连接所构成的神经元系统所实现的行为是十分丰富的。与其他方法相比，神经网络具有并行计算和自适应的学习能力。神经网络系统是一个非线性动力学计算系统，常用的有BP网络、RBF网络、Hopfield网络、Kohonen网络、BAM网络等，近年又出现了神经网络与模糊方法、遗传算法相结合的趋势。

应用神经网络进行物流预测的步骤如下：

第一步，根据实际情况，选择适当的网络结构作为预测工具，根据已确定的预测因子和被预测量，决定网络的输入和输出，进而决定网络的结构（网络各层次的节点数）；

第二步，准备样本数据和样本的规范化处理，样本分为训练样本和检验样本；

第三步，利用训练样本对网络进行训练和学习；

第四步，利用检验样本对网络训练结构进行检验，验证网络的泛化能力；

第五步，利用训练好的网络，根据已知的数据进行实际预测。

神经网络擅长描述具有较强非线性、难于用精确数学模型表达的复杂系统的特性，且具有自适应能力。由于神经网络算法是离线学习、在线预测，所以几乎没有延时，实时性好。此外，神经网络对预测因子的选择也较灵活，任何认为与待预测物流流量有关的数据均可纳入输入向量中。

但是，神经网络也有不足，主要表现在以下方面：

第一，由于使用大量的样本进行训练，神经网络的学习训练过程收敛较慢，容易产生“过度学习”的情况，从而陷入对样本值的机械记忆，降低了其泛化能力。

第二，神经网络的训练与学习基于训练样本所隐含的预测因子与被预测量的因果关系，这种学习不能反映外部环境的变化及其对预测的影响。

② BP 神经网络预测模型

BP 神经网络，全称是多层前馈式误差反传神经网络，是前馈网络的核心部分。BP 神经网络是一种多层网络的逆推算法，遵循 W－H 学习规则，运用误差反向传播学习算法对非线性可微方程进行权值学习。由于 BP 神经网络算法具有结构简单、精度高、可操作性强、能够实现输入与输出间的任意非线性映射等优点，目前已被广泛应用于经济、管理预测领域。

BP 神经网络由输入层、输出层和中间层组成，中间层又称隐含层。各层包含若干神经元（节点），上层神经元与下层神经元之间通过权值连接，层内神经元之间无连接。由于 BP 网络的结构，当有信息输入时，信号从输入层经隐含层逐层向后传播至输出层；若实际输出与期望输出存在误差，则误差通过隐含层反向逐层传播至输入层，并将误差分摊给各层所有单元，从而逐层修正各单元权值，直到输出的误差减少到可以接受的程度。BP 神经网络的结构如图 4－5 所示。

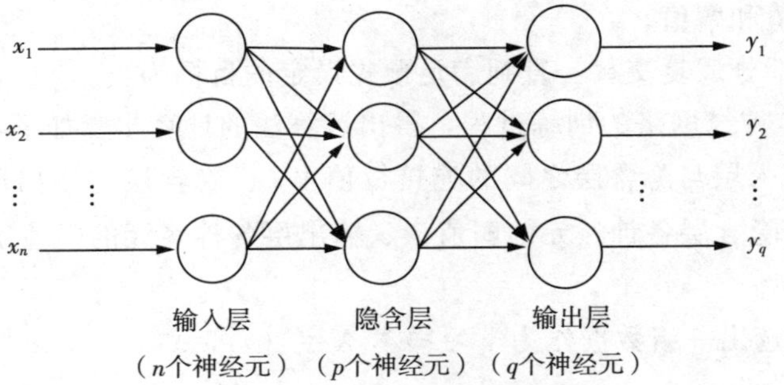

图 4－5　BP 神经网络的结构图

具有单隐含层的 BP 网络可以映射所有连续函数。因此，在 BP 算法的多层神经网络中，最常用的网络结构是 3 层结构，即输入层、1 个隐含层、输出层。但是，当训练样本数增加或者逼近函数的波动性增加时，隐含层神经元的个数要适当增加，以此来提高网络训练的精确度，而隐含层神经元个数过多会增加网络的训练时间，降低网络泛化能力，导致预测结果不准；隐含层神经元个数过少导致训练容量减少，训练过程难以完成，同时降低网络的容错性。确定隐含层神经元个数的公式，常通过试算法，根据经验公式，找到较适合的神经元数目。确定隐含层神经元数目的经验公式有

$$m=\sqrt{n+l}+\partial \tag{4-37}$$

或者

$$m=\sqrt{nl} \tag{4-38}$$

式中，m 为隐含层神经元数目；n 为输入层神经元数目；l 为输出层神经元数目；∂ 为调节常数，在 1～10 之间取值。

BP 神经网络的学习过程是由输入信号的正向传播和误差的反向传播所构成。正向传播是向前传播输入信号，产生输出信号；反向传播是向后传播输出误差，以此不断修改连接权值和阈值的大小。这种学习过程循环往复，直到输出实际值与期望值的差满足设定的误差范围为止。

具体地说，BP 神经网络的训练过程由两个部分组成：

第一部分，输入已有的训练样本，依次向后计算隐含层和输出层各个神经元的输出；

第二部分，根据输出层和隐含层的误差，从最后一层依次修正各个神经元的连接权值和阈值。

这两个部分反复交替，直到满足预先设定的目标为止。

根据 BP 神经网络的训练过程，得出该算法的计算步骤如下：

A. 对输入层与隐含层之间的连接权值 W_{ij}、隐含层与输出层之间的连接权值 V_{jt} 以及隐含层各神经元的阈值 θ_j、输出层各神经元的阈值 γ_t 随机赋予一个初始值。

B. 随机选出一组数据作为学习样本 $X=(x_1, x_2, \cdots, x_n)^T$、期望输出样本 $Y=(y_1, y_2, \cdots, y_q)^T$。

C. 利用 S 型神经元功能函数 $f(x)$，计算隐含层各个神经元的输入值 s_j。

$$f(x)=\frac{1}{1-e^{-x}} \tag{4-39}$$

$$s_j = \sum_{i=1}^{n} W_{ij} x_i - \theta_j \tag{4-40}$$

D. 计算隐含层各个神经元的输出值 b_j。

$$b_j = f\ (s_j) \tag{4-41}$$

E. 计算输出层各神经元的输入值 l_i 和输出值 c_t。

$$l_t = \sum_{j=1}^{p} V_{ji} b_j - \gamma_t \tag{4-42}$$

$$c_t = f\ (l_t) \tag{4-43}$$

F. 计算输出层的误差与隐含层的误差。

输出层误差为

$$d_t = (y_t - c_t)\ c_t\ (1 - c_t)\ (t = 1, 2, \cdots, q) \tag{4-44}$$

隐含层误差为

$$e_j = \left[\sum_{t=1}^{q} d_t V_{ji}\right] b_j\ (1 - b_j)\ (j = 1, 2, \cdots, p) \tag{4-45}$$

对连接权值和阈值进行修正。

G. 修正后隐含层与输出层之间的连接权值为

$$V_{jt}\ (N+1) = V_{jt}\ (N) + a d_t b_j \tag{4-46}$$

修正后隐含层与输出层之间的阈值为

$$\gamma_t\ (N+1) = \gamma_t\ (N) + a d_t \tag{4-47}$$

修正后输入层与隐含层之间的连接权值为

$$W_{ij}\ (N+1) = W_{ij}\ (N) + \beta e_j a_i \tag{4-48}$$

修正后输入层与隐含层之间的阈值为

$$\theta_j\ (N+1) = \theta_j\ (N) + \beta e_j \tag{4-49}$$

以上过程循环往复，一直进行到输出误差接近于一个预先给定的值，或者进行到预先设定的训练次数时，训练结束；否则，从步骤 C 开始循环。

BP神经网络训练过程如图4-6所示。

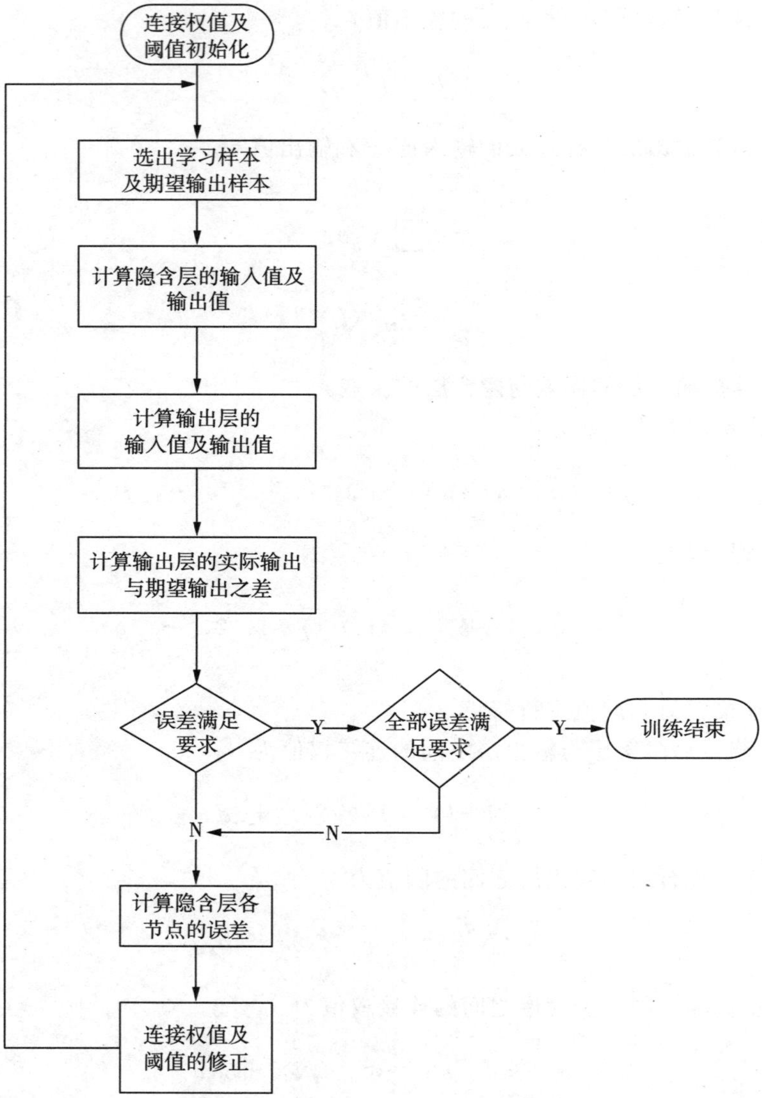

图4-6 BP神经网络训练过程

下面利用BP神经网络模型对例4-1中K公司进行产品销售量预测：

首先确定样本输入向量和理想输出向量。采用一维的年月作为BP神经网络的样本输入向量P，理想输出向量T为对应的年月K公司产品的实际销售量S，见表4-8所列。

表 4－8　BP 神经网络样本输入向量和样本理想输出值

样本输入向量	理想输出向量/箱
200701	3 308
200702	3 297
200703	3 324
200704	3 342
200705	3 311
200706	3 337
200707	3 351
200708	3 324
200709	3 363
200710	3 342
200711	3 359
200712	3 371
200801	3 348
200802	3 364
200803	3 376
200804	3 389
200805	3 353
200806	3 364
200807	3 367
200808	3 393
200809	3 387
200810	3 423
200811	3 402
200812	3 431
200901	3 451
200902	3 428
200903	3 445

（续表）

样本输入向量	理想输出向量/箱
200904	3 463
200905	3 473
200906	3 452
200907	3 455
200908	3 472
200909	3 458
200910	3 472
200911	3 464
200912	3 485
201001	3 465
201002	3 456
201003	3 472
201004	3 446
201005	3 464
201006	3 481
201007	3 463
201008	3 451
201009	3 465
201010	3 448
201011	3 453
201012	3 466
201101	3 446
201102	3 459
201103	3 465
201104	3 457
201105	3 468

（续表）

样本输入向量	理想输出向量/箱
201106	3 446
201107	3 437
201108	3 449
201109	3 473
201110	3 456
201111	3 469
201112	3 447
201201	3 481
201202	3 462
201203	3 475
201204	3 463
201205	3 485
201206	3 479
201207	3 497
201208	3 483
201209	3 502
201210	3 507

然后利用 Matlab 神经网络工具箱的函数对神经网络的求解过程进行编程求解，得到表 4－9 所列的产品预测值。

表 4－9　根据 BP 神经网络模型预测的 K 公司产品预测销售量及相对误差

年　月	实际销售量/箱	预测销售量/箱	相对误差/%
200701	3 308	3 306.3	0.05
200702	3 297	3 311.7	0.45
200703	3 324	3 317.1	0.21
200704	3 342	3 322.6	0.58
200705	3 311	3 328.1	0.52

（续表）

年　月	实际销售量/箱	预测销售量/箱	相对误差/%
200706	3 337	3 333.6	0.10
200707	3 351	3 339.0	0.36
200708	3 324	3 344.4	0.61
200709	3 363	3 349.7	0.40
200710	3 342	3 354.8	0.38
200711	3 359	3 359.8	0.03
200712	3 371	3 364.7	0.19
200801	3 348	3 353.3	0.16
200802	3 364	3 364.2	0.01
200803	3 376	3 369.5	0.19
200804	3 389	3 370.3	0.55
200805	3 353	3 369.3	0.49
200806	3 364	3 369.5	0.16
200807	3 367	3 373.5	0.19
200808	3 393	3 381.8	0.33
200809	3 387	3 393.3	0.19
200810	3 423	3 405.8	0.50
200811	3 402	3 417.5	0.46
200812	3 431	3 427.5	0.10
200901	3 451	3 441.8	0.27
200902	3 428	3 445.6	0.51
200903	3 445	3 449.2	0.12
200904	3 463	3 452.8	0.29
200905	3 473	3 456.3	0.48
200906	3 452	3 459.5	0.22
200907	3 455	3 462.6	0.22

（续表）

年　月	实际销售量/箱	预测销售量/箱	相对误差/%
200908	3 472	3 465.4	0.19
200909	3 458	3 468.0	0.29
200910	3 472	3 470.4	0.05
200911	3 464	3 472.6	0.25
200912	3 485	3 474.5	0.30
201001	3 465	3 462.4	0.08
201002	3 456	3 462.6	0.19
201003	3 472	3 462.7	0.27
201004	3 446	3 462.7	0.48
201005	3 464	3 462.4	0.05
201006	3 481	3 461.9	0.55
201007	3 463	3 461.3	0.05
201008	3 451	3 460.6	0.28
201009	3 465	3 459.7	0.15
201010	3 448	3 458.8	0.31
201011	3 453	3 457.9	0.14
201012	3 466	3 457.0	0.26
201101	3 446	3 454.4	0.24
201102	3 459	3 455.2	0.11
201103	3 465	3 455.7	0.27
201104	3 457	3 456.0	0.03
201105	3 468	3 456.2	0.34
201106	3 446	3 456.3	0.30
201107	3 437	3 456.4	0.56
201108	3 449	3 456.4	0.21
201109	3 473	3 456.4	0.48

（续表）

年　月	实际销售量/箱	预测销售量/箱	相对误差/%
201110	3 456	3 456.5	0.01
201111	3 469	3 456.6	0.36
201112	3 447	3 456.7	0.28
201201	3 481	3 472.8	0.23
201202	3 462	3 471.8	0.28
201203	3 475	3 472.1	0.08
201204	3 463	3 473.7	0.31
201205	3 485	3 476.6	0.24
201206	3 479	3 480.8	0.05
201207	3 497	3 486.2	0.31
201208	3 483	3 492.6	0.28
201209	3 502	3 499.8	0.06
201210	3 507	3 507.5	0.02

图 4－7 所示为根据 BP 神经网络模型预测的 K 公司产品销售量与实际销售量的拟合图。

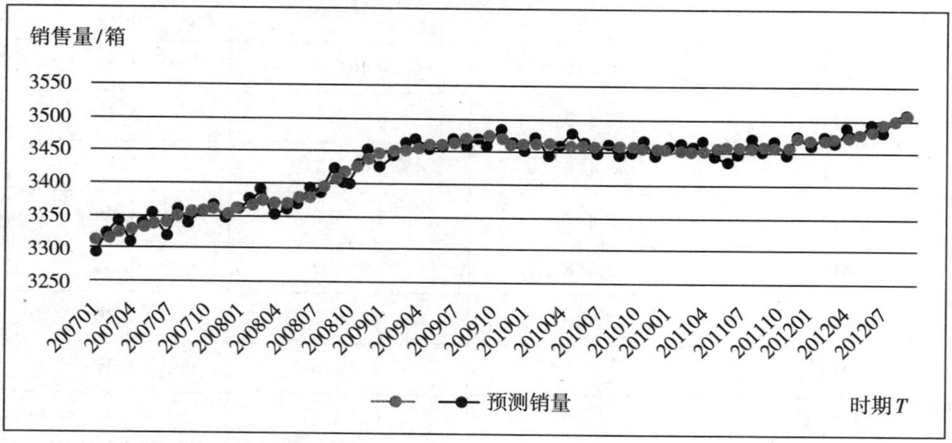

图 4－7　根据 BP 神经网络模型预测的 K 公司产品销售量与实际销售量拟合图

根据 BP 神经网络模型预测的 K 公司产品销售量，见表 4－10 所列。

表 4－10　根据 BP 神经网络模型预测 K 公司产品销售量

年　月	预测销售量/箱
201211	3 515.6
201212	3 523.7

4.2　物流运输决策

4.2.1　物流运输决策的内容

物流运输决策是物流管理体系中的基本决策之一，其主要包含运输方式、运输路线、配送频率、配载量等决策。

1. 选择运输方式

常用的运输方式有铁路运输、水路运输、公路运输、航空运输、管道运输五种。企业根据对送货速度、频率、可靠性、运载能力和成本的考虑及不同运输方式的可用性做出选择。例如，如果目的是低成本，那么水路运输和铁路运输是主要的选择。

2. 选择运输路线

选择合理的运输路线对于产品流通市场覆盖面广、客户分散的企业具有重要意义，而区域内短途、多用户的频繁“配送”业务方面也是一项重要决策。选择运输路线的原则：第一，按客户需要的时间送达或者时间最短；第二，总的运输里程最小；第三，优先保证重要用户得到较好的服务。具体确定运输路线时，常运用线性规划等数学方法。

4.2.2　物流运输决策的影响因素

制定物流运输决策必须考虑两方面的权衡：一是运输成本与库存成本的权衡；二是运输成本与用户服务水平的权衡。目前，越来越多的制造企业采用诸如 JIT 等生产方式，降低库存成本，但却会导致运输费率和运输频率增加、运输成本上升，加大承运人的运输压力；反之，如果企业为了降低运输成本而增加订货批量，就会增加库存成本。

高服务水平必然引起高服务费用，企业要权衡运输成本和客户服务水平之间的相互关系，以便与客户协商，进而签订合同确定运输服务水平。企业关心的是在提供给客户一个合适的服务水平下，能否使总成本最小。总成本是影响企业运输决策的因素，包括运输成本、库存成本、过程成本和服务水平成本等，企业应权衡自营还是外包运输、运输网络节点和线路等决策问题，以便总成本最小。

4.2.3 物流运输决策的方法

1. *启发式方法*

启发式方法是从其他事物发展变化规律中受到启发，模仿变化过程，将变化规则引入物流运输优化搜索过程中。典型的方法有最近邻点法、最近插入法等。

最近邻点法是从某点开始，总是找离目前位置最近的、还未到过的节点作为下一点，直到所有节点走完，再回到起点。其得到的结果常是不理想的。

最近插入法在选择下一点时，不仅考虑当前的一点，还考虑所有已经走过的点。另外，最近插入法的每一步是整个回路的扩张，即从一开始它就考虑回到起点的成本。方法描述如下：

① 找出离起点最近的节点，构成子回路 T；

② 从子回路 T 以外的节点中找出离回路 T 中节点最近的节点 V：在 T 中找到一条边（a，b），使 $aV+Vb-ab$ 最小，将 V 插在 a 和 b 之间，用 $aV+Vb$ 代替（a，b），构成新的回路 T；

③ 重复直到 T 包含所有节点。

例如，一家蛋糕店每天向五家零售店送货，各点之间的行车时间见表4－11所列。

表4－11 蛋糕店向五家零售店送货各点之间的行车时间

自　到	蛋糕店0	零售店1	零售店2	零售店3	零售店4	零售店5
蛋糕店0	0	24	50	38	55	20
零售店1	22	0	32	23	45	18
零售店2	47	35	0	15	21	60
零售店3	39	27	17	0	14	25
零售店4	57	42	18	16	0	42
零售店5	21	16	57	21	41	0

2. 扫描法

扫描法属于先分群再排路线的方式，该方法采用极坐标来表示各需求点的区位，然后任取一需求点为起始点，定其角度为零度，以顺时针或逆时针方向，以车容量为限制条件进行服务区域的分割，再进行需求点的排序，建构车辆排程路线，具体步骤如图 4－8 所示。

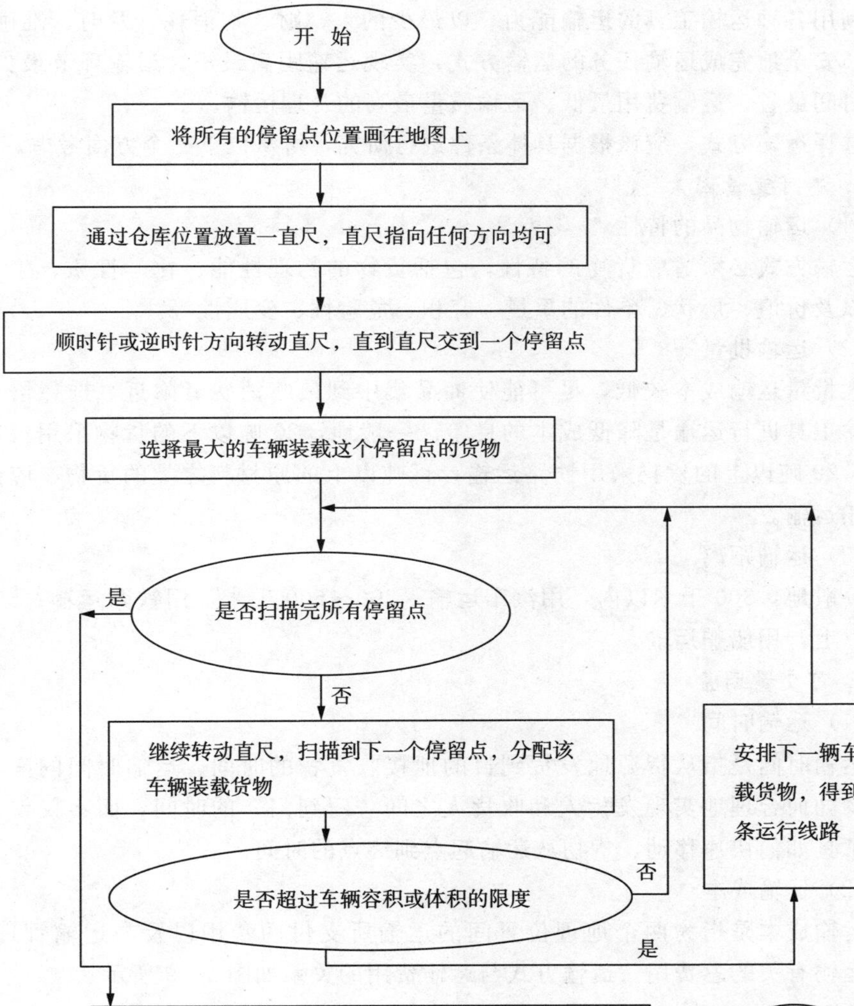

图 4－8　扫描法具体步骤

4.3 物流运输方式选择

4.3.1 影响运输方式选择的因素

选择运输方式，尽量选择能在实现货物从生产地到消费地转移的过程中，充分利用各种运输工具的运输能力，以最少的人、财、物消耗，及时、准确、经济、安全地完成运输任务的运输方式，实现运输距离最短、运输环节最少、运输时间最省、运输费用最低、运输质量最高的合理运输。

选择运输方式，应该根据具体条件进行研究，可从以下三个方面考虑。

1. 不可变量因素

（1）运输物品的特性

运输方式必须适应货物的特性，包括货物的物理性能、化学性质、生化性质以及价值、形状、单件的重量、容积、危险性、变质性等。

（2）运输批量

大批量运输成本较低，尽可能使商品集中到最终消费者附近，选择恰当的运输工具进行运输是降低成本的良策。一般地，20吨以下的货物采用汽车运输；20吨以上的货物采用铁路运输；百吨以上的原材料之类的货物，应选择船舶运输。

（3）运输距离

一般地，300千米以内，用汽车运输；300～500千米，用铁路运输；500千米以上，用船舶运输。

2. 可变量因素

（1）运输时间

运输时间是指从货源地发货到目的地接收货物的时间。运输时间的度量是货物如何合理地实现发货人和收货人之间“门到门”的时间，而不仅仅是运输工具如何快速移动、货物从运输起点到终点的时间。

（2）运输成本

运输成本是指为两个地理位置间的运输所支付的费用以及与运输管理、维持运输有关的总费用。运输方式与运输费用的关系如图4-9所示。

3. 运输安全性

运输安全性包括运输货物的安全和运输人员的安全以及公共安全。对运输人员和公共安全的考虑会影响到货物的安全措施，进而影响到运输方式的选择。

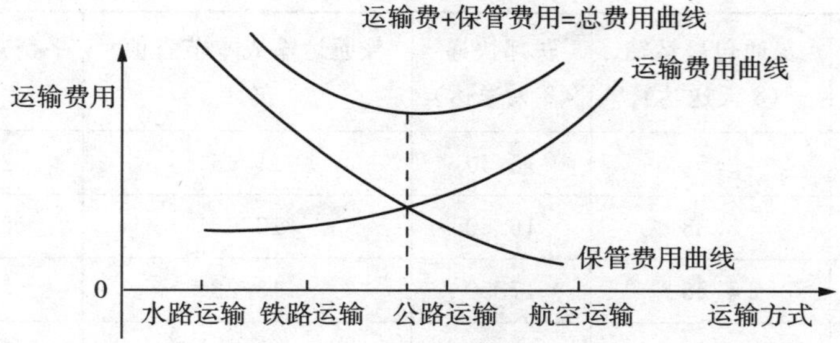

图 4－9 运输方式与运输费用的关系

4.3.2 物流运输方式

1. 基本运输方式

基本运输方式包括铁路运输、公路运输、水路运输、航空运输和管道运输。

2. 选择运输方式

选择运输方式，应该结合具体条件进行分析，根据科学的方法选出最终方案。

（1）运输方式的选择——两种方式选一种[①]

【例 4－4】 S公司要将质量为 5 千克、价值为 2 800 美元的集成电路芯片从美国硅谷的制造中心运往中国合肥的配送中心，假设产品的年存储成本占产品价值的 30%，普通包裹邮寄需要 8 天，而联邦快递公司的空运只需 2 天，普通包裹运输与联邦快递的运输成本比较见表 4－12 所列。

表 4－12 普通包裹运输与联邦快递的运输成本比较

运输质量/千克	普通包裹运输（8 天送达）	联邦快递（2 天送达）	普通运输成本节省值/美元	平衡点货物价值/美元
1	1.91	11.50	9.59	1 944.64
2	2.37	12.50	10.13	2 054.14
3	2.78	13.50	10.72	2 173.78
4	3.20	14.50	11.30	2 291.39

① 运输方式的比较和选择的原则［EB/OL］．（2018－05－23）［2021－02－20］．https//www.doc88．wmlp－3089100150639．html

（续表）

运输质量/千克	普通包裹运输（8天送达）	联邦快递（2天送达）	普通运输成本节省值/美元	平衡点货物价值/美元
5	3.54	15.50	11.96	2 425.22
6	3.88	16.50	12.62	2 559.06
7	4.28	17.50	13.22	2 680.72
8	4.70	18.50	13.80	2 798.33
9	5.12	19.50	14.38	2 915.94
10	5.53	20.20	14.67	3 035.58

注：成本节省值＝存储费用增加值＝货物价值×0.30×6÷365；

货物价值＝365×成本节省值÷（0.30×6）。

在平衡点，成本节省值等于存储费用增加值，当货物价值高于平衡点货物价值时，该货物用空运，反之用普通包裹运输。

（2）运输方式的选择——多种方式选择①

【例 4-5】 芝麻开门物流公司拟将产品从坐落位置A的工厂运往坐落位置B的公司自有仓库，年运量 D 为 700 000 件，每件产品的价格 C 为 30 元，每年的存货成本 I 为产品价格的 30%。公司希望选择总成本最小的运输方式。据估计，运输时间每减少一天，平均库存水平减少 1%。各种运输方式的服务参数见表 4-13 所列，各种运输方式的成本见表 4-14 所列。

表 4-13 各种运输方式的服务参数

运输方式	运输费率 R/（元/件）	运达时间 T/天	每年运输批次/次	平均存货量 $Q/2$/件
铁路	0.10	21	10	100 000
驮背运输	0.15	14	20	50 000×0.93
卡车	0.20	5	20	50 000×0.84
航空	1.40	2	40	25 000×0.81

① 运输方式的比较和选择［EB/OL］.（2018-05-23）［2021-02-20］. https://www.doc88.wmlp-3089100150639.html

表 4-14 各种运输方式的成本

成本类型	计算方法	运输服务方案	
		铁路	驮背运输
运输	$R\times D$	0.10×700 000=7 000	0.15×700 000=105 000
在途存货	$ICDT/365$	0.30×30×700 000×21/365 =362 466	0.30×30×700 000×14/365 =241 644
工厂存货	$ICQ/2$	0.30×30×100 000 =900 000	0.30×30×50 000×0.93 =418 500
仓库存货	$ICQ/2$	0.30×30.1×100 000 =903 000	0.30×30.15×50 000×0.93 =420 593
	总成本	2 172 466	1 185 737
成本类型	计算方法	卡车	航空
运输	$R\times D$	0.20×700 000=140 000	1.4×700 000=980 000
在途存货	$ICDT/365$	0.30×30×700 000×5/365= 86 301	0.30×30×700 000×2/365= 34 521
工厂存货	$ICQ/2$	0.30×30×50 000×0.84 =378 000	0.30×30×25 000×0.81 =182 250
仓库存货	$ICQ/2$	0.30×30.2×50 000×0.84 =380 520	0.30×31.4×25 000×0.81 =190 755
	总成本	984 821	1 387 526

3. 运输方式选择的评价方法

对运输方式的选择属于多指标评价，不同对象在各个指标的变动方向和幅度是不同的，这涉及综合评价问题。具体方法有层次分析法（AHP）、模糊综合评价法、TOPSIS 法等。

TOPSIS（Technique for Order Preference by Similarity to an Ideal Solution）法是 Hwang 和 Yoon 于 1981 年首次提出的，是多目标决策分析中一种常用方法，又称为优劣解距离法。TOPSIS 法是一种逼近于理想解的排序法，该方法只要求各效用函数具有单调递增性（或递减性）就行。TOPSIS 法基本原理：通过检测评价对象与最优解、最劣解的距离来进行排序，若评价对象最靠近最优解同时又最远离最劣解，则为最好；反之则为最差。其中最优解的各指标值均达到各评价指标的最优值，最劣解的各指标值均达到各评价指标的最差值。

4.4 物流运输路径优化

4.4.1 影响物流运输路径合理化的因素

如何在满足客户服务需求的前提下选择最优运输路线，是决策人员所要解决的问题。影响物流运输路径合理化的因素很多，起决定作用的主要是五个方面，这五个方面称为合理运输的"五要素"，包括运输距离、运输环节、运输时间、运输工具、运输费用。

4.4.2 运输路径优化方法

运输路径根据不同场景采用不同的方法：第一种，单一起讫点的单一路径规划，可以采用标号法；第二种，起讫点不同的单一路径规划，即最短路线问题，可以采用 Dijkstra 算法、逐次逼近法、Floyd 算法等；第三种，多个起讫点的路径规划，可以采用单纯形法、表上作业法、图上作业法等；第四种，起点和终点相同的路径规划，即流动推销员问题（Traveling sale problem，TSP），可以采用扫描法、节约里程法、启发式方法等。

结合物流方案设计实例，说明节约里程法在最优运输路线决策中的应用。

【例 4-6】 已知配送中心 P_0 向 5 个用户 P_j（$j=1, 2, 3, 4, 5$）配送货物，其配送路线网络及需求量如图 4-10 所示。图中括号内的数字表示客户的需求量（单位：吨），线路上的数字表示两节点之间的距离，配送中心有 3 辆载重量为 2 吨的卡车和 2 辆载重量为 4 吨的卡车两种车辆可供使用，问题：(1) 试利用节约里程法制订最优的配送方案？(2) 设卡车行驶的速度平均为 40 千米/时，试比较优化后的方案比单独向各用户分送可节约多少时间？

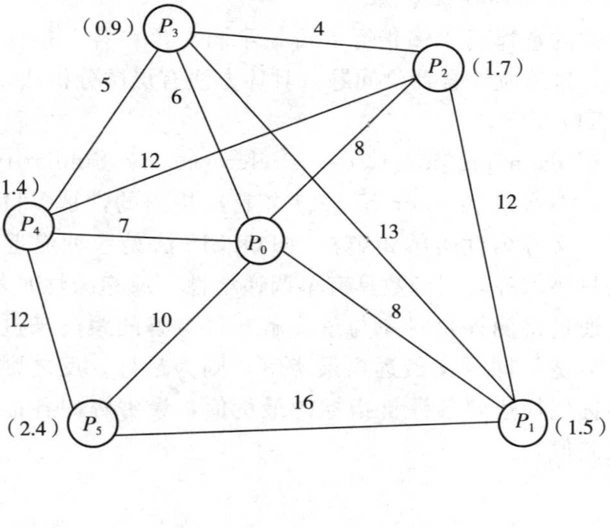

需求量	P_0					
1.5	8	P_1				
1.7	8	12	P_2			
0.9	6	13	4	P_3		
1.4	7	15	9	5	P_4	
2.4	10	16	18	16	12	P_5

图 4－10　配送路线网络及需求量

解：（1）作运输里程表，列出配送中心到用户及用户间的最短距离。

需求量	P_0					
1.5	8	P_1				
1.7	8	(4) 12	P_2			
0.9	6	(1) 13	(10) 4	P_3		
1.4	7	(0) 15	(6) 9	(8) 5	P_4	
2.4	10	(2) 16	(0) (18)	(0) 16	(5) 12	P_5

（2）根据运输里程表和节约里程公式，求得相应的节约里程数，如上表“（）”内所列。

（3）将节约里程 s_{ij} 进行分类，按从大到小顺序排列。

序号	路线	节约里程	序号	路线	节约里程
1	P_2P_3	10	6	P_1P_5	2
2	P_3P_4	8	7	P_1P_3	1
3	P_2P_4	6	8	P_2P_5	0
4	P_4P_5	5	9	P_3P_5	0
5	P_1P_2	4	10	P_1P_4	0

（4）确定单独送货的配送线路。

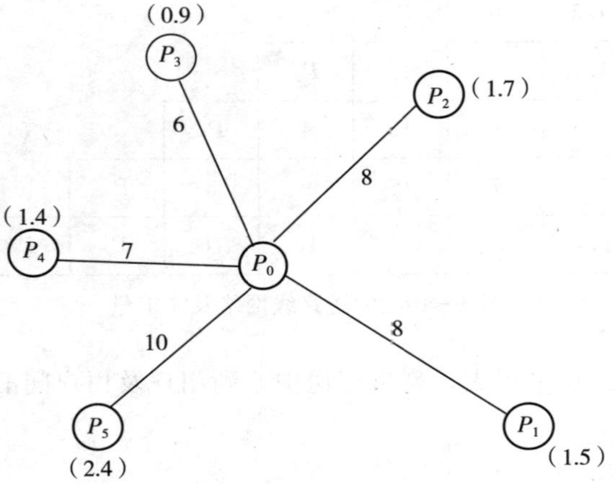

得初始方案配送距离为 39×2=78 千米。

（5）根据载重量约束与节约里程大小，将各客户节点连接起来，形成两个配送路线，即 A、B 两配送方案。

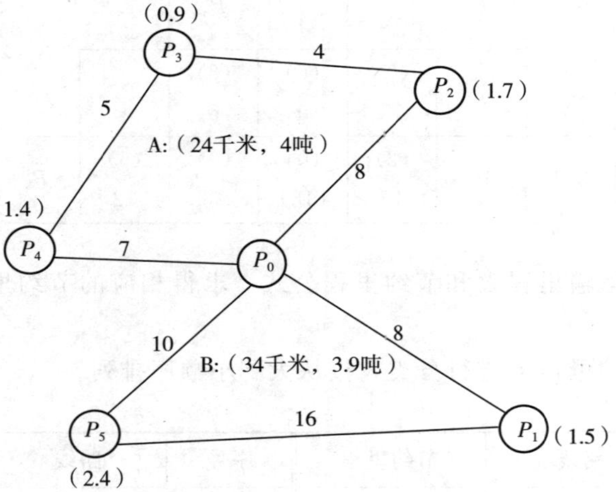

① 配送线路 A：$P_0—P_2—P_3—P_4—P_0$

$$运量\ q_A=q_2+q_3+q_4=1.7+0.9+1.4=4\ 吨$$

用一辆载重量为 4 吨的卡车运送，节约距离 $S_A=(7+6+8)\times2-(7+8+4+5)=18$ 千米。

② 配送线路 B：$P_0—P_5—P_1—P_0$

$$运量\ q_B=q_5+q_1=2.4+1.5=3.9\ 吨<4\ 吨$$

用一辆载重量为 4 吨的卡车运送，节约距离 $S_B=(10+8)\times2-(10+8+16)=2$ 千米。

(6) 与初始单独送货方案相比，计算总节约里程与节约时间。

总节约里程：$\Delta S=S_A+S_B=20$ 千米。

与初始单独送货方案相比，可节约时间：$\Delta T=\Delta S/V=20/40=0.5$ 小时。

4.5 物流车辆配载

4.5.1 物流车辆配载的概念

物流车辆配载，是指为充分利用车辆的载重量和容积，采用先进的装载方式，合理安排货物的装载。在配送中心的作业流程中安排配载，把多个用户的货物或同一用户的多种货物满载于同一车辆上，不但可以降低运输成本，提高企业的经济效益，而且可以减少交通流量，改善交通拥挤状况①。

货物配载考虑的因素：

① 根据运输工具的内径尺寸，计算出最大容积量；

② 测量所载货物的尺寸重量，结合运输工具的尺寸，初步算出装载轻重货物的比例；

③ 装车时注意货物摆放顺序、堆码方向，是横摆还是竖放，最大程度利用车厢的空间；

④ 配载时不仅要考虑最大限度地利用车载量，而且要根据货物的价值进行货物的搭配；

⑤ 以单位运输工具能获取最大利润为配载的出发点。

货物配载原则：

① 中转先运、急件先运、先托先运、合同先运。

② 尽量采用直达方式，必须中转的货物，应合理安排流向。

③ 严格执行混装限制规定。

④ 及时了解中途各站的待运量，尽量使同站装上和卸下的货物在质量和体积上相匹配。

---

① 徐天亮．运输与配送［M］．北京：中国物资出版社，2002：209.

⑤ 配载货物性质保持“三个一致”，即拼装在一节车厢内的货物，要做到化学性质一致、物理性质一致、灭火方法一致，以保证运输安全。

⑥ 装车顺序做到先送后装、重不压轻、大不压小、合理堆码层次。

4.5.2 车辆配载需考虑的指标

1. 里程利用率

里程利用率是反映营运车辆里程利用程度的指标，是指车辆的载运行程在总行程中所占的比重。影响里程利用率的因素很多，比如货源的充足程度及其在空间和时间上的分布情况，车库与货场的空间布局等。

2. 耗油量

油料消耗是运输成本的一个重要组成部分，与车辆的型号和运输里程有关，同时车辆的维修费用、路桥费、折旧费等也与型号和运输里程有关。

3. 单位运输成本

单位运输货物分摊运输费用支出，称货物的单位运输成本。影响单位运输成本的因素主要有运输量、运输距离、运输方式、货物密度、服务水平、市场需求和供给状况等。运输量是影响单位运输成本的最重要因素，运输量越大，单位运输成本就越低。货物密度是指货物质量与体积之比，通常密度小的货物每单位所占的运输成本比密度大的要高；运输的货物密度大，运输成本分摊到单位质量就越小，因此增加产品的密度可以降低单位运输成本。

4. 载重能力

在额定载重量范围内，实际装载货物重量与车辆载重量的比值越大说明运力利用率越高，越经济，越合理。

5. 车辆出发日期

车辆出发日期是车辆装载货物出发的时间。选择车辆的出发日期要与货物要求发货日期相同，实际经营活动中，如果货物的交货期相对够长的话，也可以稍微延迟发货，尽量装载更多货物，实现满载运输。

6. 车辆保险

车辆保险是指车辆附加险。根据车辆的实际情况与使用情况，有针对性地选择附加险。

7. 货物跟踪

应用卫星导航系统（GPS 和 BDS）技术和地理信息系统（GIS）技术的车辆运行管理系统，企业和客户可以对货物的状态进行查询等。

8. 车龄

车辆的使用年数。

4.5.3　车辆配载的方法

1. 动态规划法

在零担物流运输中，货物的不确定性要求货物的配载必须具备较强的动态性。问题描述：假定车厢的额定载货重量为 W，货容积为 V，N 种货物需要运送，已知第 j 种货物的单位重量为 w_j，体积为 v_j，价值为 c_j，要求确定每种货物的装载件数，在不超过最大载重量和最大体积情况下，使货车车厢装运货物的总价值为最大。用 x_j 表示第 j 种货物的装载件数，把问题归结为动态线性规划问题如下：

$$\max\sum_{j=1}^{N}=c_jx_j$$

$$\text{约束条件}\begin{cases}\sum w_jx_j\leqslant W\\ \sum v_jx_j\leqslant V\\ x_j\geqslant 0\text{ 且为整数，}j=1,\ 2,\ \cdots,\ N\end{cases}\tag{4-50}$$

动态规划法是把各要素条件进行综合，建立起动态规划模型，将现实中货物的配载问题以数学解答方式来计算，求解出最佳的装载方案。随着需要配载的货物种类的增多和约束条件的增加，模型的计算工作量会大大增加，模型必须借助计算机才能得以实现。

2. 启发式配载方法

启发式方法的基本思想是依靠人的先验知识确定每一步的配置策略，从而得到目标的最优解。启发式方法的一般步骤：从与待解决问题相关的信息中构造评价函数，确定搜索方向，使过程中的每个状态都向目标状态的方向前进，其中状态（已装入、未装入和剩余空间）的表示是个共性问题，而装入策略和评价指标会随着具体问题的变化而变化。配载装箱问题的启发式方法是按某种指标（如面积、边长、体积）对矩形货物排序，优先在剩余的空间放置大的货物。采用启发式方法的好处在于减少盲目性，但是它得出解的质量往往不是很高。

3. 基于六空间划分的启发式算法

基于六空间划分的启发式算法将货物底置位置、允许侧放方式、最大堆码层数等多约束条件考虑到启发式规则中，采用同类型货物一次性装载的思想，根据待布局空间块中货物装载方式的不同，将剩余空间最多划分为六种空间块。在实际情况下，对算法中的约束条件的处理方法是引入不同变量分别表示货物的侧放方式、货物的堆码层数、底置等级等属性，将所取类型的货物一次性装载到所取空间块中。再根据货物可取侧放方式、最大堆码层数的不同，计算空间块的最优装载数量，并与货物数量比较，产生相应的装载摆放方式。

（1）空间划分

根据零箱放置位置的不同，可将布入箱子后的剩余空间分割，最多可划分为 A—B—C_1—D—E—F 六种或 A—B—C_2—D—E—F 六种，图中暗色箱子代表零箱，空间块划分如图 4－11 所示。

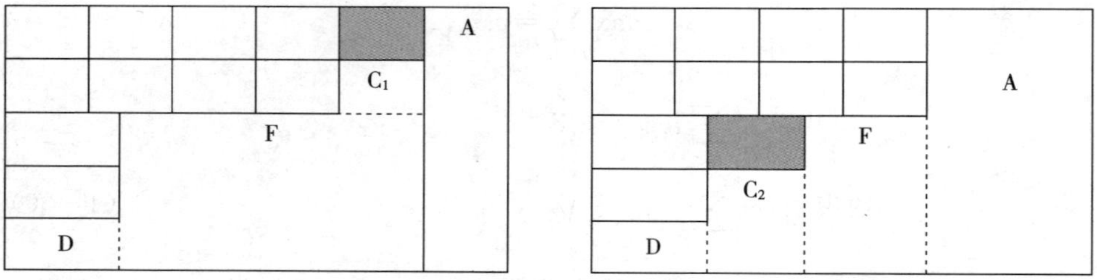

图 4－11　空间块划分

（2）空间合并

空间合并是指将剩余空间的各空间块进行一定的合并，形成尺寸较大的空间块来存放尺寸大的货物，以提高车厢的空间利用率。对剩余空间的划分使用切割原理，在车厢中的这种切割是虚拟的，零碎的剩余空间实际上是连通的，存在空间合并的必要性。

当 B 空间高度过小，E 空间可加高为整个立方体的高度，并将 B 空间在 X 轴方向上的长度缩短，图 4－12 为空间合并前的示意图和图 4－13 为空间合并后的示意图。

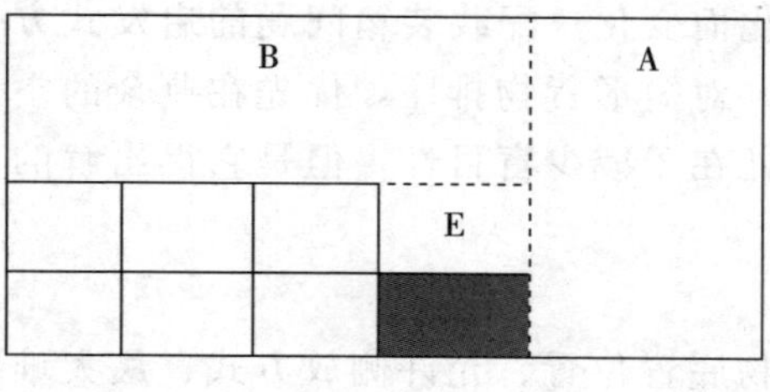

图 4－12　空间合并前的示意图

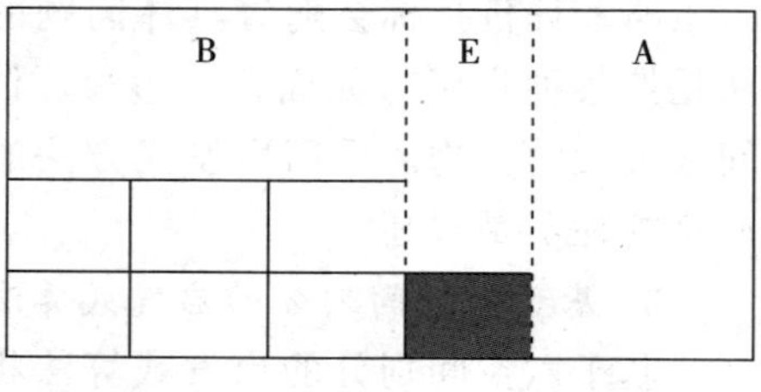

图 4－13　空间合并后的示意图

(3) 基于空间划分的启发式算法流程

Step1 初始化空间块序列为车厢厢体。

Step2 依次按底置等级递增、体积递减对货物类型排序。

Step3 从货物类型序列中按顺序取某类型货物，从空间块列表中取第一个可用空间块。

Step4 将所取类型的货物一次性装载到所取空间块中。根据货物可取侧放方式、最大堆码层数的不同，计算空间块的最大装载数量，同时产生标准装载的摆放方式。当货物数量小于标准装载时，根据货物数量、允许侧放方式、最大堆码层数产生非标准装载的摆放方式。

Step5 分割空间块，将其添加到空间块序列，按体积对空间块重新排序；直到空间被全部利用。

Step6 如 Step4 为标准装载，求所取类型货物的剩余数量，从空间块列表中取一个可用空间块，转 Step4；否则，转 Step3。

在布局空间块中采用先整后零头的方法定位箱子，这种方法充分利用箱子的约束条件，使待布局空间的空间利用率达到较优。

4.5.4 零担货运

零担运输是指一批货物的质量、体积、性质或形状不需要或不足够用一辆车装运（采用集装箱除外），等到与其他批或其他货主的货物装成一车后，再一同发运的运输方式，简称零担。零担货运一般具有：货源不确定、货物批量小、到站分散、品类繁多、性质复杂、包装情况各异、多批货物装在同一辆车子上运送、作业环节多、运输成本高等特点。

目前我国零担运输业务特别是汽车零担货运，已经初步形成了以主要大城市为中心的区域汽车零担运输网。应调整零担运输组织，降低运输成本，逐步取消沿途零担车及中转整零车，做大直达整零车；同时适当降低运输组织条件，能装一站、不装两站，能装两站、不装三站。零担运输企业应大力推广计算机管理，建立全路零担货物运输网络平台，实现信息共享，随时优化运输方案。

【小 结】

介绍物流运输预测方法，主要分析指数平滑法、回归分析法、神经网络法，分析物流运输决策的影响因素、物流运输方式的选择、物流运输路径的优化等。

【案例讨论】

家乐福中国的物流运输决策案例

法国家乐福集团成立于1959年，是大型超级市场概念的创始者，一度是欧洲第一、全球第二的跨国零售企业，也是全球国际化程度最高的零售企业。家乐福于1995年进入中国市场，最早在北京和上海开设大卖场，后来逐步渗透到中国的30多个城市，开设了80多家门店，拥有员工4万多人。家乐福实行的是“店长责任制”，各个店之间不受太多的制约，店长能灵活决定店内的货物来源和销售模式等。家乐福采用的是各生产商缴纳入场费，商品主要由各零售商自己配送，家乐福中国总公司本身调配干涉力度不大，所以各分店能根据具体情况灵活决定货物配送情况。

在网络设计方面，家乐福中国的运输网络分散度高，一般流通企业自己建立仓库及其配送中心，而家乐福的供应商直送模式决定仓库及配送中心是由供应商自己解决，受家乐福集中配送的货物占极少数。这种经营模式不但可以节省大量的建设仓库和管理的费用，商品运送也较集中配送方便，而且能及时供应商品或下架滞销商品。

在运输方式方面，除了少数需要进口或长途运送的货物使用集装箱挂车及大型货运卡车外，大量商品来自本地生产商，较多采用送货车。这些送货车中有一部分是家乐福租的车，而绝大部分是供应商自己长期为家乐福各店送货的车。家乐福自身需要车的数量不多，没有自己的运输车队，省去大量的运输费用，提高了效益。

在配送方面，采用供应商直送的模式，商品来自多条线路，无论各供应商还是家乐福自己的车辆都采用“轻重配载”的策略，有效利用车辆的各级空间，降低单位货物的运输成本，进而在价格上占据主动地位。配备先进的信息管理系统，能让供应商在最短时间内掌握货架上供销售的各种商品的数量以及每天的销售情况，补货和退货变得方便，能让供应商与家乐福之间相互信任地建立长期的合作关系。

资料来源：https：//wenku. baidu. com/view/73951e50370cbalca8114431b90d6c85ed3a883b. html

讨论题

1. 家乐福中国的物流运输决策主要包括哪些内容？
2. 家乐福中国的物流运输决策有何借鉴意义？

【复习思考题】

1. 什么是指数平滑法？如何应用指数平滑法进行预测？
2. 什么是回归分析法？如何应用回归分析法进行预测？
3. 什么是神经网络法？如何应用神经网络法进行预测？
4. 影响物流运输决策的因素主要有哪些？
5. 画出应用最近邻点法进行物流运输决策的步骤。
6. 画出应用最近插值法进行物流运输决策的步骤。
7. 画出应用扫描法进行物流运输决策的步骤。
8. 影响物流运输方式选择的因素主要有哪些？
9. 举例说明应用层次分析法评价运输方式选择的流程。
10. 举例说明应用 TOPSIS 法评价运输方式选择的流程。
11. 举例说明应用节约里程法进行最优运输线路的决策。
12. 货物配载主要考虑哪些因素？
13. 简述应用动态规划法进行货物配载的流程。
14. 简述应用启发式方法进行货物配载的流程。
15. 简述基于六空间划分的启发式算法的流程。
16. 甲乙丙丁物流与供应链集团运输部和黑白灰色家电供应商签订了一份年度运输合同，该供应商分别在 A1、A2、A3 等 3 个分厂完成加工，然后用卡车运送到 B1、B2、B3、B4 等 4 个分销中心，每周运送 1 次。3 个分厂的周产量分别为 70 件、40 件、90 件，4 个分销中心的周需求量分别为 30 件、60 件、50 件、60 件，表格内的数字为两地之间的单位运价（单位为元/件）。请为供应商提供一个最佳调运方案，力求总的运输费用最低。

分销中心 / 运价/（元/件） / 分厂	B1	B2	B3	B4	产量/件
A1	30	110	30	100	70
A2	10	90	20	80	40
A3	70	40	100	50	90
销量/件	30	60	50	60	

第5章　物流运输绩效管理

【教学目标】

（1）掌握物流运输评价、物流运输设施设备绩效评价、物流运输质量绩效评价的指标构成；

（2）掌握物流运输绩效评价方法及其应用；

（3）理解绿色运输理念及其影响。

【引导案例】

A公司运输绩效考核问题

A公司作为某省国资委下属交通运输企业的第三方物流公司，随着市场竞争的加剧，要求企业实施精益化管理，提高物流运输绩效。如何提高物流设施设备的利用率，保证物流运输质量，需要构建合适的绩效考核管理体系并采取一定的方法加以评价。同时，随着碳达峰、碳中和方案的落地，节能减排倒逼机制的建立，物流公司必须进行转型，实施绿色运输势在必行，绿色运输理念如何得以贯彻，是值得深思的问题。

资料来源：作者整理。

5.1　物流运输设施设备绩效管理

物流运输绩效主要体现在一系列运输活动及其结果上，企业的物流运输绩效管理主要是通过对一系列运输活动或过程的绩效管理来实现的。从绩效评价指标方面来看，各种企业的物流运输情况千差万别，要设计一套适用于所有企业绩效评价的通用指标体系不太现实；如果按照运输活动或过程设计指标体系，不同的物流运输企业或企业物流运输则可以根据实际情况，有选择地制定指标建立绩效评价指标体系。因此，物流运输绩效管理主要以运输活动或过程为研究对象。

5.1.1　物流运输绩效管理概述

随着经济全球化、竞争白热化、信息网络化时代的到来，世界各国企业在组织结构、经营模式等方面不断探索和改革，以增强竞争能力和适应能力，提高生产效率和改善组织绩效。20 世纪 70 年代后期，研究人员在原来绩效评价的基础上，拓展绩效的内涵，提出了“绩效管理”的概念。20 世纪 90 年代以来，世界各国逐次开展了以绩效管理为核心的管理创新，通过重新审视企业组织架构、体制机制、业务流程、运行效率和竞争力等问题，不断完善企业绩效管理体系，从而推动绩效管理在理论上和实践上的发展。随着物流业的发展，绩效管理的理论在物流运输方面也得以研究和应用，有效促进了运输绩效管理水平和企业整体管理水平的提高。

1. 绩效管理的含义及过程

（1）绩效的含义

关于绩效（Performance）的定义，因研究角度和目的的不同，目前主要存在三种观点：第一种观点认为，绩效是一种行为；第二种观点认为，绩效是一种结果；第三种观点认为，绩效是行为和结果。在绩效管理的具体实践中，往往采用较宽泛的绩效概念，即绩效是与组织目标有关的活动和行为，同时也是这种活动和行为所获得的结果。究其原因，一方面，把绩效定义为产出或结果的观点与人们日常的感受相符合，便于人们理解；同时结果作为绩效在进行绩效衡量时操作性强，有利于明确具体的指标，如物流量、准时率等，容易体现客观性。另一方面，把绩效作为产出或结果的观点也存在不足。例如，在许多情况下，员工的工作结果并不一定是由员工自身的行为产生的，可能是与工作的人无关的其他因素作用的结果，如物流营销人员因所在的区域不同而导致绩效不同；有些组织难以把结果作为衡量绩效的标准；单纯一味地追求结果可能导致员工追求短期利益行为、员工之间互相竞争而不顾及组织整体利益的行为等。

因此，绩效应该包括行为和结果两个方面，行为是达到绩效结果的条件之一。绩效可以是企业一种具有特定目标的生产过程或工作行为，也可以是该过程或行为产生的具有效益和贡献的产出或业绩，如工作成绩、目标实现、生产量、营业收入和利润等。

（2）绩效管理的含义

绩效管理是一个管理组织绩效的过程，即围绕组织战略和目标，利用组织结构、技术、业务系统和管理程序等，对一定时期组织的绩效进行管理，从而实现组织目标的过程。由于组织目标是通过员工实现的，所以组织绩效管理离不开员工绩效管理。员工的绩效管理是通过为员工确定工作目标、过程监控、考核评价以及结果运用等环节，对员工绩效实施管理的过程。

无论是组织还是个人，绩效体现在组织行为或活动及其结果上，所以对组织或个人绩效的管理也体现在对组织或个人的活动及其结果的管理中。可见，比较全面的绩效管理系统应涉及组织、个人及其相关活动等各个方面，包括多个维度、多个层次的内容。

（3）绩效管理的过程

在实践过程中，绩效管理是按照一定的步骤环节实施的，这些步骤环节可以归纳为四个主要阶段：准备阶段、实施阶段、反馈阶段和运用阶段。

① 准备阶段

准备阶段主要是确定完成绩效计划的任务，包括确定绩效考核目标和绩效考核周期。

② 实施阶段

实施阶段主要是完成绩效沟通和绩效考核两项任务。

③ 反馈阶段

反馈阶段主要是完成绩效考核反馈的任务，也就是说上级要根据绩效考核结果与考核对象进行沟通，指出其在绩效考核期间存在的问题，共同制订绩效改进计划。为了保证绩效改进，必须对绩效改进的执行过程进行跟踪。

④ 运用阶段

运用阶段是将绩效考核的结果运用到企业管理的其他职能中去，真正发挥绩效管理的作用，保证绩效管理目的的实现。

绩效考核结果的运用包括两个层次的内容：一是直接根据考核结果做出相关的奖罚决策；二是对绩效考核的结果进行分析，为后面的工作提供指导或依据。

2. 物流运输绩效管理的概念

物流运输绩效管理主要是指对物流运输活动或物流运输过程的绩效管理。这里的物流运输活动不仅是运输企业的运输活动，也可以是其他企业的运输活动。物流运输绩效管理是管理运输活动的整个过程，也就是围绕企业的总战略目标，对一定时期内运输活动的集货、分配、搬运、中转、装卸、分散等环节进行绩效管理，从而实现整个运输活动目标的过程。

在进行物流运输绩效评价时，不同的评价方法会对最终的评价结果产生不同的影响。因此，应根据实际情况以及评价目标、评价原则、评价效果和实施费用等方面来确定合理的评价方法。

3. 物流运输绩效管理的特点

绩效管理是整个组织管理系统中的一个子系统，其特点主要表现在以下几方面：

（1）绩效管理的整体性

绩效管理的整体性体现在它的各个组成部分是作为一个统一的整体存在

的。企业要提高绩效水平，必须实施严格的内部管理，必须依靠科学的指标体系进行评价，同时绩效评价结果必须用于绩效的改进。

（2）绩效管理的目的性

绩效管理的目的是通过对组织绩效因果链中员工绩效的控制，实现部门绩效目标，进而实现组织绩效目标。因此，绩效管理所有活动的开展都围绕这一根本目的进行，所有的部门组织、个人的工作目标和行为均不应与组织目标相抵触。

（3）绩效管理的环境适应性

绩效管理存在于特定的环境中，受到许多因素直接或间接的影响。其影响因素主要包括以下两个方面：一方面，企业内部的客观条件，如工作场所的布局与物理条件（温度、湿度、通风、粉尘、噪声、照明等），任务的特点，目标的特点，工作职责的特点，主管的领导作风，公司的组织结构，企业文化和企业宗旨等；另一方面，企业外部的客观环境因素，如社会政治经济状况、市场竞争强度等。绩效管理只有与内外部环境保持适应状态才具有持续生命力。

（4）绩效管理的动态控制性

从控制论的角度看，绩效管理是一个控制系统，表现为员工、部门、组织绩效因果链中前一环节对后一环节的控制，如绩效评价（原因）的效果直接影响到绩效评价结果的运用（结果）。在绩效管理中，指标体系的建立以及绩效评价的进行等环节都包含着反馈与前馈的控制过程，这个过程在前后环节之间、评价者与被评价者之间始终处于动态变化之中，绩效管理正是在不断变化的过程中实现的。

物流运输绩效管理与一般的绩效管理一样，具有整体性、目的性、环境适应性、动态控制性等特点，而且物流运输绩效管理更具有针对性，管理对象更具体，其主要是对物流运输活动或运输过程进行绩效管理。

4. 运输绩效管理的原则

在实施过程中，运输绩效管理要提高有效性，实现预定目标需要坚持以下基本原则。

（1）管理结果和管理过程相结合

根据绩效管理的含义，在实施绩效管理时，既要考虑投入（行为或过程），也要考虑产出（结果或业绩）。在一定时期内，虽然组织的业绩指标（如物流量、票数、准时率、营业收入和利润等）重要，但是绩效管理更加深刻的内涵在于过程管理，应该重视组织各项活动的过程，如绩效目标的确定与计划的制订，关键绩效指标的设计、确定和过程管理，绩效考核及其结果的反馈、讨论与改进的过程等。如果仅仅关注活动结果，那么绩效管理会变成单纯的绩效考评。

（2）“管理过去”与“管理未来”相结合

绩效评价的反馈沟通是物流运输绩效管理中难以处理的环节，如何对每个环节、每项活动以及对每个部门、每位员工做出客观、公正、准确、科学的评价，如何把绩效考核的结果如实反馈，并使其起到实实在在的激励作用，这是物流运输绩效评价面临的核心问题。抓好绩效评价的过程管理，如企业各级主管领导在各个环节做到跟踪、监控、落实、指导、帮助、激励和沟通等工作，那么领导与部门以及员工就可以直面评价的结果，坦诚地进行沟通，为以后的绩效评价和沟通奠定基础。

（3）短期目标与长期发展相结合

物流运输绩效管理如果只关注和追求短期财务指标、追求短期经济效益，或者仅强调管理过程中的某一个方面，就会导致对长远发展战略和核心能力建设关注不足，可能会在整体上制约企业实现更远大的目标，如发展战略、客户服务、品牌建设、人才培养等。因此，物流运输绩效评价在关注短期经济目标的同时，应考虑组织的战略、目标以及文化等，使运输绩效管理充分体现于企业战略重点、企业目标和核心价值观，使企业当前利益和长远目标与战略相一致。

（4）个体行为和团队合作相结合

在绩效评价过程中，往往出现如此现象：部门和个人更加重视绩效的高低，个人岗位责任和部门职责更加分明，但员工之间、部门之间合作的意愿和主动性却降低了；在某些情况下，绩效考核使得部门或团队内的个人差异显现出来，有时甚至使绩效突出的员工反而受到群体的压力，严重妨碍整体绩效的提高。因此，在实际的物流运输绩效评价中，应采取措施防止此类现象出现，如设计绩效指标时将个人职务绩效分为任务绩效和周边绩效或关系绩效。任务绩效是指职务任务的完成情况，是组织所规定的行为或与履行职责有关的行为；周边绩效是指一种心理和社会关系的人际和意志行为，涉及职责范围外自愿从事的有利于组织和他人的活动，主要分为人际促进和工作奉献两个核心要素。这样促进员工关心团队，多承担一些职务外的、跨边界的任务，促使个人、团队、企业目标相互融合、和谐发展。

5.1.2 物流运输设备绩效管理

1. 物流运输设备管理的内容与任务

（1）物流运输设备管理的内容

物流运输设备是指企业在进行运输作业活动、实现运输功能过程中所使用的各种装备的总称。物流运输设备状况不仅直接影响企业为运输需求者提供的运输量、运输服务质量及作业效率，而且影响企业的运输成本、运送速度、安全生产及运输作业的生产秩序。

物流运输设备管理是以企业生产经营目标为依据，以运输设备为研究对象，追求其寿命周期费用最经济和效能最高为目标，采用系统动力学、价值工程学、设备磨损及补偿理论、设备可靠性和维修理论、设备检测盒诊断方法等理论和方法，借助一系列技术、经济、组织措施，对物流运输设备的物质运动和价值运动进行从规划、设计、制造、造型、购置、安装、使用、维护、修理、改造、更新直至报废的全过程的管理。

① 实施系统管理。这是指以寿命期内的设备为研究对象，只求寿命周期费用最经济为目标的全系统过程管理。

② 设备的监测和诊断技术。这是指运用测定技术和信号处理技术，对运行中的设备进行监测和诊断，对设备故障进行预报，对故障结构进行分析，根据其实际状态进行相应的维修；准确判断故障部位及其原因，以减少维修时间和费用。

③ 设备的专业化维修技术。随着现代技术的应用，物流车辆修理由“就车修理”向“总成互换法”过渡，维修技术的专业化增强。

④ 设备的更新改造技术。设备经过长期使用，破损严重、结构落后，往往带来生产效率低、消耗高、产品质量差、各项经济指标不高的结果，应及时应用技术进行设备更新改造，提高劳动生产率。

⑤ 节约能源。节约能源是设备管理的重要环节，消耗能源的主要是设备，因此应结合节能减排的目标，降低设备的能耗。

（2）物流运输设备管理的任务

物流运输设备管理的目的是使物流运输活动过程中的设备经常处于最佳状态，使其作业效率最高、支付费用最低，使企业的物流运输作业活动建立在最佳的物质基础之上。物流运输设备管理的基本任务是在提高经济效益的前提下，通过一系列的技术、经济、组织措施，不断改善和提高设备质量，充分发挥设备的效能，减少设备闲置，避免资源浪费，降低运输损失，提高运输的效率。具体任务主要包括以下几个方面：

① 根据技术先进、经济合理原则，正确合理地选择运输设备，为运输活动提供最优的技术装备。

② 结合各种设施与设备的特点，合理使用、精心维护，建立健全正确使用和维护运输设备的规章制度和管理制度。

③ 在节省设施与设备管理费用和维修费用的条件下，保证运输设备始终

处于良好的技术状态。

④ 做好现有设备的挖潜、革新、改造和更新工作，提高运输设备的现代化水平。

⑤ 做好物流运输设备的日常管理和维护工作。

2. 物流运输设备绩效指标

(1) 财务指标

财务指标主要包括单位燃料消耗、单位运输费用、运输费用效益、单车（船）经济效益等。

(2) 非财务指标体系

① 平均维修时间

平均维修时间$\overline{t^T}$受有效维修时间和故障类型影响。它和故障率有关，计算公式为

$$\overline{t^T}=\frac{\sum f_j t_j}{\sum f_j} \tag{5-1}$$

式中，f_j——故障类型j出现的频率；

t_j——修复故障类型j所用的平均时间。

② 平均故障间隔期

平均故障间隔期$\overline{t^f}$是指任意两次故障之间的平均时间。两次连续故障的间隔时间是指前一次故障时间和当前故障发生的时间之差。这个标准也可以定义为系统正常运行的平均时间。计算公式

$$\overline{t^f}=\frac{1}{n}\sum t_j^u \tag{5-2}$$

式中，t_j^u——第$j-1$次和第j次故障之间正常运行的时间；

n——故障次数。

③ 设施利用率

设施利用率是指盛放设备（汽车、飞机、机车、拖拉机、拖船等）的设施（如飞机场、车站、码头或港口）效率；这个指标衡量的是到达设施和离开设施之间的时间，也就是停靠时间，具体考虑实际停靠时间和计划停靠时间。计算公式为

$$\text{停靠时间}=\text{离开时间}-\text{到达时间} \tag{5-3}$$

④ 设备利用率

设备利用率高意味着移动货物费用低或设备处理货物时间短。

设备利用率的衡量标准主要有：车辆利用率和动力利用率。

车辆利用率的计算公式为

$$车辆利用率=\frac{装载运行时间}{总运行时间} \tag{5-4}$$

式中，总运行时间——等待时间、装车时间、卸车时间、装载运行时间之和。

动力利用率的计算公式为

$$动力利用率=\frac{有效牵引时间}{总时间} \tag{5-5}$$

3. 提高物流运输设备绩效的措施

(1) 合理使用物流运输设备

设备使用寿命的长短、生产效率的高低，既取决于设备本身的设计结构特性、制造水平和各种参数，又在很大程度上受制于设备的使用是否合理、正确。正确使用设备，可以在节省费用的条件下，减少设备的磨损，保持其良好的工作性能和应用精度，延长设备的使用寿命，充分发挥设备的效率和效益。

(2) 定期保养和维护物流运输设备

物流运输设备在使用过程中，会产生技术状态的不断变化，不可避免地出现磨损、零件松动和声响异常等不正常现象。这些构成运输设备的故障隐患，如果不及时处理并解决，就会造成设备过早磨损，甚至酿成严重事故。因此，应做好设备的保养与维护工作，及时解除技术状态变化引起的事故隐患，随时改善设备的使用情况，保证设备的正常运转，延长其使用寿命。物流运输设备的保养和维护应遵循设备自身运动的客观要求，主要内容包括：清洁、润滑、紧固、调整、防腐等。目前，设备的保养和维护普遍实行“三级保养制”，即日常保养、一级保养和二级保养。

5.2 物流运输绩效评价指标体系

评价指标体系是进行物流运输绩效评价的基础和前提，也是运输以及配送绩效管理的一种手段。运输绩效评价指标体系可以根据货物运输量、运输质量、运输效率以及运输成本与效益来确定，表 5-1 是一个物流运输绩效评价指标体系的示例。

表 5-1　物流运输绩效评价指标体系

一级指标	二级指标	三级指标
运输绩效	运输量	货物运输量
	运输质量	安全性
		可达性
		可靠性
		一票运输率
		意见处理率
		客户满意率
	运输效率	时间利用指标
		里程利用指标
		载重量利用指标
	运输成本与效益	单位运输费用指标
		燃料消耗指标
		运输费用效益指标
		单车（船）经济收益指标
		社会效益指标

5.2.1　运输量

运输量包括以实物量为计量单位的指标和以实物金额为计量单位的指标。计算公式一种为

$$货物运输量=商品件数\times每件货物毛重 \tag{5-6}$$

另一种为

$$货物运输量=商品件数\times每件货物价值 \tag{5-7}$$

5.2.2　运输质量

运输质量可从安全性、可达性、可靠性、联运水平以及客户满意度等方面选择衡量指标。

1. 安全性指标

安全性指标包括运输损失率、货损货差率、事故频率和安全行驶间隔里

程等指标。

运输过程中的货物损失率有两种表示方式：一种方式是以货物损失总价值与运输货物的总价值进行比较，主要适用于货主企业的运输损失绩效考核；另一种方式是用运输损失赔偿金额与运输业务收入金额的比率来反映，主要适用于物流运输企业为货主企业提供运输服务时的货物安全性绩效考核。两者计算公式分别为

$$运输损失率=\frac{损失货物总价值}{运输货物总价值}\times 100\% \tag{5-8}$$

$$运输损失率=\frac{损失赔偿金额}{运输业务收入总额}\times 100\% \tag{5-9}$$

货损货差率是指在发运的货物总票数中货损货差的票数所占的比重。计算公式为

$$货损货差率=\frac{货损货差票数}{办理发运货物总票数}\times 100\% \tag{5-10}$$

事故频率是指单位行程内发生行车安全事故的次数，一般只计大事故和重大事故。该指标反映车辆运行过程中随时发生或遭遇行车安全事故的概率。计算公式为

$$事故频率=\frac{报告期事故次数}{报告期总运输千米数} \tag{5-11}$$

安全间隔里程指标是指平均每两次行车事故之间车辆安全行驶的里程数，该指标是事故频率的倒数。计算公式为

$$安全间隔里程=\frac{报告期总运输千米数}{报告期事故次数} \tag{5-12}$$

车辆违章频率是指单位行程内发生行车违章的次数，是衡量驾驶员是否按照国家相关法律法规正确行驶的指标，同时相关法律法规对诸如违章停车、乱闯红灯等违章做出具体处罚规定。

$$车辆违章频率=\frac{报告期违章次数}{报告期总运输千米数} \tag{5-13}$$

2. 可达性（方便性）指标

对于有些运输方式（如铁路、航空、水路等）不能直接将货物运至最终目的地的情况，可以用直达性指标评价企业提供多式联运服务的水平。直达性指标对于评价来往于机场、铁路端点站、港口之间的运输，特别是在评价

外部运输与厂内运输的衔接上富有意义。计算公式为

$$货物直达率=\frac{直达票号数}{同期票号数} \tag{5-14}$$

3. 可靠性指标

正点运输率是评价运输可靠性的主要指标，它可以促进运输企业采用先进的运输管理技术，做好运输调度管理，保证货物流转的及时性。计算公式为

$$正点运输率=\frac{正点营运次数}{营运总次数} \tag{5-15}$$

4. 一票运输率指标

一票运输是指货主经一次购票（办理托运手续）后，由运输企业全程负责，提供货物中转直至将货物送达最终目的地的运输服务。一票运输率指标反映联合运输或一体化服务程度的高低。计算公式为

$$一票运输率=\frac{一次运输票号数}{同期票号数}\times 100\% \tag{5-16}$$

5. 意见处理率指标

意见处理率指标是用已经处理的意见数与客户所提意见数的比率来表示，反映对客户信息的及时处理能力，也反映客户对运输服务性能好坏的基本评价及企业补救力度的大小。已处理意见是指在客户针对运输服务质量问题提出的意见中，运输企业予以及时查处并给予客户必要的物质或精神补偿而取得满意效果的意见。计算公式为

$$意见处理率=\frac{已处理意见数}{客户意见数}\times 100\% \tag{5-17}$$

6. 客户满意率指标

客户满意率指标是对运输服务质量的总体评价指标，是用满意客户数与被调查客户数的比率来表示。满意客户是指在对客户进行满意度调查中，调查问卷上回答对运输服务感到满意及以上档次的客户。计算公式为

$$客户满意率=\frac{满意客户数}{被调查客户数}\times 100\% \tag{5-18}$$

5.2.3 运输效率

运输效率指标主要有车（船）利用效率指标，包括多个方面（如时间、速度、里程及载重量等）的指标。

1. 时间利用指标

时间利用指标包括车辆工作率指标与车辆完好率指标。车辆工作率指一定时期内运营车辆总天数（时数）中工作天数（时数）所占的比重。车辆完好率是指一定时期内运营车辆总天数中车辆技术状况完好天数所占的比重。计算公式为

$$车辆工作率=\frac{计算期运营车辆工作总天数}{同期运营车辆总天数}\times 100\% \tag{5-19}$$

$$车辆完好率=\frac{计算期运营车辆完好总天数}{同期运营车辆总天数}\times 100\% \tag{5-20}$$

2. 里程利用率指标

里程利用率是指一定时期内车辆总行程中载重行程所占的比重，反映车辆的实载和空载程度，可以用来评价运输组织管理水平的高低。计算公式为

$$里程利用率=\frac{载重行驶里程}{车辆行驶总里程}\times 100\% \tag{5-21}$$

3. 载重量利用指标

载重量利用指标是反映车辆载重能力利用程度的指标，包括吨位利用率和实载率。吨位利用率按照一定时期内全部营运车辆载重行程载重量的利用程度计算，其中载重行程载重量亦称为重车吨位千米。计算公式为

$$吨位利用率=\frac{计算期完成货物周转量}{同期载重行程载重量}\times 100\% \tag{5-22}$$

$$实载率=\frac{计算期完成货物周转量}{同期总行程载重量}\times 100\% \tag{5-23}$$

5.2.4 运输成本与效益

1. 单位运输费用

单位运输费用是用于评价运输作业效益高低以及综合管理水平的指标，一般用运输费用总额与同期货物总周转量的比值表示。运输费用主要包括燃料、各种配件、养路、工资、修理、折旧及其他费用支出。货物周转量是运输作业的工作量，它是车辆完成的各种货物的货运量与其相应运输距离乘积之和。计算公式为

$$单位运输费用=\frac{运输总费用}{报告期货物总周转量}\times 100\% \tag{5-24}$$

式中，运输总费用的单位为元，报告期货物总周转量的单位为吨千米。

2. 燃料消耗指标

评价燃料消耗的指标主要有单位实际油耗、燃料消耗定额比，反映运输活动中燃料消耗的情况。计算公式为

$$单位实际油耗=\frac{报告期实际油耗}{报告期运输量}\times 100\% \tag{5-25}$$

$$燃料消耗定额比=\frac{百千米燃料实际耗量}{百千米燃料定额量}\times 100\% \tag{5-26}$$

式中，报告期实际油耗的单位为升，报告期运输量的单位为吨千米。

3. 运输费用效益

运输费用效益表示单位运输费用支出额所带来的盈利额。计算公式为

$$运输费用效益=\frac{经营盈利额}{运输费用支出额}\times 100\% \tag{5-27}$$

4. 单车（船）经济收益

单车（船）经济收益表示单车（船）运营收入中扣除成本后的净收益。计算公式为

$$单车（船）经济效益=单车（船）运营总收入-单车（船）总成本 \tag{5-28}$$

5. 社会效益

社会效益主要反映物流运输活动对环境污染和城市交通的影响程度等。既可以采用专业性的环境评价指标对运输活动进行社会效益评价，也可以采用定性指标进行评价。例如，对企业具体的运输活动评价，可以考察运输活动中采用清洁能源车辆情况、运输时间是否考虑避开城市交通高峰、运输活动对周围环境污染情况等。

5.2.5 运输安全与风险管理

从系统工程的角度出发，发生运输事故主要涉及人、设备、环境和管理四个方面，分析事故的原因可以采用鱼骨图分析法编制事故树，进而提出防范措施。运输安全是指在运输过程中使运输对象达到完好无损，平安实现位移。影响运输安全的因素主要有道路条件、车辆技术性能和维修质量、驾驶员的操作技术水平和责任心及装卸搬运工作质量等。

道路运输过程主要存在五类危险源：人的不安全行为、物的不安全因素、道路的不安全因素、行车环境的不安全因素、运输企业安全管理不完善。运输安全生产的保障是制定并严格执行运输安全生产制度。

运输企业的经营风险主要包括货物运输合同风险、货物运输环节风险、货物包装环节风险、货物装卸环节风险、货物仓储环节风险。运输企业的防范风险主要采取认真审查合作企业的资信资料，重视运输合同的权利义务对等及其履行情况，考虑投保责任险，建立应急管理体制机制，完善风险管理程序并严格执行，制定制度严格按章办事，杜绝违规作业。

5.3 物流运输绩效评价方法

综合评价方法是以运筹学及其他数学方法为基础的评价方法，是对以多属性体系结构描述的对象系统进行全局的、整体的评价，即针对评价对象的全体，根据所给的条件，采用一定的方法对每个评价对象赋予一个评价值，再据此得出判断结论。物流绩效综合评价是把反映评价对象的各项指标结合起来进行综合考评，对一定经营期间内的组织经营效益和经营者业绩进行客观、公正和准确的综合评判。

综合评价方法的分类很多，主要包括层次分析法、数据包络分析法、模糊综合评价法、主成分法、灰色综合评价法等。这里主要选取其中的层次分析法和模糊综合评价法进行具体介绍。

5.3.1 层次分析法

1. 层次分析法概述

层次分析法（Analytic Hierarchy Process，AHP）是美国运筹学家、匹茨堡大学教授萨迪（Saaty）于 20 世纪 70 年代初提出来的。层次分析法是一种多准则决策方法，该方法将与评价有关的元素分解成目标、准则、方案等层次，在此基础之上采用定性与定量相结合的方法，分析和处理各种因素，可以使评价者对复杂对象的评价思维过程系统化、模型化、数量化，最后得出相关的结论。

2. 层次分析法的应用步骤

应用层次分析法对物流运输绩效进行评价，主要包括以下四步。

第一步：建立多级递阶结构。

如图 5 - 1 所示，构建评价系统各要素的层次，大致分为三类。

① 最高层：这一层次只有一个元素，一般是分析问题的预定目标或理想结果，也称目标层。

② 中间层：这一层次包括为实现目标涉及的中间环节，它可以由若干个层次组成，包括需要考虑的准则、子准则，也称准则层。

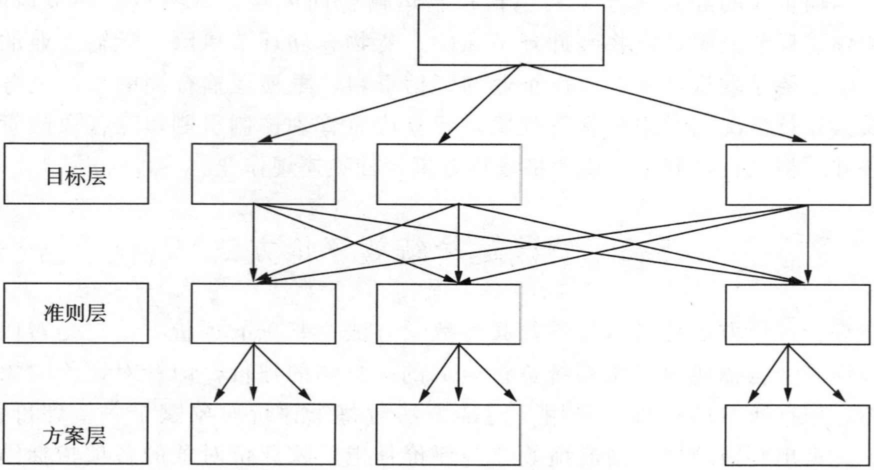

图 5-1 评价系统的构成图

③ 最低层：这一层次表示为实现目标可供选择的各种措施、决策方案等，也称措施层或方案层。

第二步：构造两两比较判断矩阵。

判断矩阵是层次分析法的基本信息，也是进行相对重要度计算的主要依据。表 5-2 中列出 1～9 标度的含义（九分位比例标度）。

表 5-2 1～9 标度的含义

标 度	含 义
1	表示两个元素相比，具有同样的重要性
3	表示两个元素相比，前者比后者稍重要
5	表示两个元素相比，前者比后者明显重要
7	表示两个元素相比，前者比后者强烈重要
9	表示两个元素相比，前者比后者极端重要
2，4，6，8	表示上述相邻判断的中间值
1～9 的倒数	若元素 i 与元素 j 的重要性之比为 a_{ij}， 那么元素 j 与元素 i 重要性之比为 $a_{ji}=1/a_{ij}$

n 个被比较元素构成一个两两比较判断矩阵

$$\boldsymbol{A}=(a_{ij})_{n\times n} \tag{5-29}$$

式中，a_{ij} 是 i 元素和 j 元素相对重要度之比，且有下述关系（即为反对称矩阵）

$$a_{ji}=\frac{1}{a_{ij}},\ i,\ j=1,\ 2,\ \cdots,\ n \tag{5-30}$$

该比值越大，表明 i 的重要度就越高。

第三步：单一准则下元素相对重要程度的计算与一致性检验。

第一，相对重要程度的计算。

对以某个上级要素为准则所评价的同级要素的相对重要程度，可以通过计算比较矩阵 **A** 的特征值获得，即特征根法求解。

① 特征根法（*EM* 法）。求解判断矩阵 **A** 的特征根问题：

$$A\omega=\lambda_{max}\omega \tag{5-31}$$

式中，λ_{max} 是 **A** 的最大特征根；ω 是相应的特征向量。ω 经归一化后可以作为权向量。现实中，因计算方法较复杂，实际上只能获得 **A** 的粗略估计，计算精确特征值没有必要。在实践中往往采用求和法或求根法计算特征值的近似值。

② 求和法。将矩阵 **A** 按列予以归一化得

$$b_{ij}=\frac{a_{ij}}{\sum_i a_{ij}} \tag{5-32}$$

按行求和得

$$\omega_i=\sum_j b_{ij} \tag{5-33}$$

归一化得

$$\omega_i^0=\frac{\omega_i}{\sum \omega_i} \tag{5-34}$$

式中，ω_i^0（i=1，2，…，n）即为 **A** 的特征向量的近似值。

③ 求根法。将 **A** 的各个列向量采用几何平均法，然后归一化，得到的列向量就是权重向量。计算公式为

$$\omega_i=\frac{\left(\prod_{j=1}^{n}a_{ij}\right)^{1/n}}{\sum_{i=1}^{n}\left(\prod_{j=1}^{n}a_{ij}\right)^{1/n}},\ i=1,\ 2,\ \cdots,\ n \tag{5-35}$$

即将矩阵按行求得

$$v_i=\sqrt[n]{\prod_j a_{ij}} \tag{5-36}$$

归一化得

$$\omega_i=\frac{v_i}{\sum v_i},\ i=1,\ 2,\ 3,\ \cdots,\ n \tag{5-37}$$

第二，一致性检验。

在实际评价中，评价人员只对 **A** 进行粗略判断，甚至有时会犯不一致的错误，出现“甲比乙极端重要，乙比丙极端重要，而丙又比甲极端重要”这种违反常识的判断。一个混乱的经不起推敲的判断矩阵极有可能导致评价失真。以上提到的排序方法是一种近似的算法。当判断矩阵偏离一致性过大时，这种近似估计的可靠程度就值得怀疑，因此需要对判断矩阵的一致性（相容性）进行检验。根据层次分析法的原理，利用 λ_{max} 与 n 之差检验一致性，步骤如下：

① 计算一致性指标（Consistency Index，CI）。

$$CI=\frac{\lambda_{max}-n}{n-1} \tag{5-38}$$

λ_{max} 可由下式求出

$$\lambda_{max}=\frac{1}{n}\sum_i\left(\frac{(AW)_i}{w_i}\right) \tag{5-39}$$

② 查找相应的平均随机一致性指标（Random Index，RI）。表 5-3 所列的是 500 个样本的平均随机一致性指标的平均值。

表 5-3　500 个标本的平均随机一致性指标的平均值

矩阵阶数 n	1	2	3	4	5	6	7	8	9
RI	0.00	0.00	0.58	0.96	1.12	1.24	1.32	1.41	1.45

③ 计算一致性比例（Consistency Ratio，CR）。

$$CR=\frac{CI}{RI} \tag{5-40}$$

当 $CR<0.1$ 时，认为判断矩阵的一致性是可以接受的；当 $CR\geqslant0.1$ 时，应该对判断矩阵进行适当的修正。

第四步：进行综合重要度的计算和一致性的检验。

第一，综合重要度的计算。

在分层次获得同层次各元素之间的相对重要程度后，可以自上而下计算各级元素对总体的综合重要程度。P 级元素 P_i 综合重要度见表 5-4 所列。

表5-4 P级元素P_i综合重要度

	c_1 w_1	c_2 w_2	… …	c_m w_m	W_I
P_1	V_{11}	V_{12}	…	V_m	$W_1=\sum_j w_j v_{1j}$
P_2	V_{21}	V_{22}	…	V_{2m}	$W_2=\sum_j w_j v_{2j}$
P_i	V_{i1}	V_{i2}	…	V_{im}	$W_i=\sum_j w_i v_{ij}$
P_n	V_{n1}	V_{n2}	…	V_{nm}	$W_n=\sum_j w_j v_{nj}$

设c级有m个要素c_1，c_2，…，c_m，其对总值的重要度为w_1，w_2，…，w_m。它的下级有n个要素p_1，p_2，…，p_n，p_i关于c_j的相对重要度为v_{ij}，则P级的元素p_i的综合重要度（见表5-4所列）表示为

$$W'_i=\sum_j w_j v_{ij} \tag{5-41}$$

第二，一致性检验。

和上面一致性检验的原理一样，从上到下逐层进行一致性检验。若已求得以$k-1$层上元素j为准则的一致性指标$CI_j^{(k)}$、平均随机一致性指标$RI_j^{(k)}$以及一致性比例$CR_j^{(k)}$，且$j=1$，2，…，n_{k-1}，…，那么k层的综合指标$CI^{(k)}$、$RI^{(k)}$、$CR^{(k)}$表示为

$$CI^{(k)}=(CI_1^{(k)},\cdots,CI_{n_{k-1}}^{(k)})\ w^{(k-1)}$$

$$RI^{(k)}=(RI_1^{(k)},\cdots,RI_{n_{k-1}}^{(k)})\ w^{(k-1)}$$

$$CR^{(k)}=\frac{CI^{(k)}}{RI^{(k)}} \tag{5-42}$$

当$CR^{(k)}<0.1$时，认为递阶层次结构在k层水平以上的所有判断具有整体满意的一致性。

3. 层次分析法在物流运输绩效评价中的应用

物流企业或企业物流的绩效受众多因素的影响，采用层次分析法（AHP）能较好地衡量物流绩效。例如，在评价不同物流企业或同一物流企业不同时期的物流运输绩效时，往往会出现某个企业的甲指标完成较好、乙指标完成较差，而另一个企业甲指标完成较差、乙指标完成较好的情况，此时采用层次分析法从物流运输的多个方面对整体绩效进行综合评价。又如，对物流中心的运输绩效进行评价。由于物流中心规模庞大，地处交通要道，经营不仅

影响周边地区，而且影响到整个城市的发展，甚至对生态环境等产生重大影响，评价需要考虑的因素往往很多，此时可以采用层次分析法，从经济效益、生态环境、对周围企业的影响以及可持续发展等方面对物流中心的运输绩效进行综合评价。

5.3.2 模糊综合评价法

1. 模糊综合评价法概述

客观世界中存在许多不确定性的现象，这种不确定性主要表现在两个方面：一是随机性，即事件是否发生的不确定性；二是模糊性，即事件本身的不确定性。模糊数学是由美国控制论专家查德（Zadeh）于1965年提出的，该方法试图利用数学工具解决模糊现象问题。模糊数学把数学的应用范围从精确现象领域扩大到模糊现象领域，以处理复杂的系统问题。

模糊综合评价法（Fuzzy Comprehensive Evaluation，FCA）是以模糊数学为基础，应用模糊关系合成原理，将一些边界不清、不易量化的因素量化，并进行综合评价的一种方法。

2. 模糊综合评价法的应用步骤

应用模糊综合评价法对对象进行评价，主要包括如下步骤。

（1）确定评价因素、评价等级

对某一事物进行评价，若评价的指标为 n 个，则分别记为 u_1，u_2，…，u_n，则 n 个评价因素构成一个评价因素的有限集合 U，其可表示为

$$U=\{u_1, u_2, \cdots, u_n\} \tag{5-43}$$

若根据实际需要将评语划分为 m 个等级，则分别记为 v_1，v_2，…，v_m，则又构成一个评语的有限集合 V，其可表示为

$$V=\{v_1, v_2, \cdots, v_m\} \tag{5-44}$$

（2）进行单因素评价，建立模糊关系矩阵

首先对指标因素集中的单因素指标 u_i（$i=1, 2, \cdots, n$）进行单因素评判，即从因素 u_i 着眼该事物对评语等级 v_j（$j=1, 2, \cdots, m$）的隶属度为 r_{ij}，得出第 i 个因素 u_i 的单因素评判集为

$$r_i=(r_{i1} \quad r_{i2} \quad \cdots \quad r_{im}) \tag{5-45}$$

这样，n 个因素的评价集构造出一个总的评价矩阵 $\boldsymbol{R}$，即每一个被评价对象确定从 U 到 V 的模糊关系 $\boldsymbol{R}$ 为

$$R=\begin{bmatrix} r_{11} & r_{12} & \cdots & r_{1m} \\ r_{21} & r_{22} & \cdots & r_{2m} \\ \vdots & \vdots & \vdots & \vdots \\ r_{n1} & r_{n2} & \cdots & r_{nm} \end{bmatrix} \tag{5-46}$$

式中，元素 r_{ij}（$i=1, 2, \cdots, n$；$j=1, 2, \cdots, m$）表示从第 i 个因素对第 j 个评语等级的隶属度。

（3）确定评价因素的权向量 **A**

模糊关系矩阵尚不足以对事物做出评价，原因是评价指标因素集中的各个因素在“评价目标”中有不同的地位和作用，需要确定 U 中指标间的相对重要性。

$$A=(a_1, a_2, \cdots, a_i, \cdots, a_n) \tag{5-47}$$

其中 $a_i>0$，且 $\sum a_i=1$。

（4）进行模糊合成，生成模糊评价结果 **B**

一个模糊综合评价问题，是将评价因素集合 U 上的一个模糊集合 **A** 经过模糊关系 **R** 变换为评语集合 V 上的一个模糊集合 **B**，即

$$B=A\cdot R=(a_1, a_2\cdots a_n)\cdot\begin{bmatrix} r_{11} & r_{12} & \cdots & r_{1m} \\ r_{21} & r_{22} & \cdots & r_{2m} \\ \vdots & \vdots & \vdots & \vdots \\ r_{n1} & r_{n2} & \cdots & r_{nm} \end{bmatrix}=(b_1, b_2, \cdots, b_m) \tag{5-48}$$

式中，b_m是由 **A** 与 **R** 的第 m 列运算得到的，表示被评事物从整体上看对评语集的隶属度。

关于隶属度的确定，可以分为定量和定性两个方面。

第一方面：定量指标隶属度的确定。

①对于越小越优（成本型）的评价因素，计算隶属度公式

$$\begin{cases} 1, & f(x)\leqslant \inf(f) \\ \left[\dfrac{\sup(f)-f(x)}{\sup(f)-\inf(f)}\right]^n, & \inf(f)<f(x)<\sup(f) \\ 0, & f(x)\geqslant \sup(f) \end{cases} \tag{5-49}$$

②对于越大越优（效益型）的评价因素，计算隶属度公式

$$\begin{cases} 1, & f(x) \geqslant \sup(f) \\ \left[\dfrac{f(x)-\inf(f)}{\sup(f)-\inf(f)}\right]^n, & \inf(f) < f(x) < \sup(f) \\ 0, & f(x) \leqslant \inf(f) \end{cases} \quad (5-50)$$

③对于区间型的评价因素，计算隶属度公式。

$$\begin{cases} \dfrac{a-f(x)}{\max\{a-\inf(f),\ \sup(f)-b\}}, & f(x) < a \\ 1, & f(x) \in [a,\ b] \\ \dfrac{f(x)-b}{\max\{a-\inf(f),\ \sup(f)-b\}}, & f(x) > b \end{cases} \quad (5-51)$$

式（5-49）、式（5-50）和式（5-51）中 $f(x)$ 为特征值；$\sup(f)$ 和 $\inf(f)$ 分别为对应于同一个指标的所有特征值的上、下界，即同一指标对应的特征值的最大值和最小值；$[a,\ b]$ 为区间型指标的适度区间；max 表示选取括号内两数值中较大的数值。

第二方面：定性指标隶属度的确定。

经过讨论建立评语集 V，取 $V=(v_1,\ v_2,\ v_3,\ v_4,\ v_5)=$（好，较好，一般，较差，差）。对于某一定性评价指标 v，专家可以评价某一方案，构建隶属于 V 的隶属度 r，隶属度用公式表示为 $r=d_i/d$，其中：d 表示参与评价的专家人数，d_i 指对评价指标 v 做出 v_i 评价的专家人数，进而确定定性指标的模糊矩阵。

3. 模糊综合评价法在物流运输绩效评价中的应用

物流运输绩效评价经常存在着很多模糊概念和模糊现象。例如，对物流企业中的员工进行评价时，“优秀”“好”“一般”和“差”等评价是模糊的概念，无法划出明确的界限。如果考虑的因素只有一个，评价简单，只要给评价对象一个评价分数，按分数的高低就可将评判的对象排出优劣次序。但是在实际的物流运输绩效评价中，评价对象往往具有多种属性，必须同时考虑各种因素。

评价物流运输组织的技术学习和创新能力是一个较难的问题。本质上，物流运输组织的技术学习和创新能力反映的是物流组织的实力和潜力，其内在的一些因素的度量是难以通过数学统计方法进行的。此时，可以利用模糊数学的原理从智力资本结构（组织成员的受教育程度等），物流创新管理能力（创新战略、创新机制、技术管理水平以及产学研的结合水平等），物流技术，

标准的学习能力以及物流的营销能力等方面建立一个相对完整的评价模型。

影响物流运输绩效高低的一个重要因素是管理人员的素质。在物流组织中，领导者是物流组织运营活动的主体，其自身的背景、知识、经验、能力、个性、价值观念以及对下属的看法等，都影响物流运输目标、运营活动、工作效率。物流组织领导者的综合素质的高低不仅影响物流组织的经济绩效，而且关系到物流组织的兴衰和存亡。但是，一直以来对领导者素质的部分因素的评价带有模糊性，不同的人对同样的评价对象往往存在不同的评价结论，此时可以利用模糊数学原理从物流组织的领导者的政治素质、思维素质、能力素质、身体素质以及作风素质方面构建一个相对完善的评价模型。

5.4 物流运输与环境

现代物流运输方式是工业革命的产物。作为工业文明的组成部分，它既给人类社会带来正效应，也给人类社会带来负效应。物流运输业消耗大量的能源，是环境的主要污染源之一，污染大气、土壤、水域等。因此，人类社会要走可持续发展道路，必须高度关注物流运输业给环境带来的负面影响和耗能问题。

5.4.1 可持续发展思想

环境和发展是当今国际社会普遍关注的重大问题。保护环境和发展经济关系到人类的前途命运，影响着世界上每一个国家、每一个民族以至于每一个人。可持续发展是既满足当代的需求，又不对后代满足需求的能力构成危害的发展。这一概念是 1987 年世界环境与发展委员会在《我们共同的未来》报告中提出的，并得到了国际社会的广泛认同。

可持续发展强调发展进程的持久性、连续性和可再生性。可持续发展是经济、社会与人口、资源、环境相协调的良性发展，即不以浪费资源、破坏环境和牺牲子孙后代利益为代价求得发展，发展经济充分考虑资源和环境的承受能力，实现社会的永续发展。

1. 可持续发展的核心是发展

对中国而言，可持续发展的首要问题是发展。生产力的发展是人类社会发展的最终决定力量。落后和贫穷不可能实现可持续发展的目标，必须毫不动摇地把发展放在首位。

2. 可持续发展道路必须坚持以人为本

以人为本，是以实现人的全面发展为目标，从人民群众的根本利益出发谋发展、促发展，不断满足人民群众日益增长的美好生活需要，切实保障人民群众的政治、经济和文化权益，让发展的成果惠及全体人民。

3. 可持续发展既要满足当前发展的需要，又要考虑未来发展的需要，不以牺牲后代人的利益为代价来满足当代人的利益

推进发展必须统筹考虑当前发展和未来发展的资源和环境需要，在积极实现当前发展目标的同时，为未来的发展创造有利条件。积极发展循环经济和低碳经济，实现自然生态系统与社会经济系统的良性循环，为子孙后代留下充足的发展条件和发展空间。

4. 可持续发展是人与自然的和谐发展

历史经验教训表明，科学认识和正确运用自然规律，是一个国家制定科学的发展战略，实现可持续发展的重要前提。这要求始终高度重视人口资源环境工作，坚持把优化人口、节约资源、保护环境放在重要的战略位置。

保障可持续发展正确地、有效地进行，必须把建设资源节约型、环境友好型社会放在发展战略的突出位置，实现经济发展与人口、资源、环境协调发展，完善有利于节约资源和保护生态环境的法律法规和政策，加快形成可持续发展的体制机制。

5.4.2 物流运输与环境

1. 环境问题

环境问题是指由于人类活动作用于周围环境所引起的环境质量变化，以及这种变化对人类的生产、生活和健康造成的影响。环境科学与环境保护研究的环境问题主要不是自然灾害问题，而是人为因素引起的环境问题。人为环境问题通常分两类：一类是不合理地开发利用自然资源，超出环境承受能力，使生态环境恶化或自然资源趋向枯竭；另一类是人口激增、城市化和工农业高速发展引起的环境污染和环境破坏。

随着人类社会的发展，环境问题也在变化，其大致经历了四个阶段。

第一阶段，工业革命之前的萌芽阶段。工业革命以前的很长时期，人类主要以生活活动、生理代谢过程与环境间进行物质和能量转换，活动的主要方式是利用自然资源。农业和畜牧业社会，大量砍伐树木、破坏草原、盲目开垦等，造成区域性的环境破坏。

第二阶段，工业革命至20世纪50年代，环境问题的发展与恶化阶段。工业革命的出现，提高人类利用和改造自然环境的能力，大规模地改变环境的结构，改变了环境中的物质循环系统，一些工业发达的城市和工矿区排出大量废弃物，环境污染事件不断发生。

第三阶段，20 世纪 50 年代至 20 世纪 70 年代，环境问题第一次爆发高潮。二战后，世界生产力突飞猛进，工业、农业排出的“三废”量猛增，致使许多国家出现了震惊世界的公害事件。1972 年 6 月 5 日至 6 月 16 日召开的联合国人类环境会议，通过了《联合国人类环境会议宣言》。发达国家开始将环境问题列为国家日程，包括制定法律、建立机构、采用新技术加强管理进行环境治理等。

第四阶段，20 世纪 80 年代以来，环境问题第二次爆发高潮。该阶段出现的环境问题主要有三类：一是全球性的大气污染，如温室效应、臭氧层破坏和酸雨；二是大范围的生态环境破坏，如大面积森林被毁、草场退化、土壤侵蚀和沙漠化；三是严重的污染事件，直接危害人群健康。

目前，威胁人类生存并已被人类认识到的环境问题主要有：大气污染、水资源污染、全球变暖、臭氧层破坏、能源短缺、森林资源锐减、土地荒漠化、物种加速灭绝、垃圾成灾、有毒化学品污染等。

中国政府高度重视环境保护工作，颁布了包括《中华人民共和国环境保护税法实施条例》《中华人民共和国清洁生产促进法》《中华人民共和国环境噪声污染防治法》《中华人民共和国环境影响评价法》《中华人民共和国循环经济促进法》《中华人民共和国节约能源法》《中华人民共和国大气污染防治法》《中华人民共和国土壤污染防治法》《中华人民共和国海洋环境保护法》《中华人民共和国水污染防治法》《中华人民共和国固体废物污染环境防治法》《中华人民共和国环境保护法》《中华人民共和国可再生能源法》《中华人民共和国放射性污染防治法》《废弃电器电子产品回收处理管理条例》《医疗废物管理条例》《放射性物品运输安全管理条例》《环境影响评价公众参与办法》《放射性物品运输安全许可管理办法》等一系列法律法规和规范性文件，其中包括环境保护法律、自然资源法律、环境保护行政法规、部门规章和规范性文件、国家环境标准、批准和签署多边国际环境条约、各地方人大和政府制定的地方性环境法规和地方政府规章等。

2. 运输与环境的关系

现代运输出现后，运输与人们的出行和生产紧密地联系在一起，成为人们生活和生产必不可少的一部分，促进了经济社会的发展。但是，运输对环境的负面影响也不容忽视，其对环境的负面影响主要是两方面：一是运输基础设施建设占用，损坏自然资源，破坏生态环境；二是运输过程排放的污染物污染环境，造成生态环境破坏。

运输在城市中占据了大量空间，且不断向城市周边地区扩展。运输基础设施特别是道路、铁路、港口、码头、机场的建设，产生的负面影响包括建设造成的噪音侵扰，占用耕地和公共场地，隔离屏障侵扰视觉等。特别是每天发生在人们身边的环境问题。例如，车辆排放不仅对周围环境有影响（排放有毒的一氧化碳），而且对区域环境有影响（地面臭氧），甚至产生国家间的影响（酸雨），以及全球性的影响（如二氧化碳改变气候造成温室效应）。目前，环境问题在发展中国家尤其严重。柴油使用比例较高和燃油质量低，使发展中国家的运输排放的有害污染物占全球排放的有害污染物的相当大一部分，其中排放的有害污染物包括CO、NO_x、HC、Pb、TSP等。

3. 各种运输方式对环境的影响

（1）公路运输对环境的影响

公路运输对环境的影响主要有两类：第一类是公路建设占用、损坏自然资源，破坏生态环境；第二类是排放污染物污染环境，造成环境破坏。具体表现为以下几个方面。

① 阻隔效应

公路是城市间、地区间连接的通道，但对生物尤其是生活在地面上的动物是一道屏障，起着分割与阻隔的作用。公路的分割将自然环境切割成块，使生长在其中的生物变得脆弱，有可能产生生物物种的分化，不利于生物多样性保护。

② 迫近效应

公路的开通使沿线地区的人流和物流强度增加，同时扩大了人类活动的范围，人类易于进入原来难以到达的地区，对自然环境保护和珍稀资源的保护构成巨大威胁。

③ 城镇化效应

公路的建成，在沿公路走廊地带的区域，就会大量涌现新的工业、商业及民用建筑。公路运输刺激城市区域的扩展和农村的城镇化，极大扩展了人类的活动范围，使野生生物的活动范围更加缩小，导致生态环境更加脆弱。

④ 小气候效应

公路路面裸露的沥青和水泥路面热容量小，反射率大，蒸发耗热几乎为零，使下垫面温度高，且升温快，形成一条“热浪带”，影响公路沿线局部小气候。

⑤ 环境污染效应

公路运输排放的车辆废气、噪声、路面雨水径流及危险品运输的交通事故等，对公路两侧环境质量造成严重影响，不仅使人类生活环境的质量下降，而且使公路两侧的自然环境质量下降，破坏生态系统的稳定。

（2）铁路运输对环境的影响

铁路运输对环境的影响主要表现在铁路基础设施建设和铁路客货运输的

过程中，其对环境的影响主要有三大类：自然环境、社会文化环境和经济环境。自然环境主要包括大气质量、水资源、土壤和地质、生态资源、植被等；社会文化环境主要包括学校、公园、历史文化古迹、景观等；经济环境主要包括沿线经济发展、就业和居民收入、商业、公用事业、基础设施等。具体表现为以下几个方面。

① 铁路高速化产生的噪声干扰增加。

② 铁路电气化产生的电磁干扰加重，影响居民收看电视质量、手机通话质量、上网质量等。

③ 铁路运输密集化，使同一条铁路线上列车对数密集，加之速度快，产生的噪声干扰大。

（3）水路运输对环境的影响

① 水路运输对水环境的影响

水路运输由船舶、港口和航道三部分组成，正常运输对水环境造成影响的污染源主要包括以下几个方面：船舶运送旅客与货物过程中产生的各类废弃物；港口正常生产营运产生的各类废水；航道维护产生的疏浚泥等。水路运输中产生的各类含油污水或事故性排放的石油进入海洋、内河、湖泊等水域会造成石油污染，破坏水域生物的正常生活环境，造成生物机能障碍。水路运输排放的垃圾、漏油、洗舱水、生活污水和其他废水、含煤（矿石）污水、含化学品污水对水环境也会造成严重的影响，特别是在油轮发生事故时，造成大面积的油污染。

② 水路运输对大气环境的影响

水路运输的煤炭（矿石）颗粒物在大气中散射阳光，可使地面温度上升或降低，并降低能见度；船舶柴油机排放的氮氧化物（NO_x）和硫氧化物（SO_x）造成酸雨；船舶大量使用的制冷剂氟利昂破坏地球的臭氧层，使大气中的飘尘、烟雾和各种气态污染物增多，大气变得浑浊，能见度降低，太阳直接辐射减少。

③ 水路运输噪声对环境的影响

水路运输噪声污染主要分为港口噪声和船舶噪声。港口噪声主要来自装卸机械、辅助机械、机修等设备产生的机械噪声；集疏港汽车、火车、船舶的交通噪声。船舶噪声影响停靠港区周边的声环境，船舶行驶会影响沿线附近的声环境质量，危害人们的生活质量和健康。

（4）航空运输对环境的影响

航空运输主要对声环境、水环境、空气环境产生影响。航空运输产生的大气污染主要发生在飞机起降地域和高空，单位运输量所消耗的能量大，产生的大气污染也大。

(5) 管道运输对环境的影响

管道运输对环境的危害较少，除了泵房噪声会造成噪声污染和洗濯水会产生水污染外，只在管道泄漏时会造成较大污染。

4. 物流运输与环境保护

物流运输的可持续发展既要满足当代人的需求，又不能损害后代人满足运输需求的能力。因此使用环境承载力作为判断运输系统与环境之间协调程度的依据。

(1) 环境承载力的定义

“环境承载力”（Environment Bearing Capacity）一词来源于生态学，定义有几种：①指环境对污染物的容纳能力，即通常所说的环境容量；②指某一时期、某种环境状态下，某一区域环境对人类社会经济活动支持能力的阈值；③指在一定生活水平和环境质量要求下，在不超出生态系统弹性限度条件下环境子系统所能承纳的污染物数量以及可支撑的经济规模与相应人口数量。

环境承载力说明在一定的条件下环境对人类社会经济活动的支持能力是有限度的，一旦超过了环境容量的极限，要恢复是很困难的，有时甚至是不可逆的。因此，物流运输系统的发展应实现与自然环境的协调，走可持续发展之路。

(2) 环境承载力的影响因素

环境承载力包括三个方面的涵义：一是在一定生活水平与生活质量限定下的承载能力，反映在环境方面就是环境应具有的相应标准；二是可容纳的污染物数量，反映在环境方面是环境容量；三是在满足前两个条件下可支撑的经济规模与人口数量。

① 环境标准

环境标准是指由政府部门制定的强制性的环境保护技术法规。它是环境保护立法的一部分，是环境保护政策的决策结果。制定环境标准的目的是保护人民群众的生活质量。

环境质量标准与环境承载力密切相关。这一标准是为保护人群健康、保护社会物质财富和维持生态平衡，对一定的空间和时间范围内的环境中的有害物质或元素的容许浓度所做的规定。它是环境政策的目标，是制定污染物排放标准的依据，是评价区域环境质量的标尺和准绳，也是环境污染综合防治和环境管理的依据。

② 环境容量

国内外学者对环境容量的定义很多，大致分为以下几类：第一类，环境容量是污染物允许排放总量与相应的环境标准浓度的比值；第二类，环境容量是环境的自净化能力；第三类，环境容量是指不危害环境的最大纳污能力；第四类，环境容量是环境标准与本地值确定的基本环境容量和自净化能力确定的变动环境容量之和。

③ 人类的生产活动方式

生产活动方式主要是指与污染物排放有关的生产工艺和环境措施等。采取的生产工艺不同，产生的污染物数量甚至成分不同；在相同工艺下，是否采取环境措施，采取何种措施直接关系到污染物的排放量，直接关系到环境的承载力大小。

（3）物流运输规划与环境保护

运输可持续发展与经济社会的发展及运输业自身的发展具有密切关系。一方面，运输发展要与经济社会发展相协调，国家的生产力布局规划要充分考虑运输的布局规划，而运输的布局规划应与生产力布局规划相协调，尽可能减少重复运输、迂回运输，降低运输强度，减少运输资源的过分占用，从而减少运输对环境的损害；另一方面，落实《交通强国建设纲要》，加强各种运输方式间的统一规划，根据各种运输方式的特点，充分发挥各自优势，形成较合理的综合运输体系，把运输对环境的影响减少到最低，实现运输业的可持续发展。具体编制交通运输规划时，要处理好运输设施与自然环境之间的协调关系，尽量避开自然环境保护地带，减少对具有自然价值的植物、野生动物和地形地质等构成的自然生态系统的破坏；通过各种有效措施控制和减少运输公害，如合理布局道路系统、设置隔音设施、增加绿化等。加强集疏港铁路建设，优化道路资源和运输资源的分配，推动大宗货物集疏港运输向铁路和水路转移。

（4）物流运输技术发展与环境保护

随着物流运输技术的发展，通过采用先进的信息技术、通信技术和交通运输智能系统，可以提高运输的效率和水平；采用集装箱多式联运等技术，使运输损耗率明显下降，推进《绿色港口等级评价指南》施行，加快《绿色交通标准体系》建设，减少对环境的污染。因此，要不断提高物流运输的科技含量，大力发展现代综合物流运输体系。

（5）物流运输管理与环境保护

加强物流运输管理，控制和减少物流运输公害对环境的影响，以行之有效的法律和强有力的行政管理加以保证。例如，强制使用轻污染型技术和污染预防技术等，在生产经营管理中加以强制管理，确保污染能得到有效控制和限制。对物流运输以石油为主体的能耗结构进行改进，大力采取节油措施和使用清洁型燃料。铁路运输应大力发展能力大、成本低、污染少的电力机车牵引。汽车运输应积极开发推广使用天然气和电动力汽车。同时，引导进行LNG船舶、电动船舶的新建和改造。

【小　结】

本章主要介绍物流运输设施设备的绩效考核、物流运输服务质量绩效管理、物流运输绩效评价等方面内容。物流运输设施设备绩效考核包括考核的内容、指标设置以及提高设施设备利用率等；物流服务质量绩效管理主要对指标体系的设置进行梳理，包括运营效率和服务质量两个方面；物流运输绩效评价方法主要介绍层次分析法和模糊综合评价法。

【案例讨论】

模糊综合评价法在物流绩效评价当中的具体应用

某大型饮料公司的物流部门要对供应商的物流绩效进行比较，以获得优质的供应商资源，从而为公司的经营决策提供依据。物流系统绩效主要是指采购、运输、仓储和配送等职能的能力，该公司拟从物流服务成本和效果两个主要方面进行衡量，物流服务成本主要关注库存成本率和运输成本率两个关键指标，效果方面主要关注客户服务水平、市场实力、仓储能力以及配送能力四个主要关键指标。

第一步，确定评价因素及评价等级。确定评语集$V=\{v_1, v_2, \cdots, v_m\}=$｛优，良，一般，差｝。

第二步，确定各单因素相对于评语集$V=\{v_1, v_2, \cdots, v_m\}=$｛优，良，一般，差｝的隶属度，采用专家调查法获取评语集，见表5-5所列。

表5-5　物流企业绩效评价的模糊判断数据一览表

一级指标	权　重	二级指标	权　重	评价等级			
				优	良	一般	差
物流服务成本 X_1	0.45	运输成本率 X_{11}	0.67	0.12	0.19	0.54	0.15
		库存成本率 X_{12}	0.33	0.31	0.36	0.23	0.10
市场绩效 X_2	0.55	客户服务水平 X_{21}	0.425	0.18	0.35	0.31	0.16
		市场实力 X_{22}	0.213	0.10	0.21	0.49	0.20
		仓储能力 X_{23}	0.133	0.41	0.34	0.18	0.07
		配送能力 X_{24}	0.229	0.36	0.17	0.23	0.24

第三步，设物流服务成本 X_1 对评语集的隶属度为 $\boldsymbol{B}_1$，$\boldsymbol{W}_1$ 为二级指标权重，则有

$$\boldsymbol{B}_1=\boldsymbol{W}_1\cdot\boldsymbol{R}_1=(0.67\quad 0.33)\begin{pmatrix}0.12 & 0.19 & 0.54 & 0.15\\ 0.31 & 0.36 & 0.23 & 0.10\end{pmatrix}$$

$$=(0.18\quad 0.25\quad 0.44\quad 0.13)$$

同样，设市场绩效 X_2 对评语集的隶属度为 $\boldsymbol{B}_2$，$\boldsymbol{W}_2$ 为二级指标权重，则有

$$\boldsymbol{B}_2=\boldsymbol{W}_2\cdot\boldsymbol{R}_2=(0.425\quad 0.213\quad 0.133\quad 0.229)\begin{pmatrix}0.18 & 0.35 & 0.31 & 0.16\\ 0.10 & 0.21 & 0.49 & 0.20\\ 0.41 & 0.34 & 0.18 & 0.07\\ 0.36 & 0.17 & 0.23 & 0.24\end{pmatrix}$$

$$=(0.23\quad 0.28\quad 0.31\quad 0.17)$$

第四步，该物流企业绩效相对于评语集的隶属度为

$$\boldsymbol{Z}=(0.45\quad 0.55)\begin{pmatrix}0.18 & 0.25 & 0.44 & 0.13\\ 0.23 & 0.28 & 0.31 & 0.17\end{pmatrix}$$

$$=(0.21\quad 0.26\quad 0.37\quad 0.16)$$

第五步，评判结论。根据隶属度最大原则得知，该物流绩效属于一般水平。

资料来源：作者整理。

讨论题

1. 什么是模糊综合评价法？
2. 如何利用模糊综合评价法对物流绩效进行评价？
3. 如何实施专家调查法获得评语集？

【复习思考题】

1. 什么是物流运输绩效管理？

2. 物流运输绩效管理主要有哪些特点？
3. 物流运输绩效管理的原则包括哪些？
4. 什么是物流运输设备绩效管理？物流运输设施设备绩效指标主要包括哪些？
5. 如何提高物流运输设施绩效？
6. 物流运输绩效评价指标体系主要包括哪些方面？
7. 举例构建一个第三方物流服务质量指标体系。
8. 举例说明模糊评价法应用于物流运输绩效管理的流程。
9. 什么是绿色物流运输？什么是碳排放、碳交易、碳达峰、碳中和？
10. 如何实施绿色物流运输？

第 6 章　集装箱运输

【教学目标】

（1）了解集装箱运输；

（2）理解集装箱运输的分类；

（3）掌握集装箱运输的组织、运输流程、运价和运费的计算。

【引导案例】

中铁集装箱运输有限责任公司

中铁集装箱运输有限责任公司成立于 2003 年 11 月，注册资本 39 亿元人民币，是经原中华人民共和国国家工商行政管理总局注册，隶属中国国家铁路集团有限公司的国有大型集装箱运输企业，是中国国家铁路集团有限公司中欧班列统一经营服务平台，是中欧班列运输协调委员会秘书处单位。

公司主要负责集装箱购置、租赁、维修；铁路箱管理信息系统的开发、维护；集装箱国际、国内货运代理、接取送达、堆存保管；中欧中亚集装箱国际联运班列经营与客户服务等工作。

公司自成立以来，始终以打造世界一流现代物流企业为目标，秉承“诚信、担当、和合、创新”的企业精神，坚持“以市场需求为导向、以优质服务为追求、以客户满意为标准”的经营理念，依靠人才和信息化两大基础，积极推进中欧班列、多式联运、箱管箱修三大品牌建设，品牌效应和社会影响力不断扩大，公司先后荣获“AAAAA”级物流企业、“中国服务业企业 500 强”“全国先进物流企业”和“中国物流百强企业”等荣誉称号。

公司经营范围：集装箱铁路运输；集装箱多式联运；国际货物运输代理业务；无船承运业务；集装箱、集装箱专用车辆、集装箱专用设施、铁路篷布的销售、租赁；货物仓储、装卸、包装、配送服务；与上述业务相关的经济、技术、信息咨询服务。

公司具有一系列优势：第一，资源优势。公司拥有 28 万余只 20 英尺国际标准中国铁路通用箱和 20 英尺新型宽体集装箱、4 万余只 40 英尺国际标准中国铁路通用箱，拥有 6000 只 20 英尺超高集装箱，拥有四大类十余种约 8.5 万余只中国铁路特种集装箱、16 万张铁路货车篷布。第二，场站优势。公司拥有 13 个铁路集装箱中心站，分别是昆明、大连、重庆、成都、武汉、郑州、青岛、西安、上海、乌鲁木齐、宁波、天津、钦州。第三，国际优势。公司是北美多式联运协会（IANA-Intermodal Association of North America）、跨西伯利亚运输国际协调委员会（CCTT-International Association " Coordinating Council on Trans-Siberian Transportation "）理事会员；公司与哈萨克斯坦、俄罗斯、白俄罗斯、立陶宛、德国铁路等铁路组织建立合作关系；公司与哈萨克斯坦、俄罗斯铁路签署集装箱互使协议。第四，团队优势。公司拥有精通国际国内物流、铁路运输、国际贸易的专业人才队伍，提供多语种客户服务。第五，网络优势。公司下设18个分公司、36个营业部。对外投资企业13个，其中全资子公司4家（中铁国际多式联运有限公司、中铁集装箱哈萨克斯坦国际物流有限公司、欧洲物流有限公司、俄罗斯国际物流有限公司）；控股子公司3家；参股子公司7家。公司经营网络遍布中国主要城市，在哈萨克斯坦、俄罗斯、德国等设有营销服务网点。

公司积极建设欧亚通道：第一，西部通道，主要吸引中国中西部地区与欧洲间的进出口货源，从阿拉山口（霍尔果斯）出入境，经哈萨克斯坦、俄罗斯、白俄罗斯、波兰到达欧洲。西部南通道，从阿拉山口（霍尔果斯）出入境，经哈萨克斯坦、乌兹别克斯坦、土库曼斯坦、伊朗、土耳其（或哈萨克斯坦、阿塞拜疆、亚美尼亚、格鲁吉亚、土耳其）到达欧洲。第二中部通道，主要吸引中国华北、华中地区与欧洲间的进出口货源，从二连浩特口岸出入境，经蒙古、俄罗斯、白俄罗斯、波兰到达欧洲。第三，东部通道，主要吸引中国华东和华南沿海、东北地区与欧洲间的进出口货源，从满洲里口岸出入境，经俄罗斯、白俄罗斯、波兰到达欧洲。

公司经营中欧、中亚班列业务。第一，中欧班列。按照固定车次、线路、班期和全程运行时刻开行，往来于中国至欧洲以及沿线各国的集装箱国际铁路联运班列，是最高品质和等级的国际铁路联运列车，按高于客车等级安排，中欧班列日均运行1300公里，正点率接近100%；最快10天抵达欧洲，运输时间是海运的1/3，分别从中国重庆、成都、郑州、武汉、苏州、义乌等国内城市开往德国、波兰、西班牙等国家主要城市。第二，中亚班列。往来于中国至哈萨克斯坦、乌兹别克斯坦等中亚各国的集装箱国际铁路联运班列，分别从中国天津、西安、济南、合肥、连云港、郑州、武汉、胶州、广州、成都开往中亚五国的主要城市。

公司开展铁水联运业务。公司与港口、船公司以及物流企业密切合作，先后开发经营了苏州至上海、金华至宁波、成都至上海、广州至成都等多条集装箱铁水联运班列，形成完整的铁水联运产品链条，打造了铁水联运品牌。

资料来源：http：//www.crct.com/index.php? m=content&c=index&a=lists&catid=15

6.1 概 述

6.1.1 集装箱定义

国家标准（GB/T 18354）对集装箱的定义为："集装箱是一种运输设备，应满足下列要求：（1）具有足够的强度，可长期反复使用；（2）适于一种或多种运输方式运送，途中转运时，箱内货物不需要换装；（3）具有快速装卸和搬运的装置，便于从一种运输方式转移到另一种运输方式；（4）便于货物装满和卸空；（5）具有 1 立方米及以上的容积。"通用集装箱，是用于运输和储存若干单元货物、包装货物或散装货物的长方形箱体，可以限制和防止发生货损货差，可脱离运输工具作为单元货物进行装卸和运输，无须倒装箱内货物。

集装箱运输是将货物装在集装箱内，以集装箱作为一个货物集合或成组单元，进行运输、装卸、搬运的运输工艺和运输组织形式。

6.1.2 集装箱运输的特点①

1. 高效益的运输方式

（1）简化包装，节约包装费用

使用集装箱可以简化包装，有些货物甚至无须包装，实现件杂货无包装运输，可以节约包装费用。据统计，采用集装箱运输实现"门到门"的服务，包装费用一般可以节省 50%以上。

（2）减少货损货差，提高货运质量

集装箱是一个坚固密封的箱体，本身是一个坚固的包装。货物装箱并铅封之后，途中无须拆箱倒载，一票到底，即使经过长途运输或者多次换装，也不易损坏箱内货物。集装箱运输可以减少被盗、潮湿、污损等引起的货损和货差，深受货主与运输企业的欢迎。

（3）减少营运费用，降低运输成本

集装箱的装卸基本上不受恶劣气候的影响，可以使非生产性停歇时间缩短，加之装卸效率高，缩短装卸时间，降低运输成本。特别是水路运输，对船公司而言，可以提高航行率，降低船舶运输成本；对港口而言，可以提高泊位通过能力，提高吞吐量，增加收入。

---

① 沈欣，徐玲玲．国际陆空货物运输［M］．北京：化学工业出版社，2010：74－78.

2. 高效率的运输方式

传统的运输方式具有装卸环节多、劳动强度大、装卸效率低、周转慢等缺点，但集装箱运输完全改变这种状况。首先，提高装卸效率。普通货船的装卸一般每小时为35吨左右，而集装箱装卸每小时可达400吨，装卸效率大幅度地提高。同时，由于集装箱装卸机械化程度高，每班组所需要的装卸工人数少，平均每个工人的劳动生产率大大提高。其次，加快运输周转。由于集装箱装卸的效率高，受气候影响小，船舶在港停留时间大大缩短，船舶航次时间缩短，船舶的周转加快，航行率大大提高，船舶生产效率随之提高。最后，提高船舶运输能力。在不增加船舶艘数的情况下，集装箱运输可以完成更多的运量，增加公司收入，创造高效益。

3. 组织多式联运的媒介

集装箱运输在不同运输方式之间换装时，无须搬运箱内货物而只要换装集装箱，这就提高换装作业效率，适于不同运输方式之间的联合运输，集装箱成为多式联运的媒介。在换装转运时，海关及有关监管单位只需加封或验封转关放行，大大提高运输效率。

6.1.3 集装箱的分类

集装箱根据用途、箱体材料、集装箱结构等可以划分为不同的类型。

1. 按用途分类

① 通用干货集装箱。其又称杂货集装箱，是具有集装箱的基本结构，但无须控制温度，内部也无须装备其他特殊设备，适用于运输一般杂货的一种箱型。通用干货集装箱通常为封闭式，在一端或侧面设有箱门，箱内设有一定的固定装置，在使用时要求清洁和水密性好，对所装货物要求有适当的包装，以便充分利用其容积。

② 保温集装箱。为了运输需要冷藏和保温的货物，所有箱壁用导热率较低的隔热材料制成的集装箱。保温集装箱又分三种：①冷藏集装箱，是以运输冷冻食品为主，能保持所定温度的保温集装箱；②隔热集装箱，是为载运食品、化工、精密电子、军工等货物，防止温度上升过大，以保持货物鲜度而具有充分隔热结构的集装箱；③通风集装箱，是为装运水果、蔬菜等不需要冷冻而具有呼吸作用的货物，在端壁和侧壁上设有通风孔的集装箱。

③ 干散货集装箱。主要用于装运粉状或粒状货物，如麦芽、谷物和粒状化学品等。

④ 开顶集装箱。其箱顶可以方便地取下装上，箱顶有硬顶和软顶两种，适用于装卸大型货物和重货。

⑤ 罐式集装箱。主要用于运输酒类、油类和化学品类等液体货物。

⑥ 台架式和平台式集装箱。台架式集装箱是没有箱顶和侧壁，甚至连端壁也去掉只有底板和 4 个角柱的集装箱。平台式集装箱是在台架式集装箱的基础上进化形成的，只保留地板的一种特殊结构集装箱。

⑦ 汽车集装箱。主要用于运输小型轿车的专用集装箱。

⑧ 动物集装箱。主要用于载运家畜等活动物的专用集装箱。

⑨ 生皮集装箱。主要用于运输生皮的集装箱。因为生皮有臭气和液汁流出，需要有特殊结构。

⑩ 组合式集装箱。组合式集装箱又称子母箱，是在独立的底盘上，箱顶、侧壁和端壁可以分解和组合的集装箱。

2. 按箱体材料分类

① 钢质集装箱。采用钢材制成的集装箱，优点是强度大，结构牢固，价格低；缺点是防腐能力差，箱体笨重，装货能力相对较低。

② 铝合金集装箱。采用铝合金型材和板材构成的集装箱，优点是自量轻，装载能力高，具有较强的防腐能力，弹性好；缺点是造价高，焊接性不如钢制集装箱，受碰撞时易损坏。

③ 不锈钢集装箱。采用不锈钢制作的罐式集装箱，优点是不生锈，防腐蚀性能好，与钢质集装箱相比重量轻；缺点是价格高，投资较大。

④ 玻璃钢集装箱。采用玻璃纤维和合成树脂混合在一起制成薄的加强塑料，用黏合剂贴在胶合板的表面上形成玻璃钢板制成的集装箱。优点是强度大，刚性好，隔热性和防腐能力强，易清扫，维修方便等；缺点是自重大，造价高。

3. 按集装箱结构分类

① 内柱式集装箱和外柱式集装箱。侧柱和端柱设在箱壁内部的为内柱式集装箱；反之，为外柱式集装箱。一般内柱式外表平滑，受斜向外力不易损伤，涂刷标志方便，加内衬板后隔热效果好；外柱式一般不易损坏货物，箱内可省去内衬板，提高有效空间。

② 折叠式集装箱和固定式集装箱。折叠式集装箱的主要部件能简便地折叠或分解，反复使用时可再次组合起来；反之，固定式集装箱的各部件永久组合在一起，折叠性能较差。目前，固定式集装箱使用较多。

③ 预制骨架式集装箱和薄壳式集装箱。预制骨架式集装箱的外板用铆接或焊接方法与预制骨架连成一体，而薄壳式集装箱把所有构件连成一个刚体，优点是可减轻重量，共同承受扭力而不产生永久变形。

4. 按集装箱标准分类

按集装箱标准分类可以分为国际标准集装箱、国家标准集装箱、地区标准集装箱和公司标准集装箱。

5. 按运输方式分类

① 联运集装箱。满足物流系统多种运输形式，在转运节点能快速转运，而无须对箱内转运货物重组的集装箱。

② 海运集装箱。国际集装箱运输以海运方式为联运核心，海运集装箱和国际集装箱一般是相同的。

③ 铁路集装箱。铁路系统为适应货车运输要求和小范围铁—水、铁—陆联运而具有一定专用性的集装箱。

④ 空运集装箱。适合于航空货运及航空行李托运用的集装箱。

6. 按集装箱尺寸分类

目前使用的国际集装箱规格主要是ISO/TC 104制定的第一系列的4种箱型，即A型、B型、C型、D型。其中，1A型是业务中常见的40ft集装箱，最多可载货66～67立方米，最大载重26吨；1C型是业务中常见的20ft集装箱，最多可载货33立方米，最大载重21吨。1AAA和1BBB是两种超高箱型。从载货容积与质量数可知，40ft箱型适用于轻泡货，20ft箱型适用于重货。为了便于计算集装箱数量，以20ft的集装箱作为换算标准箱，并以此作为集装箱船载箱量、港口集装箱吞吐量等的计量单位，即1TEU＝20ft。

6.1.4 集装箱的结构①

集装箱的结构根据箱种类的不同而不同，占集装箱85％以上的是通用干货集装箱。通用干货集装箱是一个六面长方体，由一个框架结构、两个侧壁、一个端面、一个箱顶、一个箱底和一对箱门组成。

1. 集装箱的方位性术语

集装箱的方位性术语主要是指区分集装箱的前、后、左、右以及纵、横的方向和位置的定义。通用集装箱的方位性术语如下。

① 前端（Front）：没有箱门的一端。

② 后端（Rear）：有箱门的一端。如集装箱两端结构相同，则应避免使用前端和后端两个术语，若必须使用时，应依据标记、铭牌等特征加以区别。

③ 左侧（Left）：从集装箱后端向前看，左边的一侧。

④ 右侧（Right）：从集装箱后端向前看，右边的一侧。由于集装箱在公路上行驶时，有箱门的后端都必须装在拖车的后方，因此有的标准把左侧称为公路侧，右侧称为路缘侧。

---

① 汪益兵．集装箱运输实务［M］．北京：机械工业出版社，2006：13-14.

⑤ 路缘侧（Gurbside）：当集装箱底盘车在公路上沿右侧向前行驶时，靠近路缘的一侧。

⑥ 公路侧（Roadside）：当集装箱底盘车在公路上沿右侧向前行驶时，靠近公路中央的一侧。

⑦ 纵向（Longitudinal）：集装箱的前后方向。

⑧ 横向（Transverse）：集装箱的左右方向，与纵向垂直。

2. 集装箱的主要构件

集装箱的主要构件有：前墙板、前角柱、前端下梁、前楣板、门板、门楣板、门上梁、门下梁、门角柱、内角柱、顶板、顶侧梁、侧板、底侧梁、底横梁、叉槽、鹅颈槽、角件、防撞槽、地板中梁、木地板、通风器、门胶条、铭牌、锁杆、锁座、门铰链、门搭扣等。

3. 集装箱的尺寸

（1）国际标准集装箱尺寸

国际标准集装箱尺寸见表 6－1 所列。

表 6－1　国际标准集装箱尺寸

规格/米	箱型	长度/米	宽度/米	高度/米	最大总质量/千克
3 (10ft)	1D	2.99 (9ft 9.75in)	2.44 (8ft 0in)	2.44 (8ft 0in)	10 160
	1DX			<2.44 (8ft 0in)	
6.1 (20ft)	1CC	6.05 (19ft 10.5in)	2.44 (8ft 0in)	2.59 (8ft 6in)	20 320
	1C			2.44 (8ft 0in)	
	1CX			<2.44 (8ft 0in)	
9.1 (30ft)	1BBB	9.12 (29ft 11.25in)	2.44 (8ft 0in)	2.9 (9ft 6in)	25 400
	1BB			2.59 (8ft 6in)	
	1B			2.44 (8ft 0in)	
	1BX			<2.44 (8ft 0in)	
12.2 (40ft)	1AAA	12.2 (40ft 0in)	2.44 (8ft 0in)	2.9 (9ft 6in)	30 480
	1AA			2.59 (8ft 6in)	
	1A			2.44 (8ft 0in)	
	1AX			<2.44 (8ft 0in)	

(2) 国家标准集装箱尺寸

各国政府参照国际标准并结合具体情况制定本国的集装箱尺寸标准。我国集装箱尺寸标准，见表6-2所列。

表6-2 我国集装箱尺寸标准

型号	高度		宽度		长度		最大总质量/千克
	尺寸/毫米	极限偏差/毫米	尺寸/毫米	极限偏差/毫米	尺寸/毫米	极限偏差/毫米	
1AA	2 591	0/−5	2 438	0/−5	12 192	0/−10	30 480
1A	2 438	0/−5	2 438	0/−5	12 192	0/−10	30 480
1AX	<2 438	0/−5	2 438	0/−5	12 192	0/−10	30 480
1CC	2 591	0/−5	2 438	0/−5	6 058	0/−6	20 320
1C	2 438	0/−5	2 438	0/−5	6 058	0/−6	20 320
1CX	<2 438	0/−5	2 438	0/−5	6 058	0/−6	20 320
10D	2 438	0/−5	2 438	0/−5	4 012	0/−5	10 000
5D	2 438	0/−5	2 438	0/−5	1 968	0/−3	5 000

4. 集装箱内货物的固定

① 拴固带固定：用于货物较少的情况。

② 空气袋塞固：用于集装箱内货物不满又不便用拴固带拴的情况。

6.2 集装箱运输的组织

无论是铁路、公路、水路和航空，都可以采用集装箱进行运输，因此如何组织集装箱运输是一个不可回避的问题。

6.2.1 铁路集装箱运输的组织

1853年美国铁路企业开始办理集装箱运输，但由于各部门使用的箱型不同，管理较分散。第二次世界大战时期，美国为了安全、迅速且简便地输送军用物资，大量采用集装箱运输。二战后，世界各国相继发展铁路集装箱运输。中国铁路集装箱运输的重点原先是铁路零担货物运输，主要采用 1 吨和 5 吨通用集装箱。随着集装箱运输和拖车式集装箱运输的发展，铁路集装箱运输组织开始向集装箱定期直达列车和集装箱专用列车转变。

集装箱定期直达列车。1965 年 11 月，英国开始在伦敦和格拉斯哥之间开通集装箱定期直达列车，现在已经广为采用。这种列车定点、定线、定期、固定车底，循环运行于两个基地站间，不需重新编组，运行速度快、效率高。

集装箱专运列车，一般是指在港口站编组开行的列车。当集装箱船到达港口时，在 24 小时内即可卸空，除到达港所在地区和近距离的集装箱可由汽车输送外，运程较远的集装箱则组织集装箱专运列车运送。由于集装箱船航行易受天气等自然条件的影响，到港日期不准确，集装箱的去向和到站又不一致。因此，集装箱专用列车虽在列车运行图上有专门的运行线，但只能不定期地编组开行。

集装箱专用列车与定期直达车的相同之处是都在铁路运行图上有专门的运行线，不同之处在于专运列车虽然也是大批量的集装箱和运输路线较长，但不是定期的，这种运输可以解决货源不均衡或者船期不定的矛盾。

符合铁路集装箱运输条件的适箱货物，可以装入集装箱，按照集装箱托运。适合集装箱运输的货物有贵重、怕湿、易碎货物等，但易于污染和腐蚀箱体的货物、易于损坏箱体的货物、鲜活货物和危险货物（另有规定的除外），不能采用铁路通用集装箱运输。

铁路集装箱办理站是集装箱运输的重要场所，是铁路集装箱运输网络的重要节点，分别由中铁集装箱公司和铁路局管辖。集装箱包括铁路专用箱和特种箱，通用箱主要是 6.096 米箱和 12.192 米箱，特种箱包括弧形罐、水泥罐、框架罐、13.716 米冷藏箱、不锈钢框架罐、水煤浆、干散货箱、折叠台架箱、7.62 米汽车板架箱、12.24 米汽车箱等。

全国铁路图定集装箱班列线开行的特色班列，重来重去的集装箱双向对流班列，港口合作的多点循环的海铁联运班列，铁路国际联运的过境集装箱班列，大客户战略的特定品牌班列，提高输送能力的双层集装箱班列，客运专线上的沿海快线班列等。

铁路集装箱运作组织，以中心站和专办站为依托，形成全路集装箱班列运行网络图，向客户提供由快速班列、点到点双向对流班列、一站直达单层和双层班列、有途中作业的单（双）层班列等组成的多层次集装箱班列产品。在运输组织上实现货运列车客车化组织，保证集装箱班列的正点发到；对有途中作业的单（双）层班列把集装箱视为旅客、把专办站和中心站视为客运站，变货物列车到编组站、区段站进行车辆解体作业、重组列车为集装箱班列进专办站、中心站进行集装箱装卸作业，实行一票办理、分区汇集、中转接续、阶梯输送的新型班列模式。

6.2.2 公路集装箱运输的组织

公路集装箱运输能将航空、铁路、水路有效地连接起来，实现门到门运输。同时，还能把小批量的零星货物，通过汽车运输加以集中和组织，转为集装箱运输。公路集装箱卡车运输在集装箱的各种运输方式之间起衔接、辅助性的作用。

公路集装箱运输组织必须考虑如下因素。

(1) 对公路技术规格的要求

对公路基本建设的最低要求是公路网的载运能力至少必须等于轴和双轴的负重和车辆上载运一个按定额满载集装箱的总质量。运输6.1米（20ft）、10.67米（35ft）、12.2米（40ft）的集装箱，公路必须满足车道宽度3米、路面最小宽度30米、最大坡度10度、停车视线最短距离25米、最低通行高度4米。

(2) 对运输车辆的要求

汽车集装箱运输的车辆是根据集装箱的箱型、种类、规格尺寸和使用条件来确定的。一般分为货运汽车和拖挂车两种，货运汽车一般适用于小型集装箱，作短距离运送；拖挂车适用于大型集装箱，适合长途运输。

(3) 对营运管理的要求

汽车集装箱的营运管理主要包括两方面：一是货运组织工作，包括集装箱运输的货源组织、集装箱的业务管理和装卸作业、运费结算，以及集装箱的保管、交付、与其他部门的衔接配合等；二是车辆运行管理，包括集装箱业务量的分配、车辆运行计划制订、运输工作的日常管理、集装箱车辆在线路上的运行组织管理、集装箱的运输统计分析等。

公路集装箱货源组织最基本的形式是计划调拨运输，是由公路运输代理公司或配载中心统一受理由口岸进出口的集装箱货源，由代理公司或配载中心根据各集卡公司（车队）的车型、运力以及基本的货源对口情况，统一调拨运输计划。合同运输是集装箱公路运输的第二种货源组织形式。由船公司、货运代理或货主直接与集卡公司（车队）签订合同，确定某一段时间运箱量多少。第三种货源组织形式是临时托运。临时托运可视为小批量的、无特殊要求的运输，一般不影响计划调拨运输和合同运输的完成。公路集装箱运输货源组织的手段：①委托公路运输代理公司或配载中心组货；②建立营业受理点，在主要货主、码头、货运站设立营业点受理；③参加集装箱联办会议和访问货主。

公路集装箱运输，可以按照一定标准分类：①按照集装箱箱型和贸易运输合同，分国际集装箱运输和国内集装箱运输。国内集装箱运输又分国内标准集装箱运输和国内非标准集装箱运输。②按照集装箱装载货物的性质，分普通集装箱运输和特种集装箱运输。特种集装箱运输又分危险货物集装箱运输、冷藏集装箱运输和罐式集装箱运输等。③按照集装箱内装载的货物是否属于同一托运人和收货人，分整箱运输和拼箱运输。④按采用的集装箱运输车辆的形式，集装箱可分为单车形式进行的集装箱运输和用牵引车加挂半挂车组合形式的集装箱运输。

6.2.3 集装箱货运流程

1. 港口进出口国际集装箱集疏运业务及其作业流程

(1) 出口集装箱进港发送作业流程

① 接受托运人或其代理提出的集装箱出口托运申请。

② 汇总托运申请，编制运输计划，并据此向货运代理和船公司联系提供空箱。

③ 将集装箱出口运输通知单和放箱单交集装箱码头，换取集装箱设备交接单、集装箱装箱单和封具，并提取空箱。

④ 将空箱连同装箱单和封具一起自集装箱码头堆场运往托运人工厂、仓库或中转站。

⑤ 自托运人工厂或仓库将拼箱货接运至中转站拆装箱库。

⑥ 在货运代理、海关、商检等部门的监督下，把货物装箱加封后，将集装箱连同已填写、签署的装箱单送往集装箱码头或中转站，待船舶到港后准备装船。

⑦ 将装箱单和集装箱设备交接单提交集装箱码头，经核查后取得签发的集装箱交付收据。

(2) 进口集装箱出港送达作业流程

① 接受货主或其代理提出的集装箱进口托运申请。

② 汇总托运申请，编制运输计划，并据此向船公司和货运代理联系提箱。

③ 将集装箱进口运输通知单和提货单交集装箱码头，换取集装箱设备交接单，并在集装箱堆场提取重箱装车。

④ 整箱货集装箱运送至收货人工厂或仓库，拼箱货集装箱运回中转站集装箱作业区。

⑤ 拆箱后将空箱和设备交接单送回集装箱码头堆场或中转站集装箱堆场。

⑥ 将集装箱设备交接单提交集装箱码头堆场，送回集装箱并经检查后取得签署的集装箱退回收据。

⑦ 将属于不同收货人的拼箱货在有关部门监督下，理货后分送有关收货人。

2. 国内集装箱公铁联运上下站接取送达业务及其作业流程

（1）公铁联运集装箱上站发送作业流程

① 接受托运人或其代理提出的货物托运申请。

② 向铁路货运站提出联运申请和空箱要箱计划。

③ 待联运申请被答复后，领回铁路进货证和集装箱交接单，凭单提取空箱运至托运人工厂或仓库，或运回中转站堆场。

④ 将拼箱货自托运人工厂或仓库运至中转站，按铁路货运站配箱计划和积载要求装箱，并填写装箱单。

⑤ 按计划将重箱运送至铁路货运站，并按铁路有关规定办理集装箱交接。

⑥ 托运人按铁路运价交付运费，领回托运人报销联及铁路运单副本。

（2）公铁联运集装箱下站送达作业流程

① 接受收货人或其代理人提交的货物托运单、到货通知和领货凭证。

② 将到货通知、领货凭证提交铁路货运站办理提箱手续，领取出门证及集装箱交接单。

③ 按计划到铁路货运站提取重箱，将重箱运至收货人仓库或中转站并办理交接手续。

④ 将拼箱货在中转站拆箱后通知货主提货，或送至收货人。

⑤ 将用毕的空箱送回铁路货运站，并办理集装箱交接手续。

⑥ 按规定向收货人收取运费和附加费。

3. 公路干线集装箱直达运输业务及其作业流程

①接受托运人或其代理提出的货物运输申请。

②审核托运单填写内容与货物实际情况是否相符，检查包装，过秤量方，粘贴标签、标志。

③按有关规定向托运人核收运杂费、附加费。

④按照零担运输作业程序核对装箱，当场进行铅封并编制装箱单。

⑤按班期将集装箱货物运送到对方站，凭铅封进行交接，明确相互责任。

⑥到站后将货物从集装箱内掏出，并以最快速度通知收货人在最短时间内将货物提走，以加速物资和仓库的周转。

值得注意的是，公路集装箱运输在多式联运中的货运形式，主要有以下几种：

① 整箱港到门直达运输。

② 整箱港到站或堆场运输。

③ 整箱门到港直达运输。

④ 整箱门到场或站运输。

⑤ 空箱场到门或站到门运输。

⑥ 空箱站到场或场到站运输。

⑦ 空箱站到站或场到场运输。

6.2.4 集卡公司的业务范围

1. 进口集装箱货运业务

① 编制进口箱运量计划。根据港务局提供的船期动态表以及船公司或货代提供的进口船、载箱数，结合集卡公司运力编制运量计划。

② 接受汽车托运。货主或其代理向集卡公司提出进口集装箱陆上运输申请，集卡公司在了解箱包货物和卸货地点情况以后，符合条件的接受托运。

③ 申请整箱放行计划。集卡公司在接受托运之后，应向联合运输营业所申请整箱放行计划，拆箱货应由陆上运输管理处批准。

④ 安排运输作业计划。集卡公司应根据"先重点后一般"的原则，合理安排运输计划。如遇超重箱或超标准箱应向有关部门申请超限证，跨省运输则应开具路单等。

⑤ 向码头申请机械和理货、卫检等。无论整箱还是拆箱应及时向港区提出作业申请，由港区根据需要配备机械和人力。集卡公司还应代收货人提出理货、卫检或一些特殊需要的申请。

⑥ 从堆场提取重箱。集卡公司在取得放行单和设备交接单后应到指定地点提取整箱，并办理出场集装箱设备交接。

⑦ 交箱。集装箱送至收货人处拆箱时，须由理货公司派员理货。货主接收货物后，在交接单上签收，集卡公司运输责任在交接后才告结束。

⑧ 送还空箱。集装箱空箱应按指定时间、地点送回。在交接空箱时，应凭进场集装箱设备交接单办理集装箱交接。

2. 出口集装箱货运业务

① 掌握货源。集卡公司应广泛开展货源组织工作，掌握船公司和货运代理近期内待装运的箱源，预先做好运力安排。

② 接受托运。集卡公司在了解掌握待装货物和装箱地点情况后，符合条件的予以承运并订立运输契约。

③ 安排作业计划。接受托运后，应及时编制作业计划。超重、超限、跨省运输应向有关部门办理申请。

④ 向码头申请机械。所承运的货物，根据船期计划应在前一天向码头申请机械。

⑤ 领取空箱。集卡公司凭货代签发的出场《集装箱设备交接单》和托运单到指定地点提取空箱。

⑥ 装箱和送交重箱。空箱在托运人处装箱，经过理货公司理货，由装箱人提供装箱单，集卡公司将重箱连同装箱单、设备交接单到指定港区交付，并办理集装箱设备交接。

6.3 集装箱运价与运费

运价即运输价格，表现为运输单位产品的价格。运费是托运人根据运输合同向承运人支付的运输费用，或者是承运人根据运输合同向托运人收取的运输报酬，运费是单位运价与运量的乘积。运价的结构主要分为差别运价结构和货种差别运价结构两种。

6.3.1 国际集装箱多式联运的主要费用构成

集装箱货物的全程运输可以划分为发货地内陆运输，装货港集装箱码头搬运、装卸作业，海运输，卸货港集装箱码头搬运、装卸作业和收货地内陆运输五个区段的运输及作业。承运人向货主收取的运输费不仅包括海上运费，而且包括陆上和港口有关作业的费用以及与集装箱的装箱、拆箱作业有关的各项费用。在国际集装箱多式联运情况下，承运人根据自己对货物运输所承担的风险和责任，收取全程运输费用，费用构成主要包括：

① 海运费用。其指海上运输收取的费用。

② 堆场服务费，又称码头搬运费。其指在装船港堆场接收出口的整箱货以及堆存和搬运至船边的费用、在卸船港船边接收进口集装箱搬运至堆场和堆存的费用。此外，还包括装卸港的有关单证费用。

③ 拼箱服务费。其指对出口货装箱、进口货拆箱所收取的费用。主要包括：将空箱从空箱堆场提取运至货运站；将装好货物的重箱从货运站运至装船港码头堆场；签发场站收据、装箱单，在货运站内货物正常搬运和一定期限内的堆存，装箱、封箱、做标记；必要的分票与积载，提供集装箱内货物的积载图；在卸货港将重箱从码头堆场运至货运站，拼货箱拆箱作业、理货、堆存、保管、交付货物等。

④ 集散运输费。其指内河、沿海的集散港至集装箱进出口港之间的集装箱运输费用。

⑤ 内陆运输费。其指区域运费、无效托运费、变更装箱地点费，装箱时间与延迟费、清扫费等。

6.3.2 铁路集装箱货物运费的计算

铁路集装箱货物运费按箱计费，不考虑箱内所装货物重量，但所装货物重量与自重之和不得超过集装箱总重。集装箱货物的运费按使用的箱数和铁路货物运价率表规定的不同箱型的运价率计费。计算和核收以箱为单位。铁路实行集装箱一口价，是指集装箱自进发站货场至出到站货场铁路运输全过程的各项价格总和，包括门到门运输取空箱、还空箱的站内装卸作业的费用，专用车取送车作业的费用，港站作业的费用和中国国家铁路集团公司确认的集资货场、转场货场的费用。一口价必须在货票记事栏内注明“一口价”。

6.3.3 海运集装箱货物运费的计算

海运集装箱货物运费的计算，海上集装箱运输采用班轮运输的运营组织开展经营，根据费率表中规定的费率和计费方法计算运费，存在基本运费和附加费之分。具体方法有两种：一种是对具体的航线按照货物的等级及不同的计费标准计算运费，另一种是对具体航线实行分货物等级和箱型的包箱费率，或不分货物等级只按箱型的包箱费率计算运费。值得注意的是，对于成组货物、家具和行李、服装、回运货物的集装箱运输，有特殊规定。附加费主要是针对超重、超长、超大件的附加费，变更目的港的附加费，选择卸货港的附加费，转船附加费，滞期费等。

6.3.4 公路集装箱货物运费的计算

公路集装箱运费的计算公式为

$$\text{重（空）集装箱运费}=\text{重（空）集装箱运价}\times\text{计费箱数}\times\text{计费里程}+\text{箱次费}\times\text{计费箱数}+\text{货物运输其他费用} \quad (6-1)$$

式中，集装箱运价按照计价类别和货物运价费用计算；集装箱运价的单位为元/（箱·千米），计费箱数的单位为箱，计费里程的单位为千米，箱次费的单位为元/箱，计费箱数的单位为箱，货物运输其他费用的单位为元。

6.3.5 航空集装箱货物运费的计算

航空集装箱运价适用于各种货物，但使用集装运价必须保证货物从始发站至目的站装载在同一集装器内运输。集装费用规定有基准重量，类似于最低运费，未达到也按照基准重量支付运费，超过基准重量，则超出部分要支付额外的运费。

6.4 集装箱大陆桥运输

6.4.1 大陆桥运输概念

大陆桥运输（continental bridge transport），指借助于不同运输方式，跨越大陆或地峡，沟通两个互不毗连的大洋或海域之间的运输形式，多为国际联运。目的是缩短运距，减少货物在途时间，节省费用。

目前，从太平洋东部的日本，通过海运到俄罗斯远东沿海港口，再经西伯利亚大铁路等陆上交通，横跨亚欧大陆直达欧洲各国或沿海港口，最后利用海运到达大西洋沿岸各地，这类货物运输即为典型的大陆桥运输。

6.4.2 北美大陆桥

北美大陆桥指从日本东向，利用海路运输到北美西海岸，再经由横贯北美大陆的铁路线，陆运到北美东海岸，再经海路运输到欧洲的“海—陆—海”运输结构。北美大陆桥包括美国大陆桥运输和加拿大大陆桥运输。美国大陆桥有两条运输线路：一条是从西部太平洋沿岸至东部大西洋沿岸的铁路和公路运输线；另一条是从西部太平洋沿岸至东南部墨西哥湾沿岸的铁路和公路运输线。

6.4.3 西伯利亚大陆桥

西伯利亚大陆桥，又称亚欧第一大陆桥，全长约1.3万千米，东起俄罗斯东方港，西至俄芬（芬兰）、俄白（白俄罗斯）、俄乌（乌克兰）和俄哈（哈萨克斯坦）边界，过境欧洲和中亚等国家。中国通过西伯利亚铁路可进行陆桥运输的路线有三条：铁—铁路线；铁—海路线；铁—公路线。

新亚欧大陆桥，又称亚欧第二大陆桥，东起中国的连云港，西至荷兰鹿特丹港，全长约1.1万千米，途径中国、哈萨克斯坦、俄罗斯、白俄罗斯、波兰、德国和荷兰，辐射30多个国家和地区，其中在中国境内4 000多千米。1990年9月，中国铁路与哈萨克铁路在德鲁日巴站正式接轨，标志着该大陆桥的贯通。1991年7月20日开办新疆—哈萨克斯坦的临时边贸货物运输。

1992 年 12 月 1 日，由连云港发出首列国际集装箱联运“东方特别快车”，经陇海、兰新铁路，西出边境站阿拉山口，分别运送至阿拉木图、莫斯科、圣彼得堡等地。

6.4.4　南美大陆桥

南美大陆桥东起阿根廷的布宜诺斯艾利斯，西止智利首都圣地亚哥，长约1 000千米，连接大西洋和太平洋两大水域。

6.4.5　南亚大陆桥

南亚大陆桥是在亚洲南部的印度半岛上，从东岸的加尔各答港，到西岸的孟买港之间，有一条东西向长约2 000千米的铁道。它使阿拉伯海与孟加拉湾之间的海上运输可以改成铁路联运。

6.4.6　中欧班列

中欧班列（China Railway Express，CR express）是指按照固定车次、线路、班期和全程运行时刻开行，往来于中国与欧洲以及“一带一路”沿线各国的集装箱国际铁路联运班列。

6.4.7　西部陆海新通道

西部陆海新通道位于我国西部地区腹地，北接丝绸之路经济带，南连 21 世纪海上丝绸之路，协同衔接长江经济带，在区域协调发展格局中具有重要的战略地位。西部陆海新通道主通道，自重庆经贵阳、南宁至北部湾出海口（北部湾港、洋浦港），自重庆经怀化、柳州至北部湾出海口，以及自成都经泸州（宜宾）、百色至北部湾出海口三条通路。

【小　结】

介绍集装箱运输的组织形式，分析集装箱运价与运费的构成和计算方法。

【案例讨论】

芜　湖　港

芜湖港位于长江下游、安徽省东南部，是全国内河主要港口和国家一类开放口岸，是长江中下游综合交通运输体系的重要枢纽、安徽省对外贸易的重要口岸和皖江港口群的核心港，是皖江城市带承接产业转移的重要依托，是芜湖市经济发展、沿江产业布局的重要支撑，也是皖江现代物流和现代航运服务发展的重要平台。作为长三角城市群的贸易口岸，芜湖港具有承东启西、连南接北的独特区位优势。

近年来，芜湖港紧抓长三角一体化发展、长江经济带建设等国家战略契机，充分利用安徽省省内港航一体化发展竞争优势，以信息化、智能化为方向，着力利用区位优势，承接东西，辐射南北，形成江海联通、枢纽互通、航道畅通、公铁水多式联运的物流发展版图，全力打造智能、高效、便捷、亲和的港口物流服务。2014年芜湖港朱家桥港区集装箱业务首次突破40万标箱，2020年突破110万标箱。集装箱码头三期工程目前正在筹建中，码头建成后，届时将实现年150万标箱的吞吐能力。

目前，芜湖港围绕更好服务区域经济发展、实现企业创新发展的目标，依托安徽省港航集团"一区两中心"建设规划，重点打造"两中心一枢纽"，即长江下游集装箱转运中心、大宗散杂货集散中心和多式联运综合物流枢纽。2020年12月29日，芜湖港朱家桥集装箱无人智能堆场启用，项目综合采用物联网、大数据、5G通信等现代信息技术，构建设备智能远程控制、智能无人闸口等智慧服务功能，实现港区"物流自动化、服务便捷化、管理高效化"。设备智能远程控制功能可实现场桥设备自动行走、智能寻箱、自动取送，最大程度减少人工参与；远程控制场桥相比传统的人工场桥，作业效率整体提升50%；项目实现人机分离，设备操作模式由"一对一"转变为"一对多"，人力资源投入减少67%，有效降低安全风险和职工劳动强度；项目智能无人闸口实现集卡扫描进港，最短可实现5秒过闸，通行效率提高75%以上；项目5G基站及应用场景，以5G通信技术保障集装箱堆场作业指令传输的及时性、稳定性和安全性，提高港口作业效率、降低企业物流成本。下一步，芜湖港将依托安徽省港航集团集装箱物流"一核两翼"布局，全力构建以芜湖港至上海港直达运输为主，省内港口"港航巴士"航线网络及上游中转航线为支撑的集装箱航线网络体系，将芜湖港建设成为上海国际航运中心的重要组成部分，成为长江下游集装箱转运中心和长三角城市群核心枢纽港。

资料来源：http：//www.ahgkwhg.com/plus/list.php？tid＝11

讨论题

1. 什么是安徽省港航集团集装箱物流"一核两翼"布局？
2. 芜湖港如何发展集装箱物流业务？
3. 如何进行集装箱智能化堆场管理？

【复习思考题】

1. 什么是集装箱？如何分类？各类型集装箱有何特点？
2. 采用集装箱运输应注意哪些问题？
3. 画出国内集装箱运输的流程。
4. 如何进行集装箱运输的定价？
5. 如何确定集装箱运输的费用？
6. 画出中欧班列集装箱运输的流程。
7. 画出中亚班列集装箱运输的流程。
8. 画出西部陆海新通道集装箱运输的流程。
9. 打造中欧班列铁路国际联运货物运输品牌的“六统一”指的是什么？
10. 适合集装箱运输的货物包括哪些？

第7章　包装件的物流流通环境

【教学目标】

（1）掌握包装件的物流流通的宏观环境和微观环境；

（2）掌握物品的物理性质、化学性质、生化性质对包装的影响。

【引导案例】

全球环保意识增强，影响刚性塑料包装需求变化

随着大众环保意识越来越强，全球刚性塑料包装需求高涨，许多制造商和零售商积极走以有效性和环保性的刚性塑料包装为目标市场的道路。同时，可重复利用的塑料容器（RPCs），正在快速占领用于新鲜农产品运输的波纹状产品和木制品的市场份额。

刚性塑料包装防碎、重量轻，正日益取代传统的刚性材料包装，如玻璃、金属、纸板纸箱等。包装行业的供应商正努力通过创新整合使塑料制品轻量化、循环化以及可生物降解化，提升产品的价值。同时，传统的纤维质包装材料如玻璃纸及半透明纸正面临被逐步淘汰的局面，如玻璃纸被聚丙烯薄膜所代替，半透明纸以及防油脂纸被高密度和低密度的金属箔所代替，尤其是双金属挤压且添加树脂者，可以使功能倍增。聚合物刚性包装取代聚乙烯成为世界硬塑料包装消费的主要材料。

各大厂商在发展刚性塑料包装时，为了维持销售业绩，提高销售利润，提供不同形状的包装，满足不同客户的需求。例如：陶氏推出专为复杂的多层食品包装领域定制的全新聚合物产品系列——AMPLIFYTMTY功能聚合物，包含多种具有不同功能的层间黏结层产品，将阻隔材料与薄膜或软性包装中所使用的其他基底材料黏合在一起，进而改善包装的整体性能，适用于阻隔包装领域。

资料来源：http：//news. pack. cn/show－24337. html

7.1 概　述

物品从生产地运送到销售地，一般要经过包装，而包装受到物流流通环境和流通条件的影响。商品流通的社会环境是指影响和制约商品流通发展的各种因素，根据不同环境因素对流通的不同影响，商品流通的社会环境分为政治环境、经济环境、法律环境、自然环境、人文环境、科技环境、国际环境等。流通条件是指包装件在流通过程中所经历的一切外界因素，包括冲击、振动、压力等力学因素，温度、湿度、微生物等生化因素，具体物流作业方面的野蛮装卸、偷盗等。

7.1.1 社会环境

1. 政治环境

商品流通的政治环境是指制约商品流通的政治因素和条件。政治制度、政治体制、政治局势体现国家的性质，制约着流通的方向。商品流通的政治环境主要包括三个方面的内容。

（1）政治制度

政治制度是关于国家权力的性质组织、分配、运作等方面的规范法制度。

（2）政治体制

政治体制是关于国家管理形式、机构设置、实际措施等的具体制度。

政治体制对商品流通的影响，主要是决策权力的集中程度和政府领导人的施政思想。决策权力集中程度过高，流通部门活力就差；反之，决策适当分散，则其活力就强。政府直接管理企业的时期，流通企业的自主决策的权力非常有限，商品流通是在高度集权的行政管理模式下运行的；后来，政府采取了转变自身职能、政企分开、加强法制建设等政治体制改革措施，显著增强了流通部门的活力。

（3）政治局势

政治局势是指一定时期内各种政治力量的组合分化、政治关系的调整以及政治经济关系的综合作用所形成的政治态势和政治形势的总和。政治局势是由多种因素相互作用、相互影响形成的，具有复杂性和多变性的特点，它的任何变化都会对商品流通产生重大的影响。

2. 经济环境

经济环境是指制约和影响商品流通发展的经济因素和条件。经济环境的构成因素主要有经济政策、经济结构、经济形势、经济总量等。

（1）经济政策

经济政策是目的性强的经济措施，是国家干预经济、管理经济的重要手段，具有短期化、可变性强的特点。它不但影响着商品流通企业的经营活动，而且直接关系到社会购买力的大小和市场供求状况的变化。正确的货币政策、财政政策、产业政策、价格政策、收入分配政策、市场管理政策等，有利于商品流通的顺利发展和正常运行；政策失误会加剧经济波动，导致流通在冷热交替中进行。

（2）经济结构

商品流通是在一定的经济结构中运行的，国民经济各部门、各要素的构成及其相互关系，包括生产、分配、交换、消费等方面的构成及其相互关系，影响流通活动。经济结构反映社会再生产中农业、制造业、服务业在国民经济中的比例关系，反映各产业内部各类产品之间在投资、消费、流通方面的比例关系，还反映各类生产能力在不同地区的配置关系，以及其他比例关系或构成。经济结构是一个多层次、多方面的庞大系统，经济结构合理，流通发展就顺利，经济结构不合理，流通发展就会受到阻滞，流通的发展速度就会受到限制。

（3）经济形势

经济形势是从总体上对经济发展状况和趋势的判断和概括。经济形势的变化会从总体上影响和制约流通的发展。当社会经济处于持续、稳定、协调发展的阶段，一般会出现生产发展快、商品供应充足、市场繁荣、物价稳定的局面，与之相应的是人心稳定、社会安定，流通一般也能得到持续、稳定、协调的发展，并呈有序发展的态势；反之，经济不稳，出现经济过热、过冷，市场供求失衡，物价上升过快等现象，就会造成市场严重波动，从而对流通发展构成不利的影响。

（4）经济总量

经济总量的大小、生产力发展水平的高低，决定国民经济的发展水平，并由此决定国民收入水平。生产力发展水平高，经济总量大，人均收入高，社会购买力大，市场容量大，商品流通规模就大；反之，生产力发展水平低，社会经济总量小，人均收入低，社会购买力小，市场容量小，商品流通规模就会缩减。

3. 法律环境

法律法规影响流通主要表现在它对各经济行为主体的利益关系的调整，以及它与政治体制、经济体制存在密切的联系。从经济主体看，法律法规调整政府机构、企业、个人之间的经济关系；从客体方面看，受法律法规调整的客体包括生产资料、消费品，还包括某些人身权利如专利权、著作权等；从调整的内容看，它调整工业、农业、服务业、商业、财政金融、自然资源、环境保护、科技创新、知识产权等各方面的经济关系。商品流通中各行为主体以及经济运行各环节，无不受到法律法规的约束或影响。

4. 自然环境

商品流通的自然环境是指影响和制约商品流通发展的自然资源、气候条件、地理位置等环境因素。随着全球化、工业化、城镇化进程的加快，自然资源的大规模开发，资源日益短缺，能源成本趋于提高，环境日益恶化，政府对自然资源利用和生态治理的干预日益加强。这些环境的变化给一些企业带来压力，给另一些企业又带来机会，从而影响商品流通的内容、方向、速度等。

5. 人文环境

商品流通的人文环境是指影响和制约商品流通发展的人力资源、文化背景等社会环境因素。从人力资源方面来看，人力资源的规模总量、年龄构成、职业构成、家庭构成、地区分布、人口流动趋势等会直接或间接地影响生产和消费，进而影响到商品流通的规模和结构。

6. 科技环境

科学技术影响商品流通主要表现在促进流通生产力的发展和流通劳动效率的提高等方面。例如，现代电子信息技术的发展，使商品流通的销售方式从以手工为主的传统方式向自选式、自动式、网络化发展，使商品流通的经营形式由独立经营的方式向连锁经营的方式发展，尤其是为商品流通管理水平的大幅度提高创造了条件。运输、保管、加工、通信技术的发展，使商品流通大大突破时间、空间的限制而不断扩展。

例如，物流运输与包装领域的专利发展迅速，主要包括无线射频识别（RFID）技术、车辆识别技术、无线传感器网络（WSN）技术等。RFID技术应用于高速公路收费及智能交通系统、车辆的自动识别及防盗、货物跟踪管理及监控、仓储配送、货物和邮包的自动分拣等；车辆识别技术应用于车辆和货物感知、路径规划、轨迹跟踪等；WSN技术主要应用于仓储环境监测、危险品管理、冷链物流、能源管理等。

7. 国际环境

随着经济全球化进程的不断加快，许多产品在全球范围内生产、流通和消费。国际经济环境已成为国内商品流通日益重要的外部影响因素。国际市场供求状况和价格水平的变动，会影响国内市场商品供求和价格的变化。随着进出口业务量占市场流通量比重的日益提高，国际和国内两个市场的相关程度日益紧密。国际市场的供求和价格变动，迅速影响国内市场。同时，国际贸易结构的变化会影响国内贸易结构演变，从而对国内的经济发展和商品流通产生不容忽视的影响。

7.1.2 流通条件

商品的流通条件主要是影响货物物流运输过程的因素，如图7－1所示。

- 流通环境条件
  - 物理因素
    - 冲击
    - 振动
    - 压力
  - 生化因素
    - 水
    - 温度、温度变化
    - 湿度、湿度变化
    - 辐射
    - 有害气体
    - 微生物、虫、鼠
  - 人为因素
    - 野蛮装卸
    - 偷盗

图7－1 商品的流通条件

1. 流通过程

狭义上的流通过程是指以生产领域为起点，以消费领域为终点的过程。广义上的流通过程，包括物品以及包装件的运输、中转、装卸、仓储、陈列、销售等环节，是物品从包装出厂到消费者的全部过程。图7－2所示是一个包装件的流通过程示意图。

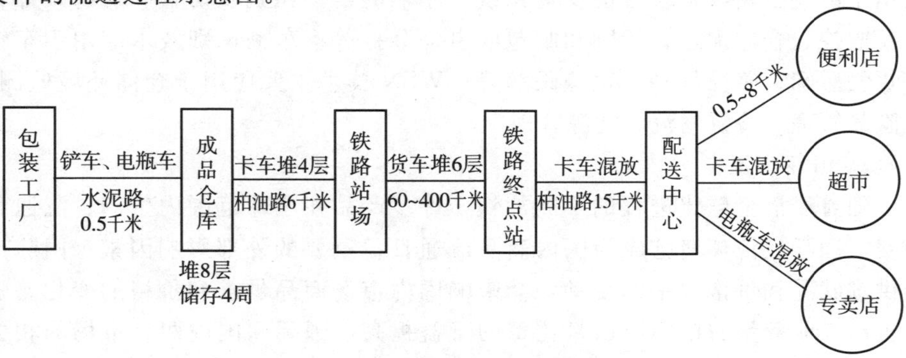

图7－2 一个包装件的流通过程

2. 包装件的流通基本环节

流通过程的基本环节有装卸搬运环节、运输环节和储存环节。包装件性能主要采用相关试验标准来进行考量。

（1）装卸搬运环节

装卸搬运环节具有流程越长、周转环节越多、装卸搬运次数越多等特点，分为人工装卸和机械装卸两种，装卸搬运环节的主要危害是跌落，主要包括货物跌落、倾倒、翻滚，装载机械的突然起动、突然着地，野蛮装卸等——包装件的跌落冲击。

（2）运输环节

运输环节的主要危害是受振动及各种气象条件等因素影响。

① 冲击：装车后固定不好，运输工具的启动、变速、转向、制动等，使包装件速度改变造成冲击。

② 振动：在汽车运输时，路面不平，发动机的固有振动，轮胎的气压和减振弹簧的性能，货物上下、左右、前后振动；在火车运输时，路轨接缝，道岔、弯道、桥梁、上下坡，减振装置性能；在轮船运输时，发动机的固有振动，风浪的低频振动；在飞机运输时，发动机的高频振动，气流的低频振动。

③ 气象条件：风、雨、冰雹、雾、雪、结冰等。

④ 其他因素：空气中的氧气、水分、二氧化硫、一氧化碳、盐分、尘埃等其他污染物，强烈阳光的长期照射等。

（3）储存环节

储存环节具有储存周期越短，越有利于保护产品的特点，储存环节的主要危害是受堆码载荷及气候条件、物理、化学、生化因素的影响。

① 堆码高度。储存环节的主要外部载荷，形成静压力作用下容器蠕变；静压力过载，产品变形或损坏。包装箱或外包装容器必须满足堆码条件，$P=k\times(H-h)/h\times W$，其中，H 为最大堆码高度，h 为单件高度，W 为单件质量，k 为安全系数，取决于堆码时间、堆码尺寸、温湿度条件、物品价值、装卸搬运次数等，一般 h 取 1～2。因此，必须考虑各种运输形式的堆码高度，一般仓库 3～4 米、汽车 2.5 米、火车 3 米、货轮 7 米，并校核容器的承压力。同时，还要考虑运输工具底板传递的动压力，以及发生水平位移的摩擦力。因此，必须从车辆上固定牢靠包装件，防止跳动或移动，减少动压力危害。

② 储存环境。寒冷、炎热、干燥、潮湿等气候因素影响储存。在露天存放时，阳光、风雨、虫蛀、鼠咬和微生物作用，以及空气中的一氧化碳、二氧化硫等的作用；在室内存放时，仓库的建筑结构类型对储存环境中的温度、

湿度、气压等的影响，虫蛀、鼠咬和微生物作用，以及空气中的一氧化碳、二氧化硫等的影响。

③ 环境负载。

7.2 物流流通环境的冲击特性

7.2.1 装卸搬运过程中的冲击

冲击是包装件在极短时间内速度或能量产生突然的变化。在物流流通过程中，冲击表现为垂直冲击（跌落冲击）和水平碰撞冲击，其中跌落冲击影响大。冲击发生于包装件与地面之间，其与地面冲击加速度取决于跌落高度、包装件质量、内衬垫缓冲性能和地面的刚性。据测定，人工装卸的跌落冲击加速度通常在 $10g$ 左右，g 为重力加速度，$g=9.8m/s^2$，最高达 $100g$。运输包装件跌落试验标准主要是《包装运输包装件跌落试验方法》(GB/T 4957.5)。对于电子电工类产品的跌落试验标准，可以参考 GB/T 2423.8。选择跌落试验严酷等级时，应考虑包装件可能经受的装卸搬运条件和运输条件，选择跌落的高度应考虑到实际可能的场景。此外，GJB 150.18A 规定程序 IV 跌落试验量级，美国材料与试验协会（ASTM）规定 ASTMD5276Test 是跌落试验方法标准，美国汽车货运协会（NMFTA）标准 ITEM180 规定包装件质量在 90 千克以下需要进行自由跌落试验以及包装件质量与跌落高度的关系。跌落试验中，装卸环境与跌落高度见表 7-1 所列。

表 7-1 装卸环境与跌落高度[①]

货物		装卸方式	跌落参数	
质量/千克	尺寸/厘米		姿态	高度/厘米
9	122	一人抛掷	一端面或一角	107
9～23	91	一人携运	一端面或一角	91
23～45	122	二人搬运	一端面或一角	61
45～68	152	二人搬运	一端面或一角	53
68～90	152	二人搬运	一端面或一角	46
90～272	183	机械搬运	底面	61

① http://www.docin.com/p-530234026.html

（续表）

货　物		装卸方式	跌落参数	
质量/千克	尺寸/厘米		姿态	高度/厘米
272～1 360	不限	机械搬运	底面	46
＞1 360	不限	机械搬运	底面	30

描述包装件承受冲击的方法主要有图线法、概率法和公式法[①]。试验中常采用起重机和叉车装卸搬运时进行衡量。

（1）图线法

图 7－3 所示装卸中的最大跌落速度，其中 V 代表体积，H 代表高度，W 代表质量，图线表示最大跌落高度与包装件质量、体积之间的关系。

（2）概率法

图 7－4 所示表示一定包装件质量的跌落高度概率曲线。包装件质量越大，跌落机会越少；对于同一质量的包装件，大强度的跌落比小强度的跌落机会少。

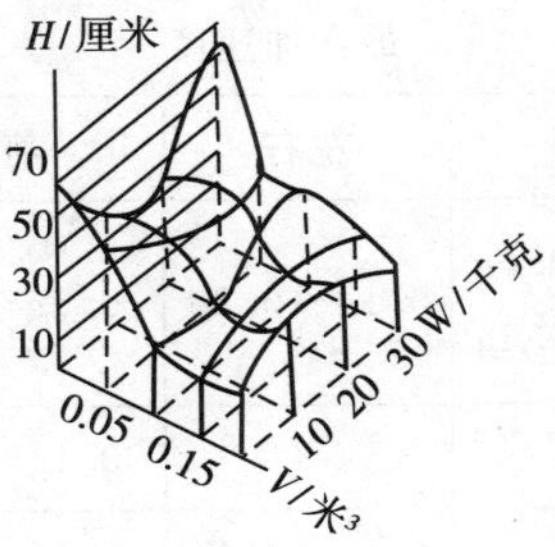

图 7－3　装卸中包装件的最大跌落速度

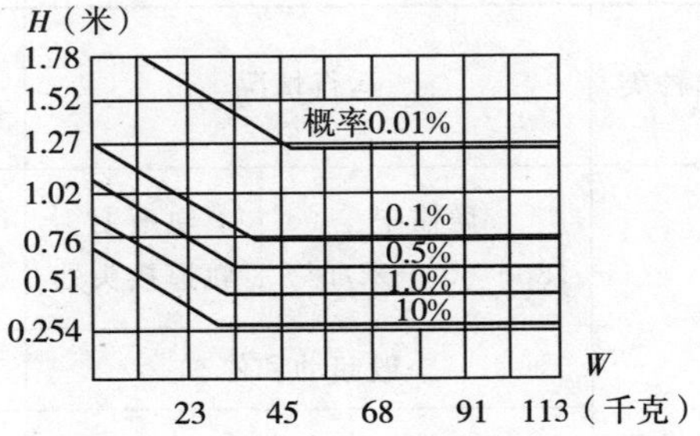

图 7－4　一定包装件跌落高度概率曲线

（3）经验公式

$$最大冲击加速度\ G=CW^n \tag{7-1}$$

式中，G 代表最大冲击加速度，W 代表包装件质量；C 和 n 分别代表不同流通状况的系数和指数。

① http：//www. docin. com/p－466891988. html

7.2.2 运输过程中的冲击

1. 汽车运输

汽车运输时，冲击加速度的大小取决于行车速度、路面状况、车辆的启动和制动、包装件质量以及装载稳定性等因素。公路汽车运输时所产生的冲击加速度见表 7－3 所列。

2. 火车运输

火车运输时产生的冲击主要有两种：一种是车轮滚过钢轨接缝时的垂直冲击，另一种是列车在挂钩撞合时产生的水平冲击。影响货车连挂作业时水平冲击力的主要因素：（1）车辆连挂速度——速度越大冲击力越大；（2）车辆牵引装置的缓冲性能——缓冲性能好的牵引器可以吸收部分冲击力量；（3）包装件的质量——包装件质量越大，它与底面摩擦力越大，越不易滑动；（4）堆码高度及满载度——包装件堆码松散或间隙过大，可能增加倒塌和反复相撞的概率。铁路货车运输时所产生的冲击加速度值见表7－2所列。

表 7－2 铁路货车和公路汽车运输时所产生的冲击加速度值

运输种类	运行情况		最大加速度		
			上下	左右	前后
铁路货车	运输中 （30～60 千米/时）	轨道上 轨道接头处	0.1g～0.4g 0.2g～0.6g	0.1g～0.2g	0.1g～0.2g
	一般起动和停车				0.1g～0.5g
	急刹车		0.6g～0.9g	0.1g～0.8g	1.5g～1.6g
	紧急刹车		2g	1g	3g～4g
	减速		0.6g～1.7g	0.2g～1.0g	0.2g～0.5g
	货车编组挂联		0.5g～0.8g	0.1g～0.2g	1.0g～2.6g
汽车	运输中 （30～40 千米/时）	铺修路 非铺修路	0.2g～0.9g 1g～3g	0.1g～0.2g 0.4g～1.0g	0.1g～0.2g 0.5g～1.5g
	越过 2 厘米高障碍		1.6g～2.5g	1.0g～2.4g	1.1g～2.3g
	以 35～40 千米/时车速刹车		0.2g～0.7g		0.6g～0.7g
	以 50～60 千米/时车速刹车		0.2g	0.3g	0.7g～0.8g

铁路货车连挂时各部位货物的冲击加速度值见表7-3所列。

表7-3 铁路货车连挂时各部位货物的冲击加速度值

		A	B	C	D	E	平均
连挂速度千米/时		5.5	5.7	5.7	5.6	6.9	5.88
货车底板面	左右	0.4g	0.6g	0.7g	0.4g	0.5g	0.4g
	前后	1.6g	1.5g	1.7g	1.5g	2.1g	1.7g
	上下	0.8g	0.6g	0.7g	0.6g	0.9g	0.7g
托盘上面	左右	0.8g	0.4g	0.3g	0.4g	0.6g	0.5g
	前后	1.7g	1.4g	1.7g	1.4g	2.0g	1.6g
	上下	0.8g	0.7g	1.1g	0.8g	1.5g	1.0g
装货最上层	左右	—	—	—	—	—	—
	前后	4.5g	6.0g	2.4g	4.3g	4.5g	4.3g
	上下	5.9g	5.3g	7.0g	2.9g	4.4g	6.0g

铁路货车行驶时各部位货物的冲击加速度值见表7-4所列。

表7-4 铁路货车行驶时各部位货物的冲击加速度值

	货车底板上面	托盘上面	装货最上层
左右	0.9g	1.5g	—
前后	1.5g	1.5g	9g
上下	1.3g	9.5g	6g

3. 空运和海运

空运冲击主要发生在飞机起降过程中，特别是降落时，因机轮与地面相撞而产生显著的冲击。其冲击加速度值与机型、驾驶技术、载重、风力、风向等有关，最大可达14g。

海运冲击与船型、水域、风浪、驾驶技术、载重、气象条件等有关，其冲击加速度值相对较小。

7.3 物流流通环境的振动特性

振动是包装件相对静止参照物或处于平衡状态的物体的往复运动，振动可以是周期性的或随机性的。在物流流通过程中，运输振动往往是复合随机振动。

7.3.1 汽车运输振动

汽车运输振动加速度的大小与路面状况、行驶速度、车型和载重有关，主要因素是道路的起伏度和不平度。

不同路面引起的汽车振动通过车厢地板传递给包装件，若包装结构不合理，会使包装容器内物品的振动加速度增大。防震包装的目的就是减弱包装件受运输环境振动的影响。

汽车运输时，包装件的共振频率一般小于 25 Hz，且共振与路面的起伏关系不大。货车车体振动的频率为 5～10 Hz，加速度为 $1.5g \sim 3g$。当共振时，相应加速度可达外界振动的 18 倍。汽车运输的振动特性可以用频率谱线描述，反映运输过程的频率分布以及相关的加速度变化。汽车运输的频率谱图如图7－5所示。

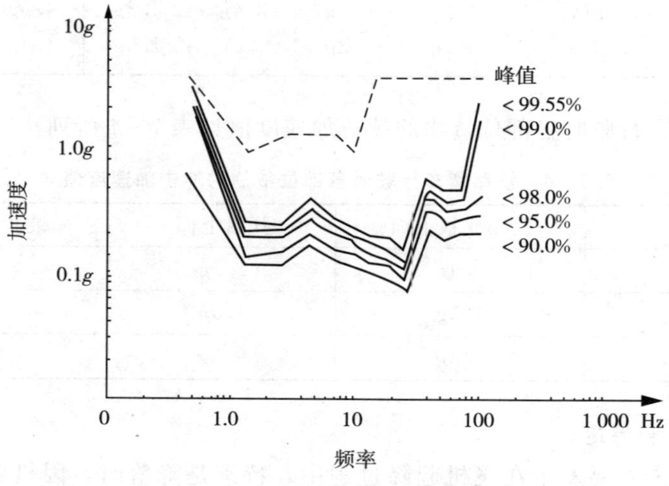

图 7－5　汽车运输的频率谱图

汽车运输振动的测试结果表明：①汽车运输的随机振动加速度功率谱密度以垂向（上下）为最大，横向（左右）为次，纵向（前后）最小。测得垂向最大值为 28.2 米/秒，横向最大值为 23.55 米/秒，纵向最大值为 12.16 米/秒。②汽车运输振动能量绝大部分分布在 0～200 Hz 频带内，其中能量最集中处于 0～50 Hz 内。③汽车运输随机振动功率谱密度在 2 Hz 左右和 10 Hz 左右各有一个较大峰值。因此，采用公路汽车运输的包装件的固有频率应避开这两个频率值[①]。

① 彭国勋．运输包装［M］．北京：印刷工业出版社，1999：57－58.

7.3.2 火车运输振动

火车行驶过钢轨接缝时车轮受到冲击，由此引发运行车辆的周期性强迫振动。当火车时速达到 120 千米/时，受迫振动的频率为 20 Hz。表 7－5 列出 50 吨棚车运行时不同状态的振动加速度峰值。铁路、公路运输时所产生的振动加速度值见表 7－6 所列。铁路运输的频率谱图如图7－6所示。

表 7－5 50 吨棚车运行时不同状态的振动加速度峰值

运行情况	垂直方向		横向		纵向	
	最大加速度	基频/Hz	最大加速度	基频/Hz	最大加速度	基频/Hz
正常运行（70 千米/时）	2～4	4～5	0.5～1.5	5	0.5～2	4～8.5
出站	$0.5g$～$2g$					
进站	$0.5g$～$3g$		$1.0g$		$1.0g$	
过岔道	$3g$～$7g$					
车体摇动	$2.3g$～$1.7g$	$4g$～$5.5g$				
车体颤动	$3g$～$4.5g$	6				
过钢轨接缝	$5g$～$8g$					
过桥梁	$1g$～$3g$					

表 7－6 铁路、公路运输时所产生的振动加速度值

运输种类	运行情况		最大加速度		
			上下	左右	前后
铁路货车	运行时的振动（30～60 千米/时）		0.2～0.6	0.1～0.2	0.1～0.2
	减速时的振动		$0.6g$～$1.7g$	$0.2g$～$1.2g$	$0.2g$～$0.5g$
汽车	一般公路（20～40 千米/时）	良好路面	$0.4g$～$0.7g$	$0.1g$～$0.2g$	$0.1g$～$0.2g$
		不良路面	$1.3g$～$2.4g$	$0.4g$～$1.0g$	$0.5g$～$1.5g$
	铺装公路（50～100 千米/时）	满载	$0.6g$～$1.0g$	$0.2g$～$0.5g$	$0.1g$～$0.4g$
		空载	$1.0g$～$1.6g$	$0.6g$～$1.4g$	$0.2g$～$0.9g$

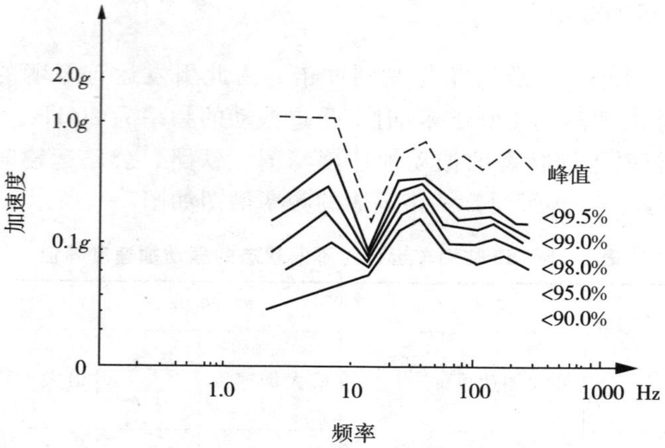

图7-6　铁路运输的频率谱图

7.3.3　飞机运输振动

飞机运输的振动主要来自发动机振动，表现出单振动、高频率的特点。当飞机稳定飞行时，振动频率 f 为100～1 000 Hz，振动加速度值为1.2g；起飞和滑行阶段，振动频率 f 为15～100 Hz，振动加速度较小，且较稳定。飞机运输振动加速度值如图7-7所示。

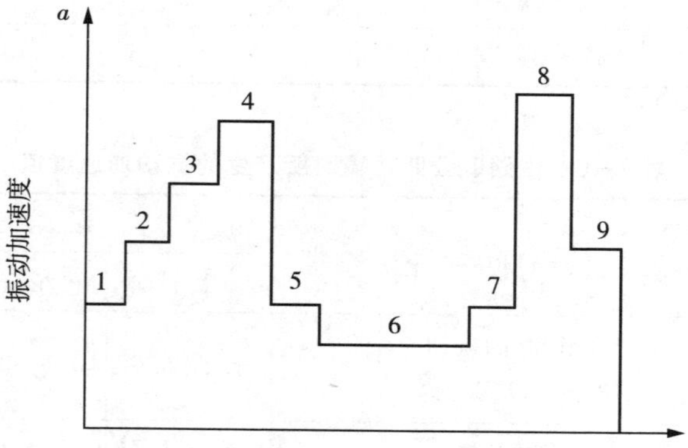

1—原地启支，发动机小功率；2—向主跑道滑行，振源为发动机与轮子；3—到达主跑道起点，开足马力；4—在主跑道上加速，功率达最大值，振源为发动机与轮子；5—离开地面，飞机爬高，振源为发动机与气流；6—到达飞机高度，平飞，振动最小；7—飞机下降，振动量增大；8—飞机着陆，制动与滑跑，再达振动最大值，振源为发动机、轮子、制动装置；9—制动停止、小马力滑行。

图7-7　飞机运输振动加速度值

飞机振动加速度测量实例见表 7－7 所列。

表 7－7　飞行振动加速度测量实例①

机型 / 振动量 / 飞行状态	螺旋推进机			直升机			车载情况
	垂　直	纵　向	横　向	垂　直	纵　向	横　向	
发动机启动	0.45g	0.10g	0.20g	0.04g	0.04g	0.06g	空载
滑　行	0.38g	0.05g	0.03g	—	—	—	空载
飞　行	0.36g	0.10g	0.04g	0.29g	0.16g	0.17g	空载
转弯盘旋	0.60g	0.08g	0.03g	0.19g	0.15g	0.17g	空载
着　陆	0.40g	0.14g	0.18g	0.40g	0.16g	0.15g	空载

飞机运输的频率谱图如图 7－8 所示。

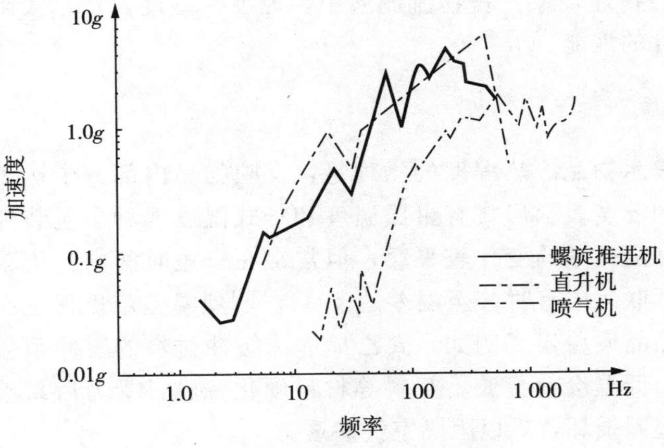

图 7－8　飞机运输的频率谱图

7.3.4　轮船运输振动

航行于水中的船舶是一个自由弹性体，当受到外部干扰时，会产生一个或若干个调谐共振，其外部激励来自：①发动机的振动；②螺旋桨与主转动轴系的转动不平衡力；③其他辅机的不平衡力及振动；④波浪的周期性冲击；⑤舵力。

① http://www.docin.com/p-530234026.html

一般地，水运中出现两个不同级别的振动：较平静水面上稳定航行时的低强度振动；大风浪中或紧急操作航行时的高强度振动。波浪引起的低频振动为 0.03～0.2 Hz，对包装件的共振影响不大[②]。

水路运输频谱图率如图 7－9 所示。

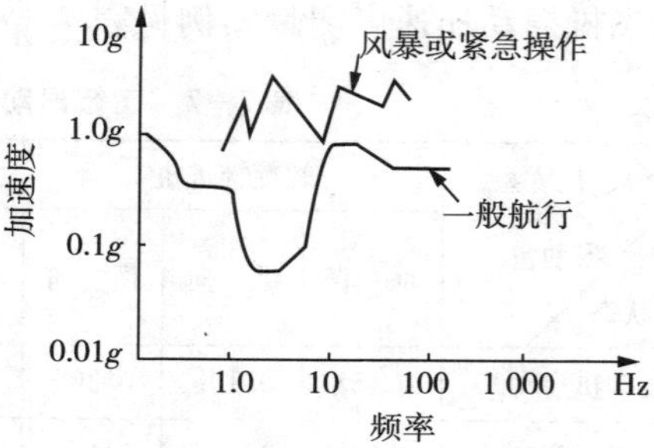

图 7－9 水路运输的频率谱图[①]

7.4 物流流通环境的气象条件

气象条件是指发生在天空中的风、云、雨、雪、霜、露、虹、晕、闪电、打雷等大气的物理现象。在物流流通中，温度、湿度、水、太阳辐射、盐雾等影响包装件的性能。

7.4.1 温 度

温度是表示物品冷热程度的物理量，反映物品内部分子运动平均动能的大小，常用的温度表示形式有摄氏温度和华式温度两种。包装件在流通过程中，虽然温度随地域的变化较平缓，但常常在较短时间内经历较剧烈的温度变化，在国际联运中有时甚至温差达 40℃，剧烈温差难以保证有些药品、食品、化工产品品质稳定。例如，聚乙烯泡沫缓冲衬垫的缓冲系数随温度变化而显著变化；低温会使橡胶、塑料等材料硬化变脆，受力后易破碎；高温会使密封条、垫圈损坏，难以阻隔空气渗透。

7.4.2 湿 度

湿度是表示大气干燥程度的物理量。湿度有绝对湿度（AH）和相对湿度（RH）两种计量方法。单位体积空气中所含水蒸气的质量，称作空气的“绝对湿度”，通常用 1 立方米空气内所含有的水蒸气的克数来表示。水蒸气的压强是随着水蒸气密度的增加而增加的，空气中绝对湿度的大小也可以通过水蒸气的压强来表示。由于水蒸气密度的数值与以毫米高水银柱表示的同温度

① http：//www.docin.com/p－466891988.html

② http：//wenku.baidu.com/view/416b43d4240c844769eaee13.html

饱和水蒸气压强的数值很接近，故以水蒸气的毫米高水银柱的数值来计算空气的干湿程度。空气中实际所含水蒸气密度和同温度下饱和水蒸气密度的百分比值，称作空气的“相对湿度”。空气的干湿程度和空气中所含有的水蒸气量接近饱和的程度有关，而和空气中含有水蒸气的绝对量无直接关系。例如，空气中所含有的水蒸气的压强同样等于1 606.24 Pa（12.79 毫米汞柱）时，在炎热的夏天中午，气温约 35℃，人们并不感到潮湿，因为此时离水蒸气饱和气压还远，物品中的水分还能够继续蒸发。而在较冷的秋天，气温约 15℃，人们却会感到潮湿，因为这时的水蒸气压已经达到过饱和，水分不但不能蒸发，而且还要凝结成水，相对湿度是将空气中实际所含有的水蒸气的密度 ρ_1 与同温度时饱和水蒸气密度 ρ_2 的百分比即 $\rho_1/\rho_2 \times 100\%$[①]。

在包装件流通过程中，高湿度会加快金属腐蚀，一些有机材料吸湿后会表面变形、起泡，不但影响外观，而且降低机械性能。低湿度会使纸、木、皮革、塑料等干燥收缩变形。纸塑类包装容器及药品、食品、化工产品对湿度敏感。

7.4.3　水

在包装件流通过程中，水的影响包括：雨、雪、露在货物表面连续渗透；波浪飞溅会打湿水运货物，使局部浸水；意外落水会使货物受到长时间的浸泡；暴风雨使雨水易于渗进货物内部，从而影响包装件的品质和数量。

7.4.4　太阳辐射

太阳辐射是指太阳向宇宙空间发射的电磁波和粒子流。地球所接受到的太阳辐射能量仅为太阳向宇宙空间放射的总辐射能量的二十亿分之一，但却是地球大气运动的主要能量源泉。在地球大气上界，北半球夏至时，日辐射总量最大，从极地到赤道分布比较均匀；冬至时，北半球日辐射总量最小，极圈内为零，南北半球差异最大。南半球情况则恰好相反。春分和秋分时，日辐射总量的分布与纬度的余弦成正比。南、北回归线之间的地区，一年内日辐射总量两次最大，年变化小。纬度愈高，日辐射总量变化愈大。太阳光谱主要由紫外光（线）、可见光、红外光（线）组成。紫外线对塑料、橡胶等有显著影响，诸如加速老化、降解等。红外线容易使运输工具、仓库和物品的温度升高，加速物品物理和化学变化。温度和湿度对光氧有催化作用，使

---

① http：//zhidao. baidu. com/question/15306544. html

封缄化合物软化，密封性能下降，标志褪色，涂层起泡剥落等[①]。

7.4.5 盐　雾

盐雾是指大气中由含盐微小液滴所构成的弥散系统。其成因主要是海水激烈扰动、风浪破碎、海浪拍岸等产生大量泡沫、气泡，气泡破裂时会生成微小的水滴，海水滴大部分因重力作用而降落，部分随气流升入空中，经裂解、蒸发、混并等过程演变成弥散系统，形成大气盐核。盐雾中的主要成分为NaCl，NaCl溶液中是以Na^+和Cl^-的形态存在的，而盐雾的沉积率与Cl^-的浓度呈正比关系。盐雾的腐蚀作用受到温度和盐液浓度的影响，当温度在35℃，盐液浓度在3%时对物品的腐蚀（化学反应）作用最大。盐雾中高浓度的NaCl迅速分解为Na^+和活跃的Cl^-，与活跃的金属材料发生化学反应生成强酸性的金属盐，其中的金属离子与氧气接触后又被还原成较稳定的金属氧化物。因此，经过海洋或在沿海地区流通的包装件，必须增强对盐雾的防护性。

7.5　运输包装物品的物理机械变化

物品的物理变化，指仅改变物品本身的外部形态而不改变物品性质，不生成新物质的质量变化现象。物品的机械变化是指物品在外力的作用下，发生形态变化，但不改变物品性质的变化。物品在运输过程中，由于包装等各种因素的作用，会发生各种物理变化。物品常发生的物理机械变化有物品的挥发、溶化、熔化、渗漏、串味、脆裂、干缩、沉淀、玷污、破碎、变形、散落等。

7.5.1 物理变化

1. 挥发

挥发是指某些液体物品（如酒精、香水）或经液化的气体物品（如液氨、液氮）在没有达到沸点的情况下，成为气体分子散发到空气中去的现象。挥发属于“三态变化”中液态变气态的变化。

具有挥发性的液态物品，一般表面分子较活跃，能不断地散发到空气中去。液态物品的挥发速度与物品中易挥发成分的沸点、气温的高低、空气流动速度的快慢以及接触的空气表面积等因素有关。在一般情况下，物品的沸

① http：//wenku. baidu. com/view/b285e20879563c1ec5da7145. html

点越低，气温越高，空气流动速度越快，物品接触空气表面积越大，挥发的速度就越快，反之则越慢。液体物品的挥发会降低物品的有效成分，增加物品损耗，降低物品质量，还容易引起燃烧、爆炸等现象。这些物品的包装容器需要注意严密度，严格控制仓库温度，保持在低温条件下运输，并要经常检查，防止事故的发生。常见易挥发的物品有酒精、白酒、香精、花露水、香水、氨水、浓盐酸、甲醇、部分化肥、农药、杀虫剂、油漆等。

2. 溶化

溶化是指固体物品在保管过程中，吸收空气或环境中的水分达到一定程度时，能部分或全部溶解成液体的现象。溶化是某些较强吸湿性和水溶性的晶体、粉末或膏状物品吸收空气中的水分至一定程度后溶解的现象。

影响物品溶化的因素主要有：吸湿性、水溶性和相对湿度条件，与空气接触表面积，空气相对湿度和气温等。一般情况下，气温和空气相对湿度越高，这类物品越容易溶化。物品在运输过程中应避免防潮包装受损，不能与含水量大的物品一起混合运输，保持运输环境的干燥凉爽，采用密封的包装方法进行存放保管，以防止湿度过大而加速溶化流失。常见易溶化的物品有食用糖、糖果、食盐、明矾、硼酸、甘草硫浸膏、氯化钙、氯化镁、尿素、氢氧化钠、氢氧化钾、硝酸铵、硫酸铵、硝酸锌、硝酸锰等。

3. 熔化

熔化是指低熔点的物品受热后发生软化以至转化为液体的现象。一些固体物品在温度较高时，发生变软变形甚至熔化为液体的现象。影响物品发生溶化的因素主要有：外界气温的高低、物品本身的熔点、物品中杂质种类和杂质含量的高低等。物品本身的熔点越低，愈容易熔化；物品中杂质的含量越高，越容易熔化。这类物品在运输过程中应控制运输环境温度较低，采用密封和隔热包装加以保护，防止日光照射，尽量减少温度对物品的影响，还要适当采取降温措施。常见易熔化的物品有：香脂、蛤蜊油、发蜡、蜡烛、复写纸、蜡纸、打字纸、圆珠笔芯、松香、石蜡、粗萘、硝酸锌、油膏、胶囊、糖衣片等。

4. 渗漏

渗漏是指气态、液体或粉粒状固态物品，因包装容器密封不严、包装内液体或受热或结冰膨胀等，包装破损所发生的外漏现象。物品渗漏的原因主要有：①容器有砂眼、气泡，焊接不匀、接口不严；②某些金属包装材料耐腐蚀性差，受潮易锈蚀；③液体物品因气温升高体积自然膨胀，或部分液体汽化成气体，包装内部压力增大致使包装受损；④液体物品在低温或严寒季节，因体积膨胀或收缩造成包装容器破裂。物品的渗漏不但会造成货物流失，而且会造成严重的空气和环境污染。这类物品的储运，应加强交接验收，定期检车以及控制和管理环境温湿度；同时加强对物品包装的管理，木质容器要防止干燥、干裂，金属容器要注意防潮、防锈。

5. 串味

串味是指吸附性较强的物品因吸附其他气体、异味，而改变本身气味的现象。具有吸附性易串味的物品，主要是它的成分中含有胶体物质，以及具有疏松、多孔性的组织结构。影响物品串味的主要因素有：物品表面状况，与异味物品接触面积的大小、接触时间的长短，以及环境中异味的浓度。易被串味的物品有：大米、面粉、木耳、食糖、饼干、茶叶、卷烟等。易引起串味的物品有：汽油、煤油、桐油、腌鱼、腌肉、樟脑、肥皂、化妆品以及农药等。对易被串味的物品应尽量采取密封包装，储运过程中不与有强烈气味的物品同车，以及注意运输工具和仓储环境的清洁卫生。

6. 脆裂和干缩

脆裂和干缩是指某些吸湿性物品在干燥的空气中或经风吹后引起物品质量变化的现象，如纸张、皮革及其制品、木制品、糕点、水果和蔬菜等。储运这类物品，要采取良好的包装，防止货物遭受日晒、风吹，使其含水量保持在合理范围内。

7. 沉淀

沉淀是指含有胶质和易挥发的物品，在低温或高温条件下，部分物质凝固，进而发生下沉或膏体分离的现象。常见的易沉淀的物品有：墨汁、墨水、牙膏、雪花膏等。储运易产生沉淀的物品，应采取合理有效的包装，防止货物被阳光照射，做好物品冬季保温工作和夏季降温工作。

8. 玷污

玷污是物品外表沾有其他脏物、染有其他污秽的现象。物品沾污，主要是生产、储运中卫生条件差及包装不严所致。对外观质量要求高的物品，如绸缎、呢绒、针织品、服装、芯片、精密仪器、仪表类、钟表类等，要注意防沾污。

7.5.2 机械变化

机械变化是指物品在外力作用下所发生的形态上的改变（形变）。在装卸搬运过程中，受到碰撞、挤压和抛掷等外力的作用，物品会发生破碎、变形、结块、脱落、散开、表面擦伤、划痕或局部小范围处凹凸不平等形变。所以，对于易发生机械变化的物品（脆性较大或易变形的物品，如玻璃、陶瓷、搪瓷、铝制品等易破碎、掉瓷、变形等；塑性较大的物品，如皮革、塑料、橡胶等易丧失回弹性能，发生形态改变等），在运输过程中要合理地堆码与摆放，在储运过程中要轻拿轻放，采用坚固合理的包装，如缓冲包装等，避免物品因重压、碰撞造成不必要的损失。

7.6 运输包装物品的化学变化

化学变化是构成物品的物质发生变化后，不仅改变物品的外表形态，而且改变物品的本质，还生成新物质，且不能恢复原状的现象。物品在流通过程中的化学变化是物品质变的过程，严重时会使物品完全丧失使用价值。物品的化学变化形式主要有氧化、分解、水解、聚合、裂解、老化、腐蚀等。

7.6.1 氧化

氧化是指物品与空气中的氧气或其他放出氧的物质接触，发生与氧结合的化学变化。物品氧化，不仅会降低物品的质量，有的还会在氧化过程中产生热量，发生自燃，甚至引发爆炸事故。易氧化的物品种类有亚硝酸钠、亚硫酸钠、硫代硫酸钠、保险粉等化工原料；棉、麻、丝等纤维织品；油纸、桐油布等桐油制品。对于这类物品，在运输过程中不仅要采取密封包装，而且要保证干燥、通风、散热、避光和低温的储存环境，避免物品与氧接触。

7.6.2 分解和水解

分解是指化学性质不稳定的物品，在光和热、酸、碱及潮湿空气的影响下，由一种物质分解成两种或两种以上物质的现象。物品发生分解反应后，不仅会使物品的数量减少，质量降低，而且会使物品失去使用价值。此外，分解反应产生的新物质还可能具有危害性，如一些物品发生分解反应时产生一定的热量和可燃性气体引发火灾爆炸事故。例如，漂白粉遇到空气中的二氧化碳和水汽时，会生成新生态氧，新生态氧具有很强的氧化能力，能加速对其他物品的氧化和质量破坏，降低其他物品的有效成分和杀菌能力。

水解是指某些物品在一定条件下（如酸性或碱性条件），遇水所发生的复分解的现象。不同的物品，在酸性或碱性条件下，发生水解的情况也不同。例如，肥皂在酸性溶液中会全部水解，但在碱性溶液中却很稳定。对于易于发生分解和水解的物品，在包装、运输、储存过程中，应尽量避免产生这些变化所需要的条件，注意包装材料的酸碱性，不能把酸碱性物品同库运输和储存，防止人为损失。

7.6.3 聚合

聚合是指某些物品组成中的化学键在外界条件下发生聚合反应，成为聚合体而变性的现象。某些物品在外界条件的影响下，能使同种分子互相加成结合成一种更大的分子。聚合反应中使用的单体、溶剂、引发剂、催化剂等大多是易燃、易爆物质，使用或储存不当易造成火灾、爆炸。例如，乙烯在130～300 MPa的压力下会聚合成聚乙烯，因此运输和储存乙烯时，要注意日光和储存温度的影响。

7.6.4 裂解

裂解是指只通过热能将一种物品（主要指高分子化合物）转变成另外几种物品（主要指低分子化合物）的化学过程。裂解，又称为热裂解或热解。高分子有机物（棉、麻、丝、毛、塑料等）在氧气、高温条件下，发生分子链断裂、分子量降低，使其强度降低，韧性变差，产生发软发黏等现象，如福尔马林变性，桐油表面结块，天然橡胶出现变软、发黏等。

7.6.5 老化

老化是指高分子材料在加工、储存、运输、使用过程中，由于受内外因素的综合影响，其性能逐渐变坏，以致最后丧失使用价值的现象。老化是一种不可逆的变化，发生老化的原因：内部因素主要是结构或组分内部具有易引起老化的基团，如具有不饱和双键、羰基、末端上的羟基等；外界环境因素主要是阳光、氧气、臭氧、热、水、机械应力、高能辐射、电、工业气体（如二氧化碳、硫化氢等）、海水、盐雾、霉菌、细菌、昆虫等。物品发生老化后，化学结构遭到破坏，物理性能发生改变，力学性能变差，出现变硬发脆、变软发黏等现象，使物品失去使用价值。容易老化的商品，应注意良好的包装，防止日光照射和高温影响，堆码不宜过高，以防止底层物品受压变形。

7.6.6 腐蚀

腐蚀是指金属制品特别是钢铁制品在潮湿空气或酸、碱、盐类物质的作用下发生腐蚀的现象，根据金属类制品所处环境的差异，所引起的化学反应分为化学锈蚀和电化学锈蚀。

在干燥的环境中或无电解质存在的条件下，金属制品遇到空气中的氧引起的氧化反应，叫作化学腐蚀。化学腐蚀的结果是在其表面形成一层薄薄的氧化膜，使金属表面变暗。有些金属的氧化膜对金属能起到保护作用，如家具中铜床的床头，使用久了，外观色泽变暗、变旧，但对物品的质量无显著影响①。在潮湿的环境中，水蒸气在金属表面形成水膜，水膜溶解表面的水溶性黏附物或沉淀物以及空气中的二氧化碳、二氧化硫等可溶性气体，最终成为一种具有导电性的电解液。金属制品接触这种电解液后，电位较低的金属成分成为负极（阴极），电位较高的杂质或其他金属成分成为正极（阳极），引起电化学反应，反应中金属以离子形式不断进入电解液而被溶解，这种腐蚀被称为电化学腐蚀。电化学腐蚀是一种氧化还原反应。在反应中，金属失去电子而被氧化的反应过程称为阳极反应过程，反应产物是进入介质中的金属离子或覆盖在金属表面上的金属氧化物（或金属难溶盐）；介质中的物质从金属表面获得电子而被还原的反应过程称为阴极反应过程。在阴极反应过程中，获得电子而被还原的物质习惯上被称为去极化剂。电化学腐蚀的快慢取决于金属电位的高低，电位越低的金属越容易发生腐蚀。另外，环境的湿度、温度和氧含量，金属表面附着的尘埃、污物，空气中的二氧化碳、二氧化硫等气体都会对电化学腐蚀产生影响。

7.7　运输包装有机体的生理生化变化

生理生化变化是指有生命活动的有机体，在生长发育过程中，为了维持它的生命，有机体本身所进行的一系列生理变化，主要有呼吸、发芽、胚胎发育、后熟、霉变。

7.7.1　呼吸

呼吸是鲜活食品在储运中基本的生理活动，其本质是在酶的参与下进行的一种缓慢的生物氧化过程。生物体内的有机物在细胞内经过一系列的氧化分解，最终生成二氧化碳或其他产物，并且释放出能量的过程，称为呼吸作用。粮食呼吸作用产生的热量积累过多，会使粮食变质。呼吸作用分解产生的水分又有利于有害微生物的生存繁殖，加速霉变。

呼吸作用有以下两种类型：

① 有氧呼吸。其是指鲜活食品在储运中，为了维持生命需要，在体内氧化还原酶的作用下，体内葡萄糖和其他简单有机物与吸入的氧气发生的氧化

---

① 万融．商品学概论［M］．北京：中国人民大学出版社，2005：265－274.

反应，即

$$葡萄糖+氧气（空气中）\xrightarrow{酶}CO_2+H_2O+热量（有氧呼吸）$$

有氧呼吸产生的热量，一部分会用作鲜活食品生理活动的能量，剩余的释放到外界环境，会使储运的环境温度升高，加速鲜活食品的腐烂变质，同时促使微生物的生长繁衍，这对储运的植物性鲜活食品如蔬菜、水果等不利。

② 无氧呼吸。无氧呼吸又称缺氧呼吸，是在无氧或者缺氧情况下的呼吸，是生物体内对有机物进行的不完全氧化。这个过程没有氧分子参与，其氧化后的不完全氧化产物主要是酒精，即

$$葡萄糖+氧（分子内）\xrightarrow{酶}酒精+CO_2+热量（缺氧呼吸）$$

缺氧呼吸的实质是酒精发酵，其中间产物是乙醛，最终产物是酒精。缺氧呼吸会破坏有机体的组织结构，使其腐烂，如果积累过多，还会引起有机体中毒，如苹果组织中乙醇积累超过0.3%，毒性会增强。

在储运期间，有机体呼吸强度的大小，直接影响其品质及储藏期限。呼吸强度大，消耗养料多，加速衰老过程，缩短储藏期；呼吸强度过低，正常的新陈代谢受到破坏，产生生理病害，降低对微生物的抵抗力，也会缩短储藏期。因此，包装要设法控制被包装的有机体在流通过程中的正常呼吸强度，抑制过于旺盛的呼吸，保护有机体的质量。

7.7.2 发芽和抽苔

发芽是指有机体在适宜条件下，冲破“休眠”状态而发生的萌发现象，是蔬菜在储存时经过休眠期后的一种继续生长的生理活动。发芽是蔬菜短缩茎上的休眠芽开始发芽生长，而抽苔是短缩茎上生长点部位所形成的花茎生长的结果。造成有机体发芽和抽苔的因素主要有高温、潮湿、充足的氧气和日光照射等。发芽的结果是有机体的营养物质转化为可溶性物质，供给有机体本身的需要，降低有机体的质量。在发芽过程中，常伴有发热、发霉等情况，不仅增加损耗，而且降低有机体的质量。

7.7.3 后熟

后熟是指瓜果类、蔬菜类等食品脱离母株后继续进行成熟过程的现象。其主要发生在果品类、瓜类以及豆类等种类上，这些易后熟的有机体若成熟后采摘，则不耐储运且容易腐败变质，所以这些有机体必须在成熟前采摘。

它们脱离母体后，物质的积累被迫停止，但有机成分的合成——水解平衡更趋向于水解作用方向，呼吸作用更趋向于缺氧呼吸类型，而后逐渐达到适用成熟度。后熟作用，能改进有机体色、香、味以及硬脆度等食用性能。但后熟作用完成后，容易发生腐烂变质，难以继续储藏甚至失去食用价值。促进有机体后熟的因素主要是高温条件、氧气含量和某些刺激性气体成分的存在。例如，苹果组织中产生的乙烯，虽然数量极其微小，却能大大加快物品的后熟和衰老的进程，所以苹果储运应该具备降温和通风等条件。

7.7.4 僵直

僵直是指刚屠宰的家畜肉、家禽肉和刚死亡的鱼等动物性生鲜食品的肌肉组织发生的生理生化变化。动物死亡之后，呼吸停止，依靠血液循环的肌肉供氧也随之停止，但此时肉中的各种酶仍未失活，一些酶催化的生化反应仍在进行。在无氧条件下，糖原、葡萄糖的分解只能以无氧酵解的方式进行，得到的产物为乳酸，致使肉的 pH 下降，肌肉组织因收缩而失去原有的弹性和柔软性，肉质变得僵硬，肉弹性差，保水性也差，无鲜肉自然气味，烹饪时不易煮烂，熟肉的风味也差。但是，僵直阶段的鲜肉（鱼肉）主要成分尚未分解，基本保持原有的营养成分，适合直接冷冻储藏。

7.7.5 霉变与腐败[①]

霉腐是物品在霉腐微生物的作用下发生霉变和腐败的现象。物品的霉腐是由微生物引起的，引起霉腐的微生物主要有霉菌、细菌、酵母菌。其中霉菌对物品破坏的范围较大，而细菌主要破坏含水量较大的动植物食品以及日用品、工业品等；酵母菌主要引起含有淀粉、糖类的物质发酵变质且直接危害日用品、工业品。物品霉变过程分为：受潮、发热、发霉、腐烂、霉味。引起物品霉变的因素主要分为内、外两种因素。内在因素包括物品中存在霉变微生物，包括物品在生产、加工、包装、运输、装卸与搬运等过程受污染；物品存在霉变微生物能够利用的营养物质，易霉腐物品主要含有糖类、蛋白质、脂肪、有机酸、维生素等有机物质；物品含有足够的水分或容易吸水，使得霉菌容易生长繁殖；物品具有适当的酸碱度。外界因素包括库内的温湿度与空气。物品发霉的湿度条件包括物品含水量和相对湿度两个方面，物品含水量若超过安全水分，则容易发霉；相对湿度愈大，愈易发霉。

部分物品的安全水分与相对湿度要求参考数据见表 7－8 所列。

---

① http：//sunkai927.blog.163.com/blog/static/9113684120128173162824０/.

表7-8 部分物品的安全水分与相对湿度要求参考数据

物品名称	安全水分/%	相对湿度/%	物品名称	安全水分/%	相对湿度/%
棉花	11～12	85以下	皮鞋、皮箱	14～18	60～75
棉布	9～10	50～80	茶叶	10以下	50以下
针锦织品	8以下	50～80	木耳	12～14	65～80
毛织品	9～10	50～80	机制白砂糖	0.1～1	80以上

部分霉菌生长的湿度要求见表7-9所列。

表7-9 部分霉菌生长的湿度要求

项目	商品含水量/%	相对湿度/%
部分曲霉	13	70～80
青霉	14～18	80以上
毛霉、根霉、大部分曲霉	14～18	90以上

生物制品（如植物的根、茎、叶、花、果及其制品，动物的皮、毛、骨、肌体等），在适宜菌类生长的条件下，易发生霉变。沾染污垢的矿产品、金属制品和以生物为原料制成的附件、配料，在一定条件下，菌类也会生长。对于此类商品的包装与运输的要求比较高，如需要添加防腐剂，需要采用低温（10℃以下），需要相对湿度控制在65%以下，需要低氧环境等。

7.7.6 胚胎发育

胚胎发育主要是指鲜蛋的胚胎发育。蛋类运输包装，当温度和供氧条件适宜时，胚胎会发育成血丝蛋、血环蛋。经过胚胎发育的禽蛋新鲜度和使用价值大大降低。为了抑制鲜蛋的胚胎发育，应该加强温度和湿度的管理，降低运输过程中的温度和供氧条件。

7.7.7 发酵

发酵，又称酦酵，多指生物体对有机物的某种分解过程。发酵是某些酵母和细菌所分泌的酶，作用于食品中糖类、蛋白质上而发生的分解反应。发酵分为两种，一种是正常发酵。例如，我国白酒的生产工艺有固态发酵工艺、半固态发酵工艺和液态发酵工艺。另一种是非正常发酵，即空气中的微生物在适宜环境下使食品发酵。常见的发酵有酒精发酵、醋酸发酵、乳酸发酵和酪酸发酵等。微生物在酱油、醋、葡萄酒等商品表面形成一层薄膜，破坏食品中的有益成分，使食品失去原有的品质，而且产生不良气味，影响食品的风味和质量，甚至产生有害物质，影响人体健康。所以，防止食品在储运中发酵，既要有良好的包装，又要注意卫生，还要采取密封和控制低温的办法。

7.7.8　虫蛀和鼠咬

物品在储存期间，常会遭到仓库害虫的蛀蚀，使物品及其包装受到损失。仓库害虫的种类很多，常见的有甲虫、螨、蛾、玉米象、谷蠹、绿豆象、豌豆象、麦蛾、大谷盗、谷象等。其危害主要有三点：第一，取食造成质量损失；第二，排泄、蜕皮、尸体等，影响食品的色、香、味，造成质量损失；第三，排泄、产热等原因造成霉菌生长，发生霉变[①]。仓库害虫在危害物品的过程中，不仅破坏物品的组织结构，使物品发生破碎和洞孔，而且排泄各种代谢废物污染物品，影响物品质量和外观，降低物品的使用价值。

【小　结】

介绍流通环境，包括流通环境的冲击特性、振动特性、气象条件，详细分析运输包装物品的物理变化、化学变化、生理生化变化等。

【案例讨论】

烘焙食品纸包装

以前，大街小巷少有烘焙店，人们购买蛋糕的金额少，品种也不多。近年来，烘焙店如雨后春笋般在各大中小城市出现，以纸和纸板为基材的纸型包装，具有低成本、节省资源、易于机械加工、更环保、无污染、便于回收和再生利用等优点。随着造纸工艺的进步，纸材从传统的单一品种向品种多元化、功能专业化方面发展。包装设计利用纸材特性，创造烘焙包装纸型，烘焙食品包装进入纸包装时代。纸质包装为烘焙食品的安全提供保障，且增加量烘焙的创意性、趣味性、时尚性、实用性。烘焙包装与烘焙产品的结合更加紧密，以立体规格型为主要发展、颜色和图案更加富有创意和新潮感，考虑了产品展示、携带等多种需求、更加实用。面对烘焙业的迅猛发展，品种多样的烘焙包装，以及包装厂商关注的材料、设备、技法是烘焙业发展的

---

① 张宏宇．城市昆虫学［M］．北京：中国农业出版社，20089：2－4.

关键问题。

消费行为的变化，带动了烘焙行业的迅猛发展，高端包装风光不再，中端及中高端市场持续扩大，低端市场相对萎缩，烘焙包装新的竞争格局正在形成。随着人们健康意识的增强和个人口味的多样化，消费者多转向在面包店购买新鲜烤制的面包，虽然小包装有着更高单位成本，但小份额及单份小吃的烘焙小包装更能满足消费者对可控制分量的特别喜好及便携式小吃的需求。

资料来源：http：//news. pack. cn/show－277495. html

讨论题

1. 食品的物流流通环境有哪些特点？
2. 考察食品包装性能的主要指标包括哪些？

【复习思考题】

1. 什么是流通环境条件？
2. 简述流通环境中的气象条件有哪些？
3. 物品在储运过程中的质量变化形式有哪些？
4. 包装件垂直冲击和水平冲击通常发生的条件是什么？
5. 简述跌落高度与包装件体积、质量之间的关系。
6. 运输包装物品的物理机械变化有哪些？
7. 运输包装物品的化学变化有哪些？
8. 毛豆腐是如何形成的？
9. 臭鳜鱼是如何形成的？
10. 观察一种具体物品，比较流通环境条件的异同。
11. 食品包装性能的主要指标包括哪些？

第8章 包装材料与容器

【教学目标】

(1) 认识包装材料的分类;
(2) 识别各种包装材料和容器;
(3) 熟悉各种包装材料和容器的性能;
(4) 掌握各种包装材料和容器的应用。

【引导案例】

利乐包装

利乐包装(tetra pak)是指采用瑞典利乐公司的全无菌生产线生产的复合纸质包装。利乐包装从里到外分别为聚乙烯层、纸层、聚乙烯层、铝箔层、聚乙烯层。纸层给包装起结构支持的作用,同时在上面印刷图案等客户信息;铝箔是氧气和光线的主要隔断层;聚乙烯起黏接剂的作用,外层聚乙烯层有保护包装隔离外界湿气的功能。利乐包装主要分为"常温类纸包装"和"冷藏类纸包装"。"常温类纸包装"包括利乐传统包、利乐无菌砖、利乐无菌枕以及利乐威无菌包;"冷藏类纸包装"包括利乐砖、利乐冠和利乐皇。利乐环保遵循可再生(Renewing)、减量化(Reducing)、可循环(Recycling)和负责任(Responsibly)的原则,即"4R"原则,从原材料使用、产品设计,到生产运作乃至消费后包装的回收再利用,一切围绕着可再生和降低对环境的影响运行,对自然环境负责,对社会公众负责。消费后的利乐包装是一种可以百分之百回收再利用的资源,通过水力碎浆和铝塑分离技术,能将复合纸包装中的纸、塑料和铝箔彻底分离,实现从资源回到资源的绿色循环模式;通过塑木技术、彩乐板技术等,将复合纸包装变身为公园护栏、垃圾桶、室外地板、衣架等环保产品。

资料来源:http://www.tetrapak.com/zh-cn.

8.1 概 述

8.1.1 包装材料

包装材料是制造包装容器和构成物品包装的材料总称。为了实现包装的保护产品、方便储运、促销商品的三大功能，包装材料必须具备一定的性能，具体包括：

① 材料的拉伸强度、抗压强度、耐撕裂和耐戳穿强度、硬度等机械性能和机械加工性能；

② 材料的密度、比重、吸湿性、耐热性或耐寒性、透气性或阻气性、对香气和其他气味的阻隔性、透光性或遮光性、对电磁辐射的稳定性、对电磁辐射的屏蔽性等物理性能；

③ 材料的耐化学药品性、耐腐蚀性及在特殊环境中的稳定性等化学性能；

④ 材料的封合性、印刷性等加工工艺的特殊性能。

8.1.2 包装材料的分类

包装材料按功能可分为主要包装材料和辅助包装材料。主要包装材料是指用来制造包装容器的器壁或包装物结构主体的材料；辅助包装材料是指装潢材料、黏合剂、封闭物和包装辅助物、封缄材和捆扎材等材料。

包装材料可按照原材料种类的不同或材料功能的不同进行分类。

1. 按照原材料种类分

① 纸质包装材料，包括纸、纸板、硬纸板、瓦楞纸板、蜂窝纸板。

② 木质包装材料，包括木材、夹板、木纤维板、刨花板。

③ 塑料，包括塑料薄膜、塑料中空容器（瓶、罐）类、塑料箱（含食品集装箱）、编织袋、塑料袋（含胶合带、捆扎绳、泡沫塑料）。

④ 金属包装材料，包括钢、铁、铜、铝、锡、铅等。

⑤ 玻璃与陶瓷包装材料。

⑥ 纤维包装材料，包括天然纤维、合成纤维等。

⑦ 复合包装材料，包括结构复合材料、功能复合材料。

⑧ 包装用胶黏剂和涂料，胶黏剂包括有机胶黏剂和无机胶黏剂，涂料包括油性涂料、油基涂料、合成树脂涂料等。

2. 按照包装材料的功能和目的分

① 阻隔性包装材料，包括气体阻隔型、湿气（水蒸气）阻隔型、香味阻

隔型、光阻隔型等，如盛装酒的包装材料、包装香肠的 PVDC 肠衣膜。

② 耐热包装材料，如用于微波炉加热的包装材料、铝箔/PE（用于高温杀菌的软罐头）。

③ 选择渗透性包装材料，包括氧气选择渗透、二氧化碳选择渗透、水蒸气选择渗透、挥发性气体选择渗透包装材料等，如用于包装莴苣的聚苯乙烯薄膜。

④ 保鲜性包装材料，如既有缓熟保鲜功能又有抑菌功能的材料，如水果保鲜纸袋。

⑤ 导电性包装材料，包括抗静电包装材料、抗电磁波干扰包装材料等，如石墨、碳纤维。

⑥ 分解性包装材料，包括生物分解型、光分解型、热分解型等，如光降解 PE 薄膜。

⑦ 其他功能性包装材料，包括防锈蚀包装、可食性包装、水溶性包装、绿色包装材料等，如气相防锈纸、蔬菜可食性包装、聚乙烯醇水溶性包装、药品的铝塑泡罩。

上述材料又称为功能材料。功能材料是指那些具有特殊功能的材料。这些特殊功能包括光电性能、磁性能、热性能、力学性能、声性能、化学性能、生物性能以及环境性能等。功能性包装材料是指那些具有特殊保护功能的材料，是以包装材料自身的性能为主，在有关技术领域发挥高水平功能的材料。

8.1.3　包装容器

包装容器是包装材料和造型结合的产物。包装容器一般是指在物品流通过程中，为了保护物品、方便储运、利于运输、促进销售、防止环境污染和预防安全事故而使用的一切容纳、限制或封闭内包装件的器具，包括袋、盒、箱、瓶、罐（筒）等。其中，采用纸、塑料薄膜、铝箔等挠性材料构成的容器，具有柔软性，装填或取出物品后，其形状和尺寸发生变化的称为挠性容器；采用软质塑料、瓦楞纸板等制成的容器，受到一定外来压力会变形，压力取消后就恢复或基本恢复原样的称为半刚性容器；采用木材、金属、玻璃、硬质塑料等刚性材料制成的容器，装填或取出物品后，其形状和尺寸不发生变化的称为刚性容器。

1. 包装袋

包装袋是用挠性材料制成的容器，包装袋的材料具有较高的韧性、抗拉强度和耐磨性。一般包装袋结构是筒管状结构，一端预先封死，在包装结束后再封装另一端，采用充填操作。包装袋被广泛用于运输包装、销售包装、内包装、外包装等。

包装袋一般分成三种类型：

（1）集装袋

集装袋是一种大容积的运输包装袋，适用于装运颗粒状、粉状的货物，盛装质量在1吨以上，多用聚乙烯、聚丙烯等聚酯纤维纺织而成。集装袋的顶部一般装有金属吊架或吊环等，便于吊装、搬运。装货时通过袋口灌装，卸货时打开袋底的卸货孔，装卸货方便，集装袋被广泛应用于运输包装。

（2）一般运输包装袋

一般运输包装袋的盛装重量为0.5～100千克，多用植物纤维或合成树脂纤维纺织而成，或由几层挠性材料构成多层材料包装袋。例如麻袋、草袋、水泥袋等，主要包装粉状、颗粒状物品和个体小货物。一般运输包装袋适用于外包装和运输包装。

（3）小型包装袋

小型包装袋盛装重量较轻，常由单层或双层材料制成，如牛皮纸、玻璃纸等，可包装液状、粉状、块状和异型物等。小型包装袋适用于内包装、个体包装及销售包装。

2. 包装盒

包装盒是介于刚性和柔性包装两者之间的包装容器。

全球柔性包装制造商包括英国Flexsol、意大利Goglio、美国Bemis、澳大利亚Sealed Air等。

8.2 纸质包装材料与容器

纸质包装是以纸与纸板为原料制成的包装，纸质包装主要包括纸、纸板和纸制品。纸质包装应用广泛，不仅用于百货、纺织、五金、电讯器材、家用电器等商品的包装，而且适用于食品、医药、军工产品等的包装。

纸质包装材料及容器有如下优点：

① 较好地满足包装的三大功能。

② 容易加工成型，且易于突出机械化、自动化、高速化。

③ 便于形成多样化造型与结构。

④ 易于达到卫生标准，符合环保要求。

⑤ 纸原料来源丰富。

⑥ 相对金属、玻璃等制品，纸的生产成本较低。

然而，纸包装也存在刚性不足、密封性较差、抗湿性较弱等缺点。纸包装的不足之处正通过各种科技工艺手段加以克服，如制造复合纸板、防潮纸等。

8.2.1　包装用纸、纸板的分类

纸和纸板是按定量（单位面积的质量，以每平方米的克数表示）或厚度来区分的，定量小于 200 克/米^2 或厚度在 0.1 毫米以下的统称为纸；定量大于 200 克/米^2 或厚度在 0.1 毫米以上的纸称为纸板或板纸。值得注意的是，有些产品定量虽为 200～250 克/米^2，但习惯上仍称为纸，如白卡纸、绘图纸等。

纸属于软性薄片材料，无法形成固定形状，主要用于包装商品、制作纸袋和印刷装潢商标等；纸板属于刚性材料，可形成各种形状，主要用于生产纸箱、纸盒、纸桶等包装容器。

1. 纸的类型

包装纸一般有三类：

（1）包装用纸，如牛皮纸、纸袋纸、包装纸、包裹纸等。

（2）特殊包装纸，如邮封纸、鸡皮纸、羊皮纸、上蜡纸、透明纸、半透明纸、沥青纸、油纸、耐酸纸、抗碱纸、防水带胶纸、接触防锈纸、气相防锈纸等。

（3）包装装潢纸，如书写纸、胶版纸、铜版纸、凸版纸、压花纸等。

2. 纸板的分类

纸板包括普通纸板、加工纸板、纸浆模塑制品等。其中，普通纸板主要包括箱板纸、黄板纸、白板纸、卡纸等，加工纸板主要包括瓦楞纸板、蜂窝纸板等。

8.2.2　主要包装用纸与纸板

1. 包装用纸

（1）纸袋纸

纸袋纸一般以本色硫酸盐针叶木浆为原料，用长网多缸造纸机或圆网多缸造纸机抄造。纸袋纸常被称作水泥袋纸。

（2）牛皮纸

牛皮纸用硫酸盐针叶木浆纤维或掺一定比例其他纸浆制造。牛皮纸可分为单面牛皮纸、双面牛皮纸及条纹牛皮纸三种，双面牛皮纸又分压光和不压光两种。

在牛皮纸表面涂树脂，强度（耐破度、撕裂度等）高，打光的纸面可以

有透明花纹、条纹或磨光，适于印刷。未漂浆的牛皮纸为浅棕色（即纸浆本色）。牛皮纸可用作五金交电及仪器、棉毛丝绸织品、绒线等包装，也可加工制作成档案袋、卷宗、纸袋、信封及砂纸的基材等。

（3）中性包装纸

中性包装纸用未漂100%硫酸盐木浆或100%硫酸盐竹浆制造，强度高。中性包装纸分为包装纸与包装纸板两种，不腐蚀金属，主要用于军工产品和专用产品的包装，以及食品和肥料等的包装。

（4）普通食品包装纸

普通食品包装纸是一种不经涂蜡加工可直接包装入口食品的包装纸，以60%的漂白化学木浆和40%的漂白化学草浆为原料，加入5%的填料，采用圆网单（多）缸造纸机抄造。

食品包装纸应符合规定的卫生指标，不得采用回收废纸作原料，不得使用荧光增白剂等有害助剂。食品包装纸按质量分为一等品和合格品，按用途分为Ⅰ型和Ⅱ型，Ⅰ型为糖果包装原纸，Ⅱ型为普通食品包装纸。

（5）鸡皮纸

鸡皮纸又称白牛皮纸，以漂白硫酸盐木浆为主要原料，抑或掺用部分漂白草浆、白纸边。鸡皮纸强度、施胶度、耐折度较好，光泽度高并有油腻感，纤维分布均匀，用于印刷商标、包装日用百货等。

（6）羊皮纸

羊皮纸分两种，一种是动物羊皮纸，一种是植物羊皮纸。现在羊皮纸主要是植物羊皮纸，故又称植物羊皮纸或硫酸纸，是一种半透明的高级包装纸。用100%未漂亚硫酸盐木浆抄制成原纸，经过72%的浓硫酸浸渍10秒钟左右，经清水冲洗，再用甘油浸渍，使纸形固定，然后烘干而成。

羊皮纸具有高度抗水、不透水、不透气、不透油等特性，且经硫酸处理，已无细菌，适用于长期保存的油脂、茶叶及药品的包装，也适用于包装精密仪器和机器零件。羊皮纸按用途分为工业羊皮纸和食品羊皮纸。

（7）半透明玻璃纸和玻璃纸

半透明玻璃纸是用漂白硫酸盐木浆，经长时间的高黏度打浆制成的双面光纸，质薄而柔软，双面光亮呈半透明状，具有防油、抗水性和较高施胶度，但在水湿后会失去强度。其主要用于包装不需久藏的油脂、乳类食品、糖果、卷烟、药品等，如脱水汤料包装袋、冰糕的单层纸袋、咖啡双层或多层包装袋。

玻璃纸又称透明纸，是一种透明度最高的高级包装用纸，是用高级漂白硫酸盐木浆，经较复杂的工艺制成的，质地柔软，厚薄均匀，有伸缩性，并具有不透气、不透油等阻隔性，以及耐热、不易带静电等性能。其主要用于包装化妆品、药品、糖果、糕点，以及针棉织品或开窗包装。

(8) 有光纸与胶版纸

有光纸是用漂白的苇浆、草浆、蔗渣浆、竹浆和废纸等原料制成的，主要用于商品里层包装或衬垫，也可用于糊裱纸盒。

胶版纸是专供印刷包装装潢、商标、标签和糊裱盒面的双面印刷纸。胶版纸纤维紧密、均匀、洁白、施胶度高、不脱粉、伸缩率小、抗张力和耐折度好，适用于多色套印。

(9) 防潮纸

防潮纸是采用油脂、蜡等对纸进行表面处理或者采用沥青涂料进行涂布加工成的石蜡纸、沥青纸、油纸等，能减少纸的吸湿量。其主要用于食品内包装、武器弹药包装、卷烟包装、水果包装等。

(10) 防锈纸

防锈纸是为了使包装金属制品不生锈，用各种防锈剂对包装纸进行处理，再经干燥而形成的一种纸。防锈剂一般有挥发性。为延长防锈时间，将涂有防锈剂的一面直接包装物品，而反面涂石蜡、硬脂酸铝或再用石蜡纸、铝箔等包装。

(11) 瓦楞原纸

瓦楞原纸与箱纸板贴合制造瓦楞纸板，再制成各类纸箱。按原料不同，瓦楞原纸可分为半化学木浆瓦楞原纸、草浆瓦楞原纸和废纸浆瓦楞原纸三种。它们在高温下，经机器滚压，成为波纹形的楞纸，与箱纸板黏合成单楞或双楞的纸板，可制作瓦楞纸箱、瓦楞纸盒、瓦楞纸衬垫和瓦楞纸格架。

2. 纸板

(1) 箱纸板

箱纸板专门用于和瓦楞原纸裱合后制成瓦楞纸盒或瓦楞纸箱，用作一般商品外包装和个别配套的小包装。箱纸板通常分一、二、三和特号 4 种，一号箱纸板为强韧箱纸板，二号箱纸板为普通箱纸板，三号箱纸板为轻载箱纸板，特号箱纸板为牛皮箱纸板。

(2) 牛皮箱纸板

牛皮箱纸板又称挂面箱板纸，表层常以硫酸盐木浆（牛皮浆）为原料，衬层、芯层和底层使用化学机械浆及废纸。适用于制造外贸包装纸箱、内销高档商品包装纸箱以及军需物品包装纸箱。

(3) 草纸板

草纸板又称黄纸板、马粪纸。草纸板是用稻草、麦草等草料经石灰法或烧碱法制浆后，用多圆网、多烘缸生产线抄制得到，也有使用混合废纸作原料制得的。这种纸板吸湿性很强，使用时应严格控制含水量。草纸板主要用于各式商品内外包装的纸盒或纸箱，也可用于精装书籍等的封面衬垫。

（4）单面白纸板

单面白纸板是一种白色挂面纸板，一般用化学热磨机械浆、脱墨废纸浆或混合废纸浆做底（里），用漂白化学木浆挂面，采用多圆网和长圆网混合纸扳机抄制而成。单面白纸板适用于经单面彩色印刷后制盒，供包装用，如儿童玩具、药品、食品、牙膏的销售包装。

（5）灰纸板

灰纸板又称青灰纸板。青灰纸板的面浆，一般用20%～50%的漂白化学木浆与50%～80%的漂白化学草浆和白纸边等，芯浆用混合废纸，底浆是废新闻纸脱墨浆。灰纸板的质量低于白纸板，主要用于各种商品的中小包装，制作纸板盒。

8.2.3 加工纸板

1. 瓦楞纸板

瓦楞纸板由瓦楞原纸加工而成，是二次加工纸板。先将瓦楞原纸压成瓦楞状，再用黏合剂将两面粘上纸板，使纸板中间呈空心结构。瓦楞的波纹像一个个拱形门，相互支撑，形成三角形空腔结构，强而有力，能够承受一定的平面压力，且富有弹性、缓冲性能好，能起到防震和保护商品的作用。

按结构分，常用的瓦楞纸板分为5种：

① 二层瓦楞纸板，又称单面瓦楞纸板，由一层箱纸板与瓦楞芯纸黏合而成，用作包装衬垫。

② 三层瓦楞纸板，又称双面瓦楞纸板或单瓦楞纸板，由两层箱纸板和一层瓦楞芯纸黏合而成，用于中包装或外包装的小型纸箱。

③ 五层瓦楞纸板，又称复双面瓦楞纸板或双面双瓦楞纸板，由面、里及芯三张纸板和两层瓦楞芯纸黏合而成，用于一般纸箱。

④ 七层瓦楞纸板。七层瓦楞纸板，又称双面三瓦楞纸板，由面、里及芯四张纸板和三层瓦楞芯纸黏合而成，用于大型或负载特重的纸箱。

⑤ X-PLY型瓦楞纸板。X-PLY型瓦楞纸板，又称高强瓦楞纸板，其瓦楞方向交错排列。

常用瓦楞纸板如图8-1所示。

瓦楞纸板按瓦楞波纹的形状，可分为U型、V型和UV型。瓦楞纸板的规格与瓦楞规格有关，瓦楞的楞型由楞高和单位长度内的瓦楞数确定。目前

（a）二层瓦楞纸板

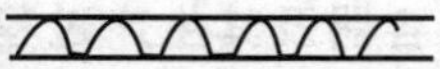
（b）三层瓦楞纸板

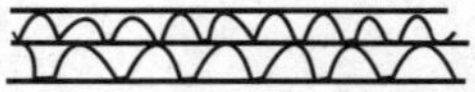
（c）五层瓦楞纸板

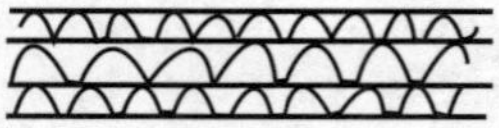
（d）七层瓦楞纸板

图 8-1　常用瓦楞纸板

世界各国的瓦楞规格主要有大瓦楞 A 型、小瓦楞 B 型、中瓦楞 C 型、微瓦楞 E 型、超微小瓦楞 K 型五种类型，生产瓦楞纸箱（盒）用的瓦楞以 A 型、B 型、C 型、E 型居多。

2. 蜂窝纸板

蜂窝材料是人类仿效自然界蜜蜂筑建的六角形蜂巢的原理研究出来的，最早是应用于军事和航空业的铝蜂窝板材，二战以后转向民用，生产出纸蜂窝结构复合材料。

普通蜂窝纸板是一种由上下两层面纸与中间六边形纸蜂窝芯黏接而成的轻质复合纸板。蜂窝纸板如图 8-2 所示。

图 8-2　蜂窝纸板

特殊结构使蜂窝纸板具有独特的性能：

① 材料消耗少，强度高，质量轻。

② 平面抗压性能良好。

③ 隔振、隔音性能较好。

④ 强度、刚度易于调整。

⑤ 易于进行特殊工艺处理以获得独特的性能。

⑥ 蜂窝纸板制品出口无须熏蒸，可以免检疫。

⑦ 保护环境。

8.2.4 纸制包装容器及其生产过程

纸制包装容器主要包括纸盒、纸箱、纸管（桶）、纸杯、纸袋、纸浆模塑制品等。

1. 纸盒

(1) 折叠纸盒

较薄（通常是0.3～1毫米）的纸板经裁切和压痕后，通过折叠组合方式成型的纸盒。按折叠方式不同，其又有管式、盘式、管盘式、非管非盘式等。盘式盒如图8-3所示，管式盒如图8-4所示。

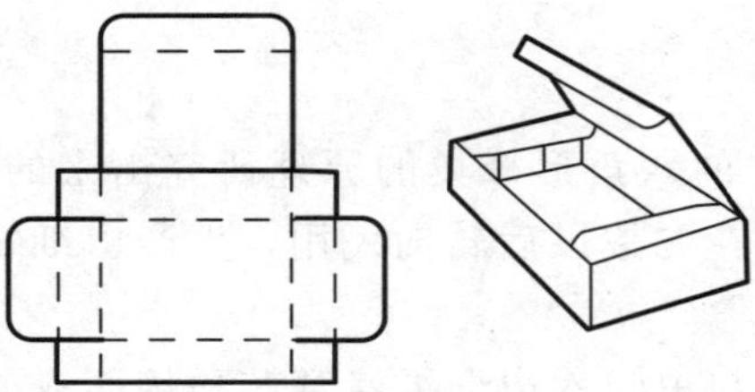

图8-3 盘式盒

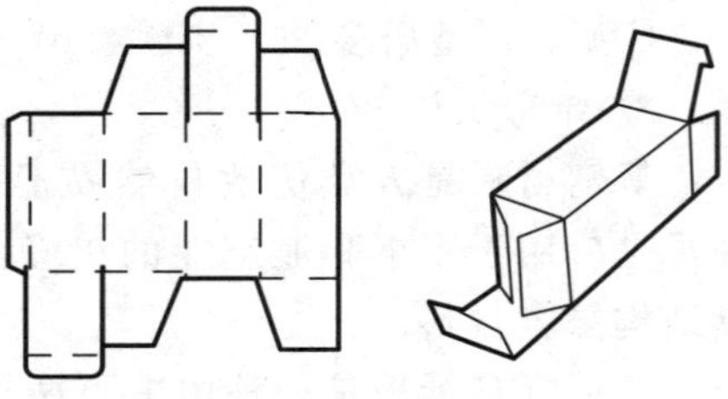

图8-4 管式盒

优点：①成本低；②流通费用少；③生产效率高，适用于中、大批量及机械化生产；④结构变化多。

缺点：①强度较低，一般只适合包装2.5千克以下的物品；②外观不够高雅，质地不够高档。

(2) 粘贴纸盒

粘贴纸盒是用贴面材料将基材纸板粘贴、裱合而成的纸盒，又称固定纸盒、手工纸盒，如图8-5所示。粘贴纸盒的原材料有基材和贴面材料两类。基材主要是非耐折纸板（如草板纸等），贴面材料又有内衬和贴面两种。

图8-5 粘贴纸盒

优点：①多种贴面材料可供选择，用途广泛；②刚性较好，抗冲击能力强；③堆码强度高；④具有良好的展示、促销功能。

缺点：①不适合机械化和大批量生产；②不能折叠堆码，流通成本高（运输空间大）；③纸盒生产程序复杂，包括设计、制模切版、印刷、模切、制盒等。

2. 纸箱

(1) 瓦楞纸箱

瓦楞纸箱是由瓦楞纸板经横切、压痕、钉箱或粘箱制成的，是运输包装中应用最广泛的包装容器，其主要箱型已形成标准。其中，GB/T 36911—2018《运输包装指南》涉及瓦楞纸箱、重型瓦楞纸箱、冷链运输包装用瓦楞纸箱、蜂窝纸板箱。现行的标准包括《出口商品运输包装　瓦楞纸箱检验规程》(SN/T 0262—1993)、《食品接触材料纸、再生纤维瓦类楞纸箱评价方法》(SN/T 2205—2008)、《出口商品运输包装瓦楞纸箱用纸检验规程》(SN/T 1025—2011)、《运输包装用单瓦楞纸箱和双瓦楞纸箱》(GB/T 6543—2008)、《包装容器 重型瓦楞纸箱》(GB/T 16717—2013)、《冷链运输包装用低温瓦楞纸箱》(GB/T 31550—2015)。

瓦楞纸箱按照所使用的瓦楞纸板的种类、内装物的最大质量和综合尺寸、预计的储运流通环境条件等分为 20 种。瓦楞纸箱的基本式样有 9 种，纸箱附件有 44 种。其中，主要有开槽型 (02 型)、套合型 (03 型)、折叠型 (04 型)。

瓦楞纸箱的设计、制模切版工序与普通纸盒基本相同，成箱过程主要包括印刷开槽和制箱两个环节。

(2) 蜂窝纸箱

蜂窝纸箱是使用蜂窝纸板制作的纸箱，其可以替代木箱、重型瓦楞纸箱等，如用于电动车和自行车包装、摩托车包装、电冰箱包装、大屏幕电视机包装、大型空调器包装等。

3. 纸管 (纸桶) 和纸杯

(1) 纸管

纸管是以纸板为主要材料制成的圆筒容器并配有纸盖或由其他材料制成的底盖。较大的纸管也称纸桶。纸管是用纸材料加工成管状的容器，主要分为螺旋纸管和无缝纸管，可作为印染、纺织、造纸、塑料、化工、音箱、工艺、包装等行业带状材料的卷轴等。纸管质量小、不生锈、价格便宜，被用来代替马口铁罐，作为粉状、晶粒状物体以及糕点、干果等的销售包装；在纸管内壁涂防水材料后，可用作液体油料的包装。

(2) 纸杯

纸杯是把用化学木浆制成的原纸进行机械加工、黏合所做成的一种纸容器，外形呈口杯形。纸杯一般为盛装冷饮的小型纸制容器，口大底小，可以一只只套叠起来，便于取用、储存、运送。纸杯用纸板常用石蜡进行表面涂布或浸蜡处理，可盛装冰淇淋、黄油等。

4. 纸袋

纸袋是采用黏合或缝合纸的方式制成的袋，用途甚广，种类繁多。根据纸袋形状可分为信封式、方底式、携带式、M形折式、筒式、阀式等。

（1）信封式纸袋

袋口和折盖均是较大的侧面，底部可形成平面。常用于文件资料、纸质物品或粉状物品的包装。

（2）方底式纸袋

沿长度方向有搭接缝，将底部折成平的菱形，打开后成方形截面，可直立放置。常用于日用品包装。

（3）携带式纸袋

以纸塑结合制成双层袋，在袋口处有加强边，并配有提手，可使用多次。常用于日用品包装。

（4）M形折式纸袋

将袋的侧边折成三边褶印呈M形，使用时纸袋扩张形成长方形截面，一般具有较大的容积。

（5）筒式纸袋

开口常位于较小尺寸的面，带有一个或几个与较长边平行的接缝，底部有折回边。

（6）阀式纸袋

两端封闭，只在其中一端装上一个阀门，物品通过阀门充填进袋，在袋内物品的压力下自动关闭阀门。

5. 纸浆模塑制品

纸浆模塑是以纸浆为原料，用带滤网的模具，在压力（负压或正压）、时间等条件下，使纸浆脱水，纤维成型而生产产品的加工方法。其与造纸的原理相同。

纸浆模塑制品广泛用于食（药）品包装、种植育苗、医用器具、电器包装内衬、易碎品隔垫、军品专用包装等。

纸浆模塑制品是一种环保包装产品，其生产工序包括碎浆、调浆、成型、干燥、定型等环节。

8.3 木质包装材料与容器

木质包装是指用木材制品和人造木材板材（如胶合板、纤维板、刨花板）制成的包装的统称。木质包装一般适用于大型的或较笨重的机械、五金交电、自行车，以及怕压、怕摔的仪器、仪表等商品的外包装。

8.3.1 天然木材

天然木材具有分布广、宜就地取材、质轻且强度高、富有一定弹性、能承受冲击和振动、易加工、耐久性高且价格低廉等优点，常用的包装木材有红松、马尾松、白松、杉木、桦木、椴木、毛白杨等。

木材也存在一定的缺点，如组织结构不匀，存在各向异性，易受环境温度、湿度的影响而变形、开裂、翘曲和强度降低，易于腐朽，易燃，易被白蚁蛀蚀等。但是，木材的缺点经过适当处理可以减轻或消除。

8.3.2 人造板材

人造板材是节约和综合利用木材的一条重要途径。人造板材除胶合板外，原料系木材采伐过程中的剩余物或其他木质纤维，如树枝、截头、板皮、碎片、刨花、锯木等，均可作为原材料。常用的人造板材原材料还扩大到灌木、农作物茎秆等。

1. 胶合板

胶合板先由原木旋切成薄木片，经选切、干燥、涂胶后，按木材纹理纵横交错重叠，再通过热压机加压而成。其层数均为奇数，有三层、五层、七层乃至更多。胶合板一般采用椴木、桦木、樟木、核桃楸、水曲柳、栎木等阔叶树种制作。

胶合板按各层木纹方向相互垂直、收缩与强度相互弥补的原则进行黏合，可以避免木材顺纹和横纹方向的差异影响，从而避免胶合板翘曲、开裂等。

包装轻工、化工类商品的胶合板，多用酚醛树脂或脲醛树脂作黏合剂。包装食品的胶合板，多用谷胶和血胶作黏合剂。

2. 纤维板

纤维板的原料有木质和非木质之分，前者是指木材加工下脚料与木材采伐剩余物，后者是指蔗渣、竹、稻草、麦秆等。原料不受树种、规格的限制，将这些原料经过制浆、成型、热压等工序制成的人造板，叫作纤维板。

纤维板的板面宽平，不易裂缝、不易腐朽虫蛀，有一定的抗压、抗弯曲强度和耐水、耐火、耐酸、耐磨、耐腐蚀性能，但抗冲击强度不如木板和胶合板。纤维板因成形时温度和压力的不同，分为硬质、半硬质、软质三种。硬质纤维板适合用于包装木箱挡板和纤维板桶等，软质纤维板一般用于包装防震衬板等。

3. 刨花板

刨花板又称碎木板或木屑板，是将碎木、刨花经过切碎加工后与胶黏剂（各种胶料、人工树脂等）拌合，再经加热压制而成的。刨花板一般分为平压法刨花板和挤压法刨花板。

刨花板的板面宽、花纹美丽，没有木材的天然缺陷，但易吸潮，吸水后膨胀率较大，且强度不高，一般可以作为小型包装容器，也可以作为大型包装容器的非受力壁板。

8.3.3 木质包装容器

各式各样的木质容器是最古老的包装容器之一。木质容器的形式有木桶（密封木桶、不密封木桶）、盒、箱（普通木箱、滑木箱、框架箱、钢丝捆扎箱）、盘（底盘、托盘、滑板托盘）等。

1. 木桶

木桶是指木质桶状容器，一种古老的包装容器，主要用来包装化工类、葡萄酒类商品，一般采用橡木等为材料。

2. 普通木箱

适用于200千克以下的载重量场合。普通木箱载重量小，常采用板式结构，装卸、搬运多为人工方式，须设置手柄、手孔等操作构件，无须考虑滑木、绳口及叉车插口等结构，常用于食品包装箱、茶叶包装箱等。

3. 滑木箱

滑木箱适用于1 500千克以下的载重量场合，如图8-6所示。滑木箱必须靠机械起吊，或沿地面拖动，故须设置滑木。滑木箱的承重靠底座、侧壁和端壁组成刚性联结共同完成。

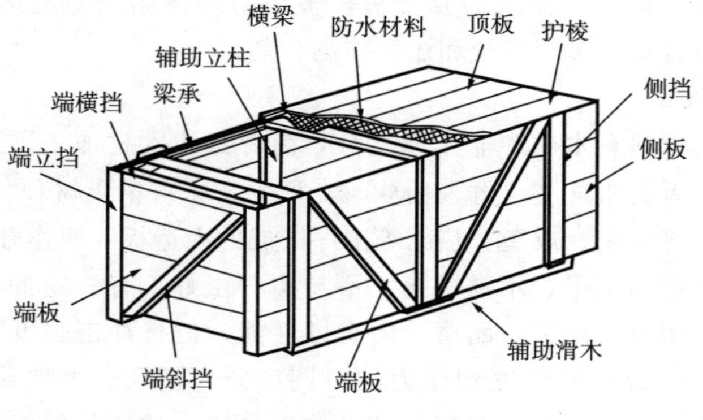

图8-6 滑木箱

4. 框架木箱

框架木箱适用于大于1 500千克的载重量场合，如图8-7所示。框架木箱必须设置滑木，供机械装卸、起吊操作使用。框架木箱的承重主要靠构件组成刚度强的桁架完成，壁板在多数情况下仅起密封保护的作用。框架木箱按结构可分为Ⅰ类（内框架木箱）和Ⅱ类（外框架木箱）。

图 8-7 框架木箱

5. 木质底盘

木质底盘适用于塔、罐等大型机械设备，这些设备本身具有足够的强度和刚度，不必过细地进行密封保护。用木质底盘作包装处理，主要是方便运输、装卸。木质底盘载重通常为 500～40 000 千克。

6. 木质托盘

木质托盘，又称木托盘、木制托盘、木栈板、货盘、货仓板、垫仓板、铲板等。木质托盘与叉车配合，实现物料的机械化搬运，木质托盘与货架结合，实现对物料的有序堆垛存放。使用托盘进行运输、装卸搬运、仓储可以简化包装，降低包装成本。

7. 胶合板箱

胶合板箱由胶合板及框档组合而成，又称框档胶合板箱，是一种自重小，外观整洁精致的小型包装箱。其适用于空运，具有构件标准化、适合工业化成批生产等优点。

8. 丝捆箱

丝捆箱是一种特殊结构的包装箱，采用钢丝将薄板连缀，再用箱档适当加固，依靠钢丝扎并扭合成结，完成封箱。其主要优点是利用钢丝与箱档的巧妙组合，形成有足够刚度的骨架来承重，薄板仅起遮盖和密封保护内装物的作用。丝捆箱按结构分为普通丝捆箱（A 型）、花格丝捆箱（B 型）、托盘式丝捆箱（C 型）。

9. 木盒

木盒是一种木质容器，因其古朴厚重的质感，常用于高档消费品的外包装，如礼品包装等。

8.4 塑料包装材料与容器

塑料包装是指各种以塑料为原料制成的包装的总称。塑料包装包括塑料周转箱、钙塑瓦楞箱、塑料桶、塑料瓶、塑料软管、塑料盘、塑料盒、塑料薄膜袋、复合塑料薄膜袋、塑料编织袋以及泡沫塑料缓冲包装等。

塑料包装用途广泛，适用于食品、医药品、纺织品、五金交电产品、服装、日杂用品等的包装。

8.4.1 塑料的组成和一般性能

1. 塑料的基本组成及作用

塑料是以合成的或天然的高分子化合物（如合成树脂、天然树脂等）为主要成分，在一定温度和压力下塑制成型，并在常温下保持其形状不变的材料。

塑料中的主要成分包括合成树脂和塑料助剂，其中，合成树脂是由许多重复单元或链节组成的大分子，也称聚合物、高聚物等，塑料助剂包括增塑剂、稳定剂、填充剂、增强剂、着色剂、润滑剂、抗静电剂、阻燃剂、驱避剂、发泡剂等。塑料的性能是由合成树脂和所用助剂的性能决定的。根据实际使用要求，不同的塑料可选用不同的助剂，而同一种树脂，加入不同的助剂，可制成性能相差大的塑料制品。

2. 塑料包装材料的性能特点

作为包装材料的塑料，主要性能特点包括：物理机械性能良好，阻隔性好，抗化学药品、耐油脂、耐热、耐寒性能优良，加工适应性良好。

塑料作为包装材料的主要缺点是强度不如钢铁，耐热度不及金属和玻璃，部分塑料含有毒助剂单体，易带静电，废弃物的处理较困难，易造成公害等。

8.4.2 塑料的分类及应用

塑料的分类方法很多，按受热加工时的性能特点，可分为热塑性塑料和热固性塑料两大类。热塑性塑料加热时可以塑制成型，冷却后固化保持其形状，此过程能反复进行，即可反复塑制；热固性塑料加热时可以被塑制成一定形状，一旦定型后即成为最终产品，再次加热时也不会软化，温度升高则会引起它的分解破坏，即不可反复塑制。

1. 常见包装用热塑性塑料

(1) 聚乙烯（PE）

聚乙烯是产量大、用量大的塑料包装材料。聚乙烯透湿率低，化学性质稳定，能耐水、酸碱水溶液和60℃以下的大多数溶剂。聚乙烯具有较好的耐寒性、耐辐射性和电绝缘性。聚乙烯的主要缺点是气密性不良，强度较低，耐热性较差，不耐浓硫酸、浓硝酸及其他氧化剂的侵蚀，耐环境应力开裂性较差，容易受光、热和氧的作用而引起降解。聚乙烯属非极性塑料，因此黏接性差。

聚乙烯可分为高密度聚乙烯（HDPE）和低密度聚乙烯（LDPE），主要用来制造各种包装薄膜、软管、盒、盘、瓶、杯等容器和泡沫缓冲材料。聚乙烯树脂的制取方法，分为高压法、中压法和低压法。

（2）聚丙烯（PP）

聚丙烯外观似聚乙烯，是通用塑料中最轻的一种。聚丙烯具有较好的防潮性、抗水性和防止异味透过性，抗张强度和硬度均优于聚乙烯，可在100℃～120℃条件下长期使用，能用于微波炉用包装和热装瓶。聚丙烯具有极好的耐弯曲疲劳强度，常用作铰链。

聚丙烯的主要缺点是耐寒性、耐老化性差，气密性不良，不适宜在低温下使用。聚丙烯属非极性材料，广泛用于制作食品、化工产品、化妆品等的包装容器，如周转箱、瓶、盒、盘、杯、编织袋以及包装用薄膜、打包带和泡沫缓冲材料等。

（3）聚苯乙烯（PS）

聚苯乙烯是一种无色透明、类似于玻璃状的材料，无味、无毒。聚苯乙烯的透明度高，着色性和印刷性好，可制作各种色彩鲜艳的制品；吸水率低，具有较好的尺寸稳定性、刚挺而无延展性。

聚苯乙烯主要缺点是耐冲击强度低，表面硬度小，易划痕磨毛，防潮性、耐热性较差，易受烃类、酮类、高级脂肪酸及苯烃等的作用而软化甚至溶解，且耐油性不好。

聚苯乙烯广泛用于制作食品、医药品、日用品等小型包装容器（如盒、杯等）和食品包装用薄膜，以及用于制作泡沫塑料缓冲材料。

（4）聚氯乙烯（PVC）

聚氯乙烯透明度高，属于极性高分子聚合物，具有优良的机械强度、耐磨、耐压性能，防潮性、抗水性和气密性良好，可以热封合，具有优良的印刷性能和难燃性，能耐强酸、强碱和非极性溶剂。

聚氯乙烯的主要缺点是耐热性差，在85℃时会析出氯化氢，引起降解，性能变差，且容易受极性有机溶剂的侵蚀。

聚氯乙烯主要用于制造硬质包装容器、透明片材、软质包装薄膜和泡沫塑料缓冲材料等。但出于保护环境的考虑，PVC正在被PET所取代。

（5）聚酰胺（PA）

聚酰胺的商品名称是尼龙（Nylon），品种繁多。尼龙大都是坚韧、不透明的角质材料，无味、无毒，熔点高，能耐油、耐一般溶剂，机械性能优异，具有较高的耐弯曲疲劳强度，可在－40℃～100℃使用。尼龙的气密性较聚乙烯、聚丙烯好，能耐碱和稀酸，不带静电，印刷性能良好。

尼龙的主要缺点是吸水性强，透湿率大，高温时尺寸稳定性差，吸水后气密性急剧下降，不耐甲酸、浓碱、苯酚和醇类。

尼龙在包装上主要用于食品的软包装，特别适用于油腻性食品、冷冻食品、真空包装食品、蒸煮杀菌食品、奶制品等的包装，还用于化学试剂等的包装。

（6）聚偏二氯乙烯（PVDC）

聚偏二氯乙烯是一种略带有浅棕色的强韧材料。聚偏二氯乙烯的结晶性强，对水蒸气、气体的透过率极低，机械强度较好，能耐强酸、强碱和有机溶剂，耐油性优良，有自粘性，难以燃烧。

聚偏二氯乙烯的缺点是耐老化性差，容易受紫外线的影响，易分解出氯化氢，其单体也有毒。

聚偏二氯乙烯价格较贵，适用于对气密性要求高的场合。

（7）聚乙烯醇（PVA）

聚乙烯醇是由聚醋酸乙烯酯水解得到的。聚乙烯醇具有良好的透明度和韧性，无味、无毒，气密性和保香性优良，机械强度高，耐应力开裂性、耐化学药品性和耐油性均较好，不带静电，印刷性能好，具有热合性。

聚乙烯醇的缺点是吸水性大，吸水后阻气性和机械强度下降；透湿率大，为聚乙烯的5～10倍；易受醇类、酯类等溶剂的侵蚀，不宜用作电绝缘材料。

聚乙烯醇薄膜一般分为耐水性薄膜和水溶性薄膜。水溶性薄膜用于计量包装的染料、农药、洗涤剂等，以充分利用其气密性和保香性，使用时将袋子和内装物一起投入水中溶解而应用。

（8）乙烯-醋酸乙烯共聚物（EVA）

乙烯-醋酸乙烯共聚物的透明性良好，弹性突出，伸长率高，耐应力开裂性、耐寒性、耐老化性和低温热封合性均优于聚乙烯，能耐强碱、弱酸的侵蚀。

乙烯-醋酸乙烯共聚物的缺点是薄膜的滑爽性差、易粘连，防潮性、气密性不良，耐热性差，易受强酸等有机溶剂的侵蚀，耐油性不良。

乙烯-醋酸乙烯共聚物主要用于制作包装薄膜，托盘的缠绕裹包，收缩膜和复合薄膜的密封层，药品、食品的包装容器，以及用于发泡鞋料、电线电缆、玩具等。

(9) 聚对苯二甲酸乙二醇酯（PET）

聚对苯二甲酸乙二醇酯俗称聚酯，是一种无色透明、坚韧的材料，机械性能好，耐热、耐寒性好，可在−40℃～120℃下使用。聚酯具有较好的防潮性、气密性和防止异味透过性，能耐弱酸、弱碱和大多数溶剂，耐油性好，适于印刷。

聚酯的主要缺点是不耐强碱、强酸；易受氯代烃等侵蚀；易带静电，且无适当的防止带静电的方法，热封合性能差；价格贵。

聚酯主要用于制作包装容器和薄膜，包装冷冻食品和蒸煮食品。聚酯瓶大规模用于饮料的包装，如可乐、矿泉水等。

(10) 聚碳酸酯（PC）

聚碳酸酯是在分子链中含有碳酸酯的一类高分子聚合物的总称。聚碳酸酯无色，透明度、折光率高，具有较好的防潮性和气密性，以及优良的保香性和耐热、耐寒性，使用温度范围在−180℃～130℃，有突出的冲击韧性，有良好的耐磨性，成型收缩率小，吸水率低，不带静电，绝缘性能优良，耐油，易于加工、模塑和热成型等。

聚碳酸酯缺点是易产生应力开裂现象，耐弯曲疲劳强度较差，热封合性不良，不耐碱、酮、芳香烃。

聚碳酸酯主要用于制成薄膜和容器，用于食品的包装。

(11) 聚氨基甲酸酯（PU 或 PUR）

聚氨基甲酸酯简称聚氨酯。聚氨酯泡沫塑料具有极佳的弹性，符合要求的密度、柔软性、伸长率和压缩强度，化学稳定性好，耐许多溶剂和油类，其耐磨性较天然海绵大 20 倍，且绝热、隔音、防震以及黏合等特性优良。

聚氨酯的价格较高，一般只用于精密仪器、贵重器械、工艺品等的防震包装或衬垫缓冲材料。聚氨酯可采用现场发泡的方法进行防震包装。

2. 常见包装用热固性塑料

(1) 酚醛塑料（PF）

酚醛塑料是以酚醛树脂为主要成分的热固性塑料，俗称电木，又称电木粉。酚醛塑料具有较高的机械强度、优良的电器绝缘性能和耐磨性，耐热温度高，不易变形，能耐某些稀酸，耐油性好。酚醛塑料的主要缺点是弹性较差，脆性大，制品颜色较暗，多为黑色或棕色，具有微毒。

酚醛塑料的价格低廉，主要用于制作瓶盖、箱盒以及化工产品的耐酸容器。采用酚醛塑料制作的瓶盖，能承受装盖机的扭力，并能长期保持密封。

(2) 脲醛塑料（UF）

脲醛塑料是以脲醛树脂为主要成分的热固性塑料，俗称电玉。脲醛塑料的表面硬度大，具有良好的光泽和适宜的半透明态，着色性好，不易吸附灰尘，化学性质稳定，电器绝缘性和耐油脂性能优良。脲醛塑料的主要缺点是耐水性差，吸水易变形，抗冲击强度也稍有不足，不耐碱和强酸的侵蚀。

脲醛塑料主要用于制作精致的包装盒、肥皂盒、文具盒、化妆品容器和瓶盖等。脲醛塑料在醋酸或100℃沸水中浸泡时有游离的有毒物质甲醛析出，故不适于包装食品。

(3) 密胺塑料（MF）

密胺塑料是以三聚氰胺甲醛树脂为主要原料制得的具有体型结构的热固性塑料，又称密胺甲醛树脂、密胺树脂。密胺塑料强度大，不易变形，表面光滑而坚硬，外观似陶瓷，无味、无毒，着色性好，可制成各种色彩鲜艳的制品。密胺塑料的耐热、耐水性好，在−20℃～100℃下性能变化很小，能耐沸水、耐酸、耐碱、耐油脂。

密胺塑料多用于制作食品容器，也可制作精美的食品包装容器及家用器皿等。

8.4.3 塑料在包装中的应用

1. 塑料薄膜

塑料薄膜一般具有透明、柔韧，良好的耐水性、防潮性和阻气性，机械强度较好，化学性质稳定，耐油脂，可以热封制袋等优点，能满足多种物品的包装要求。其薄膜主要用于制造各种手提塑料袋、外包装、食品包装、工业品包装及垃圾袋等；其片材主要用于直接加工成各类容器（如盒）或采用热成型工艺（吸塑、压塑等）加工成容器。

塑料薄膜的品种很多，通常按化学成分、成型方法、包装功能等进行分类。

2. 塑料包装容器

塑料包装容器一般分类：

① 按化学组成，分为PE、PP、PS、PVC、PET、NY、PC、PF、UF容器等。

② 按成型方法，分为模压、注射、挤出、吹塑、热成型、旋转、缠绕成型等。

A. 模压成型，是将粉状、粒状或纤维状塑料放入成型温度下的模具型腔中，然后闭模加压使其成型并固化，开模取出制品。该法历史最长。

B. 注射成型，又称注塑，是将粒状或粉状塑料从注射机的料斗加入料筒中，经加热塑化呈熔融状态后，借助螺杆或柱塞的推力，将其通过料筒端部的喷嘴注入温度较低的闭合模具中，经冷却定型后，开模取出制品。

C. 中空吹塑成型，将挤出或注射成型制得的型坯预热后置于吹塑模中，然后在型坯中通入压缩空气将其吹胀，使之紧贴于模腔壁面上，再经冷却定型、脱模即得到制品。

D. 热成型，属二次加工成型，是用热塑性塑料片材作为原料来制造塑料容器的一种方法。

E. 旋转成型，又称滚塑成型，容器的壁厚较中空吹塑成型均匀，废料少且容器几乎无内应力，不易出现变形、凹陷等。滚塑成型适用于制作大容量的贮槽、贮罐、桶等包装容器。

F. 缠绕成型，是制作增强塑料中空容器的主要成型方法，只适合制作圆柱形和球形等回转体，可制得大型贮罐、贮槽、高压容器等。适用的树脂有PF、PE、PVC 和不饱和树脂等。

③ 按容器的形状和用途，分为箱盒类、瓶罐类、袋类、软管类等。

3. 泡沫塑料

泡沫塑料是内部含有大量微孔结构的塑料制品，又称多孔性塑料、微孔塑料。其以树脂为主体，加入发泡剂等其他助剂经发泡成型而制得。泡沫塑料是产品缓冲包装中使用的主要缓冲材料。

泡沫塑料的特点：

① 容重很低，可减轻包装重量，降低运输费用。

② 具有优良的冲击、振动能量的吸收性。

③ 适应温度、湿度的变化强。

④ 吸水率低，吸湿性小，化学稳定性好，本身不会对内装物产生腐蚀，且对酸、碱等化学药品有较强的耐受性。

⑤ 导热率低，可以用于保温隔热包装。

⑥ 成型加工方便，可以采用模压、挤出、注射等成型方法制成各种泡沫衬垫、泡沫块、片材等。容易进行二次成型加工，如使用热成型、黏接等方法制成各种形状的制品等。

泡沫塑料的分类：

① 按化学成分不同，分为 PE 泡沫塑料、PS 泡沫塑料、PVC 泡沫塑料、聚氨酯（PUR）泡沫塑料、PF 泡沫塑料等。包装中 PS 泡沫塑料使用量最大，简称 EPS。

② 按密度不同，分为低发泡泡沫塑料、中发泡泡沫塑料和高发泡泡沫塑

料，密度分别是大于0.4克/厘米³、0.1～0.4克/厘米³及小于0.1克/厘米³。

③ 按泡沫结构不同，分为开孔型泡沫塑料、闭孔型泡沫塑料、网状泡沫塑料。

④ 按机械性能不同，分为软质泡沫塑料、半硬质泡沫塑料和硬质泡沫塑料三种。

4. 塑料编织袋

塑料编织袋是指用塑料扁丝编织成的袋。塑料扁丝主要是以聚乙烯树脂或聚丙烯树脂为原料经挤出成型制得平膜或管膜，然后切割成一定宽度的窄条，再经单向拉伸制成，塑料扁丝再经织造、编制、制袋而成。

塑料编织袋具有重量轻、强度高、耐腐蚀等特点。加入塑料薄膜内衬后能防潮、防湿，适用于化工原料、农药、化肥、谷物、饲料、面粉等重型包装，特别适于外贸出口包装、防汛防洪物资包装。

塑料编织袋按装载量不同，可分为轻型袋、中型袋和重型袋三种。轻型袋装载量为2.5千克以下，中型袋装载量为25～50千克，重型袋装载量为50～100千克。

5. 塑料网

塑料网主要是挤出网，挤出网又分普通挤出网和挤出发泡网。

(1) 普通挤出网

普通挤出网简称挤出网，是将聚乙烯或聚丙烯树脂加入挤出机，使其熔融塑化后从特殊旋转机头（内外模口上设有若干个小孔）挤出成网状，经冷却定型而成。

塑料挤出网的成型工艺及设备简单，易于操作，从原料到成网一次成型，生产效率高，成本低。挤出网经加工制成网袋，广泛用于包装食品、蔬菜、机械零件以及玩具等。

(2) 挤出发泡网

挤出发泡网是一种缓冲衬垫材料，是在挤出网的基础上发展起来的。挤出发泡网是以聚乙烯树脂为原料，加入交联剂、发泡剂等助剂，经挤出发泡成网。

挤出发泡网质轻，有一定的强度和弹性，并具有缓冲和防震性能，广泛应用于玻璃瓶装化学药品、小型精密仪器、电子产品以及水果等物品的包装。

6. 可降解材料包装

可降解材料包装主要包括生物降解塑料、水解降解塑料、氧化降解塑料、光降解塑料、光和生物结合降解塑料。其中，光降解塑料分为共聚型和添加型两大类：具体有共聚型光降解聚苯乙烯薄膜、共聚型光降解聚乙烯泡沫塑料、共聚型光降解低密度聚乙烯、共聚型光降解高密度聚乙烯；生物降解塑料分为微生物合成型、合成高分子型、掺和型、化学改性型淀粉塑料、物理改性型淀粉塑料；水降解塑料分为水溶性塑料包装膜、水溶性发泡塑料、水溶性凝胶无纺布。

8.5　金属包装材料与容器

金属包装材料一般是指利用钢、铁、铝、铜等金属材料制作的包装物。金属资源丰富、品种多，作为包装材料能较好地满足卫生和安全的要求，加之金属包装制品的生产工艺越来越先进、生产效率高、生产成本低，使金属包装材料的应用越来越广泛。

8.5.1　金属包装材料的分类

1. 按材质分类

金属包装材料按材质可分为钢系和铝系两大类：钢系主要有低碳薄钢板、镀锡薄钢板、无锡薄钢板、镀铬薄钢板、镀铝薄钢板、镀锌薄钢板等；铝系主要有铝合金薄板和铝箔。

2. 按材料厚度分类

金属包装材料按材料厚度可分为板材和箔材。板材主要用于制造包装容器，箔材是复合材料的主要组成部分。

8.5.2　金属包装材料的性能特点

1. 优点

① 金属包装材料强度高，质量轻。

② 金属包装材料具有独特的光泽，便于印刷、装饰。

③ 金属包装材料具有良好的综合保护性能。金属对水、气等透过率低，不透光，能有效地避免紫外线等有害影响，长期保持商品质量，因此金属包装材料广泛应用于罐头、饮料、粉状食品、药品等的包装。

④ 金属包装材料资源丰富，加工性能好，可采用不同工艺生产形状、大小各异的容器。

2. 缺点

① 金属及焊料中的铅、砷等易渗入食品中，污染食品，以及金属离子易影响食品的风味。

② 金属容器采用酚醛树脂作为内壁涂料，加工工艺不当会影响食品的

质量。

③ 金属的化学稳定性差，易受腐蚀而生锈、损坏。

④ 金属包装材料与纸、塑料相比，在价格、加工成本、运输成本方面均不占优势。

3. 几种金属包装材料的主要性能特点

(1) 钢材

钢材资源丰富，生产成本较低，在金属包装材料中用量居首位。钢材包装材料要求具有良好的综合机械性能和一定的耐腐蚀性。包装用钢板主要采用低碳薄钢板，用于制造集装箱、普通钢桶以及捆扎材料，广泛应用于运输包装。为保证耐蚀性的要求，对低碳薄钢板进行镀锡、镀铬、镀锌及施涂相应的涂料等处理，提高耐蚀性。用钢材制成销售包装容器，广泛用于食品、医药等的包装。

低碳薄钢板可制作各种规格钢桶、金属容器、金属罐、集装箱、钢箱等；镀锌薄钢板，又称白铁皮，热镀锌薄钢板用于制造包装粉状、浆状和液状物品的有特殊用途的容器；镀锡薄钢板又称马口铁，是制作罐头、糖果、饼干、茶叶、奶粉等听盒，化学产品、化妆品等的罐和盒，玻璃瓶罐的盖的主要原料；镀铬薄钢板，又称铬系无锡钢板，用于制造啤酒、饮料罐、食品罐的罐盖等。

(2) 铝材

铝材的主要性能是重量轻、无毒、无味、美观、加工性能良好、表面具有光泽。同时，铝材表面能生成一层致密的氧化铝薄膜，有效隔绝铝和氧的接触，阻止铝表面进一步氧化，铝质包装材料广泛应用于食品包装。

铝材在酸碱盐介质中易被腐蚀，故铝容器应在喷涂后使用。铝的强度比钢低，生产成本比钢高，故铝材主要用于销售包装。铝材主要分为铝板、铝箔、镀铝薄膜三种形式；铝板主要用于罐、盒、盆、瓶和软管等；铝箔主要用于制作复合包装材料的阻隔层，铝箔复合薄膜应用于食品软装、香烟、药品、洗涤剂、化妆品等包装；镀铝薄膜复合材料主要用于食品（如点心、肉类、农产品）的真空包装，以及香烟、药品、酒类、化妆品等包装材料。铝箔复合容器主要是复合罐。铝罐主要用于具有一定内压的含气饮料等的包装，少量用于运输包装。

(3) 金属箔

用钢、铝、铜等做成金属箔，在包装行业中发挥独特的作用。铝箔作为阻隔层和纸、塑料等复合使用，广泛用于食品、饮料等的软包装；与耐热塑料薄膜复合制成的容器能用于高温消毒食品的包装等。

8.5.3 金属包装容器的种类

目前，金属包装容器主要有金属罐、金属桶、金属软管及金属箔制品等。

1. 金属罐

金属罐有多种分类方法：

① 按形状分为圆罐、方罐、椭圆罐、扁罐、异形罐等；

② 按材料分为低碳薄钢板罐、镀锡钢板罐、镀铬钢板罐、铝罐等；

③ 按结构和加工工艺分为三片罐、二片罐等；

④ 按开启方法分为普通罐、易开罐等；

⑤ 按用途分为食品罐、通用罐、喷雾罐等。

常用的金属罐是三片罐、二片罐、食品罐、通用罐、喷雾罐等。

三片罐，又称接缝罐、敞口罐，是由罐身、罐盖和罐底三部分组成的。罐身有接缝。根据接缝工艺不同又分为锡焊罐、缝焊罐和黏接罐，用于食品、药品包装等。

二片罐是由与罐身连在一起的罐底加上罐盖两部分组成的，罐身无接缝。根据加工工艺又分为拉深罐和变薄拉深罐。拉深罐根据罐身高与截面直径比例不同分为一次浅拉深罐和多次深拉深罐。多次深拉深罐又叫DRD罐，用于饮料包装等。

食品罐一般用于制作罐头，是完全密封的罐。完全密封的目的是在充填内装物后，能加热灭菌。我国食品罐所用的材料主要是镀锡钢板、无锡钢板和铝薄板。食品罐多是三片罐形式，也有部分为浅拉伸二片罐。

通用罐是指不包括罐头在内的包装点心、紫菜、茶叶等食品的金属罐以及包装药品与化妆品等的金属罐。这些罐可以密封，但无须灭菌处理。通用罐的外表面一般经过精美印刷，又称“美术罐”。使用的原材料多种多样，除金属材料外，还有塑料和纸板等材料。

喷雾罐是一种耐压罐，应用于医疗和防治农作物虫害等领域并延伸到化妆品、洗涤剂、杀虫剂、油漆、食品等方面，90%以上的喷雾罐是用马口铁、铝和不锈钢制造的。

2. 金属桶

金属桶分敞口和闭口两种。其中200升以上的大桶已经形成标准，敞口桶有时也归为家用器具。

3. 金属软管

制作金属软管常用的材料是锡、铝及铅。锡的价格贵，但性能好。金属软管的特点是易加工、耐酸碱、防水、防潮、防污染、防紫外线，可进行高温杀菌处理，适宜长期保存内装物。

金属软管携带方便，使用时挤出内装物而无回吸现象，内装物不易受污染，特别适合盛装重复使用的半流体、膏体（如药膏、颜料、油彩、黏结剂）等。

4. 金属箔制品

金属箔有铁箔、硬（软）质铝箔、铜箔、钢箔等，可以制成形状多样、精巧美观的包装容器，常用的是铝箔容器。铝箔容器的特点是质轻、外表美观；传热性好，既能高温加热又能低温冷冻，并能承受温度的急剧变化；隔绝性能好，可制成形式、种类、容量各不相同的容器；可进行彩色印刷；开启方便，使用后易处理。

铝箔用于包装容器的形式有两类：一类是以铝箔为主体经成型加工制得的成型容器，又称刚性或半刚性容器，有盒式、浅盘式等；另一类是袋式容器，又称软性容器，是由纸/铝箔、塑料/铝箔及纸/铝箔/塑料黏接的复合材料制成的袋式容器，如蒸煮袋等。

铝箔容器可用于焙烤类糕饼、餐后甜食、冷冻食品、方便食品、军需食品、应急食品及可加热食用的盒式食品、旅行食品等的包装。

8.6 玻璃、陶瓷包装材料与容器

玻璃与陶瓷同属于硅酸盐类材料。玻璃包装和陶瓷包装是具有“血缘”关系的两种包装方式。玻璃与陶瓷包装的共同点是材质相同、化学稳定性好，不同点是成型、烧制方式不同，玻璃是先成材后成型，陶瓷是先成型后成材。

玻璃包装容器是指由普通或特种玻璃制成的包装容器，如玻璃瓶、玻璃罐、陶瓷瓶等；陶瓷包装容器是指以陶瓷制成的包装容器，如陶瓷瓶、缸、坛、罐等。

8.6.1 玻璃包装材料

1. 玻璃包装材料的化学组成

玻璃是由无机熔融体冷却而成的非结晶态固体。玻璃的化学成分是二氧化硅（SiO_2）和各种金属氧化物。SiO_2 在玻璃中形成硅氧四面体网状结构，成为玻璃的骨架。金属氧化物包括氧化钠、氧化钙、氧化铝、氧化硼、氧化钡、氧化铬和氧化镍等。金属氧化物与二氧化硅主要由硅砂、长石、方解石、白云石、纯碱和芒硝等原料提供。

2. 玻璃包装材料的性能

(1) 玻璃的物理机械性能

玻璃的抗张强度大，但若玻璃表面有微小裂痕，抗张强度会大大降低；抗压强度高；弹性和韧性差，属脆性材料，超过其强度极限会立刻破裂；硬度高。

(2) 阻隔性

玻璃对于所有气体、溶液或溶剂，是完全不渗透的，常把玻璃作为气体的理想包装材料。

(3) 热稳定性

玻璃有一定的耐热性，但不耐温度的急剧变化。作为容器玻璃，在成分中加入硅、硼、铅、镁、锌等的氧化物，可提高其耐热性，以适应玻璃容器的高温杀菌和消毒处理。容器玻璃的厚度不均匀，若存在结石、气泡、微小裂纹和不均匀的内应力，会影响热稳定性。

(4) 光学性能

玻璃的光学性能体现为透明性和折光性。在玻璃中加入 Cr_2O_3 能制成绿色玻璃，加入 NiO 能制成棕色玻璃。当使用不透明的玻璃或琥珀玻璃时，可大大降低光的破坏作用。玻璃具有较大的折光性，利用此性质，使工艺品玻璃容器具有光彩夺目的装饰效果。玻璃的厚度与种类影响滤光性。

(5) 化学稳定性

玻璃具有良好的化学稳定性，耐化学腐蚀性强。只有氢氟酸能腐蚀玻璃，玻璃容器可以盛装酸性或碱性食品以及针剂药液。

3. 玻璃包装材料的种类

玻璃包装材料有普通瓶罐玻璃（主要是钠、钙硅酸盐玻璃）和特种玻璃（如中性玻璃、石英玻璃、微晶玻璃、钠化玻璃等）之分。

4. 玻璃包装容器及用途

玻璃瓶罐种类繁多，用途广，分类方法也多种多样。

(1) 按瓶身造型

按瓶身造型，分为有肩瓶与无肩瓶、高装瓶和矮装瓶、圆形瓶和方形瓶及曲线形瓶、椭圆形瓶等。

(2) 按瓶颈形状

按瓶颈形状，分为有颈瓶与无颈瓶、长颈瓶和短装瓶、粗颈瓶与细颈瓶等。

(3) 按色泽

按色泽，分为无色透明瓶、半透明乳白瓶、绿色瓶、茶色瓶及不透明的色瓶等。

（4）按瓶口直径

按瓶口直径，分小口瓶、广口瓶两类。一般瓶口直径与瓶身内径之比小于1/2的称为小口瓶，大于1/2的称为广口瓶、大口瓶、粗径瓶。

（5）按用途

按用途，分为：

① 食品瓶，如汽水瓶、奶粉瓶、罐头瓶、酱油瓶等。

② 酒瓶，如啤酒瓶、汽酒瓶、白酒瓶等，其中啤酒瓶和汽酒瓶要求能承受5～15个大气压，瓶型以圆形瓶为主。

③ 医药用瓶，根据药物形态不同，又分为水剂瓶、粉剂瓶、内服瓶与外用瓶，以及肩瓶与小型瓶、管状瓶等，安瓿（bù）也是一种医药用瓶。

④ 化学试剂用瓶，如棕色或透明罗口大口瓶、广口或细口瓶等。

⑤ 化妆品用瓶，如花露水、香水、雪花膏、珍珠霜瓶。

⑥ 文具用瓶，如墨水瓶、糨糊瓶、胶水瓶等。

（6）按制造方法

按制造方法，分为：

① 模制瓶：直接用模具成型（压制、吹制），大部分玻璃容器均是模制瓶。

② 管制瓶：用预制的玻璃管二次加工成型。

5. 玻璃瓶罐的生产工艺简介

（1）原料及原料制备

按玻璃的性质要求确定原料配方，然后按配方称重。将称重的原料与相同化学成分的碎玻璃一同混合备用。

（2）熔制

采用连续作业的池窑进行熔制，温度为1 300℃～1 600℃。

（3）成型

经高温熔制好的玻璃液冷却至成型温度，采用各种方法成型。将其制成具有固定形状的制品，常用的方法有吹制法、拉制法、压制法、压延法、浇铸法、离心浇铸法以及烧结法等。

（4）退火

玻璃制品成型后各部位的不均匀冷却，会造成一定的内应力，这种内应力使制品有发生爆裂的危险。退火，即将成型后的制品重新加热至退火温度，使内应力释放，然后再均匀冷却。退火温度常为550℃左右。

（5）后期加工和增强处理

① 烧口。烧口是进行瓶口火抛光，目的是提高瓶口光洁度，消除微裂纹，

提高承压能力，易于密封。常用于酒类、汽水瓶等。

② 钢化。将制品加热至接近玻璃的软化温度，然后均匀快速冷却，使其表层产生适当的均匀压应力，以提高机械温度和热稳定性。

③ 磨口和磨塞。磨砂密封时对瓶口内和瓶塞外进行磨修。

④ 抛光。对制品表面进行精细研磨或用氢氟酸处理，使其表面平滑光亮，增加美感。

⑤ 喷砂或酸蚀。用高速细砂流或酸对制品表面进行加工，以形成毛面或制成花样、标签等。

⑥ 烤花。将釉彩印花或花纸贴在制品表面，放入烤花炉中以适当温度烘烤，使花纹附着在制品表面。

6. 强化玻璃与轻量玻璃容器

强化玻璃又称钢化玻璃。玻璃的强化技术是根据玻璃的抗压强度高原理设计，采用物理的（热处理）或化学的（离子交换）方法，将能抵抗拉应力的压应力层预先置入玻璃表面，使玻璃在受到拉应力时，首先抵消表面层的压应力，提高玻璃的抗拉强度。将玻璃的强化技术与双层涂敷工艺相结合，可以开发研制出高强度轻量玻璃容器。玻璃钢，以玻璃纤维增强不饱和聚酯、环氧树脂与酚醛树脂作基体，以玻璃纤维或其制品作增强材料的增强塑料。

8.6.2　陶瓷包装材料

陶瓷是以黏土、长石、石英等天然矿物为主要原料，经粉碎、混合和塑化，按用途成型，并经装饰、涂釉，然后在高温下烧制而成的制品，是一种多晶、多相（晶相、玻璃相和气相）的硅酸盐材料。

1. 陶瓷的性能

陶瓷的化学稳定性与热稳定性好，能耐各种化学物品的侵蚀，热稳定性比玻璃好，在 250℃～300℃时也不开裂，并耐温度剧变。

不同商品的包装对陶瓷的性能要求不同。对于高级饮用酒（如茅台酒），其包装材料不仅要求机械强度高，阻隔性好，白度好，有光泽，甚至要求具备良好的电绝缘性、压电性、热电性、透明性、机械性能等。对于包装用陶瓷材料，主要考虑其化学稳定性和机械强度。

2. 包装陶瓷的种类

包装陶瓷主要有粗陶器、精陶器、瓷器和炻（shí）器四大类。

（1）粗陶器

粗陶器具有多孔、表面较粗糙，带有颜色和不透明等特点，有较大的吸水率和透气性，主要用作缸器。

（2）精陶器

精陶器又分为硬质精陶（长石质精陶）和普通精陶（石灰质、镁、熟料质等）。精陶器较粗陶器精细，为灰白色，气孔率和吸水率均小于粗陶器，石灰质陶器吸水率为18%～22%，长石质陶器吸水率为9%～12%，常作为坛、罐和陶瓶。

（3）瓷器

瓷器比陶器结构紧密均匀，为白色，表面光滑，吸水率低（0～0.5%）；极薄的瓷器还具有半透明的特性。瓷器主要用作包装容器和家用器皿，也用于少数瓷罐。按原料不同，瓷器又分长石瓷、绢云母质瓷、滑石瓷和骨灰瓷等。

（4）炻器

炻器是介于瓷器与陶器之间的一种陶瓷制品，有粗炻器和细炻器两种，主要用作缸坛等容器。

（5）其他

除上述以外，还有金属陶瓷与泡沫陶瓷等特种陶瓷。金属陶瓷是在陶瓷原料中加入金属微粒，如镁、镍、铬、钛等，制出的陶瓷兼有金属的韧而不脆和陶瓷的耐高温、硬度大、耐腐蚀、耐氧化性等特点；泡沫陶瓷是一种质轻而多孔的陶瓷，孔隙是通过加入发泡剂而形成的，具有机械强度高、绝缘性好、耐高温的性能。这两类陶瓷主要用于具有特殊用途的特种包装容器。

3. 陶瓷包装容器的品种、用途和结构

按陶瓷包装造型，陶瓷可分为缸、坛、罐、钵和瓶等多种。

① 陶缸。陶缸大多为炻质容器，下小上大，敞口，内外施釉，缸盖是木制的，封口常用纸裱糊。在出口包装中，陶缸是皮蛋、咸蛋等的专用包装。

② 坛和罐。坛和罐是可封口的容器，坛较大，罐较小，有平口和小口之分；有的坛两侧或一侧有耳环，便于搬运，坛外围多套有较稀但质地较坚实的竹筐或柳条、荆条筐。这类容器主要用于盛装酒、硫酸、酱油、酱腌菜、腐乳等商品，一般用纸胶粘封口或胶泥封口。

③ 陶瓷瓶。陶瓷瓶是盛装酒类和其他饮料的销售包装，结构、造型、瓶口等与玻璃瓶相似，构型有鼓腰形、壶形、葫芦形各种艺术形象，陶瓷瓶古朴典雅，釉彩和装潢美观，主要用于高级名酒包装。

8.7 复合包装材料与容器

复合包装材料是指由两种或两种以上异质、异形、异性的材料复合形成的新型材料。广义来说，复合材料包括一切双组分以上的结构体，分为混合型和层合型两种。复合包装材料按用途分为结构复合材料和功能复合材料。例如，由玻璃纤维（包括碳纤维、硼纤维等合成纤维甚至金属丝等）作填充剂的塑料复合材料，称为增强塑料，俗称玻璃钢。

复合包装材料主要是指层合型，即用层合、挤出贴面、共挤塑等技术将几种不同性能的基材结合在一起形成的多层结构。使用多层结构形成的包装可以有效地发挥防尘、防污、阻隔气体、保持香味、保持透明（或不透明）、防紫外线、装潢、印刷、易于用机械加工封合等功能。复合材料包装容器包括复合容器和多层塑料容器。复合容器一般是指罐体与罐盖（底）用不同材料制成的罐或容器，又称组合罐。

8.7.1　复合包装材料的组成

复合包装材料分为基材、层合黏合剂、包装封闭物及热封合材料、印刷与保护性涂料等组分。

1. 基材

基材通常由纸张、玻璃纸、铝箔及蒸镀铝材料、双向拉伸热定型聚丙烯、双向拉伸热定型聚酯、尼龙与取向尼龙、共挤塑包装材料、蒸镀金属膜等构成。结构复合材料按不同基体分为复合物基复合材料、金属基复合材料、陶瓷基复合材料、碳基复合材料、水泥基复合材料等。

（1）纸张

纸种类齐全、便于印刷黏合，能满足不同包装用途的需要，在层合材料中广泛用作基材。用蜡或聚偏二氯乙烯涂布的加工纸和防潮纸广泛地用于糖果、快餐、小吃和脱水食品的包装。

（2）玻璃纸

玻璃纸是一种用于包装的透明软材料。未涂布防潮树脂的玻璃纸容易吸潮变软、变形。用于层合的玻璃纸是在其一面或两面涂布聚偏二氯乙烯。若使用聚乙烯黏合剂，这种层合材料能形成高强度的气密性封合。为适应不同的需求，可以用乙烯共聚物代替聚乙烯，以降低热封合温度。如果不希望透明，可在层合时使用添加白色颜料的聚乙烯薄膜。

（3）铝箔及蒸镀铝材料

铝箔在层合材料中被作为阻隔层。铝箔与其他软包装材料相比，对光、空气、水及其他大多数气体和液体具有不渗透性，可以用于高温杀菌，使产品不受氧气、日光和细菌的侵害，以及具备良好的印刷适性。

采用蒸镀铝代替铝箔可以节省铝材。蒸镀铝可以使耗铝量降为原来的 1/300，耗能缩小 20 倍。蒸镀铝厚度只有 10～20 纳米，附着力好，耐折性及韧性优良，可部分透明。适合真空镀铝的基材有玻璃纸、纸、聚氯乙烯、聚酯、拉伸聚丙烯、聚乙烯、聚酰胺等。

（4）双向拉伸热定型聚丙烯（BOPP）

双向拉伸聚丙烯可以像玻璃纸一样被涂布，又可以与其他树脂共挤塑，生产出具有热封合性的复合结构，可以满足各种不同的需要。

（5）双向拉伸热定型聚酯（BOPET）

双向拉伸热定型聚酯具有好的尺寸稳定性、耐热性及印刷适性，是层合结构的外层组分。含有铝箔或蒸镀铝的聚酯复合结构具有好的阻隔性和耐热性，但加工成本较高。

（6）尼龙与取向尼龙（ON）

尼龙虽然对潮气的阻隔性不好，但阻氧性能较高。采用一种阻湿性好的材料（如聚乙烯或聚偏二氯乙烯）事先与尼龙层合，则可成为对氧和水蒸气阻隔性均好的包装材料。常用挤出涂布方法将尼龙与具有阻隔潮气和热封合功能的材料复合，应用于包装鲜肉及块状干酪。乙醋共聚物/尼龙/聚乙烯（或乙醋共聚物）的复合结构常作为衬袋箱的衬袋材料。

（7）共挤塑包装材料

聚乙烯、聚丙烯、乙烯-醋酸乙烯、乙烯-丙烯酸、乙烯-甲基丙烯酸等常用作共挤塑包装材料。

（8）新型复合包装材料

新型复合包装材料包括功能复合材料、机敏复合材料、智能复合材料、纳米复合材料、仿生复合材料等。

2. 层合黏合剂

层合黏合剂按基材性质分为有机黏合剂和无机黏合剂。常用的层合黏合剂包括：

① 溶剂型和乳液型黏合剂。用于纸和铝箔层合。

② 热塑性和热固性黏合剂。热塑性黏合剂层合的材料缺少耐热性；热固性黏合剂抗热性、抗化学性、抗渗性较好，广泛用于塑料、纸及纸板等基材。

③ 天然黏合剂和无机黏合剂。

④ 橡胶黏合剂。

⑤ 挤塑黏合剂。聚乙烯和乙烯共聚物是应用广泛的挤塑黏合剂，能起防潮作用。

⑥ 蜡及蜡混合物。石蜡常用于不需要高黏合强度和高耐热性情况下的黏合。

3. 包装封闭物及热封合材料

封闭包装的方法有热封合、冷封合和黏合剂封合。热封合是利用多层结构中的热塑性内层组分，加热时软化封合，移掉热源就固化。蜡和热封合塑料薄膜，热封合涂料及热熔融体是常用的热封合材料。改性橡胶基物质不用加热只要加压就能封合，称为冷封合涂料或压敏胶。

4. 印刷与保护性涂料

多层软包装的保护性涂料具有如下功能：保护印刷表面，防止卷筒粘连，保持光泽，控制摩擦系数，具有热封合性、阻隔性等。硝酸纤维素、乙基纤维素、丙烯酸系塑料、聚酰胺等树脂都可用作保护性涂料。

8.7.2　多层复合塑料容器

1. 多层塑料瓶

多层塑料瓶由阻隔层树脂、结构层树脂、黏合剂和黏合材料组成。采用强度高且成本低的树脂可满足机械强度方面的要求，采用阻隔性能好的树脂作阻隔层，阻隔层很薄可降低整体成本。例如，以 EVOH 为阻隔层的多层瓶用于包装农药、药品及橘汁等，HDPE/改性 PE/EVOH/改性 PE/HDPEH 复合的小型橘汁瓶为典型的多层结构。

2. 层合软管

层合软管与层合薄膜一样是多层复合包装材料的一个应用领域。

3. 塑料-金属箔复合容器

钢箔比铝箔刚性好、不易变形，可消除铝箔形成容器时的褶皱现象，外形美观。典型的钢箔塑料复合结构为 PP（40 微米）/钢箔（75 微米）/PP（70 微米）。钢塑复合容器可用于甜冻食品、烧鸡、田螺、咸鳕鱼以及婴儿食品的包装。针对水果类及蔬菜类食品包装对氧气十分敏感的特点，开发防止氧化的钢箔复合无菌容器，基材是 75 微米厚的镀锡钢箔，外面为复合聚丙烯；在制罐工艺中，在罐口突缘及侧壁处涂上专用涂料，底面的镀锡层裸露，利用锡极易氧化的原理，可有效地消除内部残留的氧。

8.8　危险品包装材料与容器

8.8.1　危险品包装概述

危险品是指具有燃烧、爆炸、腐蚀、毒害、放射性辐射等特性，危及人类生命与财产安全的物品。危险品对包装、积载、隔离、装卸、管理、运输条件和消防急救措施等均有特殊且严格的要求。包装直接影响危险品的安全运输，危险品更需要严格的包装。

8.8.2 危险品包装相关法律规定

按照联合国危险货物运输专家委员会（UN TDG）于 1956 年发布的《关于危险货物运输的建议书》（UN RTDG，即桔皮书）的规定，联合国下属的国际海事组织（IMO）制定了《国际海运危险货物规则》（IMDG Code）；国际民航组织（ICAO）制定了《国际空运危险货物规则》；欧洲铁路运输中心局（OCTI）制定了《国际铁路运输危险货物规则》（RID）；欧洲经济委员会（ECE）与国际运输委员会制定了《危险品公路运输欧洲协议》（ADR）等有关的危险货物包装及运输管理法规。联合国危险货物运输专家委员会定期召开专家会议就有关危险货物分类、包装及运输方面的提案进行讨论、研究并提出处理意见，每两年修订一次桔皮书。

国际民航组织规定从 1989 年 1 月 1 日起，国际海事组织规定从 1991 年 1 月 1 日起，凡是用于空运和海运的危险货物的包装强制执行《桔皮书》关于危险货物包装定义、规格、要求、代码、标记、性能检测技术标准的规定。

我国先后颁布《海运出口危险货物包装检验管理办法（试行）》《空运进出口危险货物包装检验管理办法（试行）》《铁路运输出口危险货物包装容器检验管理办法（试行）》，并按照《中华人民共和国进出口商品检验法》将出口危险货物包装质量列为强制性检验项目。

我国对危险货物包装检验执行的标准有：《铁路运输危险货物包装检验安全规范》（GB 19359—2009）、《水路运输危险货物包装检验安全规范》（GB 19270—2009）、《空运危险货物包装检验安全规范》（GB 19433—2009）、《海运出口危险货物钢提桶包装检验规程　第 2 部分：性能检验》（SN/T 0760—2017）、《海运出口危险货物小型气体容器包装检验规程》（SN/T 0324—2014）、《海运出口危险货物塑编集装袋性能检验规程》（SN/T 0893—2000）。

8.8.3 危险品包装分类及标记

按照《关于危险货物运输的建议书》，对各种危险货物按危险性质分成 9 大类、21 小类。

第 1 类：爆炸品；第 2 类：气体，包括压缩气体、液化气体和加压溶解气体；第 3 类：易燃液体；第 4 类：易燃固体、易自燃物质、遇水放出易燃气体的物质；第 5 类：氧化性物质、有机过氧化物；第 6 类：毒性物质和感染性物质；第 7 类：放射性物质；第 8 类：腐蚀品；第 9 类：杂类危险物质。

以上危险货物除第 1 类、第 2 类、第 6 类和第 7 类以外的危险货物包装，按其所装货物的危险程度分为 3 个类别：

Ⅰ类包装，适用于高度危险货物的包装；

Ⅱ类包装，适用于中度危险货物的包装；

Ⅲ类包装，适用于低度危险货物的包装。

部分危险品包装类型及代码见表 8－1 所列。

表 8－1　部分危险品包装类型及代码

形式	材质	类型	代码	拟装物状态	应检验项目			
					跌落	渗漏	液压	堆码
1 桶	A	闭口钢桶	1A1	液体	+	+		+
		开口钢桶	1A2	固体	+			+
	B	闭口铝桶	1B1	液体	+	+	+	+
		开口铝桶	1B2	固体	+			+
	D	胶板圆桶	1D	固体	+			+
	G	纤维圆桶	1G1	固体	+			+
	H	闭口塑料桶	1H1	液体	+	+	+	+
		开口塑料桶	1H2	固体	+			+
2 木琵琶桶	C	塞式	2C1	液体	+	+		+
		非水密型	2C2	固体	+			+
3 罐	A	闭口钢罐	3A1	液体	+	+	+	+
		开口钢罐	3A2	固体	+			+
	H	闭口塑料罐	3H1	液体	+	+	+	+
		开口塑料罐	3H2	固体	+			+
4 箱	A	钢箱	4A1	固体	+			+
		有内衬或涂层钢箱	4A2	固体	+			+
	B	铝箱	4B1	固体	+			+
		有内衬或涂层铝箱	4B2	固体	+			+
	C	普通的木箱	4C1	固体	+			+
		箱壁防漏的木箱	4C2	固体	+			+
	D	胶合板箱	4D	固体	+			+
	F	再生木箱	4F	固体	+			+
	G	纤维板箱	4G	固体	+			+
	H	发泡的或有波纹的塑料箱	4H1	固体	+			+
		密实的塑料箱	4H2	固体	+			+

（续表）

形式	材质	类型	代码	拟装物状态	应检验项目			
					跌落	渗漏	液压	堆码
5 袋	H（编织的）	无内衬或涂层的塑料编织袋	5H1	固体	+			
		防撒漏的塑料编织袋	5H2	固体	+			
		防水的塑料编织袋	5H3	固体	+			
	H（薄膜）	塑料薄膜袋	5H4	固体	+			
		无内衬或涂层的布袋	5L1	固体	+			
	L	防撒漏的布袋	5L2	固体	+			
		防水的布袋	5L3	固体	+			
	M	多层的纸袋	5M1	固体	+			
		多层的、防水的纸袋	5m^2	固体	+			
6 复合包装	H	钢桶塑料复包	6HA1		+	+	+	+
		钢条箱或钢皮箱塑料复包	6HA2		+			+
		铝桶塑料复包	6HB1		+	+	+	+
		铝条或铝皮箱塑料复包	6HB2		+			+
		木箱塑料复包	6HC		+			+
		胶合板桶塑料复包	6HD1		+	+	+	+
		胶合板箱塑料复包	6HD2		+			+
		纤维箱塑料复包	6HG1		+	+	+	+
		塑料桶塑料复包	6HH1		+			+
		密实塑料箱塑料复包	6HH2		+			+
	P	玻璃钢桶复包	6PA1		+			+
		玻璃陶瓷钢条或钢皮箱复包	6PA2		+			+
		玻璃陶瓷铝桶复包	6PB1		+			+
		玻璃陶瓷铝条或铝皮箱复包	6PB2		+			+
		玻璃陶瓷木箱复包	6PC		+			+
		玻璃陶瓷胶合板桶复包	6PD1		+			+
		玻璃陶瓷柳条筐复包	6PD2		+			+
		玻璃陶瓷纤维桶复包	6PG1		+			+
		玻璃陶瓷纤维板箱复包	6PG2		+			+
		玻璃陶瓷多孔塑料复包	6PH1		+			+
		玻璃陶瓷密实塑料复包	6PH2		+			+

注：表中“+”号表示应检验项目；凡用于盛装液体的复合包装，均须增加渗漏试验和液压试验。

表示类别和密度的代码，包括以下几个部分。

① 一个字母表示包装类别：X——用于包装类Ⅰ、Ⅱ、Ⅲ；Y——用于包装类Ⅱ、Ⅲ；Z——用于包装类Ⅲ。

② 包装允许装载货物的相对密度，对于拟装固体或有内包装的包装，应标以最大毛重。

③ 运输固体或有内包装的包装，如果已顺利通过液压试验，用英文字母“S”表示。

④ 标明包装制造年份、生产国别、生产厂所在地检验机构代号、生产厂代号。

⑤ 标明包装生产批次。

8.8.4　危险品包装性能检验和使用鉴定要求

1.《空运危险货物包装检验安全规范》

(1) 性能检验

对于盛装容积不超过 450 升、净重不超过 400 千克的各类包装，《空运危险货物包装检验安全规范》(GB 19433—2009) 明确通用要求，包括：一般技术要求、爆炸物品包装的特殊要求；性能检验要求，性能项目包括跌落试验、气密试验、液压试验、堆码试验。

(2) 使用鉴定要求

《空运危险货物包装检验安全规范》(GB 19433—2009) 使用鉴定要求包括一般要求、抽样、鉴定、鉴定规则等。

2.《铁路运输危险货物包装检验安全规范》

(1) 性能检验

《铁路运输危险货物包装检验安全规范》(GB 19359—2009) 明确要求，包括：一般要求和第Ⅰ类危险货物的特殊包装要求、有机过氧物 (5.2 项) 和 4.1 项自反应物资的特殊包装要求、各种容器的要求。性能检验涉及试验规定、试验、检验规则。

(2) 使用鉴定

使用鉴定涉及如下部分：鉴定要求包括一般要求和特殊要求，抽样包括检验批、抽样规则、抽样数量、鉴定项目、鉴定规则。

3.《水路运输危险货物包装检验安全规范》

《水路运输危险货物包装检验安全规范》与《铁路运输危险货物包装检验安全规范》的性能检验和使用鉴定类似。

【小　结】

本章介绍包装材料与容器的分类和特点，分析纸质包装材料与容器、木质包装材料与容器、塑料包装材料与容器、金属包装材料与容器、玻璃包装材料与容器、复合包装材料与容器、危险品包装材料与容器的性能和应用场合。

【案例讨论】

合　成　纸

合成纸（synthetic paper），又称化工薄膜纸、聚合物纸、塑料纸，是在化学原料（如烯烃类）中加入一些添加剂制作而成的，具有质地柔软、抗拉力强、抗水性高、耐光耐冷热、并能抵抗化学物质的腐蚀又无环境污染、透气性好等特点。合成纸制法有两种：第一种，首先把合成高分子材料（如聚乙烯、聚丙烯等）经过熔融、挤压、成膜，沿不同轴向拉伸，生成薄膜，然后使用化学或物理的方法使之纸化，如砂化可以增加不透明度，用化学药品处理表面可以取得憎液性能等，制成合成纸。第二种，使用合成浆，经打浆处理后抄造合成纸产品。合成纸的拉伸强度高，不怕水、不虫蛀、有弹性、能隔热、尺寸稳定、表面平滑，有极高的撕裂强度、良好的绝缘性能、光学性能和优异的湿强度。同时，合成纸具有如下特点：（1）环保，合成纸原料来源及制造过程不会造成环境的改变及破坏，产品使用后可以100%回收，即使焚烧处理，因为其塑料基材只含碳和氧元素，不会产生有毒、有害气体；以塑代纸，以塑代木，合成纸原料不需要木材及天然植物纤维，可以节约大森林资源和减少环境污染。（2）密度小，一般小于0.8克/厘米^3，刚性好。（3）不含天然纤维，100%防水、防化学品和防油脂。（4）纸张白度和不透明度可达到90%以上，遮蔽性好，紫外线稳定性好。（4）加工性好，可采用裁切、模切、压花、烫金、钻孔、缝纫、折叠、胶接等加工方法。（5）保存期长，防蛀、防腐。（7）可代替复合、喷铝、淋膜等复合纸产品。合成纸的包装用途包括制成手提袋、制成包装盒、药品包装、化妆品包装、食品包装、工业产品包装等。

资料来源：http：//www.tzzi.net/archives/4254.html

讨论题

1. 合成纸具有哪些特点？
2. 合成纸能用于哪些物品的包装材料和容器？

【复习思考题】

1. 纸质包装材料的发展方向是什么？
2. 木质包装材料的发展方向是什么？
3. 金属包装材料的发展方向是什么？
4. 复合包装材料的发展方向是什么？
5. 举例说明纸包装容器的应用范围。
6. 塑料容器的成型方法主要有几种？分别简述之。
7. 盛装食用油的 5 升塑料容器可以使用什么方法成型？为什么？
8. 比较陶瓷与玻璃包装容器的异同。
9. 试对比二片罐和三片罐的优缺点及适用性。
10. 包装茶叶可以采用哪些材料和容器？
11. 包装手机可以采用哪些材料和容器？
12. 危险货物按照危险性质可以分为哪几类？每类各举 1 例说明其包装材料和容器。
13. 举 1 种复合材料说明其构成及其用途。

第9章　包装设备

【教学目标】

（1）了解包装设备的基本概念及分类；

（2）掌握典型包装设备的构成及其工作原理；

（3）掌握充填机械、灌装机械、封口机械、裹包机械以及多功能包装机械等知识。

【引导案例】

山东三金玻璃机械有限公司

山东三金玻璃机械有限公司始建于1959年，原名山东省轻工业机械厂，主要为玻璃容器行业提供全球领先的自动化生产线及玻璃容器成型设备解决方案。中国第一台玻璃容器设备从这里诞生，是中国玻璃容器设备引领企业，同时也是山东省高新技术企业和山东省制造业单项冠军。三金公司主要产品为行列式制瓶机、各种燃烧形式和规格的网带退火炉、新型供料机、供料道、推瓶机、递送机、涂油机器人、玻璃瓶罐检验机、冷热段喷涂机、制瓶机生产线自动控制系统等成套玻璃瓶罐机械设备和石膏板建材机械等。公司1967年生产出我国第一台行列式制瓶机，2004年出口行列式制瓶机整机，2019年签订全球最先进NIS全伺服制瓶机。

随着全球“限塑令”的全面实施，未来玻璃容器将会成为替代塑料容器制品的最佳材料。同时，随着中国玻璃容器制造商对轻量化和智能工厂的提前布局，未来市场将会向规模化、专业化发展，高效、节能、稳定、可靠的行列机将成为用户首选，自控、智能、多组、多滴行列机及轻量化、小口压吹等技术已成为行业发展方向。目前，三金公司在玻璃瓶轻量化方面的发展领先，在国内推行NNPB（小口压吹）、PPC（芯子行程自动控制）、FPS（比例阀）等国际先进技术，可以将普通啤酒瓶的重量降低25%～30%，为中国绿色生态发展贡献力量。

资料来源：http：//www.sanjinglass.com/about/intro/

9.1 概　述

9.1.1 包装设备的概念

包装设备主要指包装机械（Packaging machinery），国家标准 GB/T 4122.2—2010《包装术语　第 2 部分：机械》定义，包装机械是“完成全部或部分包装过程的机器。包装过程包括成型、充填、封口、裹包等主要包装工序，以及清洗、干燥、杀菌、贴标、捆扎、集装、拆卸等前后包装工序转送、选别等其他辅助包装工序”。

9.1.2 包装设备发展概况

1. 包装设备简史

包装设备主要是指包装机械设备，又称包装机械。包装机械是伴随新型包装材料的出现，以及包装技术创新而发展的。中国发明的造纸术，在历史上为纸包装的产生提供了条件。1850 年世界纸价大跌，纸包装开始用于食品。1852 年美国沃利发明纸袋机，出现纸制品机械。1861 年德国建立世界上第一个包装机械厂，1911 年生产出全自动成形充填封口机。1890 年美国开始生产液体灌装机，1902 年重力式灌装机面世。20 世纪初，英国杜兰德采用金属容器保存食物，出现各种罐头包装食品。20 世纪 60 年代以来，新材料逐渐代替传统包装材料，特别是采用塑料包装材料后，包装机械设备发生重大变革。超级市场的兴起，对商品包装提出新的要求。为保证商品输送快捷安全，集装箱应运而生，集装箱体尺寸的标准化、系列化，进一步促进包装机械设备的发展和完善。

2. 我国包装机械设备工业的发展概况

中华人民共和国成立前，我国包装机械设备工业基本上是空白的，绝大多数产品不用包装，只有少数工厂或作坊生产一些简单的手工包装机器，或为少数进口机器提供配修服务。中华人民共和国成立后的一段时间，重工轻商，包装业得不到重视，包装机械设备发展非常缓慢。1956 年上海烟草机械厂生产的卷烟小包装机是我国最早生产的包装机。20 世纪 60 年代，我国开始生产果酒、啤酒灌装机。改革开放后的 20 世纪 70 年代末，随着进口设备的不断增多，我国陆续开发了真空包装机械、封口机械、卧式裹包机和立式袋成形包装机、捆扎机等，食品包装机械的品种仅 100 多种，年产值只有 7 000 万～8 000 万元。进入 20 世纪 80 年代后，随着商品经济的发展，包装机械设备工业逐渐形成一个门类齐全、初具规模的产业，行业管理机构和行业组织也开始建立起来。1980年12月中国包装技术协会成立，1981年4月中国包装技术协会包装机械委员会成立，1989年中国食品和包装机械工业协会成立。从20世纪80年代中期到20世纪90年代中期，是我国包装机械设备行业的高速发展期。进入21世纪后，随着有中国特色的社会主义市场经济的逐步完善，国内包装机械企业逐渐突破国际生产商垄断竞争格局，国内市场的主导地位已由我国企业占据。2010—2019年我国包装专用设备产量见表9-1所列。

表9-1 2020—2019年我国包装专用设备产量

年 份	包装专用设备产量/万台	年 份	包装专用设备产量/万台
2010	9.06	2015	10.05
2011	7.08	2016	10.42
2012	7.23	2017	10.14
2013	10.99	2018	9.91
2014	10.26	2019	21.04

资料来源：根据中国产业信息网整理。

目前，我国包装机械产品覆盖40大类、2 700多种。包装机械设备行业拥有一批开发能力强的骨干企业。包装机械行业通过引进、消化、吸收和自主创新，生产出可以替代进口产品的灌装机、制袋充填封口包装机、热收缩包装机、贴标机、打码机、喷码机、真空包装机、多功能枕石糖果包装机、高速PET吹瓶机等一系列产品，部分产品出口海外市场，并逐步占据一定份额。我国包装机械行业技术水平整体已处于国际中上游水平，部分技术已达国际先进水平。

3. 国外包装机械设备工业概况

消费结构和销售形势的变化，加之国际贸易的调整，对包装机械设备的需求日益多样，带动国外包装机械设备工业的发展。美国是世界上包装机械发展历史比较悠久的国家，包装机械设备的品质和数量均居世界领先地位。日本是包装机械设备的后起之秀，虽起步于二战之后，但日本善于引进、仿制、创新和经营，于20世纪70年代初期成为全球第二包装大国，包装机械设备的平均年产量为60万台（套）。此外，德国、意大利、英国、法国、瑞典、瑞士等国家的包装机械设备各有优势，且这些国家不断研制新型包装机。

其中意大利是世界上包装机械出口额较高的国家之一。

国外包装机械设备产品门类齐全，品种繁多，主要包括几个方面：第一，直接完成包装过程的机械种类多样，如填充机、裹包机、贴标机、灌装机、封口机、多功能包装机、捆扎机、清洗机、干燥机、杀菌机等。第二，包装材料、包装容器的制造设备种类多样，如纸、塑料、复合材料、玻璃及金属等材料和容器的制造机械。第三，包装机械的品种不断增加，包装机械品种形成系列产品，还出现一大批技术密集型的包装生产线。第四，包装机械生产自成体系，并向专业化方向发展。例如，美国、德国、瑞典等发达国家，主要的包装机械企业历史悠久，结合基础研究向专业化生产发展，生产出各具特色、享有盛誉的包装设备，如美国 Ancelus 公司的封罐机、德国 Seitz 公司的啤酒灌装机、瑞典 TetraPak 公司的无菌包装机等。

9.1.3　包装机械设备组成及特点

1. 包装机械设备的组成

包装机械设备种类多达 2 000 多种，结构有的复杂有的简单，自动化程度有高有低，工位数有单有多，因此难以将包装机械的组成模式化，但根据包装机械设备的工作原理和结构，可以归纳为六个部分。

（1）动力机与机架系统

机械工作的原动力，包装机械广泛采用三相交流异步电动机，也有采用其他类型的电动机、空气压缩机或内燃机的。机架用于安装、固定包装机械的所有零部件，并起保护、美化等作用，必须具有足够的强度、刚度和稳定性等。

（2）包装材料、容器的整理与供送系统

整理和供送系统是将卷筒包装材料进行定长切断或对包装容器进行整理排列等，并逐个输送到预定工位的系统。例如，包装香烟时，卷筒包装纸的供送、切断机构；袋子成型多功能包装机在包装材料供送过程中能完成制袋；旋盖机在供送瓶盖过程中可以完成盖子的定向、供送等。

（3）被包装产品的计量与供送系统

计量与供送系统是对被包装产品进行整理、排列、计量等，输送到预定工位的系统，最终包装好的产品从包装机上卸下，定向排列输出。被包装产品的供料方式有重力式、振动输送式、链条输送式、螺旋输送式、泵送式、轮转式、轴辐式等，计量方式有容积计量、计数计量、称重计量、连续称重等分截取计量、液位控制定位等。例如，灌装机的液料溶剂计量和供送系统，胶囊泡罩包装机中的胶囊整理、计数和供送系统等。

（4）包装执行机构系统

包装执行机构系统是直接完成包装操作的机构，即完成裹包、灌装、封口、贴标、捆扎等包装操作的机构。例如，纽结式裹包机中的产品夹持机构、扭结机构等，封罐机中的上压头、下托板、卷封滚轮等是包装执行机构。

（5）传动系统

传动系统是用各种形式的机构将动力机的动力与运动传给执行机构和控制系统，使它们实现预定的动作，通常是由传动零件（如带轮、齿轮、链轮、凸轮、蜗轮蜗杆）等组成，或者由机、电、液、气等多种形式的传动组成。

（6）控制系统

包装机中主动力的输出、传动机构的运动、包装执行机构的动作及相互配合，都是由控制系统指令操纵的。控制系统是机器的发令器官，其控制方法有机械、电、气动、光电、电子或射流、PLC控制、智能控制等，各具特色，一般根据包装机械的自动化、智能化水平和生产要求选择。

2. 包装机械设备的特点

包装机械设备应用于食品、医药、化工及军事等多种行业，具有种类繁多、更新换代快、电动机功率小、多功能等特点。

9.1.4 包装机械型号编制要求

包装机械的型号应该包括类别代号和技术参数，反映产品的类别、系列、品种、规格、派生和改进的全部信息，一般由主型号和辅助型号两部分组成。

1. 主型号

主型号包括包装机械的分类名称代号、结构型式代号和选加项目代号。主型号以其代表性汉字名称的第一个汉字的拼音字母表示，遇到重复字母时，可采用第二个汉字的拼音字母以示区别，或用其汉字名称的几个具有代表性汉字的拼音字母组合表示。

无分类代号名称的产品，其分类名称代号可自行确定；结构型式代号和选加项目代号根据产品标准或由生产企业自行确定。

2. 辅助型号

辅助型号包括产品的主要技术参数、派生顺序代号和改进设计顺序代号。

主要技术参数用阿拉伯数字表示，应取其极限值；当需要表示两组以上的参数时，可以用斜线"/"隔开。包装机械产品常用的主要技术参数有充填量、包装尺寸、封口尺寸、灌装阀头数、生产能力等。派生顺序代号以罗马数字Ⅰ、Ⅱ、Ⅲ……表示。改进设计顺序代号依次用英文字母A、B、C……表示；第一次设计的产品无顺序代号，其型号编制格式如图9－1所示。

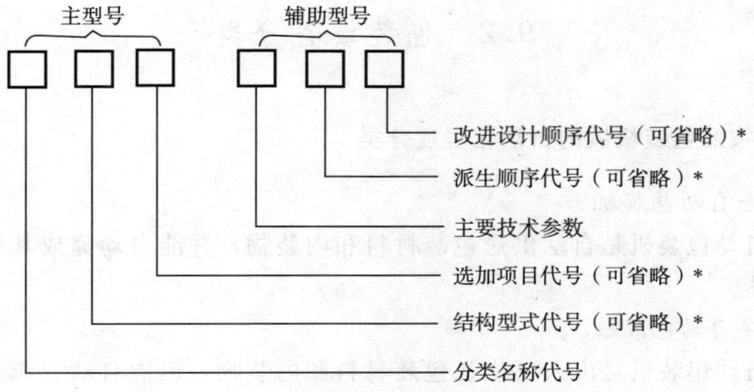

图 9－1　第一次设计的产品型号编制格式

3. 型号编制示例

型号编制的示例如图 9－2 所示，省略的内容可以在合同中注明。

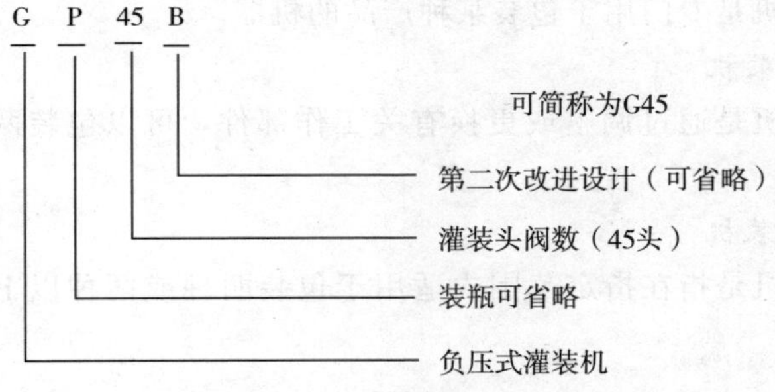

图 9－2　型号编制的示例

9.1.5　包装机械的作用

包装是产品进入流通领域的必要条件，实现包装的主要手段是使用包装机械。包装机械的作用主要表现在如下几个方面：

① 大幅度提高生产效率；
② 有效地保证包装质量；
③ 有利于工作人员的劳动保护；
④ 实现手工包装难以实现的操作；
⑤ 节约原材料，降低产品成本；
⑥ 保证产品卫生和安全，提高产品包装质量；
⑦ 减少包装成本，节约储运费用和基建投资。

9.2 包装设备分类

9.2.1 按照包装机械的自动化程度分类

1. 全自动包装机

全自动包装机是自动供送包装材料和内装物，并能自动完成其他包装工序的机器。

2. 半自动包装机

半自动包装机是由人工供送包装材料和内装物，但能自动完成其他包装工序的机器。

9.2.2 按照包装产品的类型分类

1. 专用包装机

专用包装机是专门用于包装某种产品的机器。

2. 多用包装机

多用包装机是通过调整或更换有关工作部件，可以包装两种或两种以上产品的机器。

3. 通用包装机

通用包装机是指在指定范围内适用于包装两种或两种以上不同类型产品的机器。

9.2.3 按照包装机械的功能分类

GB/T 4122.2—2010《包装术语　第2部分：机械》中，以包装机械产品主要功能的不同作为划分类别的原则，对包装机械产品进行分类，包装机械分类名称、类别代号和主要技术参数见表9-2所列。其中类别代号（或分类名称代号）以其有代表性汉字名称的第一个拼音字母组合表示。在同一个类别中的包装机械产品按其功能原则进一步划分。

表9-2　包装机械分类名称、类别代号和主要技术参数

名　称	类别代号	主要技术参数
充填机械	C	被装入产品的容量/质量/生产能力
灌装机械	G	灌装阀头数/生产能力
封口机械	F	封口尺寸/生产能力

（续表）

名　称	类别代号	主要技术参数
裹包机械	B	包装尺寸/生产能力
无菌包装机械	W	生产能力
标签机械	T	尺寸/生产能力
清洗机械	Q	生产能力
干燥机械	Z	生产能力
杀菌机械	S	生产能力
捆扎机械	K	包装尺寸
集装机械	J	规格/生产能力/按产品标准确定
多功能包装机械	D（可用多个字母组合表示）	主要功能的生产能力
辅助包装设备	A（或根据机器名称的第一个汉字确定）	规格/生产能力/按产品标准确定

注：这种分类方法所包括的各种包装机械设备，主要是与包装工艺的实现相关的、应用与包装加工生产的专门机械设备，并不包括包装材料、包装容器的生产制造和包装印刷设备等。

9.3　主要包装设备

广义地，包装机械包含包装行业的所有机械设备。一般分为两大类：第一类，用于加工包装材料或容器的机械；第二类，用于完成包装过程的机械。狭义地，包装机械通常仅限于后者。

用于完成包装过程的包装机械分为 11 类：充填机械、灌装机械、封口机械、裹包机械、多功能包装机械、标签机械、清洗机械、干燥机械、杀菌机械、捆扎机械和集装机械、辅助包装机械和设备。

用于加工包装材料和容器的机械分为 7 类：瓦楞纸板加工机械、纸盒加工机械、复合材料加工机械、制袋机械、塑料中空容器加工机械、金属容器加工机械和玻璃容器加工机械。在美国这是一个独立的行业，称为转换(Converting) 机械，即将原料经加工、印刷、成型等工艺转换成包装容器的机器。

9.3.1　充填机械

充填机械（Filling machine）是指将待包装的物料按所需的精确量（质

量、容量、数量）充填到包装容器内的机械，充填液体的机械特称灌装机。计量充填机械一般由物料供送装置、计量装置、下料装置等组成。

1. 容积式充填机（Volumetric fiuing machine）

容积式充填机是将物料按照预定容量充填至包装容器内的填充机，特点是结构简单、体积较小、计量速度高、计量精度低。但其要求一定体积的被填充物料质量稳定，否则会产生较大的计量误差，精度一般为±（1.0%～2.0%），比称重填充要低。在进行充填时采用振动、搅拌、抽真空等方法使得被填充物料压实从而保持稳定的体积质量。容积式充填机常用于表观密度比较稳定的粉末、细颗粒、膏状物料等物料。

容积式充填机的计量原理可以分为两类：一类是控制充填物料的流量和时间，另一类是利用一定规格的计量筒来计量充填。主要有以下几种：量杯式充填机、柱塞式充填机、气流式充填机、螺杆式充填机、计量泵式充填机、插管式充填机等。容积式充填机的分类、工作原理及特点见表所9-3所列。

表9-3 容积式充填机的分类、工作原理及特点

类别	工作原理	特点
量杯式充填机	采用定量的量杯将物料充填到包装容器内	工作速度高、计量精度低、结构简单
柱塞式充填机	采用可调节柱塞行程改变产品容量的柱塞量取产品，并将其充填到包装容器内	计量精度高、工作速度低、计量范围易于调节
气流式充填机	采用真空吸附的原理量取定量容积的产品，并采用净化压缩空气方式将产品充填到包装容器内	计量精度高、可减少物料的氧化
螺杆式充填机	通过控制螺杆的旋转速度或时间量取产品，并将其充填到包装容器内	结构紧凑、无粉尘飞扬、计量范围宽
计量泵式充填机	利用计量泵中齿轮的一定转速量取产品，并将其填充到包装容器内	结构紧凑、计量速度快
插管式充填机	将内径较小的插管插入储粉斗中，利用粉末之间的附着力上粉，到卸粉工位由顶杆将插管中粉末充填到包装容器内	计量范围小，计量精度低

(1) 量杯式充填机（Measuring cup filling machine）

充填时，物料靠自重自由落入量杯，刮板将量杯多余的物料刮去，然后再将量杯中的物料在自重作用下充填到包装容器中。

量杯式充填机适合于小颗粒状、碎片状及粉末状且流动性能良好的物料填充。生产中又因一些物料的表观密度稳定性较好，而某些物料的表观密度稳定性较差，所以量杯有固定式和可调式两种。

固定量杯式充填机只有一种定量方式，通常适用于表观密度非常稳定的粉料填充，如果体积的大小不同，可以更换量杯，对于表观密度发生变化的粉料可采用可调式量杯。

量杯式定容计量与充填装置如图9-3所示。通过调节上量杯3和下量杯4的相对位置改变计量杯的体积大小，用以补偿物料表观密度变化造成的数量差。微调时，可以手动，也可以自动，自动调整的信号可以根据对最终产品的质量或物料密度检测获得。

当料盘10转动时，料仓1内的物料靠自重直接灌入量杯，并由刮板2刮去杯顶面的物料。当转到卸料位时，由凸轮8打开下量杯4中的底门9，物料靠自重卸入容器内。旋转手轮7可通过凸轮8使得下量杯4中的连接支架在垂直轴上做上下升降运动，实现上量杯3与下量杯4相对位置的调整，即计量体积的调整。也可以使用物重自动检测装置来测量物料密度瞬时变化造成的数量差，发出调节信号，由伺服电动机带动调节机构，实现量杯体积的自动微调。

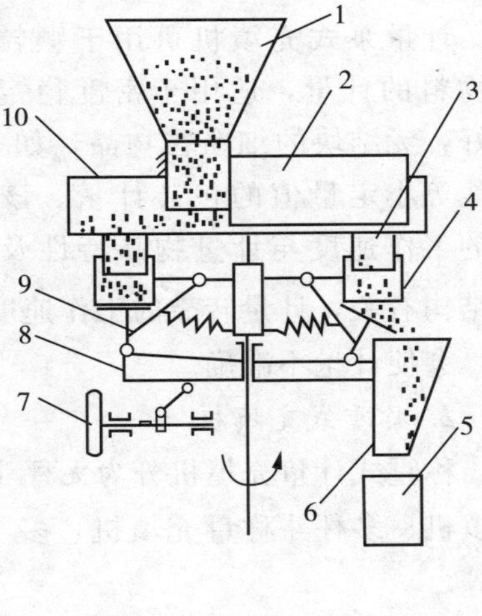

1—料仓；2—刮板；3—上量杯；4—下量杯；5—包装容器；6—输送带；7—手轮；8—凸轮；9—底门；10—料盘。

图9-3 量杯式定容计量与充填装置

(2) 计量泵式充填机

计量泵式充填机，又称转鼓式充填机。转鼓的形式有圆柱形、菱形等形式，也有采用齿轮轮齿形状的。计量腔在转鼓外缘，容腔形状有槽型、扇形和叶轮形等多种。计量腔容积分为定容积型和可调容积型。

定容积型计量泵式充填机如图9-4所示。待包装物品存放于进料斗1中，计量鼓由传动装置驱动运转。当计量容器经过装料口时，被料斗中落下来的物料充满。装入计量腔的物品，随转鼓转到排料口时，在重力作用下排出，经导管装入包装容器中，完成包装的计量。

计量腔的容积可以通过调节装置（调节螺丝和栓式滑阀）进行调节，但调节量有限。因此，它只适用于表观密度变化范围较小的调节。若要使计量幅度较大改变时，则需要换转鼓。物料靠自重通过排料口进入包装容器内，为了使物料迅速流入容器，有时要对容器加以振动。

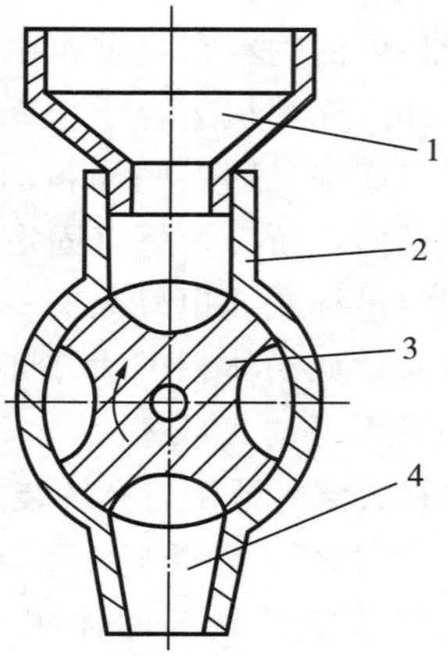

1—进料斗；2—装料口；
3—转鼓；4—排料口。
图9-4 定容积型计量泵式充填机

计量泵式充填机可用于颗粒状、粉状物料的计量，适用于密度稳定，滚动性好，无结块的细粉粒物品，如茶叶末、精盐等小定量值的包装计量。该计量转鼓的工作速度与计量物品特性及计量容腔结构有关，计量转鼓的工作速度一般选在0.025～1.00米/秒。如果转速过快，会使计量不准确。

2. 称重式充填机

称重式计量充填机分为无秤斗称量充填机（毛重式充填机）、单秤斗称量充填机、多秤斗称量充填机、多斗电子组合式称量充填机、连续式称量充填机等。

称重式计量充填机由供料机构、称量机构、开斗机构构成。由供料机构将物料供送到称量机构中，当达到所需要的重量时停止供料，再由开斗机构开斗放料，完成称量充填。

(1) 毛重式充填机

毛重式充填机是指对完成充填作业的物料和包装容器一起称重的机器，如用于红糖的包装容器，但包装容器的质量直接影响到充填物料规定的质量，故它不适用于包装容器质量变化较大、物料质量占总体质量比例较小的充填包装。

毛重式充填机如图9-5所示。料斗1中的物料由振动加料器2送入漏斗3后靠重力落入包装容器中，称量装置4直接对物料和容器进行称重。虽然容器质量的变化会影响物料的净重，但扣除容器质量的平均值后，仍能满足大部分物料的精度要求；对于计量精度要求高的场合，可在控制上采用自动去皮去重功能，以满足更高精度的要求。

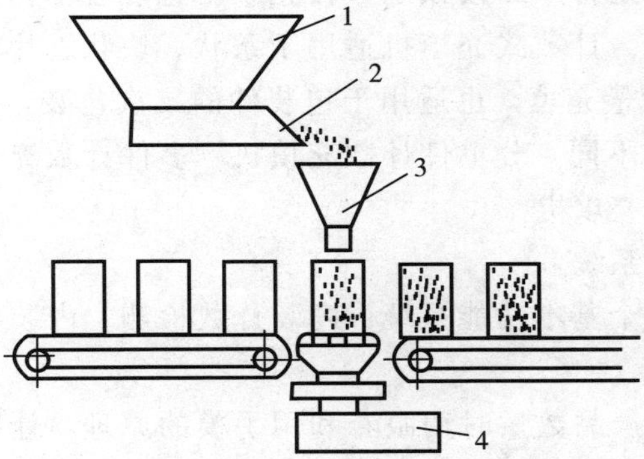

1—料斗；2—振动加料器；3—漏斗；4—称量装置。

图 9-5　毛重式充填机

(2) 净重式充填机

净重充填法先将物料过秤称量后再充入包装容器中。由于称量结果不受容器皮重变化的影响，故净重充填法是最精确的称量充填法。净重式充填机如图 9-6 所示。

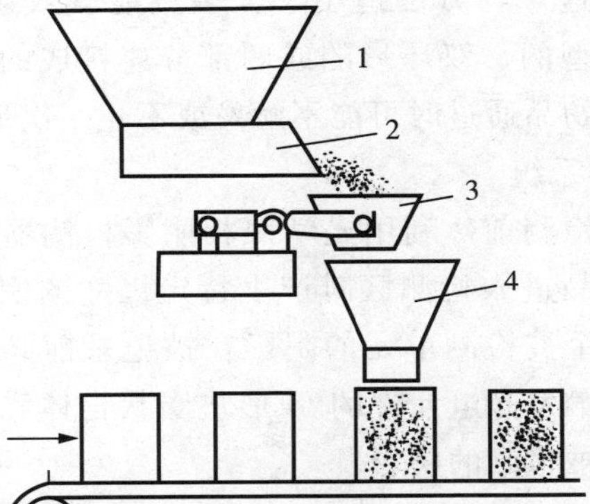

1—储料斗；2—加料器；3—秤；4—落料斗。

图 9-6　净重式充填机

充填过程是用一个加料器 2 把物料从储料斗 1 运送到计量斗（秤）3 中，由称重机构连续称量，当计量斗中物料达到规定重量时即通过落料斗 4 排出，进入包装容器。进料可用旋转进料器、皮带、螺旋进料器或其他方法完成，并用机械秤或电子秤控制称量，达到规定的重量。

3. 计数式充填机

计数式充填机是将产品按预定数目充填至包装容器内的机器，结构较复杂，计量速度较高。计数式充填机适用于条状、块状、片状、颗粒状等形状规则物料包装的计量充填，也适用于包装件的二次包装，如装盒、装箱、装袋等。按计数方式不同，分单件计数充填机、多件计数充填机、转盘计数充填机和履带式计数充填机。

（1）计数检测系统

计数装置由3个基本功能系统：内装计数检测、内装物件数显示、产品的递送组成。

依据人工检测产品数量时用眼看和用手摸的原理，计数检测仪有光学系统（模拟眼看）和非光学系统（模拟触摸）两大类。

① 光学系统类

安装一个光敏接收装置，等待计数的产品一个个地在光敏接收器的规定距离内通过。按实际元件不同，光学系统可以分为数字光电元件检测系统和电子模拟检测系统。

A. 数字光电元件检测系统

若进入电接收器的光线被遮断，则表明1个产品通过检测区，把1次隔断记录为1个产品。这一种方法适用于大多数能有效遮断光线的产品计数，但对于透明的、折叠型的、双环形的或两部分连接成的、带有孔的物品则效果受限，因为透明的物品通过时可能不触发或不止一次地触发光电元件。

B. 电子模拟检测系统

这个系统在记录检测前，利用光学照相阴影检测器建立供被测物体对照用的某些参量，当产品进入检测区时产生特定尺寸的阴影，其速度快、适应性强、精确度高。每个被检测单元的阴影在被记录前必须满足预先设定的参量。这样，可能两次触发光电元件的O形垫圈状物体和无法触发光电元件的透明物体均可以投下被检测的阴影。

② 非光学系统类

非光学系统类包含摆轮装置、电气触头或磁场触头。

A. 摆轮装置

摆轮装置只适用于特定的产品。产品必须有固定的形状和尺寸，才能顺利通过机械型接收装置，并输出与记下具体数目。此系统很精确，适合于相同大小的药丸、药片的高速计数。

B. 电气触头

电气触头的原理：每个产品通过检测区与开关接触1次，电气开关反应1

次，记录下 1 个计数单位。

C. 磁场触头

磁场触头的原理：每个待计数的产品必须与电磁源传来的磁通接触或扰乱磁通，每个产品进入磁场时记录为1个计数单位。

以上计数装置中，光学照相系统及摆轮装置具有对物体的记忆判别能力，使计数功能更加完善与精确。

（2）单件计数充填机

单件计数充填机主要用于颗粒状、块状物品的计数，即产品每通过 1 件便计数 1 次，并显示已装件数。常用的有转盘、转鼓、推板等形式。

① 转盘计数装置

转盘计数装置如图 9－7 所示，常用于药片、药丸、巧克力糖球等规则物品的计数定量包装。变化手柄 6 的位置，使齿轮 8 的转轴通过槽轮机构 7 和齿轮 5 的传动，使孔盘 1 做间歇或连续转动。转盘上每隔一定角度，形成的扇形就分布一定数量的小孔，形成若干组均匀分布的间隔孔区，改变每一个扇形区的孔数即可改变计数值。小孔孔径稍大于物料直径，盘厚度略大于物料厚度，以确保每孔容纳 1 颗物料。当孔盘 1 倾斜转动时，物料靠自重落下入孔，并由固定盘 2 拖住物料，当盘上某一个孔区转到卸料斗 3 上方时，物料滑落到包装容器 4 中。

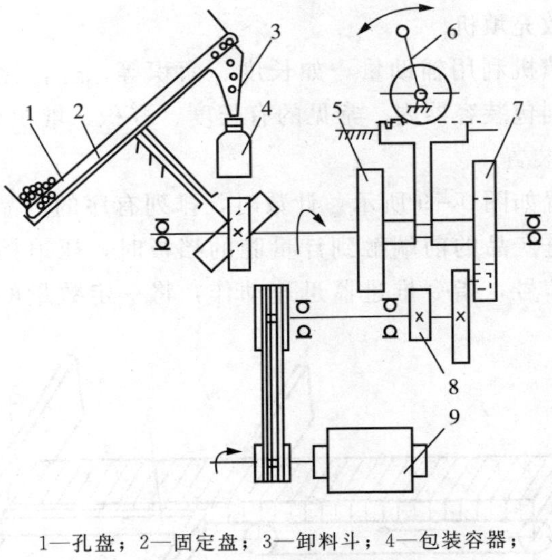

1—孔盘；2—固定盘；3—卸料斗；4—包装容器；
5，8—齿轮；6—手柄；7—槽轮机构；9—电动机。

图 9－7　转盘计数装置

② 转鼓计数装置

转鼓式计数机构示意图如图 9-8 所示，主要用于规则颗粒物品的集合包装，转鼓运动时，各组计量孔眼在料斗中搓动，物品靠自重充入孔眼。当充满物品的孔眼转到出料口时，物料靠自重落入包装容器中。这类计数机构主要用于小颗粒物品的计数。

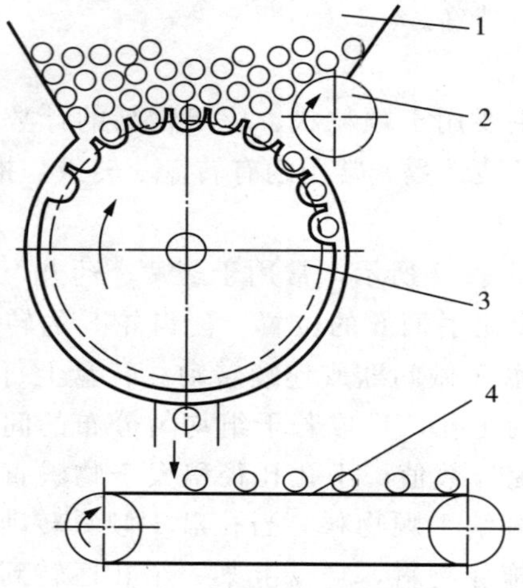

1—料斗；2—拨轮；3—计数转鼓；4—输送带。

图 9-8 转鼓式计数机构示意图

(3) 多件计数充填机

多件计数充填机利用辅助量，如长度、面积等，进行比较以确定产品件数，并将其充填到包装容器内。常见的有长度、容积、堆积等几种计数形式。

① 长度计数装置

长度计数装置如图 9-9 所示，计数时，排列有序的产品经输送机构送到计量机构中，行进产品的前端触到计量腔的挡板时，压迫挡板上的电触头或机械触头，发出信号，指令推进器迅速动作，将一定数量的产品推到包装台上进行裹包包装。

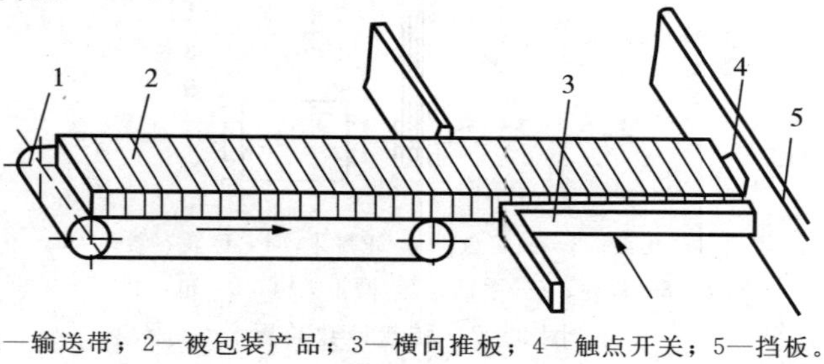

1—输送带；2—被包装产品；3—横向推板；4—触点开关；5—挡板。

图 9-9 长度计数装置

② 容积计数装置

容积计数装置如图 9－10 所示，物品自料斗 1 下落到计量箱 3 内，形成有规律的排列。当计量箱 3 充满时，即达到了预定的计量数时，料斗 1 与计量箱 3 之间的闸门 2 关闭，同时计量箱 3 底门打开，物品就进入包装盒。包装完毕后，计量箱 3 底门关闭，进料闸门 2 又打开，开始进行第二次包装。

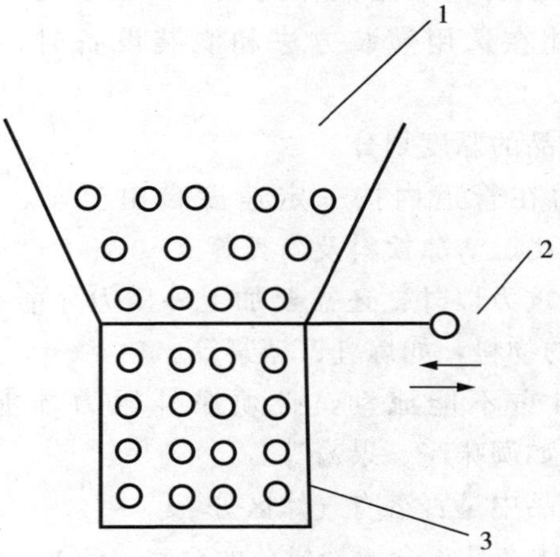

1—料斗；2—闸门；3—计量箱。

图 9－10　容积计数装置

③ 堆积计数装置

堆积计数装置如图 9－11 所示，工作时，计量托与上下推头协同动作，完成取量及大包装的工作。开始时，托体做间歇运动，每移动一格，从料斗中落送一包至托体中，但料斗的启闭时间随着托体的移动均有相应的滞差，故托体移动 4 次后才能完成一大包的计量充填。

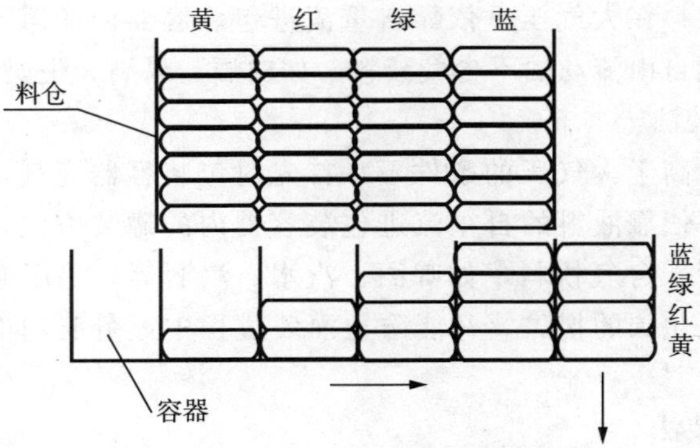

图 9－11　堆积计数装置

9.3.2 灌装机械

灌装机械是将液体产品充填到包装容器内的机器。灌装机械主要适用于食品行业，尤其是饮料制造业。

1. 灌装的液体产品

影响液体灌装的主要因素是液体的黏度，其次是溶有气体、起泡性和微小固体物等。因此在选用灌装方法和灌装设备时，首先要考虑液体的黏度。

（1）根据液体产品的黏度划分

流体：指靠重力在管道内按一定速度自由流动、黏度为0.001～0.1帕·秒的液料，如牛奶、清凉饮料及酒类等。

半流体：除了靠重力以外，还需要加上外压力才能在管道内流动、黏度为0.1～101帕·秒的物料，如炼乳、糖浆等。

黏质流体：靠自重不能流动，必须靠外压力才能流动、黏度为101帕·秒以上的物料，如调味酱、果酱等。

（2）根据液体产品中是否溶有气体区分

含气（CO_2）液体产品：含酒精成分的含气（CO_2）液体称为硬饮料，如啤酒等；不含酒精成分的含气（CO_2）液体称为软饮料，如汽水等。

不含气液体：液体中不含气体的产品，如白酒、醋等。

2. 灌装原理及灌装法

（1）灌装原理

由于液料的物理化学性质各有差异，因此灌装要求也不同。将液料由储液装置灌入包装容器通常采用以下几种方法：

① 常压灌装法

常压法是液料在大气压下依靠自重流进包装容器内的罐装方法，又称重力法。常用于能自由流动的不含气液料，如白酒、果酒、牛奶、酱油、醋等。

② 等压灌装法

等压法是在高于大气压的条件下，首先对包装容器充气，使之与储液箱内气压相等，再依靠液料的自重流进包装容器内的罐装方法，又称压力重力式灌装法。常用于含气饮料，如啤酒、汽水、汽酒等。等压灌装法可以减少产品中所含二氧化碳的损失，并能防止灌装过程中过量起泡而影响产品质量和定量精度。

③ 真空灌装法

真空法是在低于大气压的条件下进行灌装，按两种方式进行：

A. 差压真空式

差压真空式即储液箱内处于常压，只对包装容器抽真空，液料依靠储液箱与包装容器间的压差作用产生流动而完成灌装。

B. 重力真空式

重力真空式即对包装容器抽真空，使其与储液箱内真空度相等，依靠液料自重流进包装容器内的罐装方法。

真空灌装法的应用面较广，既适用于黏度稍大的液体物料，如油类、糖浆等；也适用于灌装含维生素的液体物料，如蔬菜汁、水果汁等；还适用于灌装有毒的物料，如农药等。它的主要优点是瓶内形成真空，可减少液料与空气的接触，延长产品的保质期，减少毒性气体的外溢，改善劳动条件，保护环境。

④ 压力灌装法

压力法是利用机械压力或气压，将料挤入包装容器内的罐装方法。压力灌装法主要用于黏度较大的稠性物料，如番茄酱、肉糜、牙膏、香脂，以及汽水等软饮料的灌装。

⑤ 虹吸灌装法

虹吸灌装法是利用虹吸原理完成的灌装方法，适合低黏度不含气体的液料，灌装速度低。

(2) 灌装机分类

液体灌装设备的分类见表 9-4 所列。

表 9-4　液体灌装设备的分类

分类方法	灌装机机型	主要特点
按灌装原理分类	等压灌装机	用于啤酒、碳酸饮料及其他含气饮料灌包装，也可以用于不含气的饮料灌装
	负压灌装机	用于不含气的饮料、酒类的灌装，灌装阀很少有滴漏现象
	常压灌装机	容积定量、重力灌装。用于酒类、乳品、调味品、矿物油、药品以及保健品等花果类产品的灌装，液损很小
	压力灌装机	用于不含气、黏度较大的饮料及半流体的灌装，灌装速度比较快，无液损

（续表）

分类方法	灌装机机型	主要特点
按灌装阀的排列形式分类	直线式灌装机	间歇式步进输送，适用于特殊形状包装容器、大体积的液体包装，生产效率低
	旋转式灌装机	由直线式灌装机发展而成的普遍形式，高速连续工作，设备的生产率较高
	锡箔热封/塑料盖拧封灌装机	乳品类饮料的包装，复合封口方式

3. 灌装方法的选择

① 考虑罐装产品本身的性能，如黏度、重度、含气性、挥发性等。

② 考虑产品的工艺要求、灌装机的结构等综合因素。

③ 对于一般不含气的液料（如牛奶、酒类等），可采用常压法，亦可采用真空法。

④ 必要时，综合使用不同的灌装方法，如啤酒的灌装采用真空等压法。

4. 灌装机的常用机构

（1）包装容器的供送装置

在自动灌装机中，按照灌装的工艺要求，准确地将待灌容器送入主转盘升降机构托瓶台上，是保证灌装机正常且有序工作的关键。一般供送机构的问题是容器的连续输送和容器的定时供给。常用的供送装置有螺杆、星形拨轮和输送链带等。

① 螺杆式供送装置

这种装置可将规则或不规则排列的成批包装容器，按照包装工艺要求的条件完成增距、减距、分流、升降和翻身等动作，并将包装容器逐个送到包装工位。

A. 等距离螺杆供送装置示意图如图9-12所示。

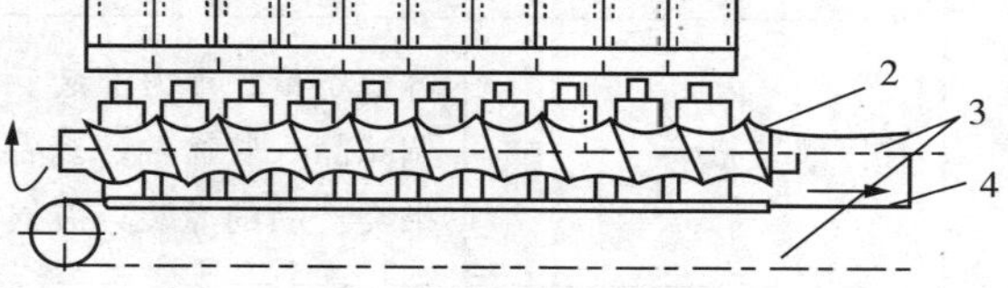

1—瓶槽；2—等螺距螺杆；3—侧向导轨；4—输送带。

图9-12 等距离螺杆供送装置示意图

B. 变螺距螺杆供送装置如图 9－13 所示。

图 9－13（a）所示为专门用于供送圆柱形包装容器的装置。供送螺杆 1 上的螺旋槽沿供送螺杆 1 供送方向逐渐缩小螺距，被供送的包装容器在静止滑板 2 上紧靠侧向导轨处于边滚动边减速的状态运动。

图 9－13（b）所示为专门用于供送棱柱形包装容器的装置。双环形槽沿供送螺杆 1 供送方向逐渐增大螺距。

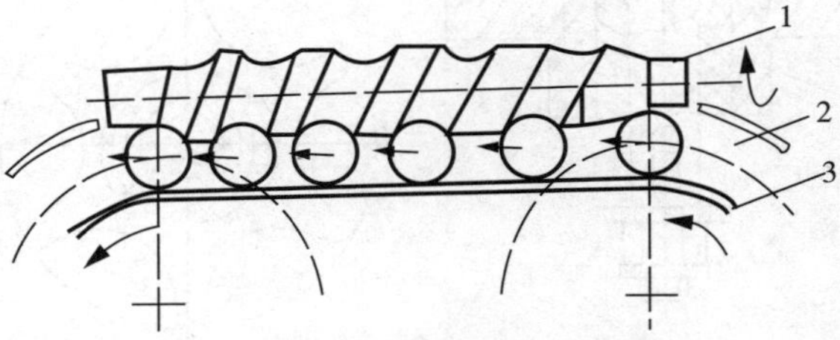

（a）专门用于供送圆柱形包装容器的装置

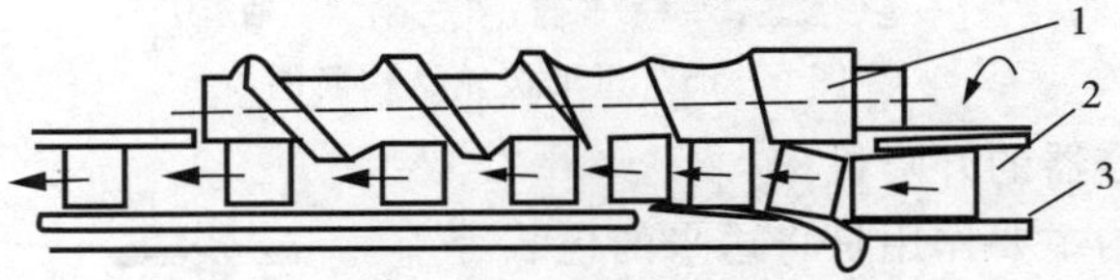

（b）专门用于供送棱柱形包装容器的装置

1—螺杆；2—滑板；3—输送带。

图 9－13　变螺距螺杆供送装置

C. 特种变螺距螺杆供送装置如图 9－14 所示。

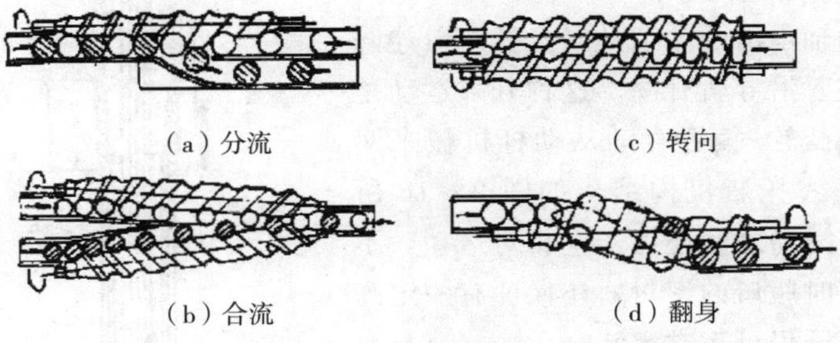

（a）分流　（c）转向

（b）合流　（d）翻身

图 9－14　特种变螺距螺杆供送装置

② 星形拨轮

星形拨轮的作用是将螺杆供送装置送来的包装容器，按包装工艺要求送到灌装机的主传送机构上；或将已灌装完的包装容器传送到压盖机的压盖工位上。星形拨轮结构简图如图 9－15 所示，图中圆弧回转半径 R_c 和星轮高度 h 主要由包装容器的直径和高度来决定。

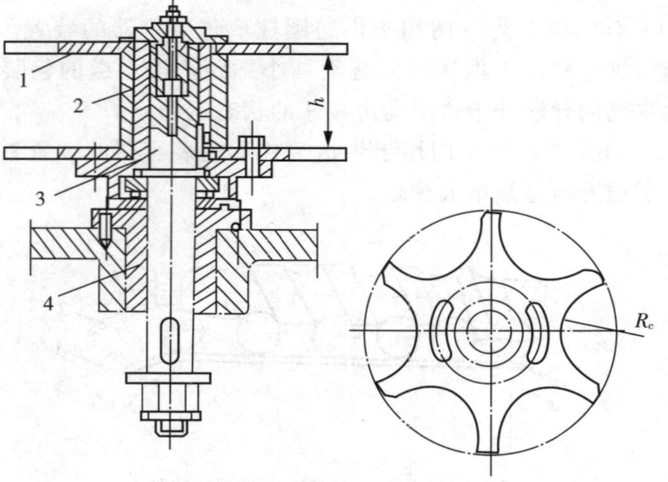

1—星形拨轮；2—拨轮盘；3—轴；4—轴承座。

图9-15　星形拨轮结构简图

（2）包装容器的升降机构

升降机构的主要作用是将送来的包装容器上升到规定的高度，以便完成灌装，然后再把灌装完的包装容器下降到规定位置。下面主要介绍机械式、气动式、机械与气动组合式3种结构形式。

① 机械式升降机构

当滚动轴承沿凸轮运动时，托瓶台连同上下滑筒一起沿导轨升降。这种升降运动是由固定圆柱凸轮-偏置直动从动杆机械来实现的。机械式托瓶机构结构如图9-16所示。上、下滑筒之间还可产生相对运动，不仅保证灌装时瓶口的密封，还保证有一定高度误差的瓶子仍可正常灌装。

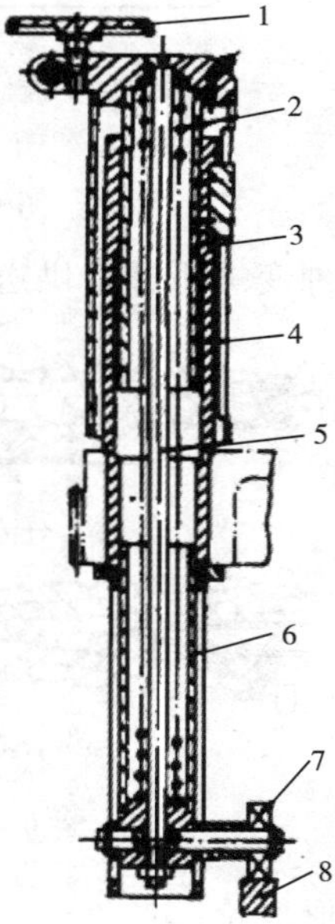

1—托瓶台；2—弹簧；3—上滑筒；4—滑筒座；5—拉杆；6—下滑筒；7—滚动轴承；8—凸轮导轨。

图9-16　机械式托瓶机构结构

② 气动式升降机构

气动式托瓶机构工作原理如图9-17所示。降瓶时，当打开进气阀门5时，使气体同时经气管6、7进入气缸，并关闭排气阀4，这时气缸内上下两部分气压相等，瓶子在重力作用下完成降瓶动作。升瓶时，压缩

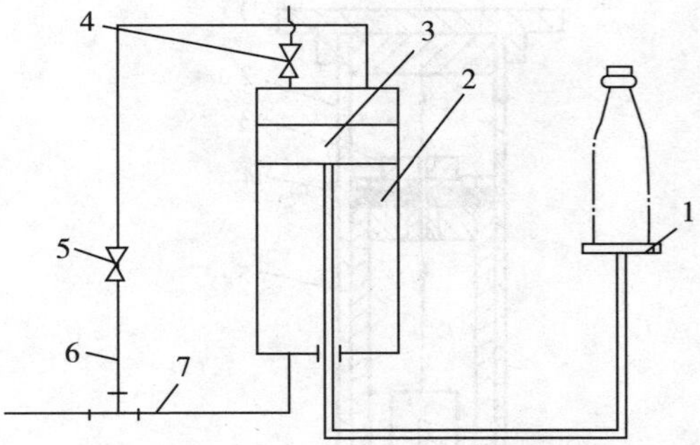

1—托瓶台；2—气缸体；3—活塞；4—排气阀；5—进气阀门；6、7—气管。

图 9-17　气动式托瓶机构工作原理

空气经气管 7 进入气缸，推动活塞连同托瓶台上升，完成升瓶动作。

气动式托瓶装置的特点主要表现在三个方面：第一，克服机械式升降机构的缺点；第二，采用气体传动，有吸震能力，当瓶子被卡住时，压缩空气像弹簧一样被压缩，使瓶子不再上升；第三，活塞的运动速度受空气压力的影响。若压缩空气压力下降，则瓶上升速度减慢，难以保证瓶嘴与灌装阀的密封；若压缩空气压力增加，则瓶上升速度加快，导致瓶不易与进液管对准，又使瓶子下降时冲击力增大，如灌装含气性气体，则容易使液料中的二氧化碳逸出。

③ 气动-机械混合式升降机构

气动-机械混合式升降机构的结构如图 9-18 所示。

当压缩空气进入环管 9 时，气体进入柱塞 5 经带孔螺钉 3 再进入套筒 2 上部空间，推动套筒 2 和托瓶台 1 向上运动，完成升瓶动作。升瓶速度受到凸轮导轨 6 和滚动轴承 7 控制。当工作台转到降瓶区后，则完全依靠凸轮的强制作用将套筒和托瓶台压下。

该机构主要特点是工作稳定性好，压缩空气在环管中循环使用，应用广泛。但凸轮导轨会增加额外的润滑、磨损和运转阻力。

(3) 灌装液料的供送装置

灌装液料的供送装置即供料装置，是将液料由储液箱经泵、输液管道送到储液箱中的装置。它包括储液箱、泵、管道、阀门、储液箱、高度调节装置及液位控制器等。

(4) 灌装液料的定量机构

液体包装机要求有稳定的液位，一般是通过液面浮球阀或液面电极控制液位的。常见的液位控制装置有浮球液位控制器、电接触液位控制器、电导式液位控制器以及 PLC 液位控制的方法。

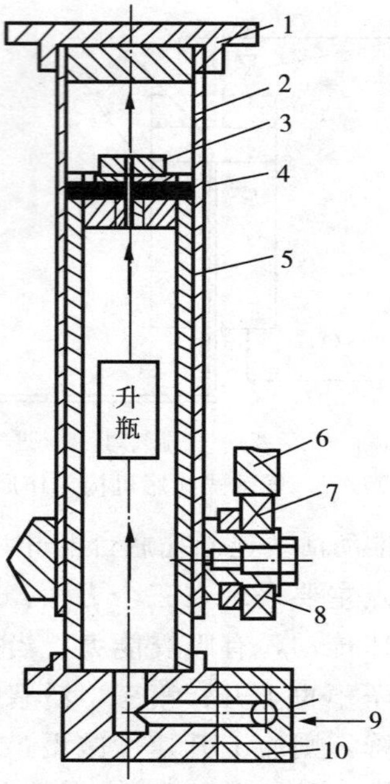

1—托瓶台；2—套筒；3—螺钉；4—密封垫；5—柱塞；
6—凸轮导轨；7—滚动轴承；8—方垫块；9—环管；10—卡块。

图9-18　气动-机械混合式升降机构的结构

① 浮球液位控制器

浮球液位控制器适用于工业生产过程敞开或承压容器内液位的控制，浮球浮于液面，其位置随液面波动而变化。对灌装精度和速度要求不高的灌装机常使用该控制器。根据液位的高限和低限，分为高液位控制器和低液位控制器。

② 电导式液位控制器

电导式液位控制器是一种液位控制仪表，灵敏度可调，对低电导率的液体具有极强的抗结垢的能力，适用于轻工、化工、水处理等行业的自动给液、排液控制及各种导电液体的上下限限位报警。该控制器通过测量电极与导电液体的接触，连通控制电路的电流，再由控制电路把这个电流信号转换为继电器的触点开关输出，从而实现对液位的传感。

③ PLC液位控制

PLC用于全自动灌装机中，对储液箱内液面控制方便、适用性广、可靠性高、抗干扰能力强、编程简单。

开机前，若储液箱中液面没有达到最低位，则人工按下气动按钮，打开进液泵；当液面到达上限位置时，PLC控制进液泵停止。随后控制器将维持储液箱的液位在上下限开关之间的范围内，随着灌装的进行，液位逐渐降低，直到下限时控制进液泵打开，液位到达上限时控制进液泵停止。

9.3.3　封口机械

封口机械（Sealing machine）设备是指在充填和灌装工序之后，对包装容器进行密封封口的机械。产品被充入包装容器或被直接送到裹包材料片中后，就进入包装工艺中容器封口工序。容器封口能有效地保护产品，有利于产品的储存、运输、销售、使用等。包装质量的好坏在很大程度上取决于封口的质量，而选用合适的封口机械以实现封口工序的机械化、自动化、标准化操作是关键。

1. 封口机的分类

封口机械分为无封口材料的封口机、有封口材料的封口机和有辅助封口材料的封口机 3 大类。

(1) 无封口材料的封口机

包括热压、脉冲、熔焊、压纹、折叠式、插合式封口机。

(2) 有封口材料的封口机

包括液压、卷边、压力和旋合式封口机。

(3) 有辅助封口材料的封口机

包括结扎、胶带、黏结和钉合封口机。

2. 封口形式

根据容器的种类及其对产品的密封要求，常见的封口形式如图 9-19 所示。

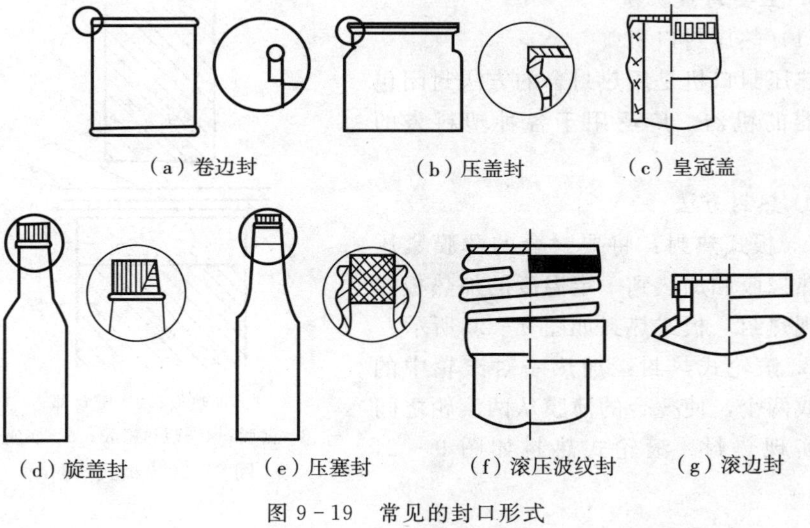

(a) 卷边封　(b) 压盖封　(c) 皇冠盖

(d) 旋盖封　(e) 压塞封　(f) 滚压波纹封　(g) 滚边封

图 9-19　常见的封口形式

（1）卷边封

将翻边的罐身与涂有密封填料的罐盖内侧周边互相勾合、卷曲并压紧而密封。

（2）压盖封

盖内侧涂有密封填料，当外盖压紧并咬住瓶身或罐身时，密封填料受压变形起密封作用，并由于外盖波纹周边卡住瓶口凸缘下边使密封得以维持。

（3）旋盖封

将螺纹盖旋紧容器口，使密封垫或瓶口内的瓶塞产生弹性变形而密封。

（4）压塞封

将具有一定弹性的内塞以机械压力压入容器口内，使塞与瓶口表面之间挤压变形而密封。

（5）滚压波纹封

将容易成型的薄金属盖壳套在瓶颈顶部，用滚轮滚压金属盖，滚压出与瓶口螺纹形状完全相同的螺纹。起盖时，金属盖将沿裙部周边预成型的压痕断开，又称扭断盖，也叫防盗盖。

（6）滚边封

将变形后的圆筒形金属盖的底边紧压在瓶颈凸缘的下端面上形成封口。位于瓶颈凸缘和瓶盖间的环形弹性胶垫，使封口密封。

（7）折叠盖

将容器开口处压扁再进行多次折叠而密封。通常折叠封口后需要压痕，以增强密封效果。

3. 主要封口机械

（1）热压封口机

热压封口机是用热封合的方法封闭包装容器的机器，广泛用于各种塑料袋的封口。

① 热封方法

A. 板式热封：将要封合的薄膜紧压在耐热橡胶和加热到一定温度的加热板之间实现热封。板式热封如图 9－20 所示。

B. 滚轮式热封：加热一对滚轮中的一个或两个，使叠合的薄膜从两滚轮之间通过实现热封。滚轮式热封如图 9－21 所示。

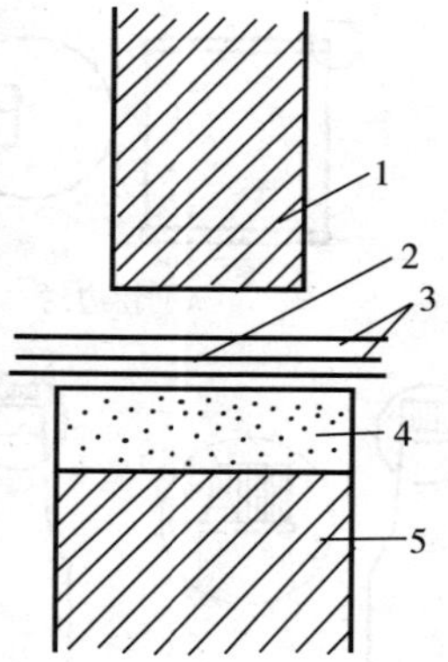

1—加热板；2—密封部；
3—薄膜；4—耐热橡胶；5—底座。

图 9－20 板式热封

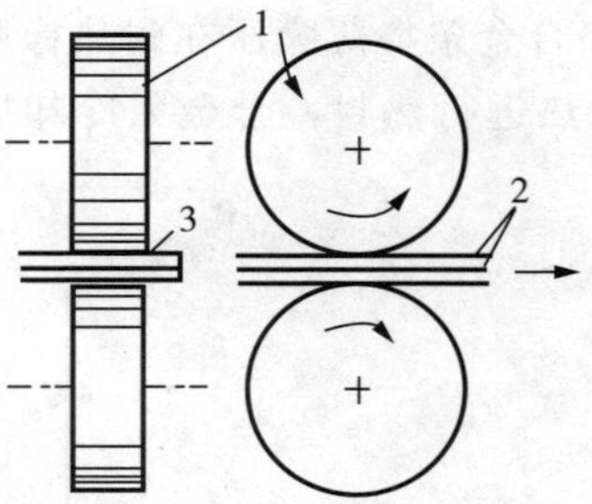

1—加热滚轮；2—薄膜；3—密封部。

图 9-21　滚轮式热封

C. 带式热封：将叠合的两层薄膜夹在一对回转的聚四氟乙烯带或钢带之间，经过内侧的加热部位和冷却部位使薄膜封合。带式热封如图 9-22 所示。

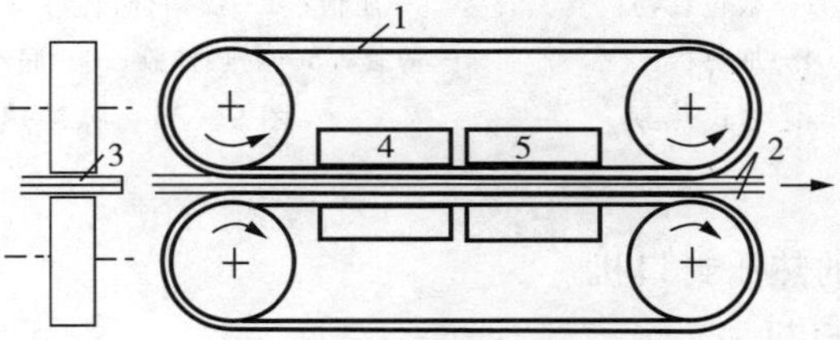

1—聚四氟乙烯带；2—薄膜；3—密封部；4—加热部；5—冷却部。

图 9-22　带式热封

D. 滑动滚压式热封：将叠合的两层薄膜从一对加热板之间通过，然后用压轮压紧黏合。滑动滚压式热封如图 9-23 所示。

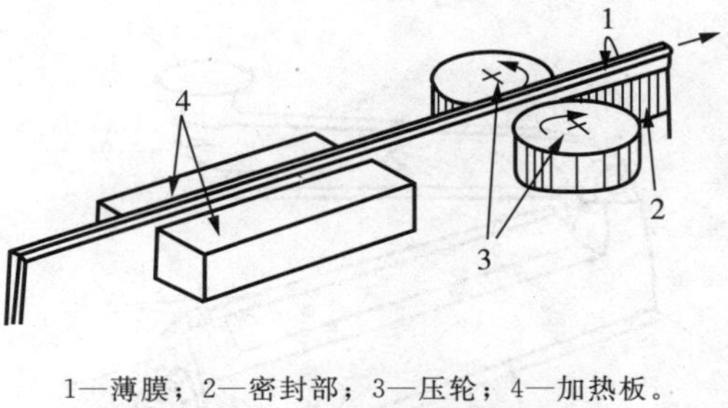

1—薄膜；2—密封部；3—压轮；4—加热板。

图 9-23　滑动滚压式热封

E. 滑动式热封：用薄膜包住被包装产品，使其在加热板上滑动，靠被包装产品所加的微压力和加热板的热量黏合两层薄膜叠合部分。滑动式热封如图9-24所示。

F. 脉冲热封：用镍铬合金条将薄膜压在耐热橡胶上，瞬间通过大电流加热镍铬合金条，利用这种热进行热封，合金条冷却后离开加热部位。脉冲热封如图 9-25 所示。

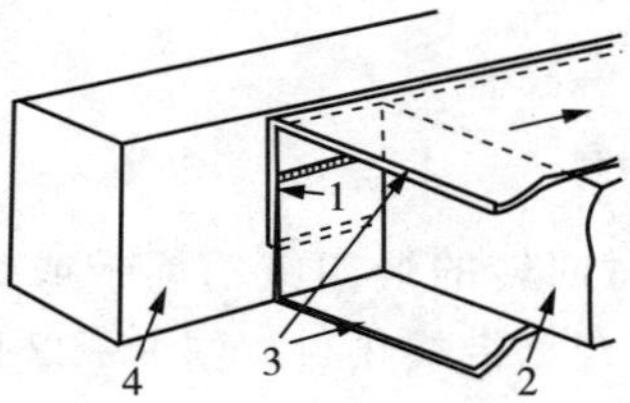

1—密封部；2—被包装物；3—薄膜；4—加热板。

图 9-24　滑动式热封

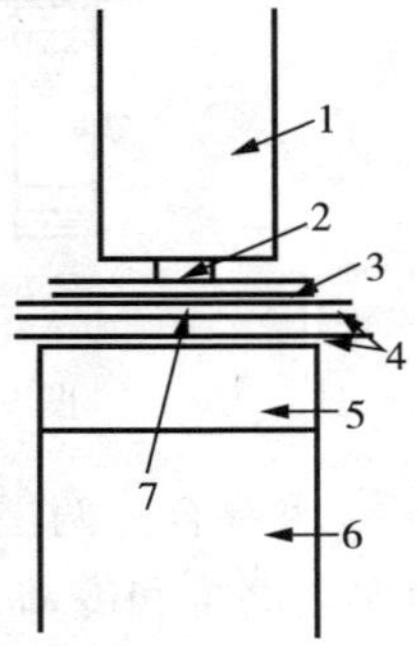

1—压板；2—镍铬合金条；3—防粘材料；4—薄膜；5—耐热橡胶；6—底座；7—密封部。

图 9-25　脉冲热封

② 几种常见的热压封口机

A. 手压式封口机

手压式封口机是常用且简单的封口机，封合方法一般采用板式热封或脉冲热封。使用时接通电源，根据封接材料的热封性能和厚度，调节定时器，然后将塑料袋放在封接面上，按下手柄，指示灯亮。电路自动控制加热时间，时间到后指示灯熄灭，电源被自动切断，1～2 秒后放开手柄，即完成封口。手压式封口机如图 9-26 所示。

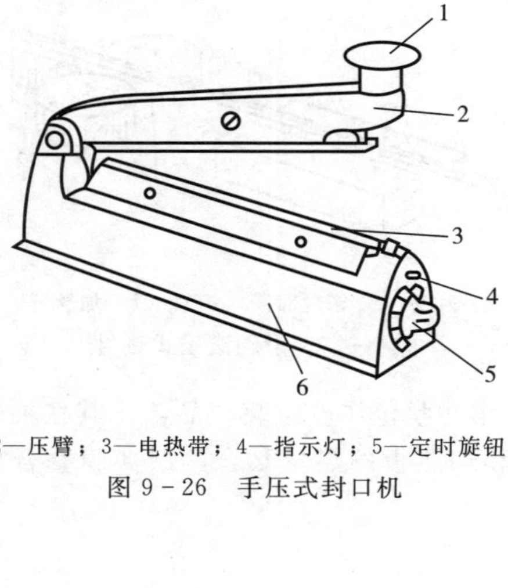

1—手柄；2—压臂；3—电热带；4—指示灯；5—定时旋钮；6—外壳。

图 9-26　手压式封口机

B. 脚踏式封口机

操作脚踏式封口机时双手握袋，轻踩踏板，瞬间通电完成封口。脚踏式封口机采用双面加热方式，以减小热板接触面与薄膜封接面间的温差，提高封接速度和封口质量。该封口方法操作方便，封口效果好。脚踏式封口机如图 9－27 所示。

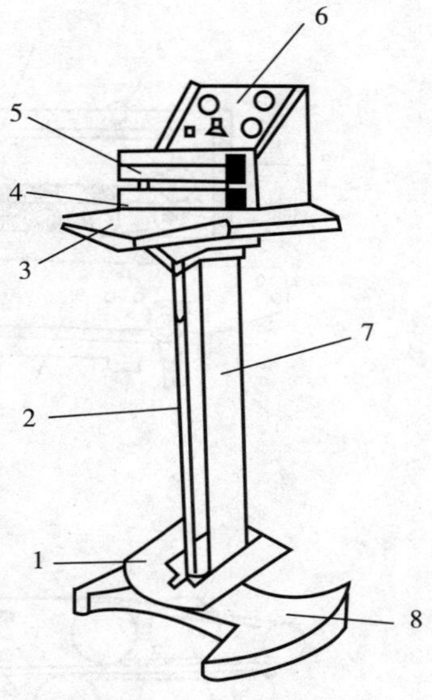

1—踏板；2—拉杆；3—工作台面；4—下封板；5—上封板；6—控制板；7—立柱；8—底座。

图 9－27　脚踏式封口机

C. 环带式薄膜自动封口机

环带式薄膜自动封口机主要由环带式热压封口器、传送装置、电气控制装置和落地支架等组成。一对相向转动的环形薄带夹着薄膜同步移动，在运行中，环带与加热块接触，使夹在环带之间的两层薄膜热压黏合；然后环带再与冷却块接触，使封口冷压定型。环带式薄膜自动封口机各角度示意图如图 9－28 所示。

（2）卷边式封口机

① 卷边原理

卷边式封口机是指用滚轮将金属盖与包装容器开口处相互卷曲勾合来封闭包装容器的机器，又称封罐机，主要用于金属罐头的封口。它通常用镀锡铁板（马口铁）或铝板制造，板材是经过轧压加工的，金属组织结构致密，具有强度高、韧性大、加工性能优良、罐体的容量比（即体积同罐体重量比）大等特点。食品包装用的金属容器有二片罐、三片罐，马口铁容器一般为三片罐（上盖、下底、罐身）。马口铁罐、铝箔罐等金属容器的密封是在完成罐身纵缝封边、罐底或罐盖涂胶烘干后才进行的，采用的是二重卷边封口法。

② 二重卷边的形成过程

先将加盖的罐体由送罐机输送至封罐机工作台的上下压头间并压住。随后由传动机构及卷封径向送进装置，头道卷边滚轮首先移近并接触罐身，随着头道卷边滚轮继续向罐身移动，罐盖的卷封凸缘滚挤至罐身筒体的凸缘之下，逐渐产生弯曲并相互逐渐勾合成要求形状；完成头道卷边封口的滚轮便立即退开；二道卷边滚轮在凸轮的作用下向罐中心做径向送进运动，对已卷

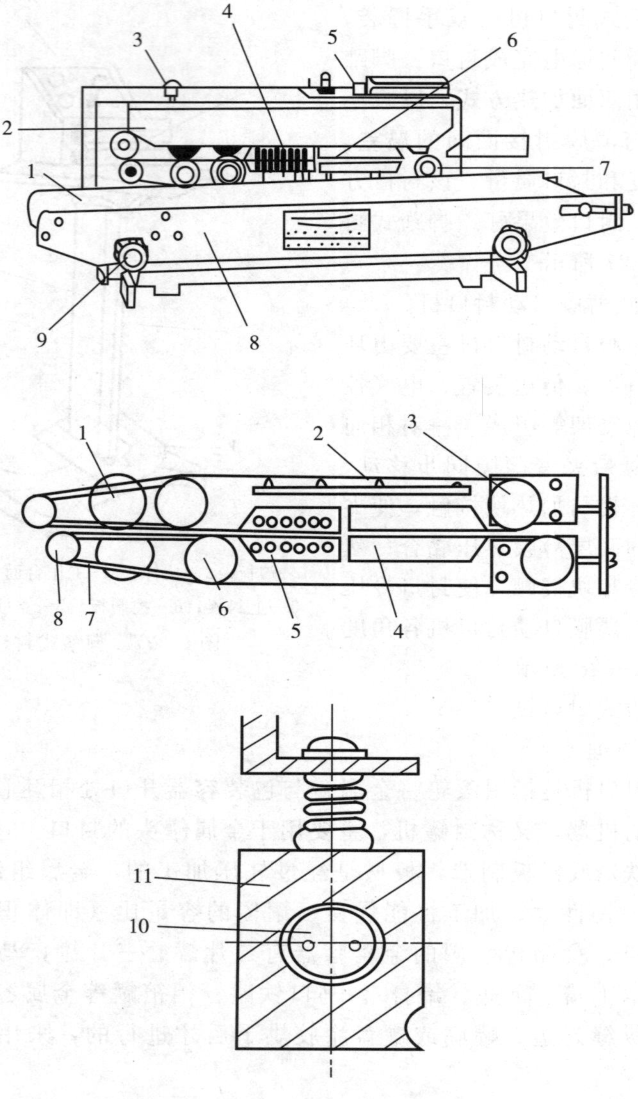

1—输送带；2—防护罩；3—花纹压力调节器；4—冷却块；5—控制面板；6—加热块；
7—封口带轮；8—输送台；9—输送台高度调节钮；10—管形加热器；11—铀质热封体。

图 9-28　环带式薄膜自动封口机各角度示意图

曲的罐身和罐盖凸缘进一步进行滚压，使其形成更紧密的封口，完成双重卷边封口的整个过程。二重卷边过程如图 9-29 所示。

常用的卷边式封口机有 GT4B2 真空自动封罐机等。

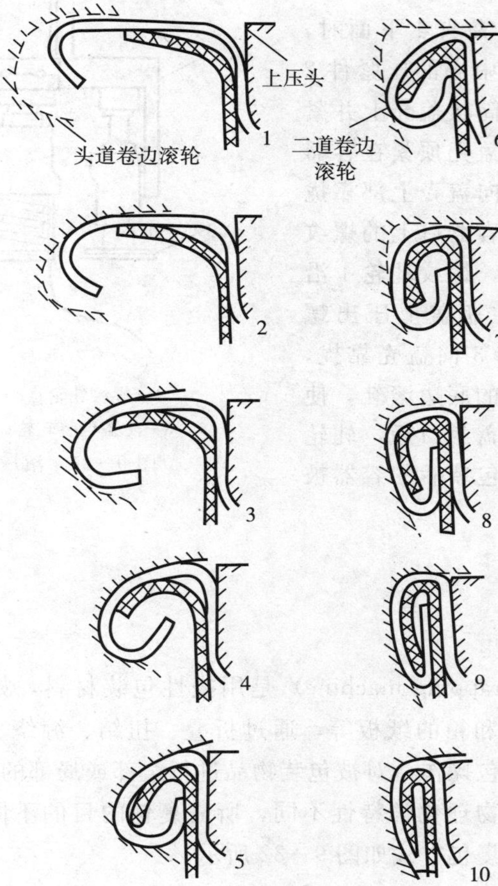

图 9－29　二重卷边过程

(3) 滚压式封口机

滚压式封口机是指用滚轮滚压金属盖使之变形以封闭包装容器的机器。它是将容易成型的薄金属盖壳套在瓶颈顶部，操作压盖头，利用夹头内滚轮在盖上轧出螺纹。

滚压防盗封盖形式如图 9－30 所示。其封口盖与螺旋盖相似，但螺纹（或波纹）是由滚轮环绕薄金属盖坯进行滚轧的，使盖的形状与瓶子表面已经制成的螺纹、瓶口唇缘或其他凸出部分的形状一致。

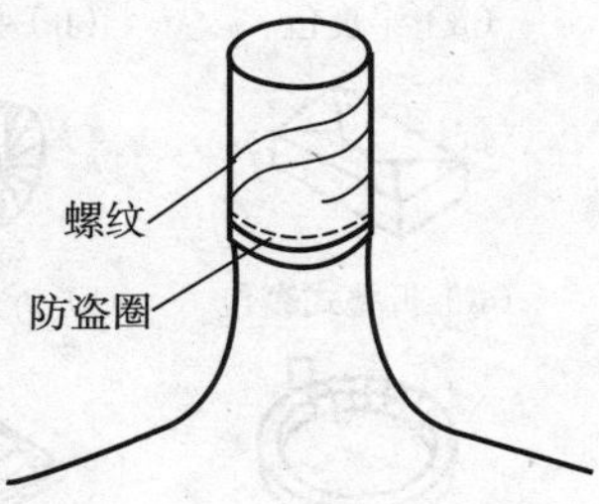

图 9－30　滚压防盗封盖形式

滚压封口机如图 9-31 所示。当包装容器运动到夹头 4 下面时，压盖头下降；夹头中心的压紧件 2 随之下降，压在圆筒状盖壳上并紧紧地夹住盖壳，使盖壳顶紧在容器口上；螺纹轧轮 1 向盖壳上部靠拢并将软金属向包装容器口上的螺纹挤压；夹头 4 转动，螺纹轧轮 1 沿螺纹向下移动，在瓶盖上压出螺纹；防盗包装轧轮 3 向盖壳靠拢，并沿瓶颈在金属盖的底边滚轧，使容器封口；完成轧盖封口后，轧轮离开，夹头上升，包装后的容器被输送出去。

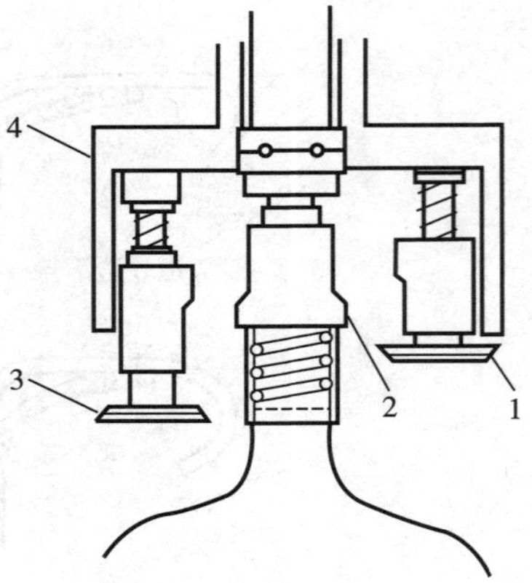

1—螺纹轧轮；2—压紧件；
3—防盗包装轧轮；4—夹头。
图 9-31 滚压封口机

9.3.4 裹包机械

1. 概述

裹包机械（Wrapping machine）是用挠性包装材料，如纸、塑料薄膜和薄片、有压痕的盒和箱的纸板等，通过折叠、扭结、缠绕、黏合、热封、热成形和热收缩等裹包操作，对被包装物品进行全部或局部的包封的机械。

被包装物品的物理化学特性不同，所需裹包的目的不同，裹包可分为不同的类型。典型的裹包方式如图 9-32 所示。

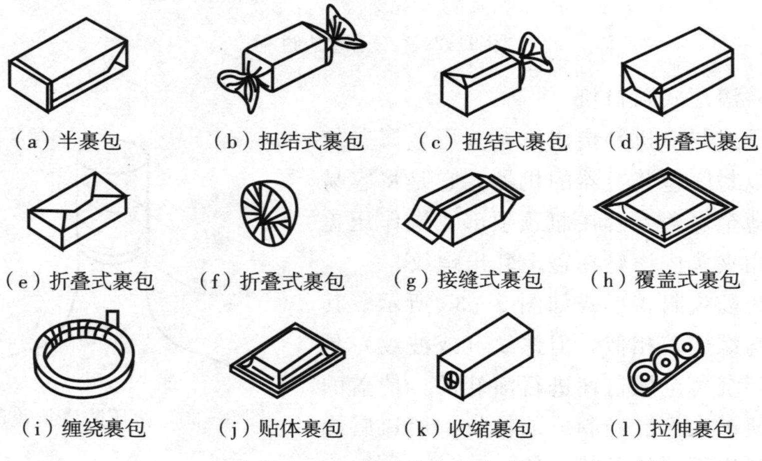

图 9-32 典型的裹包方式

2. 扭结式裹包机（Twist wrapping machine）

扭结式裹包机是用挠性包装材料裹包产品，将末端伸出的裹包材料扭结封闭的机器。其裹包方式有单端和双端扭结。扭结式裹包机按传动方式分为间歇式和连续式。下面介绍一种间歇双端扭结式裹包机。

（1）间歇双端扭结式糖果包装机的组成

间歇双端扭结式糖果包装机主要由料斗、理糖部件、送纸部件、工序盘以及传动操作系统等组成。

（2）包装工艺流程

包装工艺流程如图 9－33 所示。

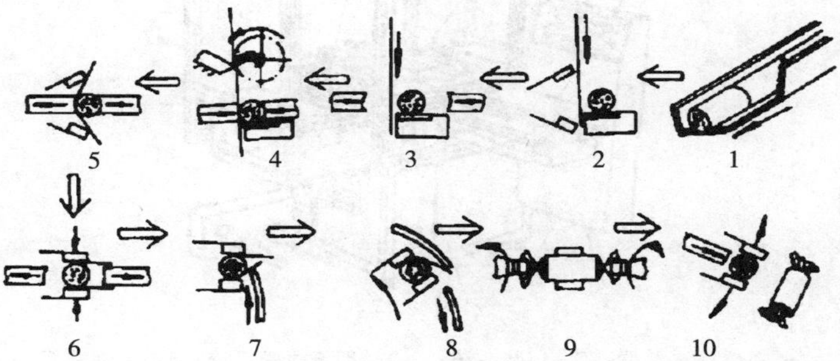

1—送糖；2—糖钳手张开、送纸；3—夹糖；4—切纸；5—纸、糖进入糖钳手；
6—接送糖杆离开；7—下折纸；8—上折纸；9—扭结；10—打糖。

图 9－33　包装工艺流程

（3）包装扭结工艺过程

第Ⅰ工位：工序盘停歇，送糖杆、接糖杆将糖果和包装纸送入工序盘上的糖钳手内，并夹持形成 U 形状。接着活动折纸板将下部伸出的包装纸向上折叠。

第Ⅱ工位：固定折纸板将上部伸出的包装纸向下折叠成筒状。固定折纸板沿圆周方向一直延续到第Ⅳ工位。

第Ⅲ工位：连续回转的两只扭结手夹紧糖果两端的包装纸，并完成扭结。

第Ⅳ工位：糖钳手张开，打糖杆将糖果成品打出，裹包过程结束。

3. 折叠式裹包机（Fold wrapping machine）

折叠式裹包机是用挠性包装材料裹包产品，将末端伸出的裹包材料折叠封闭的机器。折叠式裹包是通过活动折边器与固定折边器的结合动作达到包封要求的。折叠式裹包机一般是先将物品置于包装材料上，然后按顺序折叠各边。在折边过程中根据工艺要求，有的在最后一道折边之前上胶使之黏合，有的用电热烫合，有的靠包装材料受力变形而成型。

折叠式裹包机生产的包装外形美观，常用于糖果、巧克力、香烟、香皂及茶叶盒外部等的包装。以下介绍条盒透明纸裹包机。

(1) 组成

条盒透明纸裹包机的组成如图9-34所示，条盒透明纸裹包机组成结构如图9-35所示。条盒透明纸裹包机主要由条盒输入装置1、包装系统2、透明纸供送系统3、动力装置4、盒输出机构及控制系统等组成。

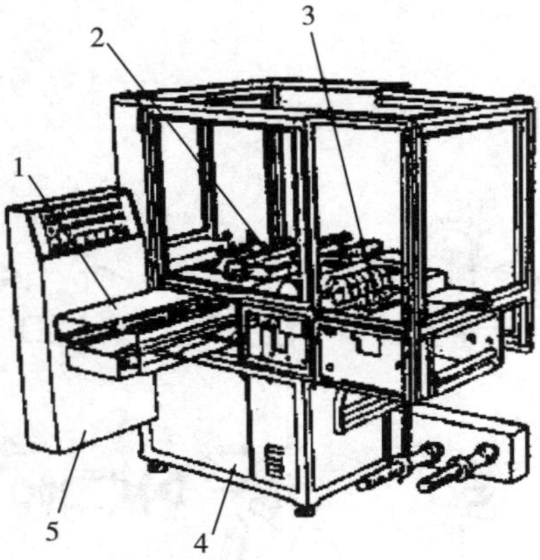

1—条盒输入装置；2—包装系统；3—透明纸供送系统；4—动力装置。

图9-34 条盒透明纸裹包机的组成

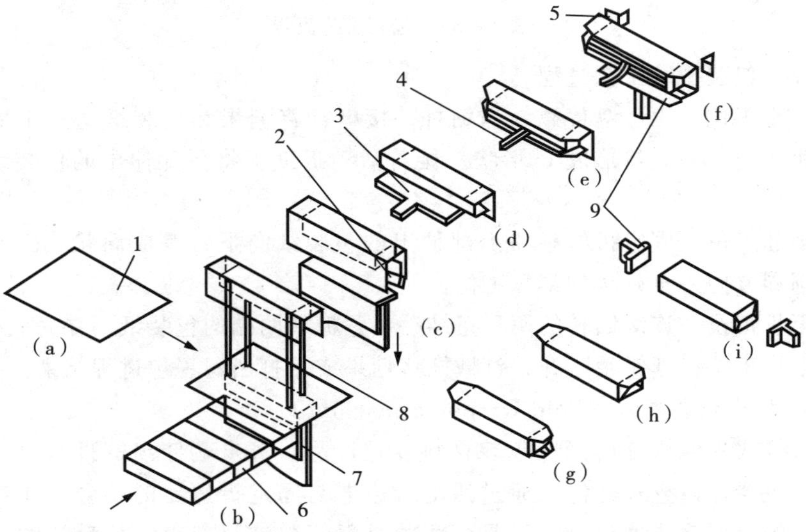

1—透明纸；2—摆动板；3—折叠板；4—推板与两顶端折叠板；

5—固定折叠板；6—条盒烟；7—托板；8—垂直通道；9—热封器。

图9-35 条盒透明纸裹包机组成结构

（2）工作原理示意图

条盒透明纸裹包机工作原理示意图如图 9－36 所示。

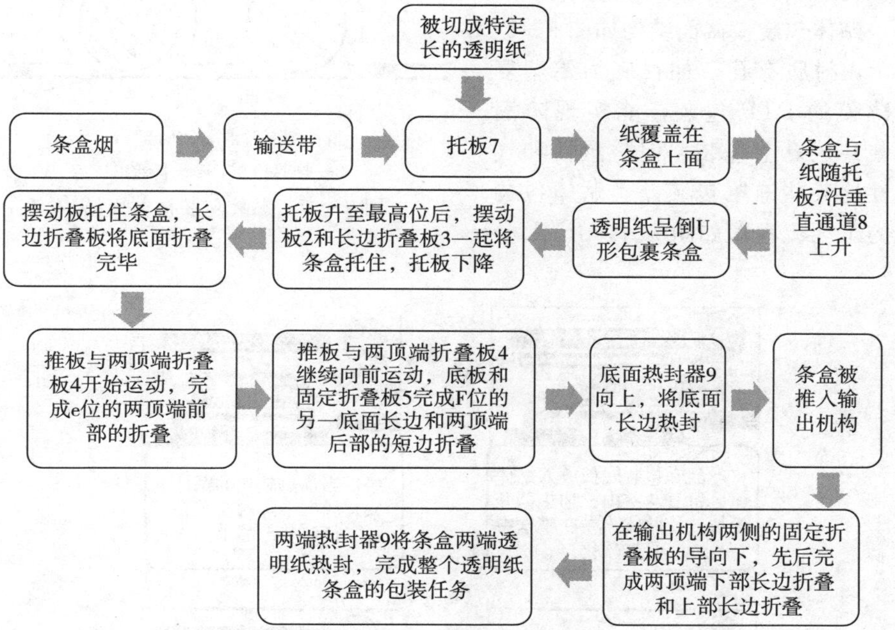

图 9－36　条盒透明纸裹包机工作原理示意图

（3）特点

① 全密封包装：防水、防潮、防污染。

② 瞬间封结，热封工位不存料：近似冷包装，对药品类热敏产品无影响。

③ 自动粘贴防伪易拉线：提高产品防伪能力。

④ 全自动：自动上料、堆叠、包装、热封、整理、记数。

⑤ 电气控制系统以 PLC 为中心：保证设备运行稳定可靠，性能稳定。

⑥ 自动调零、复位功能，设备具有人性化和智能化，使用、操作、维护、维修简单。

⑦ 包装速度可无级调速，更换折纸板及少量零部件即可包装不同规格（大小、高矮、宽窄）的盒式包装物。

⑧ 整机包装速度快，高效节能。

4. 贴体包装机（Skin packaging machine）

贴体包装方式与热成型包装相似。区别在于它不需要热成型模具，包装材料经加热软化后，以包装物品自身为模成型，依靠衬底纸板上的黏接剂与衬底封合，冷却后包装薄膜贴合在被包装物品上。贴体包装机适于包装形状复杂或易碎、怕挤压的商品。

贴体包装横截面结构如图 9 - 37 所示，衬底有孔，如衬底为铝塑复合薄膜的 PTP 包装，能实现防潮包装甚至真空包装，但防湿性和气密性比某些泡罩包装差。贴体包装机的工艺流程图如图 9 - 38 所示。

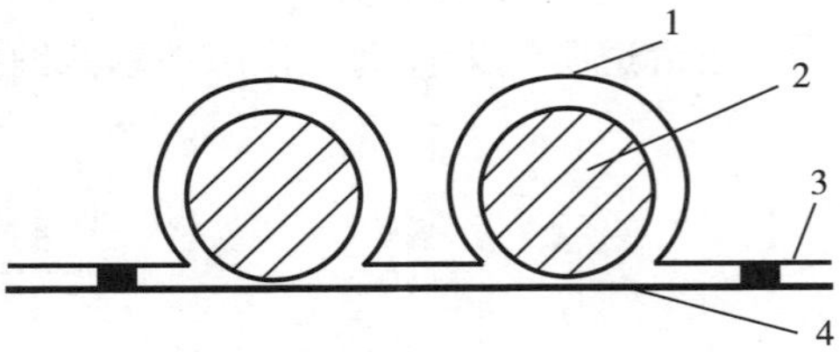

1—塑料片材；2—产品；
3—热封涂层；4—卡纸板。

图 9 - 37　贴体包装横截面结构

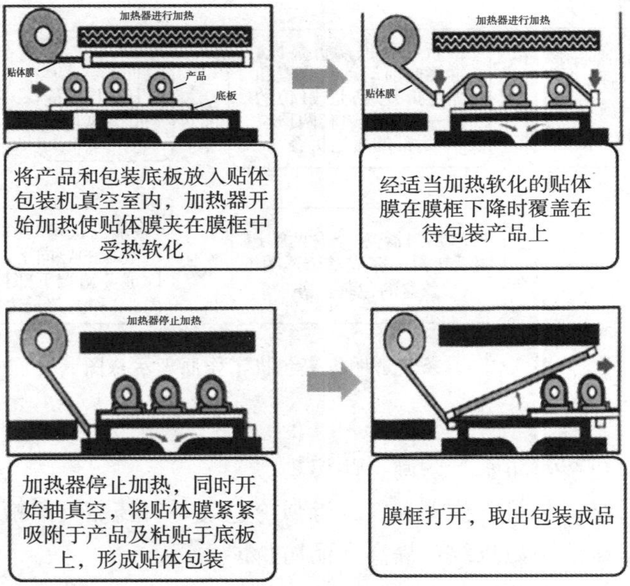

图 9 - 38　贴体包装机的工艺流程图

5. 收缩包装机（Shrink packaging machine）

收缩包装机是将产品用热收缩薄膜裹包后再进行加热，使薄膜收缩后裹紧产品的机器。收缩包装机可分为隧道式收缩机、烘箱式收缩机、框式收缩机和枪式收缩机。收缩薄膜材料包括聚氯乙烯、聚乙烯和聚丙烯。其主要技术指标有收缩率、收缩张力、收缩温度、热封性等。

（1）收缩裹包的原理

收缩包装的包装材料是经过特殊处理的收缩薄膜。在制成薄膜的过程中先使其受到拉伸作用，既可以同时进行横向和纵向拉伸，也可以只进行某一方向的拉伸。薄膜分子在被拉伸的状态下定向排列，并立即骤冷定型，当收缩膜再加热时，原来分子之间规则的排列发生变化，薄膜分子要回到原来的排列和形状，由此产生一个收缩力，大大缩小原有面积，紧附于产品表面达到包装目的。

（2）收缩裹包的形式

收缩裹包的三种主要形式如图 9-39 所示。

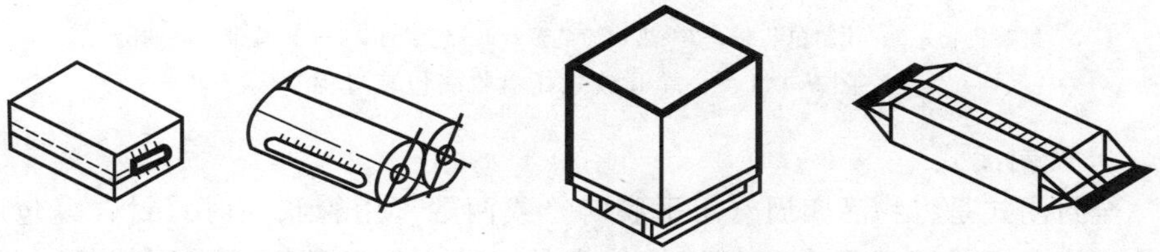

（a）两端开放式　（b）一端开放式　（c）全封闭式

图 9-39　收缩裹包的三种主要形式

① 两端开放式

两端开放式适合单一品种大批量产品的包装。若采用管状收缩薄膜，需将管状薄膜开口扩展，再把物品用导槽送入膜管中，膜管尺寸应比物品尺寸大10%左右。此裹包方式适合于圆柱形物品（如电池、胶卷、卷纸、酒瓶口等）的裹包。采用管状薄膜包装，外形美观，但不能达到产品多样化的要求。采用平膜不受产品品种的限制，多用于形状规整的单一或多件产品的包装。两端开放式裹包原理如图 9-40 所示。

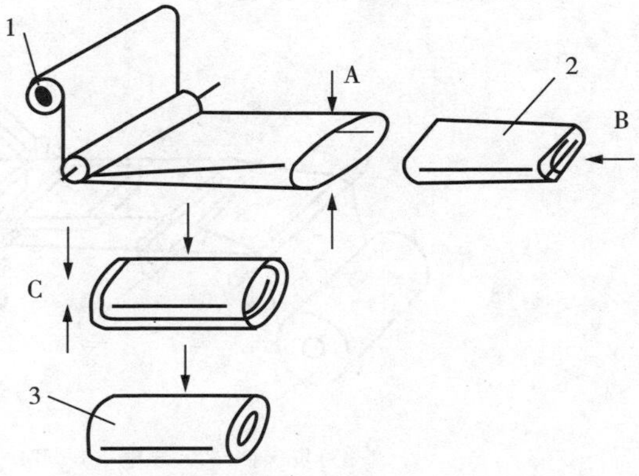

1—卷筒薄膜（管状）；2—产品；3—包装件；
A—开口；B—将产品推入管状薄膜；C—切断。

图 9-40　两端开放式裹包原理

② 一端开放式

一端开放式是采用管状收缩薄膜套住物品，将一端封合，或先将管状薄膜或平膜预制成袋，再套住物品进行裹包的方式。该裹包法一般将物品堆积于托盘上，连同托盘一起裹包，广泛用于运输包装。预制袋的尺寸一般比托盘堆积物大 15%～20%，裹包时将包装袋撑开，套住托盘和堆积物。一端开放式托盘收缩包装过程如图 9-41 所示。

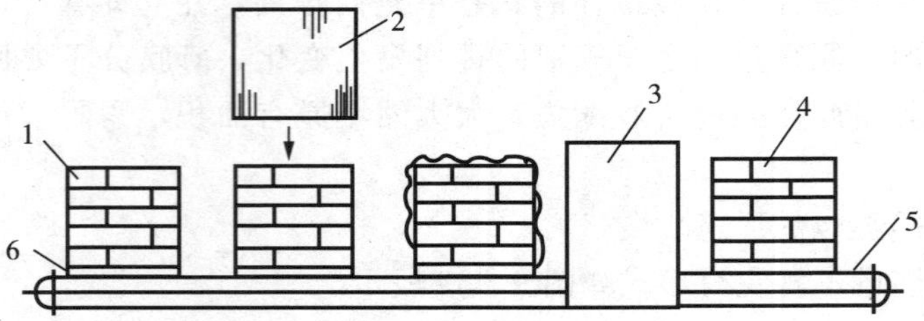

1—集装货物；2—预制包装袋；3—热收缩装置；4—包装件；5—运输带；6—托盘。

图9-41　一端开放式托盘收缩包装过程

③ 全封闭式

全封闭式是将物品四周（用平膜时）或两端（用管状膜时）封合裹包起来的方式。主要用于要求密封性好的产品包装，如对碗面等采用管状薄膜、对折薄膜和平张薄膜进行裹包。

采用对折薄膜时，用L形封口方式封合。常用的L形封口设备有手动和半自动两种。L形封口裹包工作原理如图9-42所示。

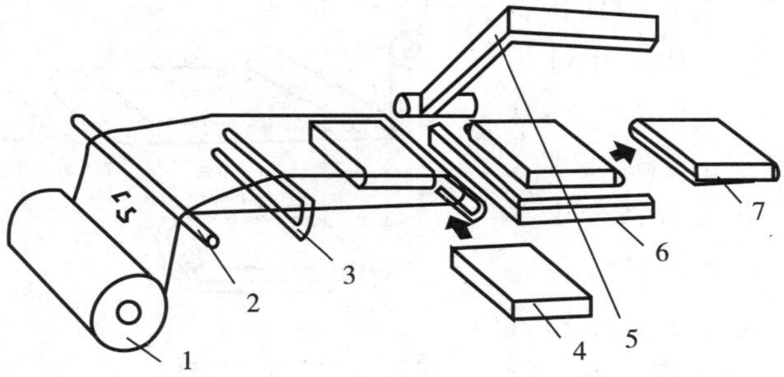

1—对折薄膜；2—导辊；3—开口导板；4—被包装物品；

5—L形封切装置；6—下托架；7—裹包成品。

图9-42　L形封口裹包工作原理

将对折薄膜1经导辊2、开口导板3张开，用手工或机械将被包装物品4放入薄膜中间，然后压下L形封切装置5，使薄膜封合切断，完成裹包。裹包成品通过热收缩装置，实现薄膜热收缩，完成收缩裹包过程。

该裹包方法可用于异形及尺寸多变产品的裹包。

(3) 热收缩装置

热收缩装置的作用是利用热空气对裹包完毕的物品进行加热，使薄膜收缩。被包装产品的多样性使得对收缩的要求不尽相同，从而使得热收缩装置也不相同。常见热收缩装置的示意图如图9-43所示。

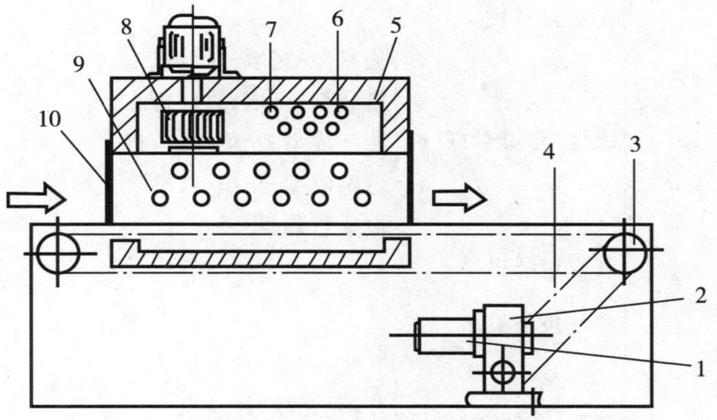

1—电机；2—减速器；3—输送带轴；4—链条；5—隔热层；
6—测温热电耦；7—加热器；8—风机；9—热风吹出口；10—帘。

图 9-43 常见热收缩装置的示意图

收缩薄膜裹包完毕的物品，放在输送带上送入热收缩装置（隧道），用热空气进行加热。经加热薄膜紧裹在包装件上，冷却后输出。大部分热收缩隧道采用电加热。为保证热风能均匀地作用在包装物上，使薄膜收缩均匀，采用温度自动调整装置保证隧道内温度恒定（温差小于 10℃），并采用强制循环系统保证热风的循环。同时，传动系统中设有无级调速装置或采用调速电机，以便调整热收缩时间。常用收缩薄膜与热收缩通道的主要参数关系见表 9-5 所列。

表 9-5 常用收缩薄膜与热收缩通道的主要参数关系

薄 膜	厚度/毫米	温度/℃	加热时间/秒	风速/（米·秒）	备 注
聚氯乙烯	0.02～0.06	140～160	5～10	8～10	温度低，适宜于食品类
聚乙烯	0.02～0.04	160～200	6～10	15～20	紧固性强
聚丙烯	0.03～0.10	160～200	8～10	6～10	收缩时间长
	0.12～0.20	180～200	30～60	12～16	必要时停止加热

为防止输送带与收缩薄膜粘连，通常在输送带表面喷涂一层聚四氟乙烯。输送带可以采用耐热皮带、回转辊、金属网带等多种形式。

9.3.5 多功能包装机械

多功能包装机（Multi-function packaging machine）是指在一台整机上可以完成两个或两个以上包装工序的机器。这种机器常以它所能完成的包装工序联合命名，也可以其完成的主要功能命名。多功能包装机的分类如图 9-4 所示。

- 充填封口机
- 成型-充填-封口机
  - 袋成型-充填-封口机
  - 箱成型-充填-封口机
  - 冲压成型-充填-封口机
  - 熔融成型-充填-封口机
  - 泡罩包装机
- 真空包装机
- 充气包装机
- 定型-充填-封口机
  - 开袋-充填-封口机
  - 开箱-充填-封口机
  - 开瓶-充填-封口机
  - 衬袋箱—定型-充填-封口机

图 9-44　多功能包装机的分类

1. 袋成型-充填-封口机（bag forming，filling and sealing machine）

袋形的多样化，决定了袋成型-充填-封口机机型的繁多。根据包装工艺路线、运动形式及总体布局的不同，袋成型-充填-封口机分类如图 9-45 所示。

- 袋成型-充填-封口机
  - 立式
    - 连续运动
    - 间歇运动
  - 卧式
    - 直移型
      - 连续运动
      - 间歇运动
    - 回转型
      - 连续运动
      - 间歇运动

图 9-45　袋成型-充填-封口机分类

包装机种类繁多，况且同种类型的包装机结构、工作原理、复杂程度也不尽相同。本书主要介绍枕式袋装机和三面封口扁平式袋装机。

(1) 枕式袋装机

① 象鼻成型制袋式袋装机

立式、连续运动制袋式袋装机如图 9-46 所示，可完成纵缝对接封合、装填封口及切断工作。全机由计量装置、象鼻成型器、匀速回转的辊式纵封器、不等速回转的横封器和回转切刀等组成。单张卷筒薄膜经多道导辊和光电管被引入象鼻成型器，将薄膜卷折成圆筒状，被连续回转的纵封辊加热加压热封定型，包装料袋自上而下的连续移动，是纵封辊连续回转牵引薄膜的结果。

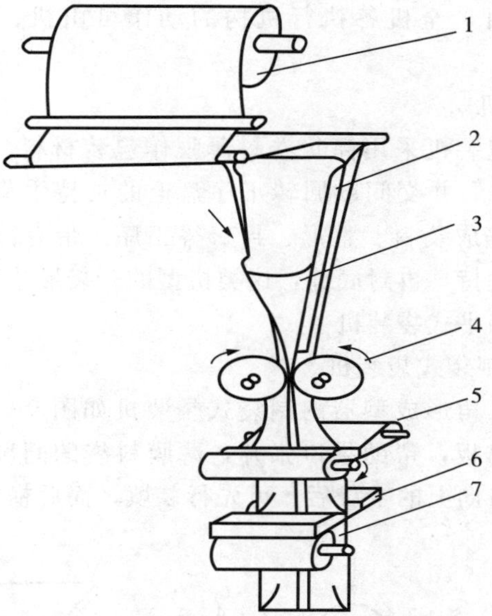

1—卷筒薄膜；2—象鼻成型器；3—加料斗；4—纵封辊；5—横封辊；6—固定切刀；7—回转切刀。

图 9-46　立式、连续运动制袋式袋装机

横封器不等速回转，分别将上下两袋的袋口和袋底封合，纵封器的转轴轴线与横封器回转轴线成空间垂直，获得枕式袋，被包装物料经计量装置计量后由导料槽落入袋内，封好口的连续袋由下面回转切刀与固定切刀接触时切断分开。

② 翻领成型制袋式袋装机

立式、间歇运动的翻领成型制袋式袋装机如图 9-47 所示，该种袋装机可完成制袋、纵封（搭接或对接）、装填、封口及切断等工作。

平张卷筒薄膜经多道导辊引到翻领成型器，由纵封器封合定形，搭接或对接成圆筒状，经计量装置计量后的物料由加料斗通过加料管导入袋底，横封器在封底同时拉袋向下，并对前一个满袋封口，又在

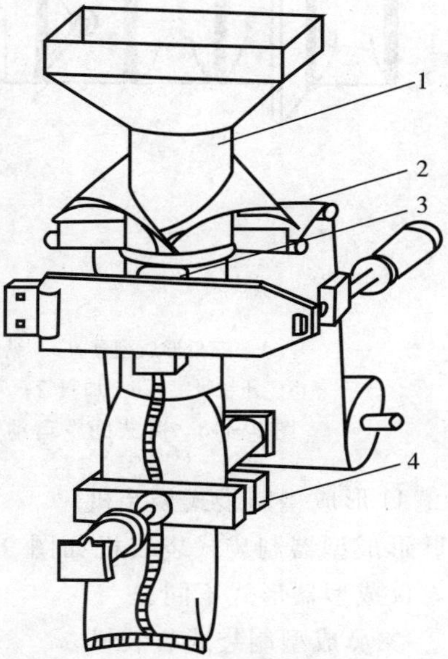

1—加料管；2—翻领成型器；
3—纵封辊；4—横封辊。

图 9-47　立式、间歇运动的翻领成型制袋式袋装机

两袋间切断使之分开，全机各执行机构的动作可由机、电、气、液配合自动完成。

③ 筒形袋袋装机

间歇式转盘形包装机采用筒状卷料薄膜作包装材料，每次先封底缝，然后再切下作为包装袋，并交间歇回转工序盘上的夹持手将包装袋从一个工位移向另一个工位，完成装料、整形、封口等工序。带有筒状薄膜开袋器的袋装机，能先开袋后夹持，再封底缝，这类机型的开袋形式独特。

(2) 三面封口扁平式袋装机

① 三角形成型制袋式袋装机

卧式间歇运动三角形成型器的制袋式袋装机如图 9 - 48 所示。对折后的薄膜上口有一块隔离板，帮助袋口张开，薄膜料袋的间歇移动靠牵引辊间歇回转带动，制成开口向上的空袋后，可先行装填，而后横封、切断。

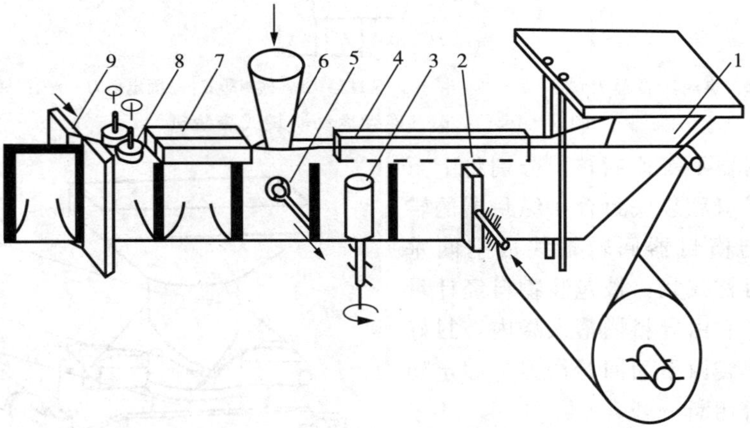

1—三角形成型器；2—纵封器；3—牵引辊；4—隔离板；
5—开袋吸嘴；6—加料管；7—横封器；8—牵引辊；9—切刀。

图 9 - 48 卧式间歇运动三角形成型器的制袋式袋装机

② U 形成型制袋式袋装机

U 形成型器制袋式袋装机如图 9 - 49 所示，与上图机型的工作原理基本相似，仅成型器形式不同。

③ 象鼻成型制袋式袋装机

象鼻成型制袋式袋装机如图 9 - 50 所示，与翻领成型制袋式袋装机机型相似，区别在于不等速回转的横封器回转轴线与纵封器回转轴线相互平行，导致成品不是枕式袋，而是三面封口扁平袋。

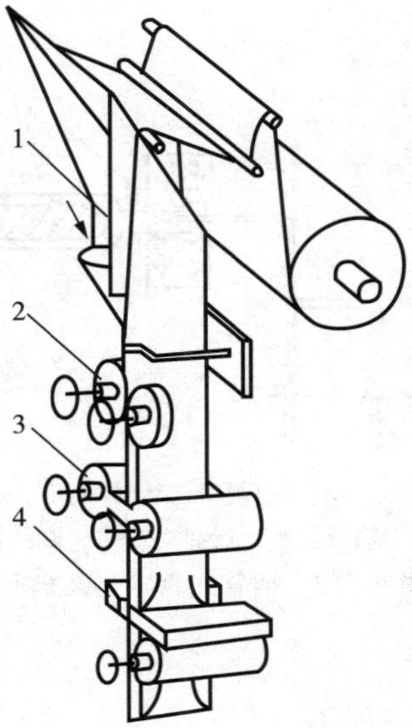

1—U 形成型器；2—纵封辊；
3—横封辊；4—切刀。

图 9-49　U 形成型器制袋式袋装机

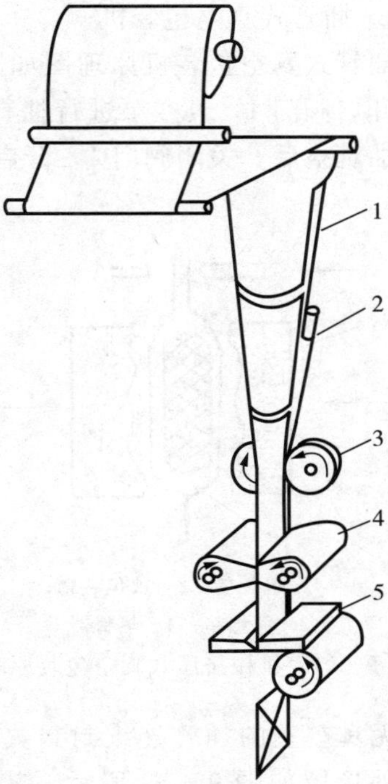

1—象鼻成型器；2—加料斗；
3—纵封辊；4—横封辊；5—切刀。

图 9-50　象鼻成型制袋式袋装机

2. 真空包装机和充气包装机

(1) 真空包装机（Vacuum packaging machine）

真空包装机是在包装容器内盛装产品后，抽去容器内空气，达到预定真空度并完成封口工序的机器。真空包装机主要用于包装易氧化、霉变或受潮变质的产品，如榨菜、腊肠等，以延长产品的有效期或防止精密零件和仪器生锈等。

真空包装常使用的塑料薄膜或复合材料应具备一定的气密性、耐压性以及机械适应性等。

① 真空包装机的分类及工作原理

真空包装机一般分为机械挤压式、插管式、腔室式等。

A. 机械挤压式真空包装机

机械挤压式真空包装原理图如图 9 - 51 所示。包装袋充填结束后，在其两侧用海绵等弹性物品将袋内的空气排除，然后进行封口的包装方式，称为机械挤压式。这种方法最简单，但真空度低，适用于对真空度要求不高的场合。

B. 插管式真空包装机

插管式真空包装机原理图如图 9 - 52 所示。它是从袋的开口处插入排气管，开启阀门 1，真空泵进行抽真空，达到预定真空度后进行封口。若充气，则在抽真空后，关闭阀门 1，开启阀门 2 进行充气。

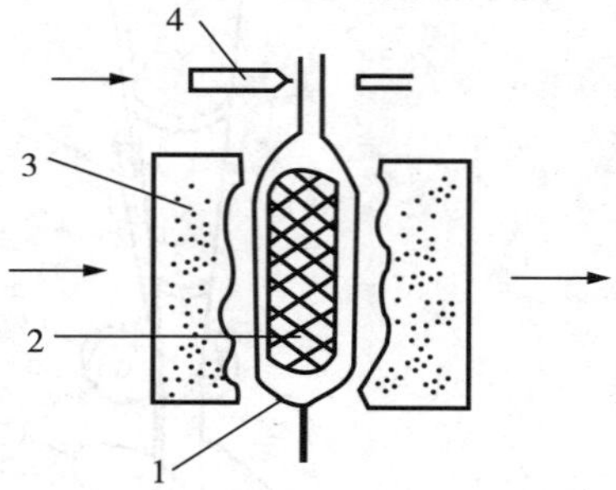

1—包装袋；2—被包装物；
3—海绵垫；4—热封器。

图 9 - 51 机械挤压式真空包装原理图

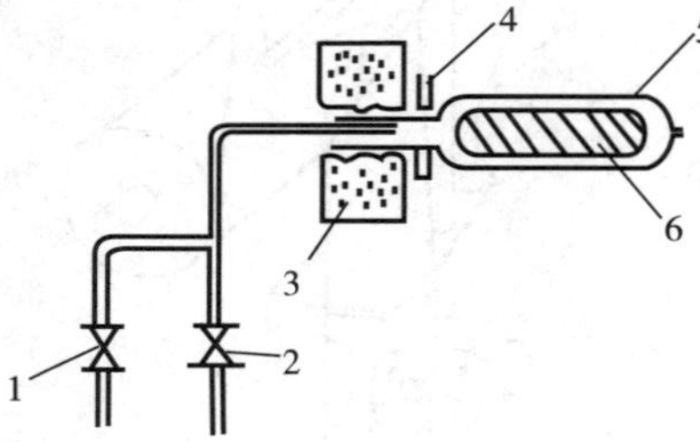

1，2—阀门；3—海绵垫；
4—热封器；5—包装袋；6—被包装物。

图 9 - 52 插管式真空包装机原理图

无真空室的插管连续封口真空包装机外形图如图 9 - 53 所示，其结构紧凑，操作方便，速度较快。

C. 腔室式真空包装机

腔室式真空包装原理图如图 9 - 54 所示，腔室分为单室、双室和多室等，以单室和双室应用居多。

除充填外，整个包装过程均在腔室内进行，包装时将装有包装物品的包装袋放入腔室内，合盖后抽真空，达到预定的真空度后，热封器将袋口封住。若要进行充气，则在封口前充入保护气体。此法真空度较高。

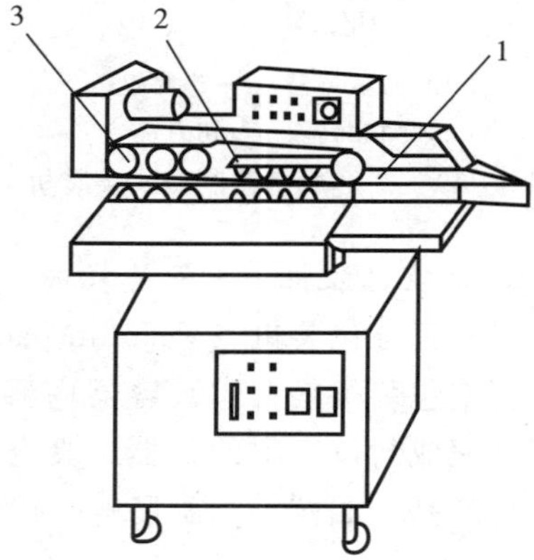

1—驱动轮；2—封口加热轮；3—抽气关口。

图 9 - 53 无真空室的插管连续封口真空包装机外形图

② 真空包装机的结构组成

真空包装机结构示意图如图 9 - 55 所示。工作过程：机器正常运转时，手工将已充填物料的包装袋定向放在腔室内，并将袋口置于加热器 3 上；关上真空室盖 7 并压紧，靠真空室盖 7 上的密封圈密封真空室。同时控制系统工作，按工作程序自动完成抽真空、压紧袋口、加热器加热封口、冷却、真空室解除真空、抬起真空室盖等工序。

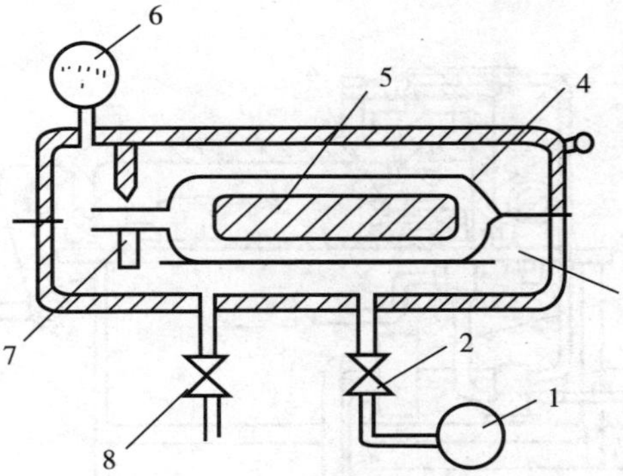

1—真空泵；2，8—阀门；3—腔室；4—包装袋；5—被包装物；6—真空表；7—热封器。

图 9-54　腔室式真空包装原理图

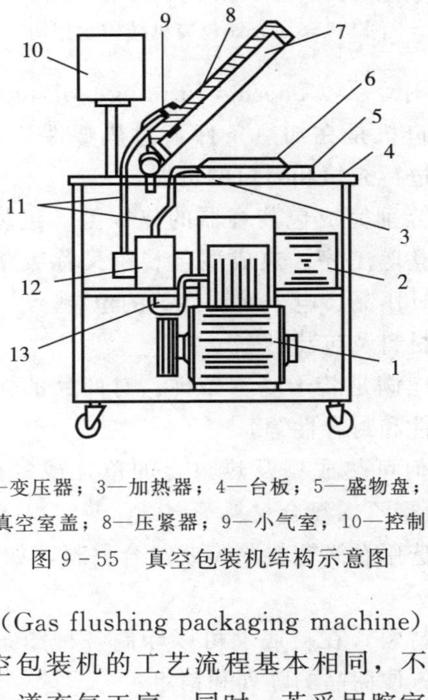

1—真空泵；2—变压器；3—加热器；4—台板；5—盛物盘；6—包装制品；
7—真空室盖；8—压紧器；9—小气室；10—控制箱。

图 9-55　真空包装机结构示意图

（2）充气包装机（Gas flushing packaging machine）

充气包装机与真空包装机的工艺流程基本相同，不同之处是：在抽真空后加压封口前需增加一道充气工序。同时，若采用腔室式结构还需增设一个腔室盖锁紧机构，以保证充气时腔室盖不会抬起，并且处于密封状态。实际中，两种机器常设计成通用的结构形式，既可用于真空包装，又可用于充气包装。

充气包装机结构示意图如图 9-56 所示。推袋器 4 的作用是将袋口压住，以保证充气后的封口质量。

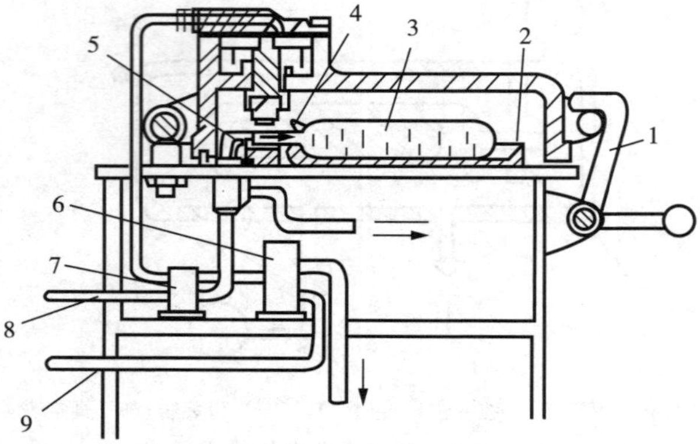

1—锁紧钩；2—盛物盘；3—包装制品；4—推袋器；5—充气嘴；6—阀；
7—充气转换阀；8—惰性气体进气管；9—压缩空气进气管。

图 9-56　充气包装机结构示意图

3. 热成型-充填-封口机（Thermo-forming，filling and sealing machine）

热成型-充填-封口机是在加热条件下对热塑性片状包装材料进行深冲，形成包装容器，然后进行充填和封口的机器。

热成型包装机能分别完成包装容器的热成型、包装物料的充填（定量）、包装封口、裁切、修整等工序。热成型包装机又称吸塑包装机，广泛应用于食品、药品、文具、日用品、电子元器件等的包装。

（1）热成型包装材料及包装形态

热成型包装材料应满足若干基本条件：对商品的保护性、成型性、透明性、真空包装的适应性和封合性等。

成型材料包括任何可热成型及热封合的单片或复合材料，如聚氯乙烯、聚苯乙烯、聚氯乙烯/聚乙烯复合材料等。

面板（盖材）常选用卷筒塑料单膜或复合材料，如聚乙烯、铝箔/热封涂层、聚酯/聚乙烯等。

包装材料是透明材料，在衬底上可以印制各种图案说明，因此该包装方法既能保护商品又能方便商品的陈列和销售。

常用的几种热成型包装形态如图 9-57 所示。

（2）热成型包装机

全自动热成型包装机外形图如图 9-58 所示。热成型包装工艺过程示意图如图 9-59 所示，该机可无级调速，速度的大小取决于薄膜质量及吸塑的深度大小。

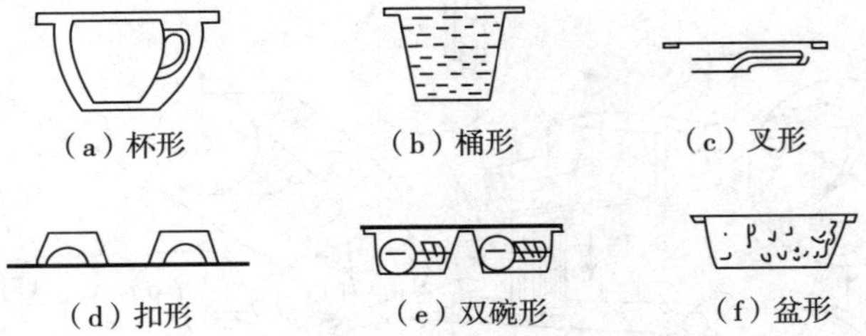

图 9-57　常用的几种热成型包装形态

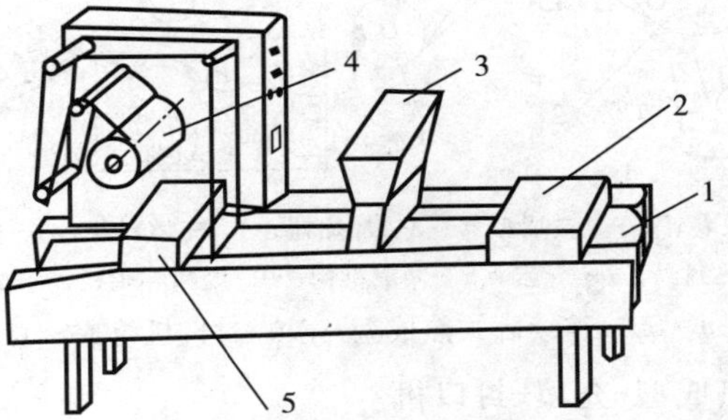

1—吸塑材料卷；2—成型模；3—充填装置；4—面盖材料卷；5—真空腔及封切装置。

图 9-58　全自动热成型包装机外形图

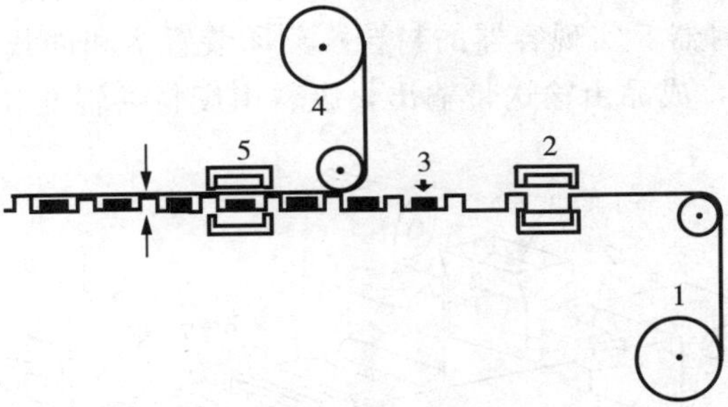

图 9-59　热成型包装工艺过程示意图

（3）常用热成型包装机

① 连续卧式热成型-充填-封口机

连续卧式热成型-充填-封口机主要用于药品的包装，其组成示意图如图 9-60所示。工作过程是：塑料片材经加热器 3 加热后，随即被真空成型器 2 的凹模吸入成型为泡状，并被冷却定型，随后脱模，被拉到充填料斗 4 的下方，物料（药品）便自动充填到泡状容器中；当运行到热封器 6 处时，被面板（盖材）覆盖、封口；最后由冲裁机构 8 冲裁，成品 10 输出，废料由废料卷辊 9 卷取。

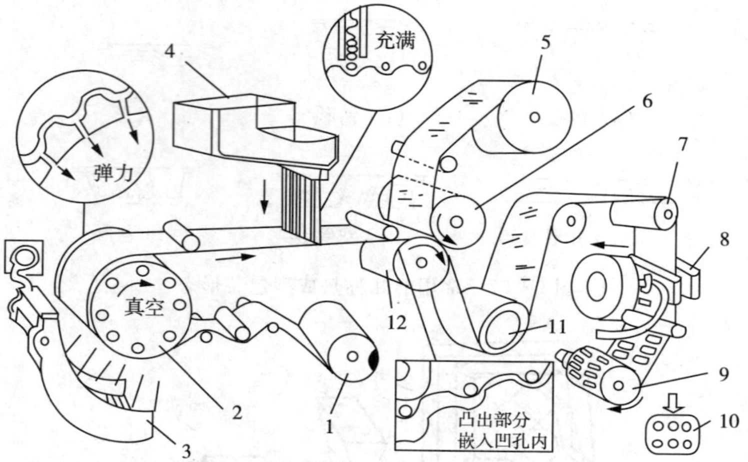

1—薄膜卷；2—真空成型器；3—加热器；4—充填料斗；5—盖材卷；
6—热封器；7—导辊；8—冲裁机构；9—废料卷辊；10—成品。

图 9-60　连续卧式热成型-充填-封口机组成示意图

② 间歇卧式热成型-充填-封口机

间歇卧式热成型-充填-封口机组成示意图如图 9-61 所示。在包装过程中，薄膜 1 的运动是间歇的。薄膜 1 经成型模 2 受热成型为容器，经冷却定型；已成型的容器步进到充填装置 3 下方时，实现物料定量充填；然后，覆盖盖材 4，经热封器 5 实现容器的封合；刻印装置 7 和冲裁装置 8 下压，完成商标刻印和冲裁，成品由输送带输出，废料由废料卷辊 9 卷取。

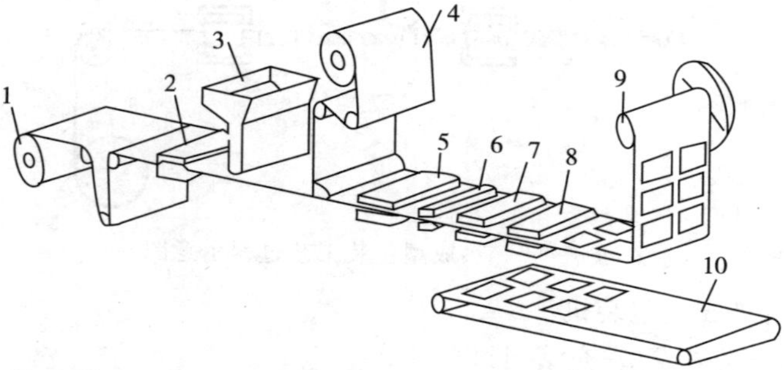

1—薄膜；2—成型膜；3—充填装置；4—盖材；5—热封器；6—牵引装置；
7—刻印装置；8—冲裁装置；9—废料卷辊；10—成品。

图 9-61　间歇卧式热成型-充填-封口机组成示意图

③ 热成型-真空-充气包装机

热成型-真空-充气包装机组成示意图如图 9-62 所示。该机是热成型—真空包装机的改型。包装的底膜在热成型膜 2 内加热并吸塑成型，随后充填物料，并与盖膜 4 同时进入真空-充气-热封室 6 内；先将密闭的热封室内空气抽出，随后以充气管 5 充入惰性气体，热封模将盖膜与塑料盒的周边热封；封合后成品由切刀 7 完成分切。

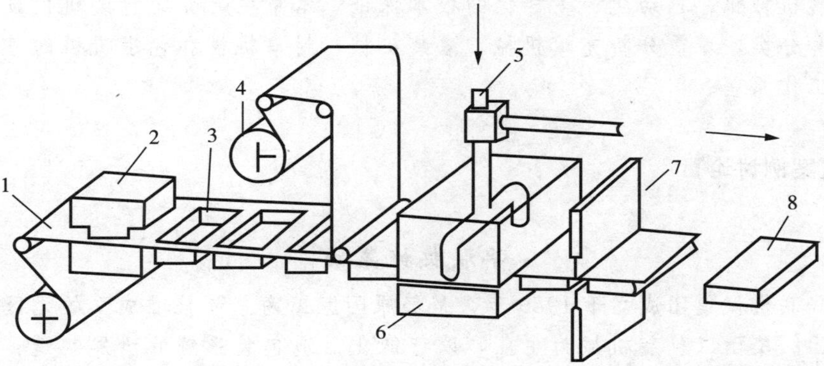

1—底膜；2—热成型膜；3—塑料盒；4—盖膜；5—充气管；6—真空-充气-热封室；7—切刀；8—成品。

图 9-62　热成型-真空-充气包装机组成示意图

④ 小立式小型热成型-充填-封口机

小立式小型热成型-充填-封口机组成示意图如图 9-63 所示。其工作原理与连续卧式热成型包装机相似，主运动方向为立式，占地小，结构紧凑，适合小件多品种产品的生产。

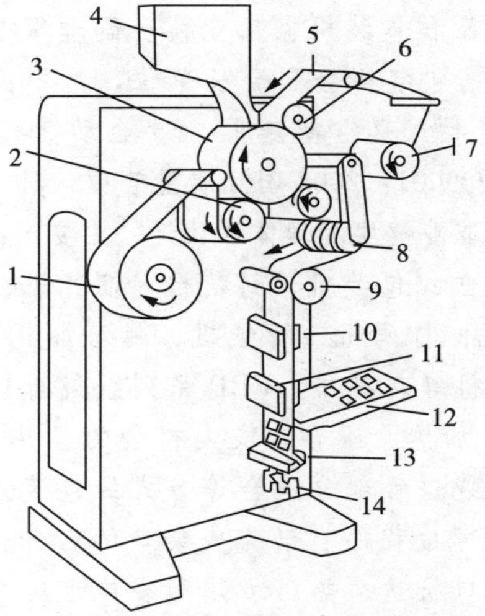

1—薄膜；2—加热滚筒；3—真空成型模；4—料斗；5—铝箔；6—热封滚筒；7—铝箔卷辊；8—张紧装置；9—传送辊；10—打印装置；11—冲裁模；12—输送器；13—剪切装置；14—废料。

图 9-63　小立式小型热成型-充填-封口机组成示意图

【小　结】

包装机械设备在包装工业和商品流通领域的作用越来越大，是使产品包装实现机械化、自动化、多样化的根本保证。本章主要介绍包装机械设备的概念和分类，着重分析充填机械、灌装机械、封口机械和包裹机械的基本结构和工作原理。

【案例讨论】

华联机械集团

华联机械集团成立于1989年，是经原国家工商总局核准成立的无区域企业集团。集团以包装机械为主业，以智能化后道包装系统的研发制造、销售服务为核心业务，是面向全球市场的包装机械供应商。公司设有省级智能包装装备研究院、省级企业技术中心，拥有两个大型生产基地，占地10万多平方米。自第一台“华联牌”连续式封口机诞生以来，华联机械迄今已形成系列化、规模化生产的产品有7大板块200多个品种，年生产销售超10万台（套）各类包装机械，产品销售到全球100多个国家。集团被评为“中国包装行业百强”和“中国包装机械行业30强”企业，并连续多年荣获中国包装机械十大知名品牌。

华联机械为中国食品和包装机械工业协会副理事长单位，中国包装联合会常务理事单位，浙江省包装协会副会长单位，是中国国家及行业标准《塑料袋热压式封口机》《外抽式真空包装机》《半自动捆扎机》和《贴体包装机》起草单位，公司通过ISO9001：2008国际质量管理认证体系、ISO14001环境管理体系和OHSAS18001职业健康管理体系认证，主要产品通过欧盟CE认证。

华联机械提供自动立式包装机、封箱机、捆扎机、枕型包装机、智能化后道包装系统、灌装机、打码机、折纸机、封箱捆扎包装线、自动装箱机、机器人、自动重袋包装机等。其中，FBP系列纸袋折口热压自动包装机适合多层舌口纸袋的折口、加热、压合，或内衬袋的预热、热封和外袋的折口、加热、对涂有热熔胶的袋口舌部分压合等方式的包装。该系列机型采用光机电一体化的先进技术，可按程序自动完成袋口的张开、热风预热内袋、热封内袋、折边线压痕、袋口折边、热风加热和袋口舌压合等工序。采用此种方式的纸袋包装，工作效率高，袋口牢度好，气密性能佳，可防尘、防潮、防霉、防污染，使包装物得到妥善的保护。

资料来源：http：//www. packadvisor. net/products/company - profile. html

讨论题

1. 包装机械发展趋势有哪些？
2. 包装机械设备企业如何创新？

【复习思考题】

1. 什么是包装设备？
2. 简述包装机械发展史。
3. 根据包装机械设备的工作原理和结构，包装机械设备可以分为哪些部分？
4. 如何进行包装机械的分类？
5. 什么是充填机械？
6. 容积式充填机可以分为哪些类型？各举 1 例说明各自工作原理和特点。
7. 按照灌装原理，液体灌装机械分为哪些类型？各举 1 例说明特点。
8. 如何对封口机进行分类？
9. 根据容器的种类及其对产品的密封要求，常见的封口形式有哪些？
10. 常见的热封方法包括哪些？
11. 简述卷边原理和二重卷边的形成过程。
12. 典型的裹包方式有哪些？
13. 收缩裹包的原理是什么？有哪几种形式？
14. 如何选择合适的颗粒药丸计量充填机？
15. 扭结式裹包机的工作原理及结构特点是什么？
16. 什么是多功能包装机械？多功能包装机械包括哪些类型？
17. 真空包装机包括哪些类型？各自原理是什么？
18. 胡玉美蚕豆酱可以采用哪些包装容器、包装设备？如何进行物流运输？
19. 麻疹疫苗可以采用哪些包装容器、包装设备？如何进行物流运输？
20. 平板电脑可以采用哪些包装容器、包装设备？如何进行物流运输？

第10章 物流运输包装技术与方法

【教学目标】

(1) 了解物流运输包装技术和方法；

(2) 掌握缓冲包装、防潮包装、防霉包装、防锈包装的技法；

(3) 掌握危险品的包装技法。

【引导案例】

康美包（苏州）有限公司

康美包（苏州）有限公司是SIG康美包集团在中国的全资子公司，亚太地区总部。SIG康美包集团起源于1878年，是全球领先的液态食品无菌包装系统供应商。总部位于瑞士，在全球65个国家和地区设有运营机构，目前在全球拥有7座无菌包材工厂以及1座原纸厂。康美包灌装的产品种类覆盖了果汁、即饮茶、咖啡、果酒、酸奶、汤品、调味酱等50多个品类，10000多种不同的产品，与超过65个国家的220家领先的食品和饮料生产商合作，对于全球食品饮料行业有着举足轻重的影响力。SIG康美包集团1985年进入中国市场，2004年建设投产中国的第1座无菌包材生产基地，2010年建成投产配套的灌装机组装中心，2017年建成运营SIG康美包亚太技术中心，2019年建设中国的第2座无菌包材生产基地，严格按照LEED金牌认证标准建设的工厂，利用绿色太阳能光伏发电和雨水收集系统，着力打造低碳环保的智慧工厂，为中国市场及客户输入先进、可持续的包装理念及产品。康美包（苏州）采用世界一流的环保、安全和运营理念进行管理，提供液态食品和饮料无菌纸盒包装系统解决方案。公司拥有FSC森林产销链认证、FDA食品认证、BRC包装材料认证、ISO环境和质量体系认证等。康美包包装是使用已经基本成型的纸盒，在灌装机上将纸盒打开成方筒后，先封合底面，待灌完产品后再封合顶端。同时，康美包（苏州）有限公司生产创新型可微波无菌纸包装HEAT&GO，使得宝暖奶能够直接放进微波炉加热，仅需30～40秒即可得一杯暖饮。创新型可微波无菌纸包装HEAT&GO采用全新高阻隔材料，替代了传统无菌纸盒结构中的金属铝箔层，不仅能微波加热，还能够像传统无菌纸盒一样阻光隔氧，阻止水汽蒸发，隔绝气味渗入，充分保障品质安全。康美包（苏州）有限公司的客户遍布全球 16 个国家和地区。

资料来源：https：//www.51myprint.com/com/0512-62833111/

10.1 概　述

物流运输包装技术与方法，又称物流运输包装技法，是指运输包装操作时所采用的技术和方法。只有通过包装技法，才能使包装件与被包装物形成一个整体。包装技法与包装的各种功能密切相关，特别是与保护功能关系密切。

包装设计已进入信息时代，设计人员必须具备包装设计的基本技能，善思考、会欣赏、懂创意，熟悉包装工艺、包装选材、包装设备等。包装成型主要包括金属包装的成型、塑料包装的成型、纸品包装的成型以及其他复合材料包装的成型等。通过挤压、热压、冲压等成型技术以及气压、冲击、湿法处理、真空技术，实现包装工艺的科学化、简便化、标准化。包装质量的好坏，既取决于包装技法，又取决于包装材料的性能。包装技法是通过一定技术和方法将主要包装材料和辅助包装材料有机结合，实现包装功能，达到包装目的。

10.1.1　包装材料的性能

包装材料的性能设计涉及诸多方面，必须具备以下方面的性能[①]：

① 安全保护性能。安全性能是指与被包装物特别是食品接触的包装材料，不会污染被包装物，危害使用者的健康。这要求包装材料本身无毒、无异味、无菌、抗菌等。需要注意包装材料成分迁移的安全性，即在一定条件下，塑料材料中的增塑剂、抗氧化剂以及金属材料中的有毒有害物质，会通过扩散迁移到内装物上，形成潜在毒性。保护性能主要是指包装材料能够保护被包装物，防止损伤、散失、变质等。根据不同被包装物的不同性质选择包装材料，防止被包装物的质量发生变化。涉及包装保护功能的材料性能主要有：机械强度、防潮、防水、耐酸、耐碱、耐热、耐寒、耐油、透光性、遮光性、透气性等。

---

① 赵启兰．商品学概论［M］．北京：机械工业出版社，2012.

② 易加工性能。选取的包装材料应该具有易加工、易成型、易包装、易填充、易缝合以及适应自动包装机械操作且生产效率高等特点，这些性能主要取决于包装材料的刚挺性、光滑度、可塑性、可焊性、易开口性、热合性、防静电性、可锻性等。

③ 外观装饰性能。外观装饰性能是指包装材料的颜色、纹理、形状等应具有一定的美观性。外观装饰性能好能产生良好的陈列效果，更容易摆放，提高商品的档次，满足不同消费者的审美需求和激发消费者的购买欲望。外观装饰性能的发挥主要取决于包装材料的透明度、表面光泽、印刷适应性等。

④ 易回收处理。易回收处理主要体现于包装材料的生态环保功能。包装材料要有利于环保，有利于节省资源，还要对环境无害，尽可能选择绿色包装材料。要避免过度包装和过弱包装。过度包装是指包装价值与被包装物价值不相匹配，包装及其材料的价值与被包装物的价值相比太高，美国、加拿大等认为过度包装就是污染环境。过弱包装是指过于简陋的包装，难以有效保护被包装物，过弱包装设计的结果会造成被包装物在流通过程中破损率增加。此外，包装材料应该是可再生的，加工过程不会污染环境，使用方便，不会造成资源浪费和环境污染，废弃后容易回收、可再生、易处理。

包装技法必须考虑包装材料，包装材料的选用必须考虑以下方面：①包装材料能有效保存包装物；②包装材料能适应流通环境；③包装材料能与包装单元相协调；④包装材料与被包装物的档次一致。

10.1.2 运输包装技法的分类

运输包装技法分类，可以按照产品包装工作的阶段进行。第一阶段，前期工作阶段，包括包装材料和容器的制造、清洗、干燥等；第二阶段，主要工作阶段，包括处理、成型、充填、封装、裹包、计量、捆扎、贴标、选别等；第三阶段，后期工作阶段，包括堆垛、储存、运输等。包装技法涉及技术的机理、原理、工艺过程和操作方法等。充分发挥包装功能，必须选用合适的包装材料，采取相应的包装技法。包装技法包括两大类：通用包装技术是实现包装操作的技能方法；专用包装技术是适合某些特定产品属性的技能方法。运输包装技法主要包括防震包装（Shock-proof packaging）技法、防潮包装（Moisture-proof packaging）技法、防霉包装（Mould-proof packaging）技法、防锈包装（Rust-proof packaging）技法、危险品的包装（Dangerous Goods packaging）技法等。

10.2　防震包装技法

产品从生产出来到开始使用要经过一系列的运输、保管、堆码、搬运、装卸过程，需置于一定的环境中。任何环境都有力作用于产品之上，并使产品发生机械性损坏。为了防止产品遭受损坏，就要设法减小外力的影响，这就是防震包装。防震包装又称缓冲包装，指为减缓内装物受到的冲击和振动，使其免受损坏所采取的一定防护措施的包装。《缓冲包装设计》（GB/T 8166—2011）内容包括范围、规范性引用文件、术语和定义、要求、设计程序、设计方法、应用技术、试验等。采用缓冲包装技法，利用物理缓冲或壁垒保护等防止包装产品的损坏。例如，联合利华公司提出包装应保护产品、防止垃圾、增进产品的可持续性。包装的使用量应根据产品的制造、存储、配送和营销要求确定。在产品的物流运输过程中，保证产品在送达消费者前，包装和产品不会变成废品。防震包装材料按形状可划分为松散状、流动性衬垫状、袋状、成形品、板框架状、防震结构等，按材质可划分为纤维素类、动物纤维类、矿物纤维类、气泡结构类、纸类、防震装置类等。防震包装主要包括四种技法。

10.2.1　全面防震包装方法

全面防震包装方法是指内装物和外包装之间全部采用防震材料填满进行防震的包装方法。

① 压缩包装法。采用包装材料把易碎物品填塞起来或进行加固，吸收振动或冲击的能量，并将其引导到产品强度最高的部分。包装材料一般为丝状、薄片状、粒状的泡棉、珍珠棉、气泡袋，以便于对形状复杂的产品能很好地填塞，防震时能有效地吸收能量，分散外力，有效保护产品。

② 浮动包装法。浮动包装法和压缩包装法基本相同，不同之处在于所用包装材料为小块衬垫，可以发生位移和流动，有效地充满直接受力的部分的间隙，分散产品所受的冲击力。

③ 裹包包装法。采用各种类型的片材把单件内装物包裹起来放入外包装箱盒内。

④ 模盒包装法。利用模型将聚苯乙烯树脂等材料做成和物品形状一样的模盒，用其包装产品达到防震作用。

⑤ 就地发泡包装法。以产品和外包装箱为准，在其间充填发泡材料的一种防震包装技术。该方法简单易行，主要包装设备包括盛有异氰酸酯和多元醇树脂的容器及喷枪，使用时首先把盛有两种材料的容器内的温度和压力按

规定调好，然后将两种材料混合，借助单管道通向喷枪，由喷头喷出。喷出的化合物在10秒后即开始发泡膨胀，不到40秒即可发泡膨胀到原体积的100～140倍，形成的泡沫体为聚氨酯，经过60秒，变成硬性和半硬性的泡沫体，这些泡沫体可将任何形状的物品包住。

10.2.2 局部防震包装方法

局部防震包装如图10-1所示，主要针对整体性好的产品和有内装容器的产品，仅在产品或内包装的拐角或局部地方使用防震材料进行衬垫即可。这种方法主要是根据产品特点，使用较少的防震材料，在最适合的部位进行衬垫，力求取得好的防震效果，并降低包装成本。此法适用于大批量物品的包装，广泛用于电冰箱、电视机、收录机、洗衣机、仪器仪表等的包装。所用包装材料主要有泡沫塑料防震垫、充气型塑料薄膜防震垫和橡胶弹簧等。

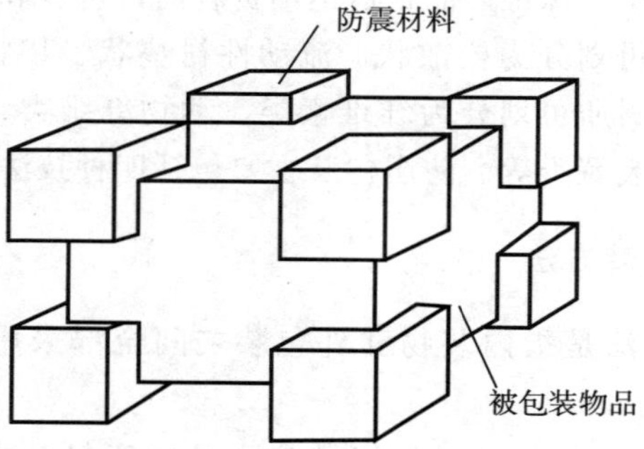

图10-1 局部防震包装

10.2.3 悬浮式防震包装方法

悬浮式防震包装如图10-2所示，该方法主要应用于某些贵重易损的物品，外包装容器比较坚固，然后用绳、带、弹簧、吊环等将被包装物悬吊在包装容器内，不与四壁接触。在物流运输中，内装物被稳定悬吊而不与包装容器发生碰撞，从而减少损坏。

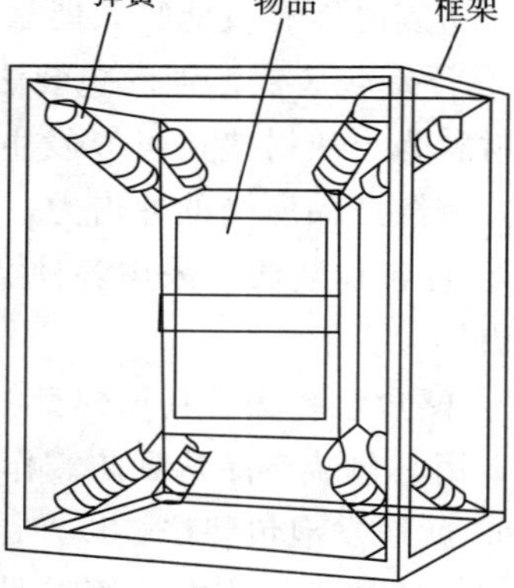

图10-2 悬浮式防震包装

10.2.4 充气式防震包装方法

充气式防震包装方法是在包装物周围

布置充满气体的气垫，防止振动。气垫一般选择具有柔性和弹性的软性垫封塑料薄膜，如采用多层聚乙烯薄膜与高强度、耐磨损的尼龙布作为表面材料。充气式防震包装主要有四个特点。①应用范围广。充气式防震包装具有良好的弹性、复原性，温湿度稳定、吸湿性小。例如，电脑、手机等高端电子产品的运输必须力求平稳，尽量减少振动，这要求包装必须具有良好的抗冲击功能；对于食品、文物、仪器仪表等，必须保证在长途运输过程中没有破损。②经济效益好。充气式防震包装广泛应用于军工、电子、精密仪器仪表以及易脆产品的包装，避免产品在储运过程中被损坏。充气式防震包装材料便宜，加工设备简单，可降低包装成本，增加产品利润。③环保效益好。传统的产品包装在考虑抗震方面，常使用泡沫塑料。由于泡沫塑料体积大，压缩性能差，且为一次性包装，用完后即成为废品，不易于回收。充气式防震包装所用的材料相对于泡沫塑料用量少，可以根据不同产品的要求设计和使用，使用前和使用后均可排尽气体，有效地减小体积，运输和使用方便，可以循环多次使用，还可回收再利用，满足环保要求。④质量优。从价值几分钱的食品包装到价格数十万的贵重仪器包装，充气式防震包装均能满足功能性、可靠性、安全性、适应性、经济性、时间性等要求。

10.3　防潮包装技法

在流通环境中，产品可能会碰到高温、高湿、日晒、雨淋等。防潮包装的主要目的是使被包装物能抵御或阻隔外界潮湿大气的影响，保证包装件到达目的地后，其性能依然良好，即金属材料及其制品不产生腐蚀生锈，非金属材料及其制品不受潮长霉变质。按照《防潮包装》（GB/T 5048—2017）要求，防潮包装等级一般分为 1 级包装（防潮期限为 2 年）、2 级包装（防潮期限为 1 年）、3 级包装（防潮期限为 0.5 年）。

众所周知，一般气体都有从高浓度区域向低浓度区域扩散的性质，水汽也不例外。当包装材料或容器的某一面的水汽浓度高（湿度大），而另一面水汽浓度低（湿度小）时，水汽就会从浓度高的一面向浓度低的一面渗透。要隔断这种流动，保持内包装要求的相对湿度，可以采用金属和玻璃容器，而一般的塑料防潮包装材料难以完全阻止这种渗透。材料的防潮性能，主要取决于材料或容器的透湿度。防潮包装的透湿度是指在单位面积上，单位时间内所透过的水汽的质量，单位是克/（米^2 · 24 时）。防潮包装是为防止因潮气侵入包装件影响内装物品质而采取一定防护措施的包装。采用防潮包装材料密封产品，或在包装容器内加适量干燥剂以吸收包装内残存的潮气和外界潮湿大气通过包装容器壁透入的潮气，或将密封包装容器内抽真空。防潮包装通常采用的湿度控制方法主要有两种：一是静态去湿法；二是动态去湿法。

10.3.1 静态去湿法

静态去湿法是在包装容器内放置一定数量的干燥剂，借以吸收封装时带进包装内的水分，并将湿度保持在一定的范围内。静态去湿法一般适用于中、小型包装件，要求容器能密封，使容器内部空间与外界空气隔离。去湿干燥，是将干燥剂装入用滤纸或纺织物做成的袋内，再将干燥剂袋置于容器中。由于是静态的吸湿，容器中的相对湿度不易均匀。若用于大型包装，则干燥剂需要分散放置，且用量较大。

干燥剂是一种吸附脱水剂，通过毛细作用从周围吸附水分，并将其凝聚后以液态保持在吸附表面和毛细表面，达到去除封存空间中水分的目的。能吸附水分的材料很多，但不一定都能作为干燥剂，可以作为干燥剂材料的有硅胶、分子筛、活性氧化铝、氯化钙、生石灰等，其中硅胶和分子筛为常用的包装干燥剂。干燥剂的吸附能力，用所吸的水汽量与干燥剂自身的质量之比来表示，称为吸湿率，其值以百分数表示。在防潮包装设计中，为了达到预定的湿度控制目标，必须正确选择干燥剂种类并计算用量，达到既控制包装内的相对湿度，又不至于过分增加包装质量和费用的经济合理的目的。

干燥剂用量的考虑因素有：①包装容器的容积。在一定温湿度条件下，空气中所含水汽量为一 WH 定值，只要已知包装容器的容积即可推算出密封在容器空间的水汽量。②包装材料或容器的透湿面积及透湿度。主要针对透湿度大于零的材料而言，对不透湿的金属包装容器，一般不考虑透湿度和透湿面积。③预定控制的相对湿度。因干燥剂吸湿能力大小与相对湿度高低有直接的关系。计算干燥剂用量，必须考虑干燥剂在预定控制的相对湿度条件下的实际吸收量。④缓冲衬垫材料。非金属材料含湿量较高，其所含水汽成为密封容器中水汽的重要来源之一，确定干燥剂用量必须考虑吸湿材料的质量及含湿量，必要时应计算材料甚至是被包装产品本身的实际含水量。⑤产品预定储存时间及储存环境气候条件。材料的实际透湿度与环境温湿度直接相关，储存环境条件直接影响到包装容器在储存期间内可能吸收的总水汽量，一般防潮包装的有限期限不超过 2 年。密封的金属容器可不考虑此因素。⑥干燥剂的吸湿量。

对于某一个具体产品包装来说，要建立准确的干燥剂用量计算公式是困难的。在国内外干燥剂防潮实践中，根据具体条件，从不同角度和不同需要出发，建立适用的计算方法和经验公式。按照包装方式及包装材料确定的干燥剂用量计算公式见表 10－1 所列。

表 10－1　按照包装方式及包装材料确定的干燥剂用量计算公式

包装方式及材料	干燥剂用量计算公式
密封的金属容器	$W=20+V+0.5D$
铝塑复合材料密封包装袋	$W=100AY+0.5D$
聚乙烯等塑料薄膜包装袋	$W=300ARY+0.5D$
用密封胶带封口的罐和塑料罐	$W=300AR_1Y+0.5D$

表中，W 为干燥剂用量（克），V 为包装容器的容积（升），D 为包装内含湿材料（缓冲材料等）质量（克），A 为包装材料的总面积（米^2），Y 为预定储存时间（年），R 为包装薄膜材料在温度 40℃、湿度 $RH\geqslant 90\%$ 的试验条件下的透湿度［克/（米^2·24 时）］，R_1 为密封胶带口罐和塑料罐在温度 40℃、湿度 $RH\geqslant 90\%$ 的试验条件下的透湿度［克/（米^2·24 时）］。

10.3.2　动态去湿法

动态去湿是通过对被控空间湿度连续的或间断的检测与控制，达到将被控空间的湿度保持在一定范围内，对物品进行干燥封存的目的。动态去湿有三种原理方法，即循环去湿、冷凝去湿和加热去湿。

① 循环去湿。循环干燥去湿系统由干燥系统、鼓风系统、加热系统和必要的空气管道构成。管道与被干燥的空间连接，需要干燥时，鼓风系统工作，使被控空间内的空气流动，流经干燥系统内的干燥剂层将水分吸收，干燥后的空气被送回被控空间，从而达到干燥去湿的目的。干燥剂必须进行周期性活化，若去湿机只设一个干燥剂层，则去湿过程只能间歇进行，如果设有两个干燥剂层，则在一个干燥剂层工作时，利用加热系统对另一个干燥剂层进行加热活化，脱水再生待用，这样就可以连续地循环干燥，控制效果更好。

② 冷凝去湿。去湿机主要由制冷系统、冷凝器系统和鼓风系统组成。工作时将被控空间的潮湿空气送入冷凝系统，使空气中的水汽冷凝成水滴排出。通过冷凝系统的干燥空气利用加热元件被加热后再被送回被控空间，从而达到去湿的目的。该方法适用于被干燥空间温度不低于 25℃的条件。

③ 加热去湿。利用加热法降低相对湿度，仅需提高被控空间的空气温度即可完成。这种方法无须排除水分，是利用温度升高时空气的饱和含水量大的原理，降低被控空间的空气相对湿度。该方法需要较高的温度，或者要求包装件在极低的温度和较低的相对湿度下进行密封而在较高的温度（30℃以上）储存，故实际中应用不多。

10.4 防霉腐包装技法[①]

在产品包装储运过程中，防止产品发生霉腐是一个需要重视的问题。霉腐是霉变和腐败的简称。产品霉变是指霉菌在产品上经过生长繁殖后，出现肉眼能见到的霉菌。常见的易霉变产品有食品、干菜、干果、茶叶、纺织品、针棉织品、塑料、橡胶制品等。产品腐败是指由细菌、酵母菌等引起物品中营养物质的分解，使物品遭到侵袭破坏而呈腐烂现象，常见的易腐败物品有水果、蔬菜等。产品霉腐是有机物构成的产品，如生物性物品和制品或含有生物成分的物品，在日常环境条件下受霉菌作用而发生霉腐，使产品质量受到影响和损害。霉菌危害的范围广泛，有机物之外的材料在一定条件下也会遭到霉菌的侵蚀，如玻璃、金属、陶瓷等，主要是霉菌在黏附其上的有机物上生长，其代谢产物对此类物品产生作用的结果。因产品种类繁多，规格、数量不一，故在流通的多个环节中都有被霉腐微生物污染的机会，只要有适宜霉菌生长的环境条件，霉菌就会从产品和外界环境中不断地汲取营养和排出废物，大量繁殖生长，逐渐分解破坏产品，也就是产品发生霉腐。因此，必须对易霉腐产品采用防霉腐包装技术，防止产品发生霉变。防霉腐包装技法是指在产品包装时，采取一定的技法使其处在能够抑制霉菌微生物滋长的特定条件下，延长产品保质期的包装技法。涉及的标准有《防霉包装》（GB/T 4768—2008）等，防霉包装等级分为4个等级：Ⅰ级、Ⅱ级、Ⅲ级、Ⅳ级。包装材料按耐霉程度分为耐霉材料、半耐霉材料、非耐霉材料三种，防霉包装方法分为密封包装和非密封包装。常用的防霉腐包装技法主要有化学药剂防霉腐包装技法、气相防霉腐包装技法、气调防霉腐包装技法、低温防霉腐包装技法等。

10.4.1 化学药剂防霉腐包装技法

化学药剂防霉腐包装技法主要是使用防霉防腐化学药剂将待包装物品、包装材料进行适当处理的包装技法，这些化学药剂统称为防霉防腐剂。应用防霉防腐剂，有的是将药剂添加到原材料中生产出防霉腐包装材料，有的是直接加入某个包装工序中，有的是将药物制成溶液，喷洒或涂抹在产品表面，有的用药液浸泡包装材料、包装容器后再用于包装。但是这些处理会不同程度影响产品的质量与外观。防霉防腐剂的杀菌机理主要是使菌体蛋白质凝固、

---

① http://wenku.baidu.com/view/04964f1552d380eb63946d06.html

沉淀、变性，干扰其生存和繁殖。有的是用防霉防腐剂与菌体酶系统结合，影响菌体代谢；有的是用防霉防腐剂降低菌体表面张力，增加细胞膜的通透性，使细胞破裂或溶解。

使用防霉防腐剂，应选择具有高效、低毒、简便、价廉、易购等特点的防霉防腐剂。特别要注意防霉防腐剂的使用范围，尤其是食品、药品等生活用品的防霉腐包装一定要保证药剂符合安全卫生的标准。同时，要求防霉防腐剂不影响产品的性能和质量，有较好的稳定性、耐热性与持久性，对金属等包装材料无腐蚀作用。通常作为防霉防腐剂的有酚类（如苯酚）、氯酚类（如五氯酚）、有机汞盐（如油酸苯基汞）、有机铜类（如环烷酸铜皂）、有机锡盐（如三乙基氯化锡）以及无机盐（如硫酸铜、氯化汞、氟化钠）等。防霉防腐剂有两大类，一类是用于工业制品的防霉剂，如多菌灵、百菌清、灭菌丹等；另一类是用于食品的防霉防腐剂，如苯甲酸及其钠盐、脱氢蜡酸、托布津等。

10.4.2　气相防霉腐包装技法

气相防霉腐包装是利用气相防霉腐剂的挥发气体直接与霉腐菌接触，杀死微生物或抑制其生长，以达到产品防霉腐的目的。气相防霉腐是气相分子直接作用于产品上，对产品外观和品质不会产生不良影响，但要求包装材料和包装容器具有气率小、密封性能好的特点。

常用的气相防霉腐剂有多聚甲醛、环气乙烷等防霉腐剂。多聚甲醛是甲醛的聚合物，在常温下可徐徐升华解聚成有甲醛刺激气味的气体，能使菌体蛋白质凝固，以杀死或抑制霉腐微生物。使用时将其包成小包或压成片剂，与产品一起放入包装容器内加以密封，让其自然升华扩散。但是，多聚甲醛升华出来的甲醛气体在高温高湿条件下可能与空气的水蒸气结合形成甲酸，对金属有腐蚀性，不能用于金属包装的产品。另外，甲醛气体对人的眼睛黏膜有刺激作用，损害眼睛，操作人员应注意做好保护。环氧乙烷作为防霉腐剂，能与菌体蛋白质、酚分子的羧基、氨基、羟基中的游离的氢原子结合，生成羟乙基，使细菌代谢功能出现障碍而死亡。环氧乙烷分子穿透力比甲醛大，杀菌力也比甲醛强，可在低温下使用，比较适宜于怕热、怕潮的产品防腐包装。但是，环氧乙烷能使蛋白质液化，会破坏粮食中的维生素和氨基酸，还会残留有毒物质氯乙醇，不宜用作粮食和食品的防霉腐，只可用于日用工业产品的防霉腐。

10.4.3　气调防霉腐包装技法

气调防霉腐包装是将各类产品用不同的保护气体置换包装内的空气以达到防霉腐的效果。气调防霉腐包装主要用于各类食品的保鲜，以延长食品货架期，提升食品价值。气调防霉腐包装常用的气体有二氧化碳、氮气等。二氧化碳具有抑制大多数腐败细菌和霉菌生长繁殖的作用。氮气是理想的惰性气体，一般不与食品发生化学作用，也不被食品所吸收，但能减少包装内的含氧量，抑制细菌、霉菌等微生物的生长繁殖，减缓食品的氧化变质及腐败。

气调防霉腐是生态防霉腐的形式之一。霉腐微生物与生物性商品的呼吸代谢离不开空气、水分、温度三个因素，只要有效地控制其中一个因素，就能达到防止产品发生霉腐的目的。如控制和调解空气中氧的浓度，人为地造成一个低氧环境，霉腐微生物生长繁殖和生物性商品自身呼吸就会受到抑制。气调防霉腐包装是在密封包装的条件下，通过对包装盒或包装袋的空气进行置换，改变盒（袋）内食品的外部环境，抑制细菌（微生物）的生长繁衍，减缓新鲜果蔬新陈代谢的速度，延长食品的保鲜期或货架期。如通过改变包装内空气组成成分，降低氧的浓度，造成低氧环境抑制霉腐微生物的生命活动，降低生物性商品的呼吸强度，达到对被包装产品防霉腐的目的。

气调防霉腐包装是充以对人体无毒性，对霉腐微生物有抑制作用的气体，主要是充二氧化碳和氮进行降氧。二氧化碳在空气中的正常含量是0.03%。微量的二氧化碳对微生物有刺激生长作用；当空气中二氧化碳的浓度达10%～14%时，对微生物有抑制作用；如果空气中二氧化碳的浓度超过40%时，对微生物有明显的抑制和杀死作用。进行降氧防霉包装，先将包装容器内抽真空到一定程度再充入氮气或二氧化碳，或在包装容器内加入脱氧剂来消耗包装内的氧气，降低氧气的浓度。但是，包装材料必须采用对气体或水蒸气有一定阻透性的气密性材料，以保持包装内的气体浓度。

气调防霉腐包装技法的关键是密封和降氧，包装容器的密封是保证气调防霉腐的关键。人工降氧的方法主要有机械降氧和化学降氧两种。机械降氧主要有真空充氮法和充二氧化碳法。化学降氧是采用脱氧剂使包装内的氧的浓度下降。气调包装应根据产品的特性进行包装材料透气性的合理选择。大部分气调保鲜包装的包装材料要求采用对气体高阻隔的复合包装材料，以保持包装内保护气体的组分。货架期不长的采用一般阻隔性的PA/PE或PET/PE包装材料，货架期长的采用高阻隔性PVDC或EVOH复合的包装材料。新鲜果蔬的包装薄膜能起气体交换膜的作用，通过薄膜与大气进行气体交换维持包装内的气体成分。常用透气性的PE、PP、PVC薄膜，但这种薄膜不能满足呼吸速度快的热带水果、菇类等的包装要求。新型气调防霉腐包装材料，如美国二氧化碳制塑料包装材料，使用特殊的催化剂，将二氧化碳和环氧乙烷（或环氧丙烷）等量混合，制成新的塑料包装材料，具有玻璃般的透明度和不通气性，类似聚碳酸酯和聚酰胺树脂，在240℃下不会完全分解成气体，具有生物分解性能，不会污染环境与土壤等特点。我国利用纳米技术研制的高效催化二氧化碳合成可降解塑料，即将二氧化碳制取塑料的催化剂粉碎到纳米级，实现催化剂分子与二氧化碳的聚合，使每克催化剂催化130克左右的二氧化碳，合成含42%二氧化碳的新包装材料。

10.4.4　低温防霉腐包装技法

低温防霉腐包装技法是通过一定的技法控制商品本身的温度，使其低于霉腐微生物生长繁殖的最低界限，抑制商品的呼吸和代谢分解，同时抑制微生物繁殖的代谢和生长繁殖，达到防霉腐的目的。低温冷藏防霉腐所需的温度与时间根据具体产品不同而不同，在低温环境下，霉菌的活动受到极大的抑制甚至霉菌死亡。一般地，环境温度越低，持续时间越长，霉腐微生物的死亡率愈高，防霉腐的效果越好。

按冷藏温度的高低和时间的长短，低温防霉腐分为冷藏和冷冻两种。冷藏防霉腐包装的温度一般为0℃～5℃。在此温度下，霉腐微生物的酶几乎都失去活性，新陈代谢的各种生理生化反应缓慢，甚至停止，霉菌的生长繁殖受到极大的抑制，但霉菌并未死亡。冷藏一般适于含水量大又不耐冰冻的易腐商品，如水果、蔬菜、鲜蛋等。冷冻适于耐冰冻、含水量大的易腐商品，温度控制在－18℃～－16℃，冻结储藏，在此温度下，霉菌多数死亡。在冷冻期间，产品的品质基本上不受损害，产品上的霉腐微生物同细胞内水变成冰晶脱水，冰晶又损坏细胞质膜引起死伤。冷冻一般适合于肉类、鱼类等防霉腐包装，但低温冷冻防霉包装时应注意选用耐低温包装材料。

此外，还可采用干燥剂防霉腐包装技法、电离辐射防霉腐包装技法以及紫外线、微波、远红外线和高频电场防霉腐包装技法。

10.5　防锈包装技法

金属锈蚀是指金属与周围介质（气体或液体）发生化学或电化学作用所引起的破坏现象。按金属锈蚀的机理，金属锈蚀分为化学腐蚀和电化学腐蚀两种类型。其中，电化学腐蚀是破坏金属的主要形式，大多数金属的锈蚀也是电化学锈蚀造成的。金属发生电化学锈蚀必须同时具备三个条件：①金属上各部分（或不同金属间）存在着电极电位差；②具有电极电位差的各部分必须相联；③具有电极电位差的各部分要处于相连通的电解质溶液中。

金属制品及其材料在储运过程中，往往同时具备金属锈蚀的三个条件。金属产品一般不是由纯净的金属制成的，即使是一块金属，不与其他金属接触也会产生锈蚀，因为一般工业用的金属不是由同一种金属元素组成的，常含有少量的杂质，当与电解质溶液接触时，每一个颗粒杂质对于金属本身来说成为阴极，整个表面必然存在很多微小的阴极和阳极，形成许多微小的原电池，从而造成金属的锈蚀。在储运过程中，当金属与比金属表面温度高的空气接触时，在空气中所含的水蒸气就形成液态的水，在金属表面凝聚形成水膜。当金属表面上存在着水膜时，大气中某些气体（如二氧化碳、二氧化硫、二氧化氮）或盐类溶解进去，水膜实际上是一种电解质溶液，此时金属表面很自然地就会进行电化学锈蚀。

对于金属产品在运输和储存过程中的防锈，不论采用何种防锈材料和方法，都要进行包装。防锈包装技法主要有：

① 一般包装。

② 防锈油脂包装，包括涂覆防锈油脂包装、防锈纸包装、塑料薄膜包装、铝塑薄膜包装、防锈油脂充填包装。

③ 气相防锈材料包装，包括气相缓蚀剂包装、气相防锈纸包装、气相防锈塑料薄膜包装、气相防锈油包装。

④ 密封容器包装，包括刚性金属容器密封包装、非金属刚性容器密封包装、刚性容器中防锈油浸泡包装、干燥剂包装。

⑤ 可剥性塑料包装，包括涂覆热浸型可剥性塑料包装、涂覆溶剂型可剥性塑料包装。

⑥ 贴体包装。

⑦充气包装。

选择防锈包装，必须综合考虑包装对象制品的种类及特性、防锈期限、生产地点、运送路线、发送地的温湿度和空气污染程度等储运环境，和运送过程中的搬运状况以及包装材料费用、操作费用和时间等。其中最重要的是防锈期限，进而选择合理的防锈方法。防锈蚀等级方法见表10-2所列。

表10-2 防锈蚀等级方法

防锈蚀等级	1级（2年）、2级（1年）、3级（0.5年）
防锈方法	F1（防锈油脂浸涂法）、F2（防锈油脂刷涂法）、F3（防锈油脂充填法）、F4（气相缓释剂法）、F5（气相防锈纸法）、F6（气相防锈塑料薄膜法）、F7（防锈液处理法）
防锈包装方法	B1（一般包装）、B2（防锈油脂包装）、B3（气相防锈材料包装）、B4（密封容器包装）、B5（可剥性塑料包装）、B6（贴体包装）、B7（充气包装）

10.5.1　防锈油脂包装技法

大气锈蚀是空气中的氧、水蒸气及其他有害气体等作用于金属外表引起电化学作用的结果。如果隔绝金属外表与引起大气锈蚀的各种因素，就可以达到防止金属大气锈蚀的目的。防锈油脂包装技法根据这一原理，将金属涂封一定厚度防止锈蚀的油层，用防锈油封装金属制品。对于不同类型的防锈油采用不同的方法进行涂覆[①]。例如，马钢公司作为中国特大型钢铁联合企业，具备1 800万吨钢配套生产规模，拥有冷热薄板、镀锌板、彩涂板、硅钢、H 形钢、高速线材、高速棒材和车轮轮箍生产线，形成独具特色的“板、型、线、轮”产品结构。钢铁锈蚀是影响到钢铁质量的重要的因素之一，马钢采用钢铁钝化剂的方法来杜绝钢铁锈蚀。钢铁钝化剂（液）须在常温下使用，将钢铁、钢材、铸件等经除锈或除油、水洗后浸泡在钝化液中直接做钝化处理，在短时间内在金属表面迅速形成一道致密的钝化保护膜，有效地防止钢铁产品氧化生锈。钝化剂（液）可完全代替钢铁件磷化和表调处理，具有良好的防锈效果，同时能增强油漆涂层与钢铁表面附着力，具体工艺流程主要有除油或除锈处理、水洗、钝化防锈、自然干燥后喷漆处理或入库贮存等环节。

10.5.2　气相防锈材料包装技法

气相防锈是利用某些具有阻隔或防锈蚀作用的挥发性物质，使之在密封包装容器中挥发或升华出缓蚀气体充满包装容器内的每个角落和缝隙，同时吸附在金属制品的表面，从而起到抑制大气对金属的锈蚀作用。常温条件下气相缓蚀剂（Vapor Phase Inhibitor，VPI）分子具有比空气高的气化性压力，并释放分子进入封闭的包装空间，和所包装保护的金属表面接触后，VPI 分子即浓缩并被现存的湿气分解，形成自由保护离子溶入电解质。电解质中离子同 VPI 离子发生反应，取代金属分子附着在金属表面，抑制金属腐蚀的电化学反应发生。VPI 分子慢慢地挥发，使包装空间内始终保持“饱和”状态，从而达到长期稳定的防锈效果。其缓蚀机理存在三种情况：①吸附缓蚀机理。类似于化学吸附或物理吸附机理，缓蚀剂的分子结构和表面活性剂相似，是由极性基（含弧电子对的氮、氧、硫、磷等原子）和非极性的疏水基（烃基等）两部分组成，缓蚀机理是电子给予体的极性基和金属表层配位，形成化学或物理吸附，使金属表层生成双电层结构，而非极性基则做定向排列，形

---

① 马桃林，余晕，欧冠男．包装技术［M］．2 版．武汉：武汉大学出版社，2009：72－84.

成疏水层，从而使 H_2O^+ 离子难以接近金属，腐蚀反应受到抑制。②成膜缓蚀机理。缓蚀剂分子在腐蚀性介质中能和金属或其离子相互作用，生成不溶或难溶的化合物膜，保护金属免遭腐蚀介质的作用。③阻滞电极过程缓蚀机理。从电化学腐蚀的观点出发，缓蚀剂在腐蚀电池中阻滞阳极或阴极过程（或是同时阻滞两个过程）的进行，从而减缓金属腐蚀。

常用防锈包装技法比较见表10-3所列。

表10-3 常用防锈包装技法比较

技 法	优 点	缺 点
防锈油脂包装技法	使金属表面与引起大气锈蚀的各种因素隔绝（即将金属表面保护起来），达到防止金属大气锈蚀的目的。油（液）层有一定厚度，油层的连续性好，涂层完整。对于不同类型的防锈油采用不同的方法进行涂覆	需追加额外的处理工序，并进行清洗；影响橡胶、聚乙烯等产品；引起严重环境污染；增加设备费用；温度等外部条件影响防锈效果
气相防锈材料包装技法	可渗透到防锈油无法渗透的角落；产品种类繁多，易于包装、运输、储存等；处理简便，无须浸泡及清洗处理，节约费用降低劳动强度；减少包装材料种类，包装材料可再利用；开箱检验后，用胶带封合防锈，能取得预期效果	根据防锈对象不同，需选择合适的防锈产品；需要密闭包装
充气包装技法	具有极佳防锈效果，无须清洗，可应用于非金属	需要昂贵的包装设备；搬运时会受到破损；无法使用于大体积产品；包装成本高，需要较高包装技法

10.5.3 防锈包装技法选择与操作要求

1. 防锈包装技法的选择

防锈包装技法应根据零件和总成件的材质、形状、大小、表面加工的程度，储存和运输环境条件和期限，防锈等级，防锈材料的性能，包装容器承受载荷能力等因素决定。

① 形状复杂的零件一般不采用带有溶剂的防锈材料，而采用气相防锈工艺。

② 组合部件采用气相防锈包装和环境封存工艺。

③ 零件质量小于 50 千克时，采用瓦楞纸箱或框架木箱作为运输包装。

④ 防锈材料与要保护的金属相适应，如带亚硝酸钠防锈水的前处理液，对黑色金属是有效的防锈材料，但对活塞、刹车阀、带铜套的连杆等有腐蚀作用。1 号气相防锈纸不能用于带铜套的连杆及有镀锌层零件的防锈包装，2 号气相防锈纸不能用于铝活塞的防锈。

2. 防锈包装操作要求

① 确定防锈包装等级后，按《防锈包装》（GB/T 4879—2016）中清洁、干燥、防锈、包装等步骤进行防锈包装操作。

② 运往防锈站的零部件和总成应有专用运输工位器具，防止运输过程中的擦碰，要有防雨、雪、尘的措施，表面无锈蚀、毛刺、碰伤，整个防锈包装作业保证连续不中断地进行，应在 48 小时内包装完毕。

③ 严格控制清洗液、钝化液含量与温度，每天检查一次，清洗槽每隔两周清理一次，钝化槽每月清理一次。确保工件经清洗、干燥后表面无油污、汗迹、水痕。

④ 防锈包装操作，应在干燥、清洁、温差变化小的环境中进行。操作者必须戴手套、口罩，避免手汗等有机污染物污染工件。

⑤ 金属组件的总成，采用黑色金属气相防锈纸时，先把有色金属部位涂覆防锈油，再包装。对于已涂覆了防锈剂的零件和总成外面，如需包裹内包装材料或箱内填充物，应使用中性、干燥、清洁的包装内充材料。

⑥ 箱盖处使用的防锈纸或塑料膜必须为整张，封箱时严密紧扣。木箱钉合封闭时，内部零件不得有移位松动，钉尖不能露出于箱板表面，以免碰破防锈包装材料与部件。

10.6　防虫包装技法

粮食和食品是在包装后运销的，要求包装物能够起到防止食品因细菌、真菌和鼠虫危害造成质量损失的作用。对于干食品和粮食来说，防虫是主要问题。完好的包装应该能够提供从包装之日起到启封之时止的全过程的安全防护，使食品和粮食免遭虫害。

10.6.1　包装材料的抗蛀性能①

包装材料的耐蛀性能受感染的虫种、虫态本身的质地、薄膜的厚度甚至

① 耿天彭，覃章贵．食品的抗虫包装［J］．粮油仓储科技通讯，1985（6）：29－32.

包装材料表面是否光洁的影响。表面划有刻痕和折皱的薄膜易被害虫蛀透。纸张、玻璃纸、聚合物薄膜、复合薄膜以及铝箔等是常用的柔软包装材料，植物纤维制品（如棉麻袋）一般用于原粮和加工粮的包装，纸张和聚合物薄膜用于包装食品、成品粮（如面粉）等。国家标准《粮食包装　麻袋》（GB/T 24904—2010）、《粮食包装　小麦粉袋》（GB/T 24905—2010）对粮食包装提出要求。铝箔一般不单独使用，常和其他材料一起制成复合薄膜。试验发现几乎所有品种的聚合物薄膜或复合薄膜都可能会被一种或多种害虫蛀破。不同的聚合物薄膜的耐蛀性能不尽相同。一般地，聚酯薄膜和以聚酯为基质制成的复合薄膜的抗蛀蚀性能较强。单一的聚酯薄膜熔点高不便热合，一般制成复合薄膜使用。聚乙烯膜、聚丙烯薄膜和玻璃纸不抗虫蚀，制成复合薄膜（如聚酯/聚乙烯复合薄膜、聚丙烯/聚乙烯复合薄膜等）能提高抗虫蚀能力。

10.6.2　密封包装

具有较好抗虫性能的一个前提是做好包装物自身的密封，使害虫无机可乘。否则使用抗蛀性能再好的包装材料也无济于事，害虫常利用包装物上不严密的封白入侵。包装袋和包装箱封口的质量好坏与虫害感染率之间有直接关系。多层纸袋的封口方式有外层端面搭迭糊封式、单纯缝合式和缝合加糊防虫纸条式等。外层端面搭迭糊封式是将外层两端的突出边缘折叠页用热熔胶黏合。单纯缝合式是仅用线缝合开口处。这种方法处理的纸袋由于存在线缝和针孔，容易感染虫害。缝合加糊防虫纸条式的方法较好，防虫纸条是采用药剂处理过的，具体密封时又分为“线压纸条”和“纸条压线”两种方式。先糊纸条后缝合是“线压纸条”，先缝合后糊纸条是“纸条压线”。纸条对折后糊封纸袋边缘的接口，每端长出2.5～5.0厘米，以便防止害虫利用缝合线起始和终止处的缝隙钻入。两种方法中以“纸条压线”为佳，因为“线压纸条”法留下的针孔也会被害虫利用。

10.6.3　驱虫剂

防虫包装技法常用到驱虫剂，即在包装中放入有一定毒性和臭味的药物，利用药物在包装中挥发气体杀灭和驱除各种害虫。驱虫药剂处理可以起到防蛀和忌避作用。常用驱虫剂有萘、对位二氯化苯、樟脑精等。不同的包装材料采用不同的施药办法。聚合物玻璃纸材料的复合薄膜和层压薄膜常采用在黏合剂中预先拌入杀虫剂的方法，纸袋、棉布和麻袋常用喷雾法处理。正式使用时，杀虫剂的品种和剂量应有严格规定，以避免引起食品卫生和环境卫生问题。

10.7 危险品包装技法

危险货物（dangerous goods），又称危险物品，简称危险品，是具有爆炸、易燃、毒害、感染、腐蚀、放射性等危险特性，在生产、储存、运输、经营、使用和处置中，容易造成人身伤亡、财产损毁或环境污染需要特别防护的物质和物品。危险品包含门类及产品数量众多，机械、轻工、石化、农业、军工、运输等都无法避免使用危险品，正确包装和使用危险品十分重要。按照《危险货物分类和品名编号》（GB 6944—2012）和《危险货物品名表》（GB 12268—2012）的规定，"危险品包括九类：第一类爆炸品，第二类气体，第三类易燃液体，第四类易燃固体、易于自燃的物质、遇水放出易燃气体的物质，第五类氧化性物质和有机过氧化物，第六类毒性物质和感染性物质，第七类放射性物质，第八类腐蚀性物质，第九类杂项危险物质和物品，包括危害环境物质[①]。"具体商品有几万种，使用的包装方法也多。危险货物包装必须按照《危险货物运输包装通用技术条件》（GB 12463—2009）、《危险货物及危险货物包装检验标准基本规定》（GB/T 19459—2004）等进行。

10.7.1 危险品包装技法

1. 包装材料的选择

根据危险品危险程度，危险品一般划分为Ⅰ类包装、Ⅱ类包装、Ⅲ类包装三个包装类别。危险品的性质不同，对包装及容器材质的要求也不同。例如，防爆炸包装的方法是采用塑料桶包装易燃、易爆商品，然后将塑料桶装入铁桶或木箱中，每件净重不超过 50 千克，并有自动放气的平安阀，当桶内达到一定气体压力时，能自动放气。苦味酸与金属化合，能生成苦味酸的金属盐类（铜、铅、锌类），此类盐的爆炸敏感度比苦味酸更大，所以此类炸药严禁使用金属容器盛装；氢氟酸具有强烈的腐蚀性，能侵蚀玻璃，故不能使用玻璃容器盛装，要用铅桶或耐腐蚀的塑料、橡胶桶装运和储运；铝在空气中能形成氧化物薄膜，对硫化物、浓硝酸和任何浓度的乙酸及一切有机酸类都有耐腐蚀性，所以冰醋酸、醋酐、二硫化碳（化学试剂除外）一般采用铝桶盛装；铁桶盛装甲醛应涂防酸保护层（镀锌）；所有压缩及液化气体，处于较高的压力状态下，应使用特制的耐压气瓶装运[②]。包装材料的材质、规格与

---

① 张如云，胡红春．物流包装与实务［M］．北京：清华大学出版社，2018：127－128.

② 冀和平，崔慧峰．防火防爆技术［M］．北京：化学工业出版社，2004：380－383.

所装危险货物的性质相适应，包装容器与拟包装物品不得发生危险反应或削弱包装强度。

2. 材料的强度

包装材料的强度是根据其应力大小来确定的。包装强度和材料强度有关，还和容器的形状和结构有关，如两端结合方式、同侧接缝方式能影响容器强度。一般情况下，性质较危险的化学危险品，其包装强度相应更高；单位包装质量越大，危险性也越大，对包装强度要求越高。包装应坚固完好，能抵御运输、装卸搬运、储存过程中的正常冲击、振动和挤压。

3. 包装的容积

考虑到危险品运输、装卸中的安全性，对需要人工搬运的危险品，进行最大容积和最大质量的限制，具体规定见 GB 12463—2009。

4. 包装的密封性

一般地，包装的封口越严密越好，特别是对于气体、易挥发危险品，带压力的气瓶等更要密封以防泄漏。例如重铬酸钾（红矾钾）和重铬酸钠（红矾钠）为红色透明结晶，应用坚固附桶包装，桶口要严密不漏，制桶的铁板厚度不能小于1.2毫米。对有机农药一类的商品，应装入沥青麻袋，使缝口严密不漏。但是，由于危险品的特殊性，有时桶（瓶）又不能完全密封。例如，碳化钙（电石）遇潮时会产生乙炔气，乙炔气如果和坚硬的电石块或铁桶壁碰撞，遇到火星会发生爆炸，所以电石桶一般不能严密封口，要留有排除气体的小孔。

5. 衬垫、内包装、多重包装

危险品包装中普遍使用衬垫，衬垫不得与拟包装物发生反应，能防止内装物移动和起到减震及吸收作用。例如，气体钢瓶的胶圈起到防震、防撞作用。同时，许多危险品除外包装外，还要增加内包装或包装辅助物，包括充填物、惰性介质保护物等。有时为了阻隔不同环境因素的需要，还要进行多重包装。例如，防毒的主要措施是用塑料袋或沥青纸袋包装，外面再用麻袋或布袋包装。用作杀鼠剂的磷化锌有剧毒，应用塑料袋严封后再装入木箱中，箱内用两层牛皮纸、防潮纸或塑料薄膜衬垫，使其与外界隔绝。氢氟酸是无机酸性腐蚀物品，有剧毒，能腐蚀玻璃，不能用玻璃瓶作包装容器，应装入金属桶或塑料桶，然后再装入木箱。甲酸易挥发，气体有腐蚀性，应装入良好的耐酸坛、玻璃瓶或塑料桶中，严密封口，再装入坚固的木箱或金属桶中[①]。

---

① 傅欣，刘玉生．危险品包装技术研究［J］．包装工程，2008（1）：38－40.

10.7.2　危险品包装技术选择原则

1. 隔离原则

① 利用外包装将包装物和环境隔离。例如，利用可以吸收辐射的重金属（如铅）将放射性危险品与外环境隔离；利用高压容器将易燃、易爆气体与助燃物隔离；利用抗腐蚀容器将腐蚀性危险品隔离等。

② 利用外包装将环境中可激发包装物化学活性的因素与包装物隔离。阻离光辐射。有的危险品在日光催化下会发生分解等化学反应而产生危险，包装此类物品时一定要避光。阻隔氧气（空气）。许多危险品如可燃物、强氧化剂等会在氧气参与下发生化学反应。对这类物品实施包装就要保证氧气不和它们接触。阻隔氧气的方法首先是保证外包装的密封性。对于特别危险的物品，有时外包装的少量渗漏或容器内残存空间的剩余空气也可能引起危险，这时要在内包装中采用惰性介质保护①。阻隔水蒸气。有些危险品具有遇水（湿气）可燃性，对它们进行包装要保证容器密封性和采用惰性介质保护。

2. 分散原则

分散原则是指包装单件数量，在不影响使用方便下，小量包装可以提高其安全性。因此，GB 12463—2009 规定了最大包装量。更深层次的分散，甚至可以分散到微量级甚至分子级。压缩气体是典型的例子。气体的比容特别大，如果不经压缩无法作为商品运营，减少体积的方法可以是加压或降温，如压缩气和液化气。一些可燃气体经压缩后危险性却大大增加了，因为其体积减小后，浓度大大增加。根据燃烧理论，它们和普通可燃固体、液体相比，燃烧速度更快、火焰温度更高、着火爆炸危险性更大、扩散性更强。因此，对于可燃爆性压缩气体，包装时采用一种特殊手段，即在包装钢瓶内充填惰性的、高强度的多孔性材料，如硅酸盐、沸石一类无机矿物盐，使压缩气体在钢瓶内彼此被分散在体积很小的微孔内，减缓速度，减小碰撞概率，降低危险性。

3. 钝化原则

对于有些危险品，在包装时可使用物理或化学手段抑制其化学活性，降低危险性。

① 稀释。过氧化氢溶液易分解放出氧，将其浓度稀释到30%以下，可以降低危险性。

---

① 杨丰科，孟广华．安全工程师基础教程——安全技术［M］．北京：化学工业出版社，2004：100－102.

② 保护。硝化棉是易爆品，长期干燥条件下，高温（大于 40℃）会加速分解自燃，采用 30%～35%酒精润湿后再包装密封，可减小危险性。

③ 溶解。乙胺因沸点（16.6℃）低常温下必须将其装入耐压容器，若溶于水中成乙胺水溶液，可用铁桶常压包装①。

4. 综合性原则

好的危险品包装是上述原则创造性的综合应用，如乙炔气的商业包装。由于氧炔焰燃烧温度高，乙炔作为焊割气已经使用了一百多年。以前由于包装问题没有得到解决，乙炔气无法作为商品，困难在于乙炔的高危爆炸性，因而只能由使用者现场生产并立即使用（即移动式乙炔发生器），浪费、污染且不安全。后来发现乙炔在一些溶剂中溶解度很高，如丙酮可以 1∶30 体积比溶解乙炔。如果先将丙酮充入装有多孔性物质（石棉、活性炭、硅石）的钢瓶，再将乙炔压溶在丙酮中，等于将乙炔进行 2 次分散处理。尤其是溶于丙酮中是一种化学性分散，实现分子与分子隔离，可以避免它们相互撞击发生爆炸。采用这种方法可将乙炔做成压缩气体实现商品化。由于多孔性物质（固体）充填量难以达到 100%，因此在容器内剩余空间（小于 2%）中再充入惰性气体（如氮气）保护，确保乙炔不与氧气混合。正是由于隔离、分散、钝化的综合性原则运用，使乙炔成为一种安全产品。

5. 标识原则

危险品包装标志，国家制定了 GB 190—2009 以及其他相关标准，要求标志的位置适当、衬色显眼相称，从外包装到内包装层层标识，以防止拆除外包装后失去危险性标志。

10.8 专用包装技法

专用包装（Special Package）是指专供特种商品使用的包装，专用性较强。一般分商品专用包装和单位专用包装，前者是专门包装某种商品，后者是某单位专业使用的包装。专用包装一般在明显部位刷有标记，使用过程中规定有收回复用的办法。

10.8.1 充气包装

充气包装主要用于膨化食品，防止膨化食品被挤压、破碎。气体包装气囊由单独式的个别气柱组成，全面性包覆的缓冲保护，与产品及纸箱紧密贴

---

① 冀和平，崔慧峰．防火防爆技术［M］．北京：化学工业出版社，2004：380－386.

合，没有因箱内空隙造成产品损坏及移位的问题；各个单独气室具有逆向止气功能，不会因单一气柱破裂而影响整体防护效果，每平方米气体包装袋可以承受至少 100 千克以上的重压而不会破裂。充气包装具有以下特点：第一，用于食品包装，防止氧化，抑制微生物繁殖和昆虫的发育，能防止香气散失、变色等，能大幅度地延长保存期；第二，对于粉状、液状以及质软或有硬尖棱角的产品都能包装；第三，用于软包装，外观不折皱、美观漂亮，但不适宜进一步加热杀菌处理；第四，用于日用工业品包装，能起防锈防霉的作用。

充气包装中常用的气体主要有 6 种，根据不同物品的不同要求，可定量充入单一的气体，也可定量充入按一定的比例混合的气体，通常混合的气体品种不超过 3 种。6 种可充入的气体特性分别如下：①二氧化碳。二氧化碳对微生物及寄生虫卵有较好的抑制作用，较高浓度的二氧化碳对微生物有杀灭作用，但它只对大多数的需氧菌和霉菌有强烈的抑制作用，对酵母菌不起作用。这种抑制作用是通过改变细菌细胞的渗透性和 pH 值、降低生物酶的活性来实现的。二氧化碳可溶于水和油，与物品中的水分反应生成碳酸。在充气包装中，它的浓度既不能太低，也不能太高，浓度太低时不足以对细菌、霉菌的繁殖起抑制作用；浓度太高时又会改变食品的味道，使食品带酸味，对果蔬类还会产生抑制呼吸的作用。同时，若食品含水量较多，一般不单独使用二氧化碳气体。②氮气。氮气是一种惰性气体，无味、无臭、几乎不溶于水，不易起化学反应。充入氮气的目的在于把它作为一种充填剂或调节剂，以减少对包装物品的压力。适当提高氮气浓度，相对减少氧气浓度，可防止氧化并抑制细菌生长，因为细菌在惰性气体中的繁殖速度是较缓慢的。同时，氮气有利于某些特殊物品（如茶叶、花椒、茴香等）的保香，不影响肉的色泽，用充氮包装来代替真空包装的情况日益增多。③氧气。氧气一般是不利于食品储存的，微量的氧气主要是可以防止生鲜食品产生无氧呼吸，抑制厌氧菌的生长和繁殖并保持生鲜食品的色泽。例如，对于新鲜鱼肉、贝类等，因组织具有活性，完全无氧或氧气太少反而不利于它们的保鲜，需要用适量的氧气维持产生氧化肌红蛋白，以使新鲜鱼肉保持正常的、固有的鲜红色。还有一类食品和鲜果蔬，必须保证有微量的氧气使果蔬通过呼吸来保持活性，否则会加速其腐败发酵的速度。而对已加工好的肉鱼制品和含油脂较多的食品来说，氧气是有害无益的。④乙醇。乙醇杀菌力强，但有可燃性和酒精味，需用其他气体稀释后使用，用二氧化碳稀释后不再起火，不会爆炸，食品也不会有酒精味，在食品包装中用得较多。⑤二氧化硫。二氧化硫有良好的抑菌和杀菌作用，防虫、防霉效果极佳，有良好的护青和抑制呼吸的作用，特别是能减弱新鲜果蔬的呼吸和代谢速度，延长果蔬的保存期并减少维生素的损失。但二氧化硫浓度过高会给食品带来异味并造成污染，溶于水后呈弱酸性，应严格控制其用量。⑥一氧化碳。一氧化碳无色、无味，几乎不溶于水，杀菌和抑菌的能力很强，主要用于果蔬的防霉和消毒，但实际生活中用得很少。

10.8.2 真空包装

真空包装是将食品装入包装袋，抽出包装袋内的空气，达到预定真空度后，完成封口工序。真空充气包装是将食品装入包装袋，抽出包装袋内的空气达到预定真空度后，再充入氮气或其他混合气体，然后完成封口工序。真空包装的主要作用是除氧，防止食品变质，因食品霉腐变质主要是由微生物活动造成的，而大多数微生物（如霉菌和酵母菌）的生存需要氧气，真空包装是把包装袋内和食品细胞内的氧气抽掉，使微生物失去“生存的环境”。实验证明：当包装袋内的氧气浓度不大于1％时，微生物的生长和繁殖速度急剧下降；氧气浓度不大于0.5％时，大多数微生物将受到抑制而停止繁殖。值得注意的是，真空包装不能抑制厌氧菌的繁殖和酶反应引起的食品变质和变色，因此需与其他辅助方法结合，如冷藏、速冻、脱水、高温杀菌、辐照灭菌、微波杀菌、盐腌制等。真空充气包装还有抗压、阻气、保鲜等作用，能有效地使食品长期保持原有的色、香、味、形及营养价值。同时，许多食品不宜采用真空包装而必须采用真空充气包装，如松脆易碎食品、易结块食品、易变形走油食品、有尖锐棱角或硬度较高会刺破包装袋的食品等。食品经真空充气包装后，包装袋内充气压强大于包装袋外大气压强，能有效地防止食品受压破碎变形且不影响包装袋外观和印刷装潢。

真空充气包装在真空后再充入氮气、二氧化碳、氧气中的单一气体或两三种气体的混合气体。氮气是惰性气体，起充填作用，使袋内保持正压，以防止袋外空气进入袋内，对食品起保护作用。二氧化碳能够溶于各类脂肪或水，形成酸性较弱的碳酸，可抑制霉菌、腐败细菌等微生物的活性。氧气可抑制厌氧菌的生长繁殖，保持水果、蔬菜的新鲜及色彩，高浓度氧气还可使新鲜肉类保持鲜红色。

10.8.3 收缩包装

收缩包装（Shrink wrap）是用收缩薄膜裹包被包装物，然后对薄膜进行适当加热处理，使薄膜收缩而紧贴被包装物的包装技法。收缩薄膜是一种经过特殊拉伸和冷却处理的聚乙烯薄膜，薄膜在定向拉伸时产生残余收缩应力，应力受到一定热量后会消除，从而使其横向和纵向均发生急剧收缩，同时使薄膜的厚度增加，收缩率通常为 30%～70%，收缩力在冷却阶段达到最大值，且长期保持。收缩包装有手工包装和机械收缩包装两种方法。

1. 手工收缩包装

手工收缩是用手工对被包装物进行裹包，然后用热风喷枪等工具对被包装物吹热风，完成热收缩包装。这种技法，主要适用于不适合机械包装的包装物，如大型托盘集装的产品或体积较大的单件异型产品的热收缩包装[①]。

2. 机械收缩包装

机械收缩包装工艺基本过程如图 10－3 所示，机械收缩包装一般分两步进行：首先是预包装，用收缩膜将物品包装起来，热封必要的口与缝；然后是热收缩，将预包装的产品放在热收缩设备中加热[②]。

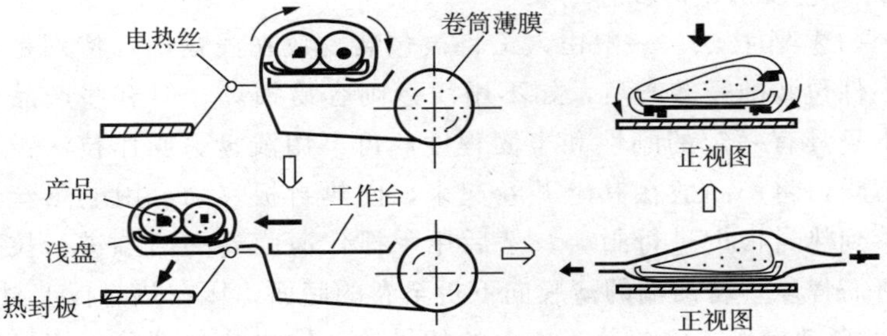

图 10－3　机械收缩包装工艺基本过程

① 预包装作业。预包装时，薄膜尺寸应比器材尺寸大 10%～20%。如果尺寸过小则充填物品不便，收缩张力过大，可能将薄膜拉破；尺寸过大，则收缩张力不够，包不紧或不平整。所用收缩薄膜厚度可根据器材大小、质量以及要求的收缩张力决定。如 PE 热收缩薄膜厚度一般为 80～100 微米，大托盘收缩包装厚度可增加到 500 微米。

② 热收缩作业。热收缩所用设备称为热收缩通道，又称热收缩隧道，由传送带和加热室组成，加热室中有加热通风装置、恒温控制装置。加热器的加热方式可以是电热、燃油、煤气和远红外线等。应恰当地配置吹风口，合理选择风速，使包装物各部分大致同时收缩。为加速收缩过程和均匀收缩，热风采用强制循环。由于各种收缩薄膜特性不同，应根据包装作业的薄膜特性合理地选择热收缩通道[③]。

---

① 尹章伟，刘桂香，马桃林，等．包装概论［M］．北京：化学工业出版社，2006：48－50.
② 张如云，胡洪春．物流包装与实务［M］．北京：清华大学出版社，2018：62－64.
③ 洪亮，苗红涛．收缩包装技术探析［J］．包装工程，2008，6（6）：210－213.

10.8.4 拉伸包装

拉伸包装始于 20 世纪 70 年代，是由收缩包装发展而来的。拉伸包装是依靠机械装置在常温下将弹性薄膜围绕被包装件拉伸、紧裹，并在其末端进行封合的一种包装方法。拉伸包装不需进行加热，消耗能源只有收缩包装的 5%。拉伸包装可用于捆包单件物品，也可用于托盘包装之类的集合包装。拉伸包装起初主要应用于销售包装，是满足超级市场销售肉、禽、海鲜产品、新鲜水果和蔬菜的包装。拉伸薄膜（如聚氯乙烯薄膜）用于拉伸包装后，因节省设备投资和材料、能源的费用而迅速地从销售包装领域扩展到运输包装领域。拉伸包装技法按照用途可分为用于销售包装和用于运输包装两类①。

1. 销售包装用途的拉伸包装

① 手工操作技法。一般由人工将被包装物放在浅盘内，特别是脆且软的产品和多件包装的零散产品，如不用浅盘则容易损坏。但有些产品（如小工具等）本身具有一定的刚性和牢固程度，可不用浅盘。操作技法：首先从卷筒拉出薄膜，将产品放在其上并卷起来，向热封板移动，用电热丝将薄膜切断，再移到热封板上进行封合；然后用手抓住薄膜卷的两端进行拉伸；最后拉伸到所需程度，将两端的薄膜向下折至卷的底面，压在热封板上封合。

② 半自动操作。将包装工作中的如供给、输出热封部分工序机械化或自动化，可节省人力，提高生产效率。包装形态主要是带浅盘的包装。

③ 全自动操作。全自动拉伸包装机所采用的包装工艺可分为两种：上推式操作法和连续直线操作法。

2. 运输包装用途的拉伸包装

回转式拉伸包装工艺如图 10－4 所示。拉伸包装用于运输，比传统的木箱、瓦楞纸箱等包装质量轻、成本低。这种包装多用于托盘集合包装，有时也用于无托盘集合包装，基本技法有两种②。

① 整幅薄膜包装法。用于与货物高度一样或更宽一些的整幅薄膜包装。这种技法适合包装形状方正的货物，优点是效率高且经济。例如，用普通船装载出口货物的包装，适合沉重而不稳定的货物以及单位时间内要求包装效率高的场合。缺点是要使用多种幅宽的薄膜。

② 窄幅薄膜缠绕式包装法。如图 10－4（b）所示薄膜幅宽一般为 50～70

---

① 尹章伟，刘桂香，马桃林，等．包装概论［M］．北京：化学工业出版社，2006.

② 张理，李萍．包装学［M］．2 版．北京：清华大学出版社、北京交通大学出版社，2015：195－200.

厘米，包装时薄膜自上而下以螺旋线形式缠绕货物，直至裹包完成，两圈之间约有三分之一部分重叠。这种技法适用于包装堆积较高或高度不一致以及形状不规则或较轻的货物。对于不同大小的产品，只需要一种规格的拉伸膜，成本较低。

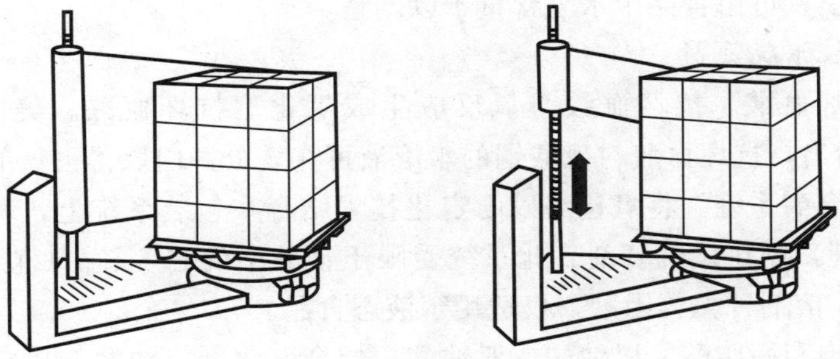

（a）　　　　　　（b）

图 10－4　回转式拉伸包装工艺

10.8.5　脱氧包装

脱氧包装是继真空包装和充气包装之后出现的一种除氧包装技法[①]。脱氧包装是在密封的包装容器中，使用脱氧剂与氧气反应，除去包装容器中的氧气，以达到维护内装物的目的。脱氧包装技法适用于某些对氧气特别敏感的产品，特别是只要有微量氧气就会促使品质变坏的食品包装。

脱氧剂的种类很多，根据组成不同，可分为两大类，一类是以无机物为主要成分的脱氧剂，如铁系脱氧剂、亚硫酸盐脱氧剂等；另一类是以有机物为主要成分的脱氧剂。

1. 无机系脱氧剂

① 连二亚硫酸钠（$Na_2S_2O_4$）。1969 年日本研发出一种以连二亚硫酸钠为主体的脱氧剂，应用于果蔬保鲜。该脱氧剂主要是由连二亚硫酸钠混合氢氧化钙及活性炭组成的，在水分的参与下，活性炭充当催化剂使连二亚硫酸钠与水产生激烈的氧化反应，释出二氧化硫气体并产生反应热。此氧化反应迅速，3 小时内 1 克的连二亚硫酸钠可去除 650 毫升空气中的氧气量，但使用此法会有二氧化硫气体残留。

② 铁粉。铁粉的脱氧方式主要是利用铁氧化生锈的原理，反应过程较复杂，反应的净产物是俗称的铁锈。铁系脱氧剂的主要成分为铁粉、氯化钠、

---

① 汪秋安，张春香．脱氧剂与脱氧包装技术［N］．中国包装报，2004－12－11（3）．

淀粉，制成脱氧剂后，分别在相对湿度65%、81%、92%～98%下进行脱氧剂脱氧效率测试。实际结果显示，在高相对湿度（92%～98%）下，脱氧剂可以在24小时内将容器内所有的氧气去除；而在相对湿度65%环境中，脱氧剂仅能将容器中的氧气浓度由20%降至10%左右。故包装内宜维持相对湿度在65%以上，可由食品中水分含量予以调整。

2. 有机系脱氧剂

① 抗坏血酸。抗坏血酸与氧反应生成氧化型抗坏血酸。美国专利US 5284871指出，抗坏血酸与硫酸铜的水溶液可在3分钟内取得去氧的效果。

② 偶合酶系统。将氧化酶以固定化技术结合在包装系统上，利用其催化氧化的原理，制作代脱氧剂。此系统受限于食品中的温度、pH值、水活性、盐类浓度、溶剂种类等因素，仅适用于液态食品。

③ 不饱和脂肪酸。以油酸或亚油酸，配合催化剂（油酸金属盐类）及碱性凝固剂（氢氧化钙、氢氧化镁）等，可以在低水活性下进行脱氧反应，克服还原态铁粉及其他有机系脱氧剂须有高水分参与反应的缺点。此脱氧剂可应用于含水量低的食品和药物包装。

【小　结】

介绍包装技术和方法，分析防震包装技法、防潮包装技法、防霉包装技法、防锈包装技法以及危险品的包装技法。

【案例讨论】

无菌包装技术

无菌包装技术诞生于20世纪30年代，PET无菌冷灌装生产线采用无菌空间进行杀菌，确保整个灌装过程达到无菌要求。无菌冷灌装是指在无菌条件下对产品进行冷（常温）灌装，这是相对于通常采用在一般条件下进行的高温热灌装方式而言的。在无菌条件下灌装时，设备上可能会引起产品发生微生物污染的部位均能保持无菌状态，不必在产品内添加防腐剂，也不必在产品灌装封口后再进行后期杀菌，可以满足长货架期的要求，同时可保持产品的口感、色泽和风味。

无菌冷灌装技术的关键是保证将灌装封口后的产品内微生物控制在允许范围内（即商业无菌）。为了保证无菌冷灌装的成功，生产线必须满足以下基本要求：产品经过超高温瞬时杀菌达到无菌状态，包装材料和密封容器要无菌，灌装设备达到无菌状态，灌装和封盖要在无菌环境下进行，建立、监测、记录和控制关键控制点。

定义常温下（小于或等于30℃），在无菌的环境下将无菌的产品灌装到无菌的包装容器中，然后进行密封即为无菌冷灌包装。无菌环境，即整个产品的灌装和密封是在无菌的环境中完成的，对灌装环境的卫生要求很高。灌装一般是在密闭的灌装设备内完成的，要求进入到灌装设备内的所有介质和包装物必须经过无菌处理，同时灌装设备的表面也要经过无菌处理，确保整个灌装环境的无菌。进入到灌装设备中的介质包括空气、水、料液，包装材料包括瓶子和瓶盖。对空气的处理采用空气过滤系统来完成，过滤系统一般由初效过滤器、中效过滤器、高效过滤器组成。初效过滤器主要过滤空气中的尘埃粒子；中效过滤器主要过滤空气中个体较大的菌类和部分尘埃粒子，过滤效率为85%以上；高效过滤器几乎可以过滤掉空气中所有的菌类，包括最微小的细菌，过滤效率为99.97%以上。经过处理的空气称为无菌空气，生产过程需要定期对无菌空气进行无菌性验证，以确保产品质量。水的处理方式：第一种，采用UHT设备对进入灌装环境的水进行杀菌处理；第二种，采用纯净水无菌过滤系统完成，处理后的水称为无菌水。无菌水主要是在灌装环境内对经过消毒的瓶盖、瓶子进行冲洗和用于灌装环境表面消毒后的冲洗。包装材料处理：包装材料是指瓶盖、瓶子，瓶盖、瓶子是通过消毒液进行杀菌处理的，由于生产设备的不同杀菌的方式也有所不同，乳制品行业中利乐包、利乐枕、黑白膜等包装方式一般采用浸泡式杀菌，PET瓶装饮料一般采用灌注式或喷雾式杀菌。对包装材料进行消毒的消毒液主要是过氧乙酸和双氧水。料液处理：采用UHT设备对料液进行杀菌处理，对进入灌装环境的水进行杀菌处理。

热灌装分两种：一种是高温热灌装，即物料经过UHT瞬时杀菌后，降温到85℃～92℃进行灌装，同时进行产品回流以保持恒定的灌装温度，然后保持该温度对瓶盖进行杀菌；另一种是物料杀菌灌装后在65℃～75℃进行巴氏杀菌并添加防腐剂。这两种方式无须对瓶子和盖子进行单独灭菌，只需将产品在高温下保持足够长的时间即可达到杀菌效果。

PET无菌冷灌装需首先对物料进行UHT瞬时杀菌，然后快速降温至常温（25℃），进入无菌罐中暂存。其次用化学消毒剂将瓶子、盖子进行杀菌，然后在无菌环境下进行灌装，直至完全密封后才离开无菌环境。整个过程物料受热时间短，灌装操作均在无菌环境下进行，灌装设备和灌装区也都经过消毒处理，产品的安全性可以得到保证。采用超高温瞬时杀菌技术（UHT），对物料的热处理时间不超过30秒，可最大程度地保证产品的口感和色泽以及物料中维生素（热敏性营养素）的含量。灌装操作均在无菌、常温环境下进行，产品中不添加防腐剂，且可保证产品的安全性，提高生产能力，节约原材料，降低能源损耗和产品制造成本。

资料来源：http：//business. sohu. com/20080215/n255/82869. shtml

讨论题

1. 无菌包装技术指的是什么？
2. 热灌装包括哪两种方式？
3. 冷灌装的流程如何？

【复习思考题】

1. 什么是包装技法？
2. 包装材料应具备哪些性能？
3. 如何对物流运输包装技法进行分类？
4. 防震包装技法主要有哪些？
5. 什么是防潮包装的透湿度？
6. 简述静态去湿法的原理。
7. 简述动态去湿法的原理。
8. 什么是干燥剂？作为干燥剂的材料主要有哪些？确定干燥剂的用量需要考虑哪些因素？
9. 防霉腐包装技法主要有哪些？
10. 防锈包装技法主要有哪些？
11. 如何选择防护包装方法？如何进行防锈包装操作？
12. 什么是“线压纸条”和“纸条压线”？
13. 危险品包装需要考虑哪些因素？
14. 选择危险品包装技法有哪些原则？
15. 什么是充气包装？主要气体有哪些？各有哪些特点？
16. 什么是拉伸包装？基本方法包括哪些？
17. 什么是脱氧包装？主要分哪两类？

第 11 章　集合包装

【教学目标】

(1) 了解集装器具的含义；

(2) 识别各种常用集装器具；

(3) 熟悉各种集合包装的结构、性能特点；

(4) 掌握各种集合包装的使用方法。

【引导案例】

集装单元化技术在军事物流中的应用

目前，单元化技术广泛应用于各国的军队军事物流系统中，俄军一半以上的军用物资采用集装箱运输，美军采用集装箱运输的物资达 80％以上。伊拉克战争中，美军将大批物资运往前线，除了美军具有先进的现代化物资搬运设备、物资识别技术、通信设备、计算机管理系统外，还得益于美国对国内各地运往前线的所有物资，从塑料杯、枪支到坦克统一汇集、储存，按需求指令对物资进行配拣、合并和单元化集装，然后采用集装箱运往前线。美军的集装箱标准是以 20 英尺标准集装箱为基准，配用托盘集装箱、“3 合 1”“4 合 1”及“6 合 1”组合式集装箱和 3 米框架式集装箱，这些小型箱额定总质量不超过 5 吨，适于多种野战叉车装卸搬运作业，便于在前方单独使用，多个小箱构成的大型标准集装箱，大大加快了作战物资的流通速度。

资料来源：作者整理。

11.1　集装器具

集合包装是将若干个相同或不同的包装单位汇集起来，最后包装成一个更大的包装单位或装入一个更大的包装容器内的包装形式。集装化，又称组合化和单元化，是指将一定数量的散装或零星成件物资组合在一起，这样在运输、装卸、搬运、储存等物流环节中可作为一个整体进行技术上和业务处理的包装方式。集合包装容器（器具）主要有集装容器（器具）和辅助工具两大类。

11.1.1 集装器具的含义

集装器具，是指把物料集装成为一个完整、统一的体积单元并在结构上使其便于机械搬运和储存的器具。集装器具不能单纯地被看作是一个容器，它是物料的载体，是物流机械化、自动化、智能化作业的基础。标准化后的集装器具也是物流设备、物流设施、物流系统设计的基础，是高效融合、多式联运的必要条件。

11.1.2 集装器具的类型

① 集装箱：是集装化的一种基本形式，出现于17世纪产业革命的初期，20世纪50年代后得到迅速发展和普及，集装箱的运用和发展被认为是物流运输业的一场革命。

② 托盘：是集装化的另一种基本形式，20世纪30年代出现叉车，托盘作为叉车附属工具被应用于工业部门。第二次世界大战后，经济复苏发展带动托盘的普及使用。

③ 滑板：是一种带翼（勾舌、卷边）的、与托盘尺寸相一致的、用以承放货物来组成装卸单元的平板。

④ 集装袋：是一种柔性包装，广泛适用于运输包装和商业包装。集装袋一般使用挠性材料，有较高的韧性、抗拉强度和耐磨性，结构一般为筒管状。

11.1.3 集装器具的作用

集装器具，总体上能简化物流环节，提高物流效率。在运输方面，集装器具有利于开展多式联运，简化运输手续，加快运输工具周转速率，降低运输费用。在装卸搬运方面，集装器具有利于实现装卸搬运作业机械化和自动化，提高装卸搬运效率，节省劳动力，减轻劳动强度。在包装方面，集装器具可节约包装材料，减少包装操作程序，降低包装费用；集装单元起到外包装的作用，保护产品，减少破损，能防止产品被盗和丢失。在仓储方面，集装器具便于堆码，提高仓库和货场的储存能力，有些集装单元包装件可以露天堆放，节省仓库容积，减少仓储费用。在环境保护方面，将污秽货物集装后，可减轻或完全避免对运输工具和作业场所的污染，改善物流运输环境。

集装器具制造和运营厂家主要有招商路凯LOSCAM、集保CHEP、欧洲物流器具租赁商Euro Pool、日本住友SGL等。

11.2　联运托盘

我国国家标准《物流术语》（GB/T 18354—2006）定义托盘（Pallet）是用于集装、堆放、搬运和运输的作为单元负荷的货物和制品的水平平台装置。一般用木材、金属、纤维板、塑料等制作，便于装卸、搬运单元物品和小数量的物品。在实际中，为了使物品能有效地装卸、运输、保管，将其按一定数量组合放置于一定形状的台面上，台面有供叉车从下部叉入并将台板托起的叉入口，以这种结构为基本结构的平面台板以及以这种基本结构为基础形成的各种形式的集装器具，均称为托盘。普通平托盘体积约为 0.14 立方米，所占容积为运输车辆容积的 10%～20%。

托盘的使用和推广，直接关系到物流机械化、自动化、智能化程度的高低，关系到物流系统的现代化水平的高低。在一定程度上说，物流活动没有实现托盘化，就不能真正实现快速化、高效化和合理化。

11.2.1　托盘的结构

托盘按照不同的结构形状分类，分为平托盘、柱式托盘、箱式托盘、轮式托盘、特种专用托盘等。

1. 平托盘

平托盘是在承载面和支撑面间夹以纵梁，可使用叉车或搬运车等进行作业的货盘。它是托盘中使用量最大、最通用的一种，平托盘按材料分为木托盘、钢托盘、铝合金托盘、胶合板托盘、塑料托盘、纸托盘、复合材料托盘等，其中木制平托盘的基本构造如图 11－1 所示。

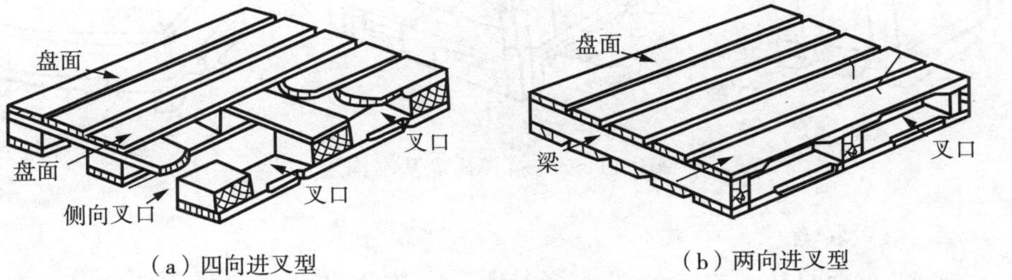

图 11－1　木制平托盘的基本构造

2. 柱式托盘

柱式托盘基本构造如图 11－2 所示，该托盘是四个角有固定式或可卸式的柱子的托盘，柱子一般采用钢材制成，按柱子固定与否分为固定柱式和可卸柱式两种。柱子的主要作用有两个，一是防止托盘上置货物在运输、装卸等过程中发生塌垛；二是利用柱子支撑承重，可以将托盘货物堆高叠放，不用担心压坏下部托盘上的物品。柱式托盘还可作为移动货架、货位，不用时可叠套存放。

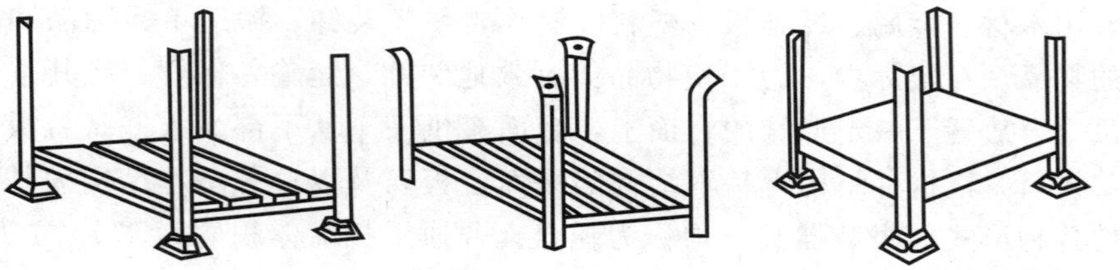

图11-2 柱式托盘基本构造

3. 箱式托盘

箱式托盘基本构造如图11-3所示，其基本结构是沿托盘四个边有板式、栅式、网式等各种平面组成的箱体，有些箱体有顶板，有些没有。箱板有固定式、折叠式和可卸式三种。箱式托盘的主要特点：一是防护能力强，可有效防止塌垛和货损；二是四周有护板栏，扩大了托盘装运范围，不但能装运可码垛的整齐包装货物，而且可装运各种异型不能稳定的物品。

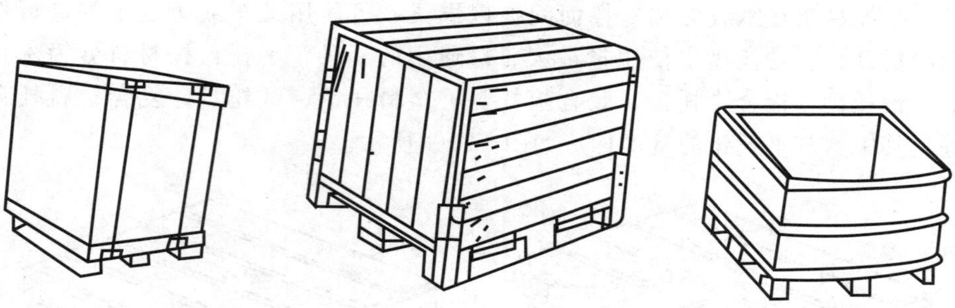

图11-3 箱式托盘基本构造

4. 轮式托盘

轮式托盘的基本构造如图11-4所示，该托盘是在柱式、箱式托盘下部装有小型轮子的托盘。轮式托盘不但具有一般柱式、箱式托盘的优点，而且有很强的搬运性，可以利用轮子进行短距离运动，而无须搬运机具就可以实现搬运，有助于装放在车厢内、船舱内、仓库内后移动其位置，还可作为商店货架的一部分。

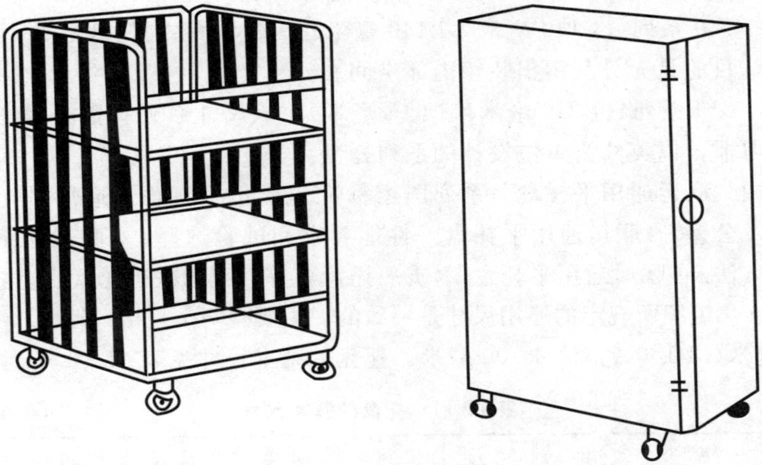

图 11－4　轮式托盘基本构造

5. 特种专用托盘

① 航空托盘。一般是采用铝合金制造的平托盘，以免受各种飞机货舱及舱门的限制，托盘上所载物品以网络覆罩固定。

② 玻璃集装托盘。用于支撑和固定立放的平板玻璃，平板玻璃在装运时顺着运输方向放置以保持托盘货载的稳定性。

③ 油桶专用托盘。专门存放、装运标准油桶的异型平托盘。双面皆有稳固油桶的波形沟槽或侧挡板，以稳定油桶、防止滚落。

④ 货架式托盘。该种托盘是一种框架形托盘，框架正面尺寸比平托盘略宽，以保证托盘能放入架内。架子下部有四个支脚，形成叉车进叉的空间。

⑤ 长尺寸托盘。专门用于装放长尺寸货物的托盘，托盘叠高码后形成组装式长尺寸货架。

⑥ 轮胎专用托盘。轮胎储运时怕挤压，装放于集装箱中不能充分发挥集装箱的载重能力，采用专用托盘是一种最佳选择。

11.2.2　托盘的尺寸

根据国际标准化组织 ISO 6780《联运通用平托盘　主要尺寸及公差》的规定，现有托盘主要分为以下 4 个系列：

① 1 200 系列（1 200 毫米×800 毫米和 1 200 毫米×1 000 毫米）。其中，1 200 毫米×800 毫米托盘，称为欧洲托盘。

② 1 100 系列（1 100 毫米×1 100 毫米）。该尺寸系列托盘属于亚洲规格，

是由国际集装箱最小内部宽度尺寸 2 330 毫米确定形成的。

③ 1 140 系列（1 140 毫米×1 140 毫米）。该尺寸系列托盘是对 1100 系列的改进，目的是充分利用集装箱内部空间。

④ 1 219 系列（1 219 毫米×1 016 毫米）。该尺寸系列托盘是考虑到北美国家的习惯，以英寸为单位设计的系列托盘。

我国“联运通用平托盘”系列国家标准主要包括《联运通用平托盘　主要尺寸及公差》《联运通用平托盘　性能要求和试验选择》《联运通用平托盘　试验方法》《联运通用平托盘 木质平托盘》等。我国联运托盘的规格尺寸和国际标准化组织所规定的通用尺寸是一致的。主要有两个规格，即 1 200 毫米×1 000 毫米、1 100 毫米×1 100 毫米。托盘的基本尺寸见表 11-1 所列。

表 11-1　托盘的基本尺寸　（单位：毫米）

宽 度	长 度	高 度	宽 度	长 度	高 度	宽 度	长 度	高 度
800	1 000	144、160	900	1 000	144、160	1 000	1 000	144、160
	1 100	144、160		1 100	144、160		1 200	144、160
	1 200	144、160		1 200	144、160		1 300	144、160
1 100	800	144、160	1 150	1 150	144、160	1 300	1 000	144、160
	900	144、160	1 200	800	144、160		1 100	144、160
	1 100	144、160		1 000	144、160		1 300	144、160
	1 200	144、160		1 100	144、160		1 500	144、160
	1 300	144、160		1 200	144、160	1 400	1 100	144、160
	1 400	144、160		1 400	144、160		1 200	144、160
1 500	1 300	144、160						

11.2.3　联运托盘的制作和试验

1. 联运托盘的制作

① 木材选取。木质托盘用木材树种为马尾松、南方松、赤松、铁杉、樟子松、花旗松、油松、云杉等，要求：含水率小于 20%，木材质量满足 GB/T 31138—2014 的要求。

② 铺板与纵梁的联结。托盘钉及布钉应满足 GB/T 31148—2014 的要求。钉接时，在板材背面伸出的钉尖应在板材背面折弯回头；钉帽埋入板材的深度不应超过 3 毫米。

③ 制作质量。平面尺寸的制造公差为＋3～6 毫米。铺板应与纵梁垂直，两对角线之差不得大于 3 毫米；托盘上、下两面应该平行，托盘的上、下两面应该平整，无污染、无影响使用的毛刺以及无机械损伤。木质平托盘的额定载荷（R）为 1000 千克，满足规定的抗弯试验、叉举试验、垫块或纵梁抗压试验、堆码试验、底铺板抗弯试验、角跌落试验等各项性能要求。

2. 联运托盘的试验

（1）抗弯试验

① 将被测托盘放在试验机的下枕梁上，并将托盘纵梁内侧与下枕梁两侧对齐。

② 在托盘载货面中心线两侧四分之一处，分别放上加载用的上枕梁。

③ 千分表用于测量托盘板的中心挠度。

当托盘的载荷达到设计载重的 1.5 倍时，铺板挠曲率（中心挠度与托盘宽度的百分比）：

$$\Phi_1=\frac{\delta_1}{L}\times 100\% \tag{11-1}$$

卸载后，将托盘在平台上静置 30 分钟，铺板中心的残余挠曲率（残余挠度与托盘宽度的百分比）：

$$\Phi_2=\frac{\delta_2}{L}\times 100\% \tag{11-2}$$

Φ_1 和 Φ_2 取三次试验的平均值，当 $\Phi_1\leqslant 1.5\%$，$\Phi_2\leqslant 0.45\%$时，表明托盘的抗弯强度合格。

托盘抗弯强度试验如图 11－5 所示。

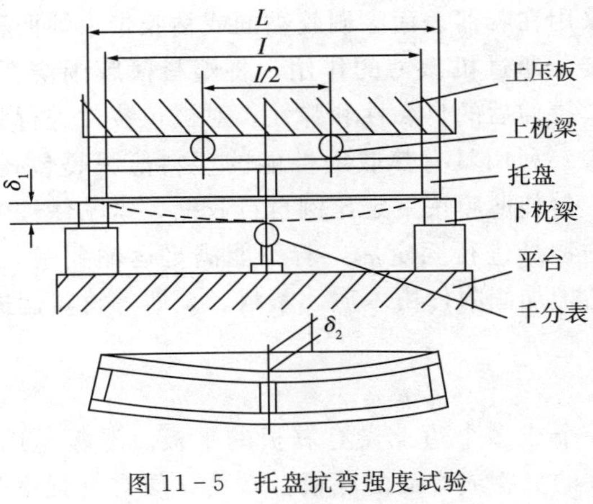

图 11－5　托盘抗弯强度试验

(2) 角跌落试验

托盘跌落强度试验如图 11-6 所示。

① 将托盘对角吊起，使对角下棱离地面 1 米高，并用铅垂线检查托盘与地面的垂直度。

② 让托盘自由下落，依次对四个角做跌落试验。

跌落后检查各构件联结处有无异常，并测量托盘载货面对角线的长度，计算对角线变化率：

$$\psi=\frac{l_1-l_2}{l_1}\times 100\% \qquad (11-3)$$

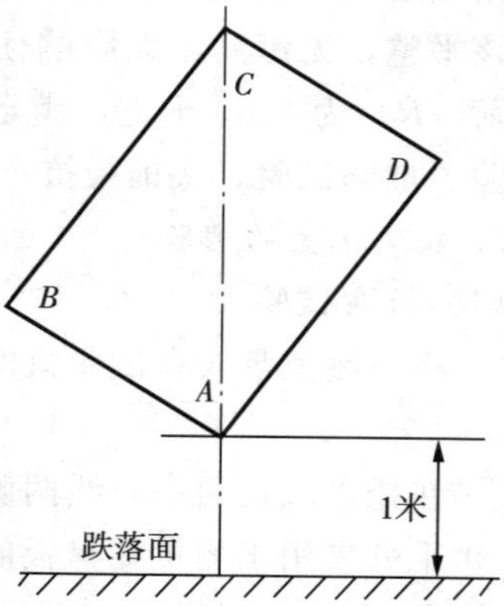

图 11-6 托盘跌落强度试验

式中，l_1 是试验前托盘载货面对角线长度；l_2 是试验后托盘载货面对角线长度。取三个试件分别做三次试验，当对角线变化率 $\psi\leqslant 1\%$，则表明托盘的联结强度合格。

此外，还要进行叉举试验、垫块或纵梁抗压试验、堆码试验、底铺板抗弯试验等。

11.2.4 托盘集装货物的固定

托盘承载物品的固定方式主要有捆扎紧固、胶合束缚、拉伸包装以及收缩包装。

(1) 捆扎紧固：根据物品特点选择捆扎带及捆扎结构。

(2) 胶合束缚：一种非捆扎的紧固方式，适用于纸质包装件在托盘上的固定码放，具体采用在容器表面涂刷胶黏剂或粘胶带束缚两种方式。

(3) 拉伸包装：通过机械力的作用，将塑料薄膜围绕托盘和被包装件进行拉伸，利用薄膜拉伸后的自黏性和弹性，对被包装件进行紧固。

(4) 收缩包装：利用具有热收缩性能的塑料薄膜裹包托盘和包装件，然后迅速加热处理，包装薄膜按一定比例自行收缩，紧贴住被包装件。

对托盘承载的物品进行固定后，若不能满足运输要求，则根据需要选择防护加固附件。防护加固附件由木质、塑料、金属等材料制成。

11.2.5 滑板

滑板是指在一个或多个边上设有翼板的平板。滑板是用于搬运、储存或运输单元载荷形式的货物或产品的底板，常见材质有高强度牛卡纸、塑料等。

滑板体积为普通平托盘的 1/60～1/70，滑板自重为 1～3 千克，仅为标准托盘自重的 1/20～1/30，利用滑板使运输车辆的利用率提高 16.7%。

滑板的主要类型有单翼板滑板、对边双翼板滑板、临边双翼板滑板、三翼滑板、四翼滑板。

11.3　集装袋

集装袋，又称柔性集装袋、吨装袋、太空袋，是一种柔性货运器具，配以叉车或吊车以及其他运输器具，进而实现集装运输。集装袋执行 GB/T 10454—2000 标准。

11.3.1　集装袋的特点

① 结构简单，装载量大。袋装容器缝合和加工方便，结构较简单，装载量较大，一般可容纳 0.5～2 吨，最高可达 3 吨。

② 适用于包装粉状、粒状货物等，如粮食、食盐、食糖、炭黑等。

③ 方便周转和回收复用。柔性集装袋，可以洗涤，能周转使用和回收复用，周转次数最高达数十次。

④ 节省费用，降低成本。应用集装袋可以节省包装材料，减少运输装卸损耗，节约运输费用，一般可降低 45%的包装费用。

⑤ 便于内装物的堆放和储存。集装袋内加涂层，增加内装物的保护性和包装的互换性，便于粉状、粒状内装物的堆放和储存。

11.3.2　集装袋的分类

① 按制作材料分：涂胶布袋、树脂布袋、化纤编织袋、复合材料集装袋等。

② 按袋形分：圆形集装袋和方形集装袋。

③ 按吊装位置分：顶部吊装带、底部吊装带、侧部吊装带和无吊装带集装袋等。按照 GB/T 10454—2000 标准，从安全角度出发，明确集装袋结构为底吊结构，安全系数必须达到 1.6。

④ 按制作方法分：使用黏合剂制的集装袋和使用工业缝纫机制成的集装袋等。

⑤ 按卸料口分：有卸料口集装袋和无卸料口集装袋等。

⑥ 按使用次数分：一次性使用集装袋和反复使用的集装袋等。

11.3.3 集装袋的规格

集装袋的容积规格，一般由用户按要求向生产厂家定制，其规格、品种繁多。按日本技术标准（JIS）规定8种容积：500升、640升、840升、1 000升、1 200升、1 500升、1 700升、2 000升。装料量一般分4种：500千克、1000千克、1500千克、2000千克。

集装袋的容量以1米³（1 000升）居多，载重量为500～1 000千克，主要用于粉状、粒状物品的包装。

1. 散装货物500～3 000千克集装袋

散装集装袋是用聚烯烃制作的柔性集装袋，其横截面有圆形和方形两种形状，容积通常为500～2 300米³，载重量通常为500～3 000千克。集装袋结构如图11－7所示。

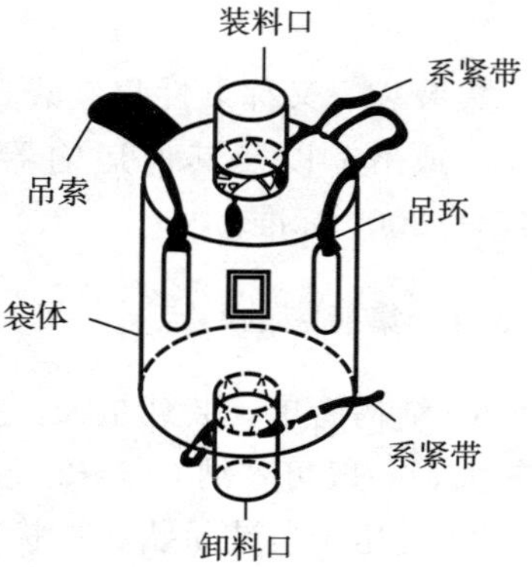

图11－7 集装袋结构

2. 小包装货物3 000～10 000千克集装袋

小包装货物集装袋是用聚烯烃制作的柔性集装袋，载重量为3 000～10 000千克。集装袋为筋带网络结构，具体有三种类型。

① 全敞型柔性集装袋，整个袋体平摊呈“十”字形平面。

② 半敞型柔性集装袋，袋体一个侧面可以敞开。

③ 箱型柔性集装袋，四侧面呈封闭状态，袋体顶部敞开。

11.3.4 集装袋的装袋、装卸搬运、堆码和拆封

在用集装袋进行物流运输作业时，应注意以下几点：

① 在吊装作业过程中不要站立在集装袋的下面。

② 将吊钩挂在吊带或吊绳的中央部位，不要斜吊、单面吊或斜拉吊集装袋，不要将吊带向外侧反向拉扯。

③ 作业中集装袋不要与其他物品摩擦、勾挂或碰撞。

④ 使用叉车作业时，不要使用叉子接触或扎到集装袋袋体，防止扎破集装袋。

⑤ 工厂内部车间搬运时，尽量使用托盘。

⑥ 装货、卸货和堆放要保持集装袋直立。

⑦ 不要将集装袋在地上或混凝土上拖行。

⑧ 不得已在室外保管时，应将集装袋放于货架上，并采用不透明棚布将集装袋盖严实。

⑨ 使用后，用纸或不透明棚布将集装袋包好，存放于通风处。

11.3.5　集装袋的性能试验

1. 尺寸的测定

在基布不拉伸的状态下，将柔性集装袋侧面的顶部和底边进行 2 次测量，求其边长的平均值。柔性集装袋的高度是测量袋体主体的顶边到底边的两个不同部位的高度，求其平均值。

2. 基布的测试方法

① 取样方法。从制造柔性集装袋的基材中或袋体上取试样，如发生争议，以后一种方法为准。

② 抗拉强度及伸长试验。在温度为（23±2)℃、相对湿度为（50±5)％的条件下放置 1 小时后试验。

从试样的纵、横方向上取宽 60 为毫米、长为 220 毫米的试片 5 块，再精确到 50 毫米宽，如遇到最后一根丝，超过半根则留下，否则应除去；在中心划上 100 毫米的标线，在标线外各约 25 毫米的位置，装在抗拉强度试验机的夹具上。以约 200 毫米/分的速度拉伸，直到试片断裂为止，测出此时的最大负荷和标线间距。伸长率根据下式计算，取纵横各自 5 片算术平均值。

$$伸长率=(L-100)/100\times100\% \tag{11-4}$$

式中，L 为最大负荷的标线间距。

③ 耐寒试验。从试料的纵、横方向上取宽为 20 毫米、长为 100 毫米的试样各 2 块，将其放入－35℃的恒温箱内，2 小时之后，将试样取出对着长度方向对折一半，查看基布材料，若无裂痕或损伤，视为正常。

④ 耐热试验。从试样的纵、横方向上取宽为 20 毫米、长为 220 毫米的试样各 2 块，将其表面重叠起来，在上面加 9.8 牛顿的负荷，放入 80℃的烤箱内 1 小时，取出后立即将 2 块试片分开，若表面无黏着、无裂痕，视为正常。

3. 纵向筋、吊带、吊绳的测试方法

① 试验的一般条件。试验必须在温度为（23±2)℃、相对湿度为（50±5)％的条件下进行，试样必须在试验前 1 小时放置于上述环境中，试样至少为 3 件。

② 抗拉强度试验。将试样装在夹具间 220 毫米的抗拉强度试验机上，以约 100 毫米/分速度拉伸，测出试样断裂时的抗拉强度。

③ 伸长试验。将试样装在抗拉强度试验机上，施加200牛顿的涨紧负荷，使夹具间距为220毫米，并划出200毫米间距的标线，以约100毫米/分的速度拉伸，当负荷达到抗拉强度（F）的30%时，测出标线的间距，伸长率根据下式计算。

$$伸长率=(L-200)/200\times100\% \qquad (11-5)$$

式中，L 为负荷达到抗拉强度 F 的30%时标线的间距。

4. 连接部的测试方法

① 试验的一般条件。试验在温度为（23±2）℃、相对湿度为（50±5）%的条件下进行，试样在试验前1小时放置于上述环境中。

② 连接部的抗拉强度测试。从缝制试样上取缝向宽60毫米、垂直缝向长300毫米、耳部宽25毫米的试样5块，再精确到50毫米宽，如遇最后一根超过半根则留下，否则应除去。然后将试样装在夹上，夹具间的距离为200毫米，拉伸速度为200毫米/分，测出断裂强度，精确到0.98牛顿，并取5次试验平均值。

5. 整袋测试方法

将内容物（运输小包装）按集装袋堆码方式，填入试样1和试样2，填至该袋额定载重。然后将试样2整齐地加在试样1上面，平稳提升试样高度1～2米，再按正常机械操作速度将试样1平稳落地。如此反复30次后，观察试样1的各个部位（筋带、吊绳、捆扎处、袋底缝口、基布等处），若无撕裂、无散包等异状，则判定该试样通过此项试验。

11.4 平板玻璃集装架

集装架是一种框架式集装器具，强度较高，适合于结构复杂、批量大的重型产品的包装。在实际的货物流通过程中，有些物品批量大、形状复杂，不能采用托盘包装。对于这类物品，通常采用钢材、木材或其他材料制作框架结构，固定和保护物品，并为物品集装后的起吊、叉举、堆码提供必要的辅助装置。这种框架结构称为集装架，可长期周转复用，与木箱包装相比，可节省较多的包装费用，而且能提高装载量，降低运输费用。

集装架种类很多，用得最多、普及率最高的是平板玻璃集装架。

11.4.1 产品特性

平板玻璃主要用作民用建筑的门窗，属于建筑材料，特性为面积大、质量大、易破碎。

11.4.2 集装架的技术参数

设计集装架的基本要求：

① 适当的内净空间；

② 适当的载重；

③ 自重轻；

④ 起吊、叉举、堆码强度高；

⑤ 缓冲性能好；

⑥ 护玻器装卸简便，具有自锁能力；

⑦ 便于装入和卸下玻璃；

⑧ 空架套装简便，套装个数多；

⑨ 重箱堆码稳定性好；

⑩ 左右侧门转动灵活，锁紧可靠，开启方便。

11.4.3 集装架的结构

套装式集装架由底座、靠背、左右侧门、上撑杆、护玻器等五大部件组成，其中上撑杆和护玻器属于可拆卸部件。空架在装入玻璃后，必须安装上撑杆和护玻器才能形成完整的重载集装架。重载集装架结构如图 11－8 所示。

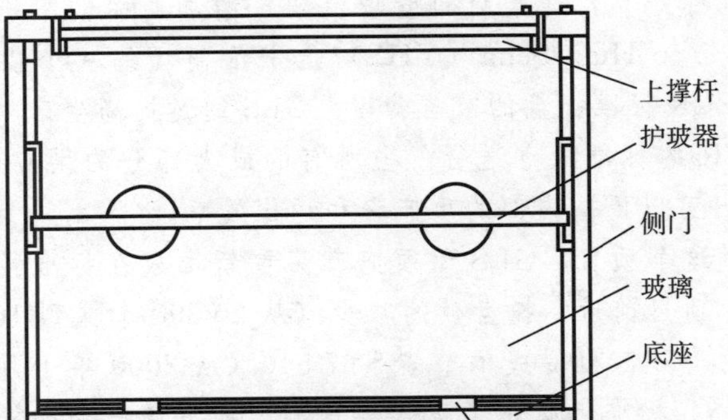

图 11－8 重载集装架结构

11.4.4 集装架的装箱与开箱

1. 装箱

装箱是将从生产线下来的平板玻璃装入集装架内，有人力装箱和机械装箱两种方法。不论采用哪种方法，都要卸下上撑杆和解开下钩板，打开左右侧门。打开左右侧门时可将其转至靠背后方，给装箱提供足够的空间，装箱时玻璃不会与集装架碰撞，而且装箱人员左右两侧可自由出入。

2. 开箱

开箱是卸下集装架内的玻璃，一般为人力搬运。开箱时先要卸下上撑杆和护玻器，打开左右下钩板，并将左右侧门转至靠背后方。搬运人员可以在左右两侧自由进出，一块一块地搬出集装架内的玻璃。

【小　结】

介绍集装器具的定义，分析联运托盘、集装袋、集装架的类别、结构、性能特点和使用方法。

【案例讨论】

新加坡托盘标准化案例

标准托盘是ECR的行业标准化重点工作之一，是提高行业供应链效率的重要方法。新加坡采用1 000毫米×1 200毫米的标准托盘。

GLS是一家物流配送公司，负责配送某连锁平价商场商品。GLS希望通过建立良好的库存结构，理顺订单管理流程，增加商品的配送速度来提高公司的运作效率。Yeo Hiap Seng（YHS）是平价商场的一个供应商。项目目的：衡量采用ECR标准托盘的节省费用。GLS通过提高生产率来说服更多的供应商采用ECR的标准托盘送货。当所有的或大部分的供应商采用ECR标准托盘时，GLS可以提高内部的生产率和运作效率。

好处：通过这个项目，GLS无须把产品重新堆放在标准托盘上，节省人力和时间成本。项目前后，托盘数的减少（从20 800个减到16 240个）直接带来租赁成本的下降，租赁成本节省＄67 540（从2000年1月到12月），占到总节省的23%。标准化简化了运营流程，增加市场机会和提高效率，提供更好的消费者服务。从非标准托盘转换到标准托盘，节省更多的时间和人力，缩短供应商的卸货时间，提高垛口的使用率，更好地利用资金和人力。

对双方的好处：Yeo Hiap Seng（YHS）提高17%的生产率，因为减少运输次数。每车每次多装载4个托盘，借助租赁减少29%的资产拥有成本。GLS配送YHS的货物不必重新堆放到标准托盘上，可节省20%人力成本，节省23%托盘。

资料来源：http：//www.ancc.org.cn/News/artice.aspx？id＝490

讨论题

1. 实行托盘标准化有哪些好处？
2. 如何实施托盘标准化？
3. 如何衡量托盘标准化的绩效？

【复习思考题】

1. 什么是集装器具？常见的集装器具有哪些？
2. 什么是托盘？托盘有何特点？
3. 集装器具有哪些标准？
4. 举例说明一种轮式托盘的应用。
5. 举例说明航空托盘的材料、尺寸和技法。
6. 举例说明托盘集装货物的固定方法。
7. 举例说明滑板的类型及其应用。
8. 举例说明集装袋的装袋、装卸搬运、堆码和拆封的注意事项。
9. 特种专用托盘主要包括哪些类型？
10. 如何进行联运托盘的试验？
11. 如何进行集装袋的性能试验？

第12章 物流运输包装管理

【教学目标】

(1) 了解物流运输包装管理的重要性；
(2) 识别各种物流运输包装标志；
(3) 理解物流运输包装标准化；
(4) 掌握物流运输包装质量管理和成本控制。

【引导案例】

爱生雅集团：完整包装解决方案的推崇者

爱生雅（SCA）集团是成立于1929年的一家主营包装用品和印刷用纸的跨国集团，是欧洲第二大瓦楞包装供应商。目前在全球50个国家设有工厂，共有5.1万名员工。其中，爱生雅亚洲公司在中国、马来西亚、新加坡和印度尼西亚等国拥有21家工厂。在中国，爱生雅（苏州）商品包装有限公司的主要业务是一些附加值高的大型彩色包装的平版印刷，以及POP展示架、用微型瓦楞纸板制作的包装彩盒（如西门子手机包装盒）等的生产制作。

爱生雅（苏州）商品包装有限公司不只经营印刷业务，还包括提倡Total Package Solution（完整包装解决方案），即从包装生产开始到物流，组成一个完整的价值链，帮助客户提高管理附加值。例如，公司卖到美国沃尔玛超市的拖鞋POP展示架，首先是设计一个展示架版式，把尺码标架放到展示架中，把拖鞋放到架子中，然后贴上不干胶尺码，再放在一个托盘上，托盘外面用瓦楞纸板包装起来置于集装箱，直接运到美国的超市，之后再把外面的瓦楞纸板移走，即可直接销售，消费者可以从POP架上取出自己青睐的拖鞋。这就是从设计到包装物流的完整包装解决方案。

爱生雅（苏州）商品包装有限公司帮助客户进行仓库管理。例如，爱生雅集团工厂为M公司生产手机包装，应M公司要求在天津工厂附近租一个仓库，M公司把从其他公司订购的耳机、充电器送到该仓库，然后由爱生雅配套包装这些手机包袋、耳机、充电器、说明书和CD光盘，并存储于仓库。当M公司在某个时间发出供货指令时，比如需要某一个型号手机的包装共500套，爱生雅会发货给M公司，拿到包装后，M公司把手机往包装里一放即可发货。

爱生雅（苏州）商品包装有限公司为客户提供更多的增值服务。例如，美国汽车 G 公司是爱生雅集团苏州工厂的一家客户，汽车上使用的蓄电池和滤油器等产品是外购的。爱生雅集团帮助其印制包装，待汽车 G 公司的供应商把这些产品运到爱生雅后，爱生雅负责配套包装这些汽车配件。当汽车 G 公司发出指令，让爱生雅把包装好的汽车配件送到国内某个地方（如沈阳）的某汽配市场时，爱生雅会立刻根据客户的要求发货，从而加快客户的供货速率和提高市场的反应能力。

包装物流是包装企业对传统产业概念的颠覆，是从“红海战略”向“蓝海战略”的转变。爱生雅集团的胶印工厂负责帮助 H 公司进行电子采购，它就好比 H 公司的一个车间数码印刷，跟随 H 公司随时随地做出反应。H 公司提供驱动程序给这家胶印工厂，该工厂帮助其采购电源线、说明书、CD 光盘。如果包装企业的客户完全实现电子采购，而光盘生产商没有电子采购的能力，这家光盘厂家和客户配套时就会拖累客户。那么采用什么样的方式呢？采用统包的方式，由包装企业统一管理，只有包装企业一个出口印刷检测，即可应对电子采购，从而提高客户供应链的附加值。

显然，爱生雅集团并不是仅生产包装，还有员工负责采购电子元件、电源线和光盘，并有序管理，之后要把这些产品进行配套包装。具备这样的能力，就能有效地支持包装企业的胶印生产能力，维系客户对包装企业的忠诚度。

资料来源：李玉峰．爱生雅公司 [J]．中华纸业，2017，38 (19)：26 - 27.

12.1 概 述

在物流运输过程中，需要合适的包装，如何实现物流运输包装的合理化，必然涉及物流运输包装管理。

12.1.1 运输包装对物流系统的影响

运输作为实现商品流通的一种“场地效应”，是在空间上衔接生产的一项活动。运输活动给商品造成损伤，往往是因为运输包装件在空间转移中受到了冲击力和振动力。运输活动离不开包装，运输包装能起到提高运输设备容积利用率的作用。与运输设备容积利用率有关的运输包装因素有两个：①尺寸，运输包装的尺寸主要是指包装的底面尺寸；②结构和材料。因此，合理运输必须权衡包装费用与运输方式，并对包装进行选择。

12.1.2 运输包装在库存活动中的效用

库存是实现商品流通的一种“时间效应”，是在时间上衔接生产的一项活动。在库存活动中，运输包装能起到提高设备利用率、提高仓库自动化管理水平等方面的作用。仓库的高堆垛和高密度储存可节省建筑费用和占地面积，但高堆垛超过一定程度可能会因包装压坏造成损失。因此，运输包装应实现尺寸标准化以适应保管设备，具备足够的抗压强度以抵抗保管所承受的静压力。这样一方面能充分利用仓库的容积，另一方面能减少包装压坏造成的损失。

12.1.3 物流运输包装的尺寸问题

商品运输包装在物流过程中的一个重要要求，在于它的尺寸应与物流各环节的设备尺寸之间相互配合，进而提高设备利用率。在现实中，由于运输包装件的大小不一，加上各种物流设施设备的规格多种多样，它们之间尺寸的配合必然存在一种数的关系。通常运用模数理论对包装尺寸和物流中各种设施设备的尺寸进行系统化，使它们之间相互协调，以取得最佳效果。这就是在物流系统中的包装模数系列和物流模数系列。

12.1.4 物流运输包装合理化

1. 物流运输包装设计合理化

运输包装的合理化始于产品的设计阶段。传统企业在产品设计时，往往主要考虑产品的质量、性能、款式、成本、大小、原材料选用等，不太重视运输包装的合理性、运输包装材料的节省性以及搬运和仓储的方便性，造成的后果往往是不利于运输包装和运输销售。

运输包装设计需要运用专门的设计技术，将产品设计、加工制造、市场营销、物流等要求结合起来综合考虑。考虑的首要因素是商品的保护功能，同时运输包装设计不能忽视费用问题，过度的运输包装会增加费用，运输包装设计应正好符合保护商品的要求；运输包装的尺寸大小会影响运输工具和仓库容积的使用率，是影响费用的一个重要因素。此外，积极探索智能包装的理论与实践，逐步推进数字智能包装、材料智能、结构智能包装，促进物流运输包装高质量发展。

设计货物运输包装，必须了解货物本身的特性、运输和存储环境条件，具体考虑以下因素：

① 保护性，运输包装是否满足商品的保护要求；

② 装卸性，商品在运输工具装卸和仓库搬运上是否高效；

③ 作业性，商品的运输包装作业是否易于操作；

④ 便利性，商品打包、开包是否方便，运输包装物处理是否容易；

⑤ 标志性，运输包装物内商品的相关信息（如品名、数量、重量、装运方法、保管条件等）是否清楚；

⑥ 经济性，运输包装费用是否恰当。

2. 物流运输包装合理化必须与外部因素相协调

运输包装作为物流系统的一个环节，必须考虑运输包装的合理性，系统考虑物流过程中环境的物理、化学、生化作用的影响，避免商品可能发生物理损害、化学变质、生物吞噬运输包装肌体、腐蚀运输包装的材料等。

3. 物流运输包装必须考虑人格因素和环境保护

运输包装必须考虑“人格因素”和环保要求。运输包装的商品要适合携带、摆放，美观大方，兼顾装饰性。特别地，运输包装设计要考虑不同国家、地区消费者的情感、宗教信仰、民族习惯、消费心理等。同时，运输包装物不能影响人的健康，应该强化“绿色运输包装”意识，包装物便于回收和再利用，提升运输包装的环保水平，实现资源节约和生态环境保护。

12.2　物流运输包装质量管理

12.2.1　物流运输包装质量管理的概念

物流运输包装质量是指商品运输包装能满足商品流通、储运的需要及其满足程度的属性，具有适用性、可靠性、安全性、耐用性和经济性等特点。运输包装质量通常采用机械、物理、化学、生物等性能以及尺寸、形状、重量、外观、手感等指标表示。运输包装质量管理是运用管理功能，为提高商品的运输包装质量，不断地根据商品流通需要构建和完善科学管理体系的活动。

衡量运输包装质量的尺度，主要是运输包装的质量标准和满足商品流通的程度。运输包装质量管理，包括对运输包装的设计、制造、辅助生产过程和商品流通过程的管理以及包装材料的质量管理和处理流通过程发生的问题。通过将物流运输包装合理化、现代化、规范化，全面提升物流运输包装质量管理水平。

12.2.2　运输包装质量管理措施

1. 制定并实施运输包装管理制度，加强质量监督

企业开展经营活动时，制定并实施物流运输包装工作规程，要将商品的

产品质量与运输包装质量监督等同看待，严格按照技术标准进行监督，把好质量关。同时，商品物流运输合同必须包含运输包装条款，明确上下游之间生产厂商、物流企业、收货厂商对产品包装质量的责任。严格按照运输包装标准和合同办事，对包装材料、包装容器结构和物理机械性能达不到要求的，或者包装标志不明的包装商品应予拒收，督促及时处理和改进。

2. 遵照包装标准，完善包装物的运输和储存试验

物流企业应积极协调商务部门、交通运输部门、市场监督管理部门，特别是产品检验机构，完善商品运输包装质量的测试和模拟试验，这是检验商品产品包装质量最有效的手段。根据包装标准，进行跌落、滚动、振动、压力和堆码试验等，及时测试各种包装的强度和牢度，确保商品包装在物流中的安全。

3. 优化运输储运作业的流程，开展规范化作业

物流企业运输作业积极提倡文明装卸，反对和杜绝野蛮装卸，按运输包装标志做好商品的装卸和运输交接工作，选择最佳的装卸方式和积载方法。同时，做好商品的拼装和分装工作，对已散架、散捆、破裂、水湿的包装，应及时加固或更换，以确保商品在流通中的安全。

4. 及时收集运输包装信息，改进运输包装

物流企业应积极沟通商务部门、交通运输部门、市场监督管理部门，收集商品流通过程中对产品运输包装提出的改进意见，做好运输包装信息的反馈工作，针对运输包装质量存在的问题，提出改进方法。物流企业应积极向生产单位、包装单位推荐并使之采用运输包装的新技术、新方法、新标准，以提高运输包装的质量。

12.3 物流运输包装信息管理

随着物流信息化、数字化、智能化的推进，运输包装信息管理已得到普及应用。借助物流信息系统，实现运输包装的功能。运输包装的信息管理，主要采用条码技术、射频技术、地理信息技术、全球定位技术等。

12.3.1 条形码

1. 条形码的概念

条形码是由一组规则排列的条、空以及对应的字符组成的，用以表示一定信息的标记。具体地，条形码是按照规定的编码原则及符号印制标准，将

文字、数字等信息在诸如标签、吊牌等平面载体上印制成有光学反射差异的条、点、块状图形，这种图形可借助扫描器阅读、识别、解码并传输到计算机。

条形码是实现快速、准确且可靠地采集数据的有效手段，是实现销售时点系统（POS）、电子数据交换（EDI）、电子商务（EB/EC）、供应链管理（SCM）的技术基础，是物流管理现代化、提高物流管理水平和核心竞争力的重要技术手段。

2. 条形码的基本结构

条形码技术是用来方便传输数据的一种信息识别方法。这种方法是将要输入计算机内的所有字符编码后使得每一个字符有对应的码。编码方式是许多宽度不一的黑色“线条”和白色“空白”的组合，表示各种不同的码，其中黑色“线条”和白色“空白”的反射率相差很大。一种条形码规格中的每一个字符的码，都有独特的“线条”和“空白”的宽窄组合，且与其他字符不同。

条形码因区域、国家、地区和使用目的的不同而有不同的编码方式，但基本上由四个部分组成。

① 起始码（Start code）：一个条形码的起头，便于条形码读取器判别开始。

② 资料码（Data code）：条形码的主要部分，因用途不同，编码方式也不同。

③ 校验码（Check code）：又称查核码，采用公式进行计算，确保数据正确性。

④ 终止码（End code）：一个条形码的结束，便于条形码读取器判别结束。

3. 条形码的类型

① 按材料不同，分为纸制条形码、金属条形码和纤维织物条形码。

② 按条形码有无字符符号间隔，分为连续型条码和非连续型条码。

③ 按字符符号个数固定与否，分为定长条码和非定长条码。

④ 按扫描起点划分不同，分为双向条码和单向条码。

⑤ 按码制不同，分为 UPC 码、EAN 码、三九码、库德巴码、二五码、交叉二五码、11 码、四九码、EAN－128 码等。

⑥ 按维数和功能不同，分为一维条码、二维条码、复合码、物流条码等。其中，一维条码主要有 Code 39 码、Codebar 码（库德巴码）、Code 25 码（标准 25 码）、Matrix 25 码（矩阵 25 码）、EAN－13 码（EAN－13 国际商品条

码）、EAN-8码（EAN-8国际商品条码）、中国邮政编码（矩阵25码的一种变体）、ISBN码、ISSN码、Code 128码（包括EAN 128码）等；二维条码主要有PDF417条码。缩小面积的条码符号（Reduces Space Symbology，RSS），主要是减少商品条码占用的面积，增加条码所含的商品信息含量。物流条码是国际商品编码协会和美国统一代码委员会制定的用于商品单位标识的条码。

（1）一维条码

一维条码只能在一个方向（水平方向）上表达信息，而在垂直方向不表达任何信息，其一定的高度通常是为了便于阅读器的对准。一维条码的应用可以提高信息录入的速度，减少差错率，但是一维条码也存在数据容量（30个字符左右）较小、只包含字母和数字、条形码尺寸相对较大、空间利用率较低、条形码遭到损坏后便不能阅读等不足。

1977年的EAN码（European Article Number，欧洲商品条形码）是由欧洲各国共同开发出来的一种商品条形码。目前EAN条形码系统已成为国际性商用条形码。按照结构的不同，主要分为EAN-13与EAN-8两种编码方式，其中EAN-13码固定由13个数字所组成，为EAN的标准编码形式。EAN-8码固定由8个数字所组成，属于EAN的简易编码形式。EAN码必须固定含有一位的检验码，位于EAN码中的最右边处，以预防读取数据的错误情形发生。EAN码长度一定，较欠缺弹性，主要应用于零售包装，如供零售卖场POS系统扫描结账的包装。

EAN-13条码由左侧空白区、起始符、左侧数据符、中间分隔符、右侧数据符、校验符、终止符、右侧空白区及供识别字符组成。EAN-13条码由前缀码、厂商识别码、商品项目代码和校验码组成。前缀码是国际EAN组织标识各会员组织的代码，中国为690—699；厂商识别码是EAN编码组织在EAN分配的前缀码的基础上分配给厂商的代码；商品项目代码由厂商自行编码；校验码主要是为了校验代码的正确性。厂商在编制商品项目代码时，必须遵守商品编码的基本原则：对同一个商品项目的商品必须编制相同的商品项目代码；对不同的商品项目必须编制不同的商品项目代码；保证商品项目与其标识代码一一对应，即一个商品项目只有一个代码，一个代码只标识一个商品项目。

（2）二维条码

在水平和垂直方向的二维空间中存储信息的条形码，称为二维条码（2-dimensional bar code，简称二维码）。二维条码是以矩阵般的黑白方块来代表文字、数字和数据的，有别于一维条码所用的粗细黑白空间。

① 二维条码的码制

二维条码也有多种不同的编码方法，或称码制。根据码制的编码原理，二维条码一般分为三种类型。

线性堆叠式二维码是在一维条码编码原理的基础上，将多个一维条码在纵向堆叠产生的，典型的码制如 Code 16K、Code 49、PDF417 等。

矩阵式二维码是在一个矩形空间，通过黑、白像素在矩阵中的不同分布进行编码，典型的码制如 Aztec、Maxi Code、QR Code、Data Matrix 等。Data Matrix 主要用于电子行业小零件的标识，如英特尔（Intel）的奔腾处理器的背面就印制这种码；Maxi Code 是由美国联合包裹服务（UPS）公司研制的，用于包裹的分拣和跟踪；Aztec 是由美国韦林（Welch Allyn）公司推出的，最多可容纳 3 832 个数字或 3 067 个字母字符或 1 914 个字节的数据。

邮政码是邮政编码的简称，通过不同长度的条进行编码，主要用于邮件编码，如：Postnet、BPO 4 - State。

② 二维条码的软硬件系统架构

二维条码通过编码软件，可在屏幕上显示出二维条码，或从打印机打印出二维条码。编码软件可应用于 DOS、WINDOWS、UNIX、OS2 等不同平台，编码器功能架构包含输入、处理、输出三部分。

③ 二维条码的特点

二维条码具有储存量大、保密性高、追踪性高、抗损性强、备援性大、成本小等特点。

储存量大：一个二维条码可以容纳 1 100～2 000 个字符，较同面积密度的一维条码多得多；可以记录产品大量的相关数据，成为可以带着走的数据库。

安全性高：一维条码由线条的空间单位组成数字，编码方式较简单，肉眼较易辨识；二维条码的编码方式特殊，且较微小，肉眼不易辨识，在编码或译码时可以加上密码，故又称安全条形码。

辨识性强：二维条码设计时采用“错误纠正码”技术，若有污损、断裂、打洞、折叠或者磨损率高达 15%的条形码，仍然可以正确读出，可使用传真、影印方式传送。同时，二维条码可以自行设定大小比例，大到无法扫描、小到无法辨识为止，但必须考虑其显像质量是否超过可辨识之磨损范围。

④ 二维条码的应用

二维条码适用于窗体、安全保密、追踪、证照、存货盘点、数据备援等方面。

窗体应用：公文窗体、商业窗体、进出口报单、舱单等数据之传送交换，可减少人工重复输入窗体数据，避免人为错误，降低人力成本。

保密应用：商业情报、经济情报、政治情报、军事情报、私人情报等机密数据之加密及传递。

追踪应用：公文自动追踪、生产线零件自动追踪、客户服务自动追踪、邮购运送自动追踪、维修记录自动追踪、危险物品自动追踪、后勤补给自动追踪、医疗体检自动追踪、生态研究自动追踪等。

证照应用：护照、身份证、挂号证、驾照、会员证、识别证、连锁店会员证等证照的数据登记及自动输入，发挥随到随读、立即取用的信息管理作用。

盘点应用：物流中心、仓储中心、联勤中心的货品及固定资产的自动盘点，发挥立即盘点、立即决策的作用。

备援应用：文件窗体的数据若不愿或不能以磁盘、光盘等电子媒体储存备援时，可利用二维条码来储存备援，该种储存备援方式携带方便，不怕折叠，保存时间长，又可影印传真，做更多备份。

12.3.2 条形码自动识别技术

1. 识别原理

将按照一定规则编译出来的条形码转换成有意义的信息，需要经历扫描和译码两个过程。物体的颜色是由其反射光的类型决定的，白色物体能反射各种波长的可见光，黑色物体吸收波长的可见光。所以，当条形码扫描器光源发出的光在条形码上反射后，反射光照射到条码扫描器内部的光电转换器上，光电转换器根据强弱不同的反射光信号，转换成相应的电信号。电信号输出到条码扫描器的放大电路增强信号后，再送到整形电路将模拟信号转换成数字信号。白条、黑条的宽度不同，相应的电信号持续时间长短也不同。译码器通过测量脉冲数字电信号0和1的数目来判别条和空的数目，通过测量0和1信号持续的时间来判别条和空的宽度。此时，得到的数据仍然是杂乱无章的，若要知道条形码包含的信息，必须根据对应的编码规则（如EAN－8码的编码规则），将条形符号换成相应的数字、字符信息。最后，由计算机系统进行数据处理与管理，识别物品的详细信息。

2. 扫描原理

条形码的扫描需要扫描器，扫描器利用自身光源照射条形码，再利用光电转换器接受反射的光线，将反射光线的明暗转换成数字信号。不论是采取何种规则印制的条形码，都由静区、起始字符、数据字符、校验字符与终止字符组成。

① 静区：又称空白区，分为左空白区和右空白区。左空白区是让扫描设备做好扫描准备，右空白区是保证扫描设备正确识别条码的结束标记。为了防止左右空白区（静区）在印刷排版时被无意中占用，在空白区加印一个符号（左侧没有数字时加印“<”号，右侧没有数字时加印“>”号），称为静区标记，主要作用是防止静区宽度不足。

② 起始字符：第一位字符，具有特殊结构。当扫描器读取到该字符时，便开始正式读取代码。

③ 数据字符：条形码的主要内容。

④ 校验字符：检验读取到的数据是否正确，不同编码规则可能是不同的校验规则。

⑤ 终止字符：最后一位字符，同起始字符一样具有特殊结构，用于告知代码扫描完毕，同时还起到校验计算的作用。

为了方便双向扫描，起止字符具有不对称结构，扫描器扫描时可以自动对条码信息重新排列。条形码扫描器有光笔、CCD、激光、影像四种。

① 光笔：原始的扫描方式，需要手动移动光笔，且需要与条形码接触。

② CCD：以 CCD 作为光电转换器，LED 作为发光光源的扫描器。在一定范围内，可以实现自动扫描，阅读各种材料、不平表面上的条形码，成本较低。但是与激光式相比，扫描距离较短。

③ 激光：以激光作为发光源的扫描器，又分为线型、全角度等几种。

④ 影像：以光源拍照，利用自带硬解码板解码，影像扫描可以同时扫描一维条码和二维条码。

12.3.3　北斗卫星导航系统

北斗卫星导航系统是中国自行研制的全球卫星定位与通信系统（BDS），是继美全球定位系统（GPS）和俄 GLONASS 之后第 3 个成熟的卫星导航系统。北斗卫星导航系统由空间端、地面端和用户端 3 部分组成，用户端由北斗用户终端以及与美国 GPS、俄罗斯“格洛纳斯”（GLONASS）、欧盟“伽利略”（GALILEO）等其他卫星导航系统兼容的终端组成。

北斗卫星导航系统空间端计划由 35 颗卫星组成，包括 5 颗静止轨道卫星、27 颗中地球轨道卫星、3 颗倾斜同步轨道卫星。5 颗静止轨道卫星定点位置为东经 58.75°、80°、110.5°、140°、160°，中地球轨道卫星运行在 3 个轨道面上，轨道面之间为相隔 120°均匀分布。

北斗卫星导航系统致力于向全球用户提供高质量功能：第一，短报文通信，北斗系统用户终端具有双向报文通信功能，用户可以一次传送40～60个汉字的短报文信息，可以达到一次传送达120个汉字的信息。第二，精密授时。北斗系统具有精密授时功能，可向用户提供20～100纳秒时间同步精度。第三，定位精度。水平精度100米（1σ），设立标校站之后为20米（类似差分状态），工作频率为2 491.75兆赫兹。第四，系统容纳的最大用户数为540 000户/时。北斗卫星导航系统广泛应用于交通运输、农林渔业、水文监测、气象测报、通信授时、电力调度、救灾减灾、公共安全等领域。例如，北斗卫星导航定位系统的军事功能，可以实现运动目标的定位导航、武器载具发射位置的快速定位、人员搜救和水上排雷的定位等。北斗卫星导航定位系统的民用功能，可以实现个人位置定位、数值天气预报、气候变化监测和预测、道路交通智慧管理、公路智能运输、铁路智能运输、水路智能运输、航空智能运输、管道运输智能管理等，以及无人仓、无人车、无人船、无人机管理等。

北斗系统特色：一是北斗系统空间端采用三种轨道卫星组成的混合星座，与其他卫星导航系统相比高轨卫星更多，抗遮挡能力强，尤其是在低纬度地区性能优势明显。二是北斗系统提供多个频点的导航信号，能够通过多频信号组合使用等方式提高服务精度。三是北斗系统创新融合了导航与通信能力，具备定位导航授时、星基增强、地基增强、精密单点定位、短报文通信和国际搜救等多种服务能力。

12.3.4 运输包装信息系统

1. 运输包装信息系统概念

运输包装信息系统是应用系统的观点、思想和方法建立起来的，以电子计算机为基本信息处理手段，以通信设备为基本传输工具，能够为运输包装管理决策提供信息服务的人机系统。

2. 运输包装信息系统的组成

① 硬件：主要包括计算机、服务器、网络通信设备等。

② 软件：主要包括系统软件和应用软件两大类，系统软件主要用于系统的管理、维护、控制及程序的装入和编译工作；应用软件是指挥计算机进行信息处理的程序或文件。

③ 数据库与数据仓库：将多个用户、多种应用所涉及的数据，按一定的数据模型进行组织、存储、使用、控制和维护管理。

④ 人员：主要包括运输包装信息系统的系统分析人员、系统设计人员、系统实施和操作人员、系统维护人员、系统管理人员、数据准备人员和各个

层次管理机构的决策者。

3. 运输包装信息系统的功能

(1) 数据收集

运输包装数据的收集首先是将数据通过收集子系统从系统内部或者外部收集到预处理系统中，整理成为系统要求的格式和形式，然后再通过输入子系统输入到运输包装信息系统中。这一个过程是物流运输包装功能发挥作用的前提和基础，如果一开始收集和输入的信息不完全或不正确，则后续过程得到的结果可能与实际不符，将导致严重的后果。因此，衡量一个信息系统的性能，应注意信息系统收集数据的完整性、准确性、及时性以及校验能力、预防和抵抗破坏能力等。

(2) 信息存储

运输包装数据经过收集和输入阶段后，在处理之前，必须存储于信息系统中。即使在处理之后，也要继续保存，供以后使用。运输包装信息系统的存储功能是保证已获得的运输包装信息不丢失、不走样、不外泄、整理得当、随时可用。无论哪一种运输包装信息系统，信息存储都要考虑到存储量、信息格式、存储方式、使用方式、存储时间、安全保密等问题。

(3) 信息传输

运输包装信息在运输包装信息系统中，一定要准确地、及时地被传输到各个职能环节，发挥信息的使用价值。运输包装信息系统在实际运行前，必须充分考虑要传递的信息种类、数量、频率、可靠性等要求。只有符合运输包装系统的实际要求，运输包装信息系统才具有实际使用价值。

(4) 信息处理

运输包装信息系统的根本目的是将输入的数据加工处理成运输包装系统需要的运输包装信息。数据和信息不是等同的，数据是信息的基础，数据往往不能被直接利用，而信息是从数据加工得到的，可以被直接利用。只有得到具有实际使用价值的运输包装信息，才可能发挥运输包装信息系统的功能。

(5) 信息输出

信息的输出是运输包装信息系统的最后一项功能，只有在实现该功能后，运输包装信息系统的任务才算完成。信息的输出必须采用便于人或计算机理解的形式，在输出形式上力求易读易懂，直观醒目。

数据收集、信息存储、信息传输、信息处理、信息输出五项功能是运输包装信息系统的基本功能，缺一不可。只有五个功能过程完整正确，最后得到的运输包装信息才具有实际使用价值，否则可能会造成严重的后果。

12.4 物流运输包装标准化管理

运输包装标准是围绕运输包装的科学化、合理化制定的各类标准，是保证商品在流通过程中安全可靠、性能不变，而对包装材料、包装容器、包装方式进行的统一的技术规定。包装标准分为包装基础标准和方法标准、物品包装标准、包装工业的产品标准。

运输包装标准化是以运输包装为对象开展标准化活动的全过程。通过制定包装术语标准、包装标志标准、包装尺寸标准、包装容器标准、包装印刷标准、包装机械标准以及产品标准，使这些产品相互制约、相互补充，构成一个独立完整的包装标准体系。包装标准化的效果，必须通过包装标准的贯彻实施来体现。运输包装标准化管理是整个物流标准化管理的重要组成部分，目的在于通过管理，实现商品包装科学合理，确保商品安全送达消费者。我国包装标准体系包括包装综合基础标准、包装专业通用标准、产品包装标准三个层次。

12.4.1 包装尺寸标准化

1. 包装尺寸标准化的定义

运输包装尺寸标准化是通过包装尺寸以及与商品流通有关的一切空间尺寸的规格化，提高物流效率。

2. 包装尺寸标准化的意义

实施包装尺寸标准化，以技术保证包装质量的提高，是实现企业间经济横向联合的纽带，可有效提高企业资源和原材料的利用率，提升包装制品的生产效率，促进包装技术和国内大循环、国内国际双循环的发展。

3. 包装尺寸标准化的作用

实施包装尺寸标准化可方便包装自动化和智能化，节省包装成本，提高包装容器的生产效率、利用效率，优化包装管理，加速商品流通。

12.4.2 确定包装尺寸的基数

若对于货物采用托盘集装后，再进行集装箱运输，则托盘成为货物单元尺寸的基础。因此，以托盘尺寸为基础确定包装尺寸已成为世界各国的共识。

我国国家标准中规定的托盘尺寸主要是1 200毫米×1 000毫米和1 200毫米×800毫米。为了使各种运输包装充分利用托盘面积，采用托盘尺寸等分数列作为确定包装尺寸的基数，包装标准尺寸是由1 200等分数列、1 000等分数列以及800等分数列的组合构成的。

12.4.3 包装件基本尺寸的国家标准

我国国家标准《硬质直方体运输包装尺寸系列》(GB/T 4892—2008)规定的包装件基本尺寸是由包装单元尺寸分割得出的。包装单元尺寸以托盘为基础，称为包装单元尺寸，而不称为托盘尺寸，原因是不要片面地认为一切单元货物均可使用托盘。

包装件基本尺寸是指运输包装基本尺寸，也即外包装基本尺寸，如作为外包装的瓦楞纸箱基本尺寸、木箱基本尺寸等。

我国国家标准规定的包装单元尺寸与托盘标准尺寸完全一致，也主要是1 200毫米×1 000毫米和1 200毫米×800毫米两种。

12.4.4 物流模数

1. 物流模数的概念

所谓模数，指在某种系统的设计、计算和布局中，普遍重复应用的基准尺寸。模数是协调系统内外尺寸组合关系的基础。

物流模数(Logistics modulus)，指物流设施与设备的尺寸基准，也即物流集装单元的基础尺寸。物流模数是为了物流的合理化和标准化，以数值关系表示物流系统各种因素尺寸的标准尺度。它是由物流系统中的各种因素构成的，涉及因素包括货物的成组、成组货物的装卸设备、运输设施、用于货物保管的机械设备等。

2. 物流模数的标准

物流模数是由ISO秘书处和欧洲各国认定的1 200毫米×1 000毫米的矩形。物品的外包装尺寸是物流模数尺寸的分割系列。该尺寸在保证满足物流基础模数尺寸的倍数前提下，从卡车和集装箱的尺寸“分割”导出。物流模数尺寸可以看成物流系统中适于机械作业的最小单元。物流输送设备的输送空间尺寸以及成组化器具的载货面积应该是物流模数尺寸的倍数系列，仓库中的货架、装卸设备的操作部件的尺寸也应该与物流模数尺寸相配合。大多数物流托盘的平面尺寸是物流模数尺寸。

3. 物流模数的确定

(1) 物流的基础模数尺寸

基础模数尺寸的作用和建筑模数尺寸的作用大体相同。基础模数一旦确定，设备的制造、设施的建设、物流系统中各环节的配合协调、物流系统与其他系统的配合就有了依据。目前ISO秘书处和欧洲各国基本认定600毫米×

400毫米为基础模数尺寸。如何确定基础模数呢？为什么确定600毫米×400毫米为基础模数尺寸？简单说明如下：物流标准化系统较之其他标准系统建立较晚，确定基础模数尺寸主要考虑对物流系统影响最大而又最难改变的事物，即输送设备。采取“逆推法”，由输送设备的尺寸来推算最佳的基础模数。确定基础模数尺寸，也考虑已经通行的包装模数和已经使用的集装设备，并且从行为科学的角度研究人和社会的影响，基础模数尺寸是适合人体操作的最高限尺寸。

（2）确定物流模数

物流模数，即集装基础模数尺寸。物流标准化的基点是建立在集装基础上的，进而确定集装的基础模数尺寸，即最小的集装尺寸。

集装基础模数尺寸可以从600毫米×400毫米按倍数系列推导出来，也可以在满足600毫米×400毫米的基础模数的前提下，从卡车或大型集装箱的分割系列推导出来。例如，日本在确定物流模式尺寸时，采用的是后一种方法，以卡车（早已大量生产并实现标准化）的车厢宽度为物流模数确定起点，推导出集装基础模数尺寸。

（3）确定系列尺寸

物流模数作为物流系统各环节标准化的核心，是形成系列化的基础。依据物流模数进一步确定有关系列的大小及尺寸，再从中选择全部或部分，确定为定型的生产制造尺寸，进而完成某一个环节的标准系列。

4. 包装模数

包装模数是关于商品的运输包装的尺寸。为了取得尺寸系列的最佳效果，往往参照优先数系。优先数系是按优选法选定的一组系数。模数与某一个乘数数列相乘，得到模数系列。如果模数与某一个整数乘数数列相乘，得到组合模数系列；如果模数与某一个分数乘数数列相乘，得到分割模数系列。

包装模数系列和物流模数系列都是根据包装模数而来的。包装模数系列属于分割模数系列，物流模数系列属于组合模数系列。同时，物流运输包装要注意技术标准和法规的技术壁垒，如包装和标签的技术壁垒、绿色技术壁垒等。其中，绿色技术壁垒包括保护环境与卫生安全、绿色技术标准、绿色环境标志、绿色包装制度、绿色卫生检疫制度、绿色补贴等。

12.5 物流运输包装标志

运输包装标志（Transport package mark）是指在商品的运输包装明显处书写、印刷一定的图形或文字，以便人们识别或提醒人们操作时注意的标志。

运输包装标志有运输标志、危险标志、警告标志等。其中海运出口运输标记（唛头）主要由三个部分组成：收货人名称首字母缩写、目的港名称、包装数量序号。运输标记要简单明了，运输中船公司需要快速辨认货物，如果标记很复杂，有可能与其他货物搞混，此外运输标记方便收货人提货。

12.5.1　收发货标志

外包装上的商品分类图示标识及其他标识的文字说明排列格式的总和，称为收发货标识。这些标识是货运人员为做好收货、发货和理货工作提供的必不可少的信息。

1. 收发货标识的内容

收发货标识的内容包括：

① 商品分类图示标识（FL），表明商品类别的特定符号。

② 供货号（GH），供应该批商品的供货清单号码（出口商品采用合同号码）。

③ 货号（HH），商品顺序编号，以便出入库、收发货登记和核定商品价格。

④ 品名规格（PG），商品名称或代号，标明单一商品的规格、型号、尺寸、花色等。

⑤ 数量（SL），包装容器内含商品的数量。

⑥ 质量（ZL），包装件的质量（千克），包括毛重和净重。

⑦ 生产日期（CQ），产品生产的年、月、日。

⑧ 生产工厂（CC），生产该产品的工厂名称。

⑨ 体积（TJ），包装件的外径尺寸。

⑩ 有效期限（XQ），商品有效期至××年××月。

⑪ 收货地点和单位（SH），货物到达站、港和某单位（人）的名称。

⑫ 发货单位（FH），即发送货的单位（人）。

⑬ 运输号码（YH），运输单号码。

⑭ 发运件数（JS），发运的件数。

商品分类图示标志如图 12－1 所示。

2. 收发货标志的颜色

纸箱、纸袋、塑料袋、钙塑箱类别按表 12－1 规定的颜色用单色印刷；麻袋、布袋用绿色或黑色印刷；木箱、木桶不分类别，一律用黑色印刷；铁桶可用黑、红、绿、蓝任一种底色印白字，灰底印黑字。收发货标志的颜色见表 12－1 所列。

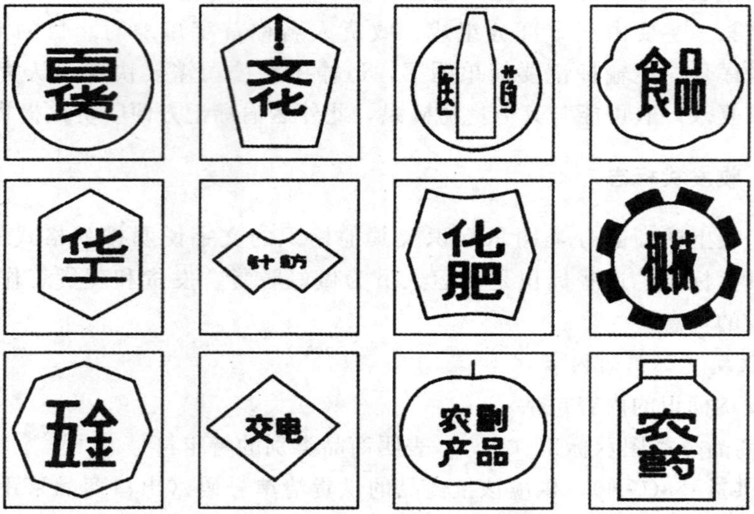

图 12－1　商品分类图示标志

表 12－1　收发货标志的颜色

商品类别	颜　色	商品类别	颜　色
百货类	红色	医药类	红色
文化用品类	红色	食品类	绿色
五金类	黑色	农副产品类	绿色
交电类	黑色	农药	黑色
化工类	黑色	化肥	黑色
针纺类	绿色	机械	黑色

制作标志的颜料应具有耐湿、耐晒、耐摩擦和不溶于水的性能，不易发生脱落、褪色、模糊不清的现象。用于制作酸性、碱性、氧化物和其他腐蚀性商品的包装标识的颜料，应选用相应的抗腐蚀性材料，以免因受内装物品的侵蚀而模糊不清。

运输包装标识采用货签时，应选用坚韧的纸材。对于不适用于纸质货签的运输包装，可以采用金属、木质、塑料或布制货签。

12.5.2　储运作业标志

储运作业标志主要是针对易碎、易变质、易劣化的产品，用图形和文字提醒物流作业人员在搬运、存储和保管货物时应该注意的安全事项。储运作业常见标志如图 12－2 所示。

图 12－2　储运作业常见标志

12.5.3　危险货物标志

危险品标志是用来表示危险品的物理性质、化学性质以及危险程度的标志。根据国家标准的规定，在水、陆、空运危险货物的外包装上拴挂、印刷或标打以下不同的标志，如爆炸品、氧化剂、无毒不燃压缩气体、易燃压缩气体、有毒压缩气体、易燃物品、自燃物品、遇水燃烧品、有毒品、剧毒品、腐蚀性物品、放射性物品等。

为清楚地、有效地识别危险货物的性质，保证装卸、搬运、储存、运输的安全，应根据各种危险货物的特性，在运输包装的表面加上特别的图示标志，必要时再加以文字说明，以便于有关人员采取相应的防护措施，提醒各环节的作业人员，谨慎小心，严防发生事故。

危险性能标志的制定是以危险货物的分类为基础的，以便于根据货物或包装件所贴的标志的一般形式（标志图案、颜色、形状等），识别出危险货物及其特性，并为装卸、搬运、储存、运输提供初步指南。

联合国专家委员会设计的危险性能标志图案有八种，即爆炸、火焰（易燃）、骷髅和交叉的大腿骨（毒害）、三圈形（传染）、三叶形（放射性）、从两个玻璃器皿中溢出的酸碱腐蚀着一只手和一块金属（腐蚀）、一个圆圈上面有一团火焰（氧化性）和一个气瓶。危险货物标志见表 12－2 所列。

表 12-2 危险货物标志

标志号	标志名称	标志图形	对应的危险货物类项号	标志号	标志名称	标志图形	对应的危险货物类项号
标志 1	爆炸品	 （符号：黑色， 底色：橙红色）	1.1 1.2 1.3	标志 8	易燃固体	 （符号：黑色， 底色：白色红色）	4.1
标志 2	爆炸品	 （符号：黑色， 底色：橙红色）	1.4	标志 9	自燃物品	 （符号：黑色， 底色：上白下红）	4.2
标志 3	爆炸品	 （符号：黑色， 底色：橙红色）	1.5	标志 10	遇湿易燃物品	 （符号：黑色或白色， 底色：蓝色）	4.3
标志 4	易燃气体	 （符号：黑色或白色， 底色：正红色）	2.1	标志 11	氧化剂	 （符号：黑色， 底色：柠檬黄色）	5.1
标志 5	不燃气体	 （符号：黑色或白色， 底色：绿色）	2.2	标志 12	有机过氧化物	 （符号：黑色， 底色：柠檬黄色）	5.2

（续表）

标志号	标志名称	标志图形	对应的危险货物类项号	标志号	标志名称	标志图形	对应的危险货物类项号
标志 6	有毒气体	 （符号：黑色，底色：白色）	2.3	标志 13	剧毒品	 （符号：黑色，底色：白色）	6.1
标志 7	易燃液体	 （符号：黑色或白色，底色：正红色）	3	标志 14	有毒品	 （符号：黑色，底色：白色）	6.1

危险货物标志的标打，可采用粘贴、钉附及喷涂等方法，标志的位置规定如下。

① 箱状包装：位于包装端面或侧面的明显处。

② 袋、捆包装：位于包装明显处。

③ 桶形包装：位于桶身或桶盖。

④ 集装箱、成组货物：粘贴于四个贴面。

储运的各种危险品性质的区分及其标打的标志，应按危险货物分类和品名编号、危险货物品名表、有关国家运输主管部门规定的危险货物安全运输管理的具体办法执行，如《危险货物包装标志》（GB 190—2009），出口货物的标志应按中国执行的有关国际规则办理。标志应清晰、明了，并保证在商品储运期内不脱落。

12.6 物流运输包装成本管理

12.6.1 运输包装成本的概念

运输包装成本是在商品运输包装过程中各种活劳动和物化劳动所耗费的货币表现。加强运输包装成本管理，如通过对包装功能价值进行分析、对包装功能进行优化设计等，可以降低物流成本，减少商品在流通中的损失。

12.6.2 运输包装与物流成本之间的关系

运输包装的合理性和有效性直接决定着物流运作的效率，所以运输包装可以在较大程度上影响物流系统的运作成本，采用合适的运输包装形式，可以有效地降低物流成本。例如，运输包装尺寸的合理性可以提高存储和运输期间的空间利用率；保护性强的运输包装可以减少对货物的损毁，并降低搬运要求；轻便性运输包装可以降低运输成本；机械化强的运输包装可提高运输包装效率；环保性运输包装可以节省运输包装处理费用并可回收再利用。

12.6.3 运输包装成本的构成

1. 材料成本

材料成本是指在实施运输包装过程中各类物资耗费在材料上的费用支出。常用的运输包装材料种类很多、功能各不相同，企业要根据各种物资的特性，选择适合的运输包装材料，既要取得运输包装的效果，又要合理节约运输包装材料费用。

2. 机械设备成本

运输包装过程中使用机械设备可以较大地提高运输包装作业的劳动生产率，从而大幅度提高运输包装水平。运输包装的机械设备成本主要包括设备购置费或设备租赁费、日常维护保养费、计提的折旧费等。

3. 技术成本

采用一定的技术方法可以充分发挥运输包装的功能，取得最佳的运输包装效果，如实施缓冲运输包装、防潮运输包装、防霉运输包装等技术方法。这些技术方法的设计和实施所发生的成本统称为运输包装技术成本，运输包装技术成本主要包括技术设计成本和技术购买成本。

4. 人工成本

员工或专业作业人员具体进行运输包装过程的实施操作。运输包装人工成本具体包括计时工资、计件工资、奖金、津贴和补贴等各项费用支出，但不包括人员的劳动保护费支出。运输包装人工成本的计算必须有准确的原始记录资料，包括工资卡、考勤记录、工时记录、工作量记录等原始凭证。

5. 辅助成本

运输包装辅助成本主要包括运输包装标记、标志及标识、拴挂物的成本以及低值易耗品、燃料、动力的成本等。

12.6.4　运输包装成本的核算

运输包装成本不仅发生在不同的物流环节，还可能发生在不同的企业。企业对生产经营中发生的运输包装成本应该单独核算。运输包装成本作为企业的成本构成要素之一，与运输、保管、搬运、流通加工存在密切的关系。根据中国会计制度规定，企业必须根据《企业会计制度》的要求组织会计核算。

1. 运输包装收入

在经营活动中，企业对于运输包装业务所取得的收入，存在两种处理情况：运输包装物作为企业的主要产品，运输包装物的收入实现，应作为企业的主要业务收入，计入“主营业务收入”账户；如果不是生产运输包装物的企业，而是其他企业，运输包装物的收入实现，计入“营业外收入”账户。物流企业的运输和包装作为企业的主要服务，获得的业务收入，计入“主营业务收入”。

2. 运输包装费用

企业在“营业费用”总分类账户下设置“运输包装费用”二级账户以及相关明细账户，如原材料、应付工资、累计折旧、现金等，以此对已经发生的运输包装费用进行核算。

物流企业在进货过程中发生的运输费、装卸费、运输包装费、保险费、运输中的合理损耗和入库前的挑选整理费等，都应计入“营业费用”账户进行核算。该账户月度终了时，将本期的营业费用从本账户的贷方全部转入“本年利润”账户的借方。“营业费用”账户期末无余额。该账户可以根据企业业务不同的特点下设相关明细账户。

12.6.5　降低运输包装成本的方法

1. 优化运输包装设计

运输包装要达到一定的目标，如实现其保护和营销功能等，需要优化运输包装设计，即对运输包装设计进行详细分析，避免过度运输包装的出现，规避运输包装不必要的功能，有效降低运输包装总成本。

2. 运输包装机械化

采用运输包装机械化，降低运输包装成本需要关注两个方面：提高运输包装作业效率和缩减人工成本。例如，对于瓦楞纸箱类运输包装物，采用运输包装机械化，分别使用纸箱组装机、装箱机、贴封签机、钉合机等，将上述几种机械设备连接起来组成全自动瓦楞纸箱生产线，可提高生产效率和节约劳动力，有效降低运输包装总成本。

3. 实施运输包装标准化

运输包装标准化是制定、贯彻实施运输包装标准的全过程活动。运输包装标准是以运输包装为对象制定的标准，主要包括运输包装基础标准、运输包装材料标准、运输包装容器标准、运输包装技术标准等内容。实施运输包装的标准化，可提高运输包装过程的效率，减少人工费用和材料费用支出，降低单位运输包装成本，进而降低运输包装材料单耗，有效降低运输包装总成本，同时方便物流过程中的装卸搬运和运输。

4. 强化运输包装回收和再利用

运输包装回收和再利用是指将使用过的运输包装物和其他辅助运输包装材料，通过各种方式进行回收，然后进行修复、净化等工作以便于运输包装物的再次使用。该方法可以相对节省运输包装材料，节省劳动力，节省因运输包装而发生的能源、电力消耗等费用。

5. 组织无运输包装运输

无运输包装运输，又称“散装”。无运输包装运输是指对于某些商品，如水泥、谷物等颗粒状或粉末状的商品，在不进行运输包装的情况下，运用专门的散装设备来实现商品的运输。从另一个角度看，这种专门的散装设备自身也是一种扩大的运输包装。理论上无运输包装运输可使运输包装成本为零，所以经营者应高度重视并积极组织无运输包装运输。

12.6.6 价值分析在降低运输包装成本中的应用

价值分析的主要目的，是通过了解运输包装材料的效果，剔除不必要的功能和过剩质量，从品质上、使用上、耐用性上、外观上考虑降低运输包装成本的可能性，有效降低成本，提高经济效益。

1. 价值分析的概念

价值分析是指通过对产品或服务进行功能分析，以总成本最低为目标，通过可靠地实现产品或服务的必要功能，进而提高产品或服务的价值。价值分析的主要思想是通过对选定研究对象的功能及费用分析，提高对象的价值。

价值分析中“价值”的概念，指的是费用支出与获得之间的比例，用数学公式表达为

$$\text{价值}(V)=\text{功能}(F)\div\text{成本}(C) \quad (12-1)$$

通过公式可以看出，价值与功能成正比，与成本成反比。提高价值的基本途径有5种，即提高功能，降低成本；功能不变，降低成本；功能有所提高，成本不变；功能略有下降，成本大幅度降低；大幅度提高功能，适当提高成本。

2. 价值分析的特点

（1）以提高价值为目的

价值分析讨论的是一个比值问题，即产品的功能和产品的成本之比。不是单纯地强调提高产品（或运输包装物）功能，也不是片面地要求降低成本。降低运输包装成本的措施要以价值提高为目的。

（2）以功能分析为核心

以功能分析为核心开展工作，分析产品（运输包装物）是否适合客户的需要以及适合的程度如何，即用少量的人力、物力资源来实现产品的功能。通过功能分析，确定哪些功能是产品所必备的，哪些功能不必要是可以剔除的，从而在众多功能中选择出最经济的必备功能。

（3）以创新为基础

在价值分析的过程中，要将创新的理念融入其中，寻找替代性廉价材料，采取合理运输包装工艺，发挥专业人员的作用，一步一步地进行调查分析。在运输包装功能不变的情况下，通过价值分析力求设计一种物美价廉的运输包装，不断开发新材料，采用新工艺，为降低运输包装成本服务。

3. 针对运输包装成本的价值分析项目

① 必要性功能核实。通过逐次的必要性检查，找出必要的功能，去除不必要功能。

② 分析实施效果。通过价值分析确定运输包装的各种功能是增强了，还是降低了。

③ 相称性。通过价值分析确认运输包装成本与功能是否相称。

④ 需要性。通过价值分析确认商品本身是否需要。

⑤ 降低性。通过价值分析确认材料价格是否合理，能否降低。

⑥ 标准化。通过价值分析确认规格尺寸是否恰当，能否标准化。

⑦ 高效经济性。通过价值分析确认运输包装作业是否高效经济。

⑧ 满足要求性。通过价值分析确认运输包装的安全性是否满足要求。

⑨ 合理性。通过价值分析确认运输包装费用的各项构成是否合理。

对上述各项必须认真检查分析，以达到最佳的经济效果。

12.7　物流运输包装资源的合理利用与环境保护

12.7.1　绿色包装

1. 绿色包装的定义

绿色包装是指采用对环境和人体无污染，可回收重用或可再生的包装材料及其制品的包装。绿色包装应从设计、材料选择、工艺方法、包装物的使用和回收等方面，全面体现绿色要求。绿色包装应具备以下含义：实行包装减量化（Reduce）；包装应易于重复利用（Reuse）或回收再生（Recycle）；包装废弃物可降解腐化（Degradable）；包装材料对人体和生物应无毒无害；在包装产品的整个生命周期中，均不对环境产生污染造成公害。绿色物流运输包装是从环境保护的角度对物流运输体系进行改造，形成一个与环境共生型的物流运输包装体系。

2. 绿色包装的特点

绿色包装具有以下特点：

① 节省资源和能源，且废弃物最少。

② 包装材料可回收利用和再循环。

③ 包装材料可自行降解且降解周期短。

④ 包装材料对人体和生物链都无毒无害。

⑤ 绿色包装在其生命周期全程中不污染环境。

绿色包装设计应符合4R1D的标准——再填充（Refill）、再利用（Reuse）、循环再造（Recycle）、减少包装浪费（Reduce）、可降解（Degrade），即设计出无害于人体健康、废弃物不污染环境，且便于回收重用或再循环的产品包装。

12.7.2 绿色包装材料

按照运输包装资源合理利用的要求，包装材料的优先选择顺序是纸、纸板、铝、玻璃、塑料、铁皮等。从绿色包装的角度，第一是没有包装或最少量的包装，从根本上消除包装对环境的影响；第二是可返回、可重新利用的包装或可循环的包装，回收效益和效果取决于回收体系和消费者的观念。

常见的绿色包装材料有：

① 重复再用和再生的包装材料，如啤酒、饮料、酱油、醋等采用玻璃瓶包装，可反复使用。

② 可食性包装材料，可食性包装材料在食品工业，尤其在果蔬保鲜方面，具有广阔的应用前景。

③ 可降解材料。

12.7.3 绿色包装的实施原则

1. 选用再生材料

选用再生材料，不仅能提高包装材料的利用率，减少生产成本，而且可以节省大量的能源和减少其他资源的消耗，同时减少对环境的排放。例如，阿维达（Aveda）公司生产的化妆盒、粉饼盒和口红所采用的铝质包装材料，85%来自饮料罐回收所得。与使用原始铝资源相比，可节约近97%的电、水，生产过程中的污染也减少95%；粉饼盒通过磁力吸附在化妆盒上，用完后方便更换；化妆盒中的镜子和磁铁都不含铅，可以完全回收整个化妆盒。

2. 选用可再循环的材料

性能好的包装材料是实现绿色包装的有效途径之一。聚苯二酸乙烯（PET）是可循环的、清洁的、高质量的塑料包装，常用于饮料包装，如宝洁公司（P&G）采用它包装家用清洁剂。

3. 选用可降解材料

可降解性，是指在特定时间内，不可回收利用的包装废弃物能分解腐化，回归自然或生态。例如，可降解塑料是指在特定时间内，通过土壤和水的微生物作用，或通过阳光中紫外线的作用，在自然环境中，其化学结构发生变化，最终以无毒形式重新进入生态环境中，回归自然的一种塑料。可降解塑料分为生物降解塑料、生物分裂塑料、光降解塑料和生物/光双降解塑料。可降解塑料既具传统塑料的功能与特性，又可降解，可广泛用于食品包装和周转箱、杂货箱、工具包装及部分机电产品的外包装箱。又如，散装式填充材料由淀粉混合物制成，淀粉来源于天然的可再生资源，如土豆、稻谷、小麦等农作物，在挤压制取过程中，超高温处理去除了可食用成分，可有效防止虫害；该填充材料与水混合后在13分钟内可完全被降解，无须加入其他成分就可腐化分解而不会污染地下水。再如，像麦当劳等快餐食品业，一直努力使自己的包装变得更加利于环保，先在吹制聚苯乙烯（PS）塑料的汉堡包装中除去氯氟烃化合物（CFCs）成分，取而代之的是由超薄纸和纸袋制成的外包装；然后对软饮料瓶、吸管、餐具以及盘子进行改进，以达到消费者认同的最低环保标准；现在，麦当劳公司垄断“Mater - Bi”餐具的使用权。“Mater - Bi”餐具是1995年设计的，能够自然降解并溶解的一次性餐具，是用普通的淀粉和纤维素添加剂制造的，可以在短时间内分解，40天内质量的90%即被分解掉。

4. 尽量使用同一种包装材料

尽量使用同一种包装材料，避免使用由不同材料组成的多层包装体，以减少不同材料包装物的分离，提高包装物的回收和再利用性能。例如，微软公司为Office2001设计的新包装，是外观轻薄、可重复使用的九碟装塑料包装盒；该包装尽量减少所用材料的种类，底部100%由回收塑料制成，顶盖部分由新生产的塑料制成，以保持精美的外观；软件使用说明在网上公布，不必附带纸质说明书以节省纸张；采用该包装后，运输成本降低50%。

5. 尽量减少包装材料的使用

减少材料的使用，不但意味减少原材料成本和加工制造成本，而且意味减少运输和销售的成本以及包装废弃后的回收再利用和处理成本。例如，APTI公司的保护性气囊包装，利用空气作为商品护垫，包装的内外两层都采用低密度聚乙烯（LDPE），能有效防止包装被刺破或被撕裂，延长商品在货架上的摆放寿命；该包装分为抗静电表层包装和非抗静电表层包装两类，前者用于包装对静电较为敏感的电子产品，密封后的包装产品可承受约1.9万英尺（5791米）的空运高度；和其他同类包装相比，这种可以多次重复使用的气囊包装节约了30%的用料、35%的运输成本、90%的存放空间，测试结果表明利用该护垫后商品受损率为零。

6. 避免过度包装

过度的包装对消费者没有用处。阿维达（Aveda）公司的香水等高档消费品的包装袋采用低密度聚乙烯（LDPE），其10%的用料来自回收产品，质量较小，运输过程中可节约大量的空间，同时又能向消费者直接展示产品。仅在香水的包装方面，每年阿维达公司可节约6吨纸材料。

7. 重用和重新填装的包装

重用和重新填装的包装可以提高产品包装的使用寿命，减少其废弃物对环境的影响。同时，考虑包装物收集和清洗的成本以及对环境的影响，应建立相应的重新填装网络和体系。

例如，芬兰的瓶装业实现系统化，所有的玻璃瓶、塑料瓶均按照标准设计制作，啤酒瓶统一采用棕色玻璃瓶，其他饮料则采用透明玻璃或聚酯乙烯瓶，90%的饮料采用了可回收、可重装的瓶类包装，平均每个玻璃瓶的使用寿命长达5～10年，每年新灌装约5次。瓶类的可返还重装取决于完整的可返还包装系统。各个厂家之间达成一致和统一，不论最初生产厂家是谁，统一标准的瓶类包装都可被回收给任意的饮料供应商，并重新灌装，供应商的灌装设备也是与统一的瓶类规格相吻合的。消费者购买产品时为包装瓶支付一定的押金，在退还包装时收回押金。包装供应商在运送新包装的同时，可以收回消费者退回的饮料瓶，甚至许多大型跨国公司在芬兰也采纳这种方式，其中百事公司采用芬兰的饮料瓶。

芬兰是欧洲国家中人均年产垃圾数量最小的，重新使用包装是重要的原因。芬兰85%的玻璃、70%的塑料、90%的金属都可得到重新使用，每年使用的120万吨包装材料（纸板除外）中，81万吨是可重复使用的。芬兰的实践表明，系统化的包装方式不只是针对某个产品、某个公司或某个国家，而是需要包装生产商、供应商、产品包装商以及无数零售商、分销商等各个环节的通力合作。

8. 优化设计包装结构

优化包装物的结构设计，实现绿色包装。通过改变包装形状，使产品运输更加便利。例如，八角形的盒子可以比萨饼比方盒子节约10%的包装材料。通过合理的包装物结构设计，可以使包装物另作它用，避免包装物的随意丢弃。例如，AT&T公司设计的键盘的外包装是键盘的防尘罩。通过新的包装结构设计，不但节省包装材料，而且节省包装的成本和空间；又如，德国阿尔坎公司的金属容器，将铝片或锡片焊接在金属容器顶部作为封口，然后在铝片上配置开封拉条，其生产过程比传统封口过程更省时间，同时可以使用原有的封装设备，包装重量减轻10%；采用这种封口方式安全，不会出现锋利的边缘，也不会因开封引起内装物的污染。此外，重视包装废弃物物流的综合治理，合理利用物流包装资源，为碳达峰、碳中和贡献力量。

【小　结】

随着物流市场的发展，运输包装占据的地位将越来越重要。本章主要介绍物流运输包装的重要性，分析了运输包装质量管理、运输包装信息管理、运输包装标准化管理、运输包装标志、运输包装成本管理以及运输包装资源的合理利用，特别是绿色包装的实施等。

【案例讨论】

招商路凯托盘循环共用模式

路凯是物流和供应链优化领域享有盛誉的物流集装器具循环共用解决方案服务商，长期致力于为亚太地区客户开发优质、创新且符合环境可持续发展要求的解决方案，并持续打造符合本地市场实际需要的运营体系和服务流程。

托盘循环共用是在物流标准化基础上的一项系统工程，是以标准化的托盘规格，通过规范化的操作流程实现产业链上下游及不同行业之间的托盘循环共用和货物带板运输，积极发展托盘循环共用系统（POOLING）。

托盘静态租赁：针对市场上存在的生产及仓储中仅用于内部转运的托盘需求，路凯提供托盘静态租赁服务。路凯为客户设立托盘租赁专用账户，提供专业客服与IT技术支持。客户可按照托盘使用的实际需求，从招商路凯租用相应数量的托盘，待不需使用时，客户可随时将托盘退租给路凯。从托盘起租之日起，至托盘退租之日止，路凯以日为计费单位向客户收取托盘使用租金。

托盘动态流转（循环共用）：托盘等集装单元载具循环共用系统对物流成本的节约主要来自供应链上下游之间的动态流转，即载具在供应链上下游企业间接力使用，载具的使用环节从仓储延伸至运输（带板运输），从而在物流配送中实现机械化作业，解决备货与收货时货物必须重复拆堆的无效作业问题，从而大幅提升物流效率，降低了综合物流成本。载具的动态流转通常包括交换与转移两种模式。第一种：交换模式。路凯可通过面对单点客户的方式配合实现客户内部托盘交换使用。托盘租赁客户与其仓储或第三方物流服务商共享单一账户，两者间通过交换记账等方式实现托盘管理。从托盘起租之日起，至托盘退租之日止，招商路凯以日为计费单位向客户收取托盘使用租金。第二种，转移模式。路凯为不同客户分别设立托盘租赁专用账户，各客户均可向路凯租用或退租托盘，当托盘从一个客户转移到另一个客户时，托盘租金及相应责任同时转移；采用转移模式，供应链上下游各环节可依托路凯的专业计费与交接管理系统解决载具动态流转中可能出现的使用成本分摊与损失责任界定问题。

资料来源：http：//www.loscam.com.cn/sc/services.php.

讨论题

1. 收集资料了解招商路凯的发展演变史。
2. 画出招商路凯托盘循环共用系统（POOLING）的流程图。
3. 招商路凯如何实施物流运输包装标准化？

【复习思考题】

1. 物流运输包装合理化包含哪些内容？
2. 如何进行物流运输包装质量管理？
3. 什么是包装尺寸标准化？什么是包装模数？
4. 什么是物流模数？如何确定物流模数？
5. 物流运输包装成本构成包括哪些？如何降低物流运输包装成本？
6. 设计货物物流运输包装，具体应考虑哪些因素？
7. 什么是识别原理？
8. 什么是扫描原理？
9. 举例说明物流运输软件。
10. 通过网络搜索了解“装箱大师”软件。

11. 通过网络搜索了解车辆调度平台公司及其产品。
12. 了解物流运输管理系统（TMS）的主要构成及其功能。
13. 世界范围内卫星导航系统主要有哪些？比较异同。
14. 什么是物流运输包装标志？主要包括哪些标志？
15. 什么是绿色包装？具有哪些特点？
16. 绿色包装的实施原则包括哪些？

参 考 文 献

[1] 国务院．物流业调整和振兴规划［EB/OL］．（2009-03-10）［2021-02-28］．http.//www.gov.cn/zwgk/2009-03/13/content_1259194.htm.

[2] 国务院．物流业发展中长期规划（2014—2020年）［EB/OL］．（2014-09-12）［2021-02-28］．http.//www.gov.cn/zhengce/content/2014-10/04/content_9120.htm.

[3] 林自葵．货物运输与包装[M].2版．北京：机械工业出版社，2009.

[4] 韩永生．包装管理与法规[M].北京：化学工业出版社，2007.

[5] 汪传雷．物流案例教程[M].2版．北京：中国财富出版社，2017.

[6] 汪传雷．物流案例教程[M].合肥：安徽大学出版社，2009.

[7] 汪传雷．物流运输与包装[M].合肥：合肥工业大学出版社，2013.

[8] 汪传雷．物流系统工程[M].北京：中国财富出版社，2017.

[9] 古德温，杨．运输包装[M].陈满儒，赵郁聪，译．北京：中国轻工业出版社，2020.

[10] 王志伟．运输包装[M].北京：中国轻工业出版社，2020.

[11] 黄昌海．运输包装设计基础[M].北京：文化发展出版社，2016.

[12] 李严峰，张丽娟．现代物流管理[M].2版．大连：东北财经大学出版社，2009.

[13] 杨延梅，朱大鹏．运输包装学[M].成都：西南交通大学出版社，2010.

[14] 彭国勋．物流运输包装设计[M].2版．北京：印刷工业出版社，2012.

[15] 赵林度，王海燕．供应链与物流管理[M].北京：高等教育出版社，2018.

[16] 何明珂．物流系统论[M].北京：高等教育出版社，2004.

[17] 荣朝和．西方运输经济学[M].2版．北京：经济科学出版社，2008.

[18] 管楚度．新视域运输经济学[M].北京：人民交通出版社，2001.

[19] 桑普森，法雷斯，夏克．运输经济——实践、理论与政策[M].赵传云，荣朝和，等译．北京：经济管理出版社，1989.

[20] 林晓言，刘秀英．中国交通运输发展（1978—2018）［M］.北京：社会科学文献出版社，2018.

[21] 中国物流与采购联合会. 中国物流年鉴 2020 [M]. 北京：中国财富出版社，2020.

[22] 张理，李萍. 包装学[M]. 北京：清华大学出版社，北京交通大学出版社，2015.

[23] 王桂英，温慧颖. 绿色包装[M]. 哈尔滨：东北林业大学出版社，2016.

[24] 张如云，胡红春. 物流包装与实务[M]. 北京：清华大学出版社，2018.

[25] 孙智慧，高德. 包装机械[M]. 北京：中国轻工业出版社，2017.

[26] 罗定提. 包装学科概率[M]. 北京：化学工业出版社，2018.

[27] 刘刚. 需求引领的物流服务创新研究[M]. 北京：经济科学出版社，2018.

[28] 陈晓曦. 数智物流：5G 供应链重构的关键技术及案例[M]. 北京：中国经济出版社，2020.